KB111161

제 **3** 판

글 로 벌 시 대 의
PRINCIPLES of MANAGEMENT in the global era

경영학

유필화 · 황규대 · 강금식 · 정홍주 · 장시영

오래

머리말

세월이 흐르면 경쟁이 심화되어 환경이 변한다. 특히 경제적 환경의 변화는 조직에 변화를 가져오고 경영행위에 영향을 미친다. 조직변화는 조직의 문화, 전략, 통제시스템, 모티베이션, 리더십 등 조직기능의 모든 면에 영향을 미친다. 조직변화는 경영자들이 수행하는 계획화, 조직화, 지휘, 통제 등 경영기능과 역할에도 영향을 미친다. 이러한 조직변화와 관련된 내용을 간단하게 개정판에 언급하였다.

또한 환경변수는 경영자의 의사결정에 영향을 미친다. 환경의 상황은 확실성, 위험, 불확실성으로 구분되는데 상황이 어떤가에 따라 의사결정의 모호함과 실패가능성이 결정된다. 이러한 내용도 개정판에 간단하게 언급하였다.

2008년 미국의 주택시장 붕괴로 시작한 글로벌 금융위기(금융쓰나미)는 몇몇 대형 금융기관의 도산과 합병으로 이어지고 세계경제에 영향을 미침으로써 오늘날 세계경제는 상호의존되어 있음을 보여주고 있다. 1997~98년에 발생한 우리나라의 외환위기와 아시아의 금융위기도 미국과 유럽의 경제에도 영향을 미쳤을 뿐만 아니라 경영자들은 위기를 탈출하기 위하여 구조조정과 비용절감 노력을 경주하였다. 한편 2010년에 발생한 그리스의 채무지불 불능은 유로화의 평가절하를 유발하였고 세계 금융시장의 안정을 위협하기도 하였다. 미국은 2008년 발생한 금융쓰나미에 경제를 회복시키기 위하여 5년간 12조 달러 이상의 시중 통화량을 늘리는 양적 완화를 실시하여 왔으나 2014년부터 축소하기 시작한다고 발표함으로써 각국 특히 신흥개도국의 주가, 환율, 금리에 영향을 미쳐 기업의 경영자들은 이에 대처할 방안을 강구하게 만들었다. 이번 개정판에서는 이러한 내용을 간단하게 언급하였다.

이 외에도 각 장의 내용을 더욱 보완하고 체제를 정리함으로써 독자들의 이해를 돕도록 하였다.

뭐니뭐니 해도 이번 개정판에서 심혈을 기울인 부분은 운영관리, 인적자원관리, 마케팅관리, 재무관리의 내용을 추가한 것이다. 원래 이러한 분야는 고학년에서 자세히 배울 기회가 있어 생략하였으나 강사님들의 요구가 있어 이번에 수록하게 되었다. 이 분야를 추가함에 있어 다음 책을 참고하였음을 밝히고 저자들께 고마움을 표시하고자 한다.

인적자원관리: 황규대(전략적 인적자원관리)
생산/운영관리: 강금식(생산/운영관리)
마케팅관리: 유필화 · 김용준 · 한상만(현대마케팅론)
재무관리: 정한규(재무관리), 박정식(재무관리)

제3판을 준비하면서 이 책을 교재로 채택하는 강사님들의 강의편의를 위하여 강금식 교수가 새롭게 수정한 강의안을 포함한 다음과 같은 내용을 CD에 담도록 하였다.

1. PowerPoint를 이용한 강의안
2. O · X 문제와 선다형 문제로 구성된 문제집
3. 위 문제집에 대한 해답집

따라서 새로운 CD를 필요로 하는 강사님은 「도서출판 오래」의 영업부에 연락하면 도와드리도록 하겠습니다.

끝으로 제3판을 완료하는 데 성원과 협조를 아낌없이 해 주신 황인욱 사장님께 고맙다는 인사와 더불어 회사의 무궁한 발전을 기원하는 바이다. 한편 편집과 교정을 담당하신 편집위원의 노고에 대해서도 심심한 감사의 말씀을 전하는 바이다.

2014년 1월
저자 일동

차례

    제 1 편 **경영학의 기초**

제2편 기 업 론

제 3 장 　기업과 경영

제 4 장 　기업의 창업과 성장

제 **3** 편 기업과 환경

제 5 장 기업과 환경

제 6 장 사회적 책임과 윤리적 행동

제 7 장 글로벌 기업경영

제 4 편 경영관리과정

제 **5** 편 **주요 경영기능**

PART I

PART I

경영학의 기초

제 1 장

경영과 경영자

우리 인간은 조직을 만들면서 그 안에서 어떤 목적을 달성하려고 한다. 그 조직이 영리를 추구하든, 하지 않든 제한된 자원을 잘 사용해서 목적을 달성하려는 경영자(또는 관리자)가 꼭 존재한다. 예컨대 축구대표팀 감독, 산악회 총무, 기업의 생산부장, 군의 사단장, 재정경제부의 금융정책국장 등이 경영자이다.

모든 조직에서 경영자는 예컨대 IMF 외환위기, 세계적인 금융위기, 자원과 환경의 도전, 불확실한 국제관계 등 불확실성과 예기치 못한 사건을 끊임없이 취급한다. 더욱 위기의 빈도와 강도는 지난 20여 년 동안 급격히 증가하였다. 이러한 환경의 변화 속에서 경영자가 확고한 경영기술과 능력을 보유하면 조직은 위기로부터 벗어나 건전하고 고무적이며 생산적인 조직으로 탈바꿈할 수 있다.

경영의 성격은 다양하고 잡을 수 없는 도전(challenge)을 극복하는 것이다. 경영자는 급속도로 발전하는 기술을 따라가야 하고 극심한 글로벌(global) 경쟁, 불확실한 환경, 자원의 고갈 및 세계적으로 만연한 정치·경제·사회적 격동 속에서 기업의 경쟁력을 유지해야 한다. 성공하는 조직은 그냥 발생하는 것이 아니라 경영의 결과로 얻어진다. 오늘날 경영자는 어려운 문제를 해결하고 놀랄 만한 경영성과를 달성하여 조직을 성공적으로 만들어야 한다.

본장에서는 조직·경영·경영자가 무엇인지 또 조직에서 경영자가 수행하는 기능과 역할은 무엇인지 공부하고자 한다. 한편 성공적인 경영자가 갖추어야 할 기술과 재능은 무엇인지 공부할 것이다. 끝으로 학문으로서의 경영학의 성격은 어떤 것인지도 다룰 것이다.

제 1 장

경영과 경영자

1. 조직의 경영

조직의 정의

우리 인간은 사회적 동물로서 각종 모임이나 단체와 같은 수많은 조직을 구성하고 그 안에서 맡은 임무를 수행한다. 우리가 관심을 갖는 경영자(manager)들은 조직을 위해서 일을 한다. 그러면 조직이란 어떻게 정의할 수 있는가?

조직(organization)이란 공동의 목적(common goals)을 달성하기 위하여 둘 이상의 사람이 인위적으로 만들어 상호 협력하는 유기체라고 정의할 수 있다. 모든 조직은 명시적이든 묵시적이든 달성하려는 목적을 갖는다. 예를 들면, 테니스 동호회는 테니스를 즐기는 사람들이 상호간 친목을 도모하고 경기력을 향상시키려는 목적을 가지고 결성한다.

그러면 우리는 왜 조직을 구성하려고 하는가? 조직의 필요조건은 공동의 목적과 상호 협력이다. 조직을 통한 상호 협력이 필요한 이유는 개인활동의 한계 또는 비효율성에 있다. 혼자서 하면 불가능한 일, 또는 여럿이 하면 쉬운 일 등은 조직을 통해 가능해지거나 경제적으로 유리할 수 있기 때문이다. 한편 여럿이 일을 하면 혼자 하는 경우보다 더 많은 정보와 지식을 생성하게 되어 조직 내에서 일을 하게 되면 사람들은 경험과 경력을 축적하게 된다.

모든 조직은 목적, 규모, 형태에 상관없이 다음과 같은 공통적인 특성을 갖는다.

- 각 조직은 구성원들이 상호협력하여 추구하고자 하는 고유한 사명이나 목적을 갖는다. 조직의 기본적인 목적은 제품이나 서비스를 고객에 제공하는 것이다. 이러한 목표를 달성하지 못하면 조직은 존재이유를 상실한다.
- 각 조직은 사람으로 구성된다. 조직의 목적을 달성하기 위하여 구성원들의 육체적·정신적 노력을 결합하고 조정한다. 이는 조직의 유지·성장·발전에 꼭 필요하다.
- 모든 조직은 구성원들이 일을 수행할 수 있도록 어떤 구조(structure)를 만든다. 조직은 명령을 하달하고 작업결과를 평가하고 책임을 질 권한을 갖는 상위자와 하달된 작업내용을 실천하고 보고하는 의무를 갖는 하위자로 구성된다. 예를 들면, 기업에서는 회장 – 사장 – 이사 – 부장 – 과장 – 대리 – 사원과 같은 위계구조를 갖는다.
- 모든 조직은 목표달성을 위한 계획(plan), 규칙(rule) 또는 규정(regulation)을 가지고 있다. 조직이 효과적이기 위해서는 무엇을 어떻게 해야 하는가에 대한 계획은 물론 조직의 운영에 관한 방침과 방향이 세부적으로 문서화된다.
- 모든 조직은 목표를 달성하기 위하여 필요한 자원(resource)을 획득하

그림 1-1　개방시스템으로서의 조직

환경은 공급한다:　　　조직은 창조한다:　　　환경은 소비한다:

자원 투입물
사람
돈
자재
기술
정보

작업
흐름으로
자원이
산출물로 바뀐다
변형과정

제품 산출물
완제품
서비스

고객 피드백

고 배분해야 한다.

- 조직은 고객을 위해 제품과 서비스를 생산·제공하는 계속적인 과정에서 환경과 상호작용하는 개방시스템(open system)이다. 이는 〈그림 1–1〉에서 보는 바와 같다.

그런데 모든 조직은 시간의 흐름에 따라 계속 변화를 강요당한다. 조직은 이와 같이 변화하면서 우리의 일상생활에서 큰 역할을 수행하기 때문에 조직이 어떻게 관리되는가를 공부하는 것은 중요하다고 하겠다.

조직의 유형

조직은 특정 목적을 달성하기 위하여 구성되므로 추구하는 목적에 따라 조직은 다음과 같은 네 가지의 형태로 분류할 수 있다.[1]

- 기업조직
- 비영리 서비스조직
- 상호이득조직
- 공공복리조직

기업조직(business organization)은 순전히 금전적 이익을 목적으로 한다. 따라서 이익을 내지 못하는 조직은 생존할 수 없다. 이익은 제품이나 서비스를 생산하여 고객의 수요를 효율적으로 만족시켜 가치를 창출하여 정당하게 사회적으로 보상을 받을 때 발생한다.[2] 그러나 오늘날에는 기업의 목적에는 매출규모, 순이익, 시장점유율 같은 이윤추구적 목적 외에도 고객만족, 종업원 복지, 고용안정 등 비재무적 목적도 포함된다.

비영리 서비스조직(nonprofit service organization)은 금전적 이익을 추구하지 않고 사회의 존경과 신뢰를 위하여 다만 특정 서비스를 사회에 제공하는 조직이다. 예를 들면, 정부, 종교단체, 교육기관, 적십자사, 의료기관, 양로

---

1 Peter M. Blau and William R. Scott, *Formal Organizations*(San Francisco: Chanaler, 1962).
2 이는 생산이윤으로서 금융 부조리, 불공정거래 행위, 정치적 특혜조치, 부동산 투기 등 사회정의에 어긋나는 활동을 통해 얻는 의제이윤과는 대립된 개념이다.

원, 복지재단 등은 여기에 속한다.

비영리조직도 설립목적을 달성하기 위하여 최소의 자원으로 최대의 서비스를 제공하려고 한다. 이러한 의미에서 비영리단체도 일반 기업 등이 하는 경영활동을 수행한다고 볼 수 있다.

상호이득조직(mutual-benefit organization)이란 예를 들면, 노조, 전국경제인연합회, 정당과 같이 자기 자신의 이익을 추구하기 위하여 결성되는 조직이다. 이러한 조직도 효과적·효율적으로 운영되어 회원의 욕구를 만족시킬 때 생존하게 된다.

공공복리조직(commonweal organization)이란 비영리 서비스조직처럼 이익을 추구하지 않고 사회에 공공서비스를 제공하는 조직이지만 사회의 한 부문을 대상으로 하는 비영리 서비스조직과 달리 주어진 인구의 모든 구성원들에게 표준화된 서비스를 제공하게 된다. 예를 들면, 군부대, 경찰서, 소방서 등은 여기에 속한다.

경영의 정의

모든 조직은 그의 구성원들로 하여금 고유한 설립목적을 달성하기 위하여 여러 가지 자원을 효율적이고 효과적으로 사용하도록 한다. 즉 모든 조직은 경영행위를 수행한다.

조직의 목적은 예를 들면, 맥도널드 햄버거집의 경영자처럼 고객이 원하는 햄버거(제품)를 돈을 받고 많이 판매하는 것이 될 수도 있고, 대학병원의 원장처럼 병원의 능력을 최대한 발휘하여 환자를 완치시키는 것일 수도 있다.

일반적으로 이윤을 추구하는 기업의 목적은 매출규모, 순이익, 시장점유율, 고객만족, 종업원만족같이 정량적 목표로 나타낼 수도 있지만 "세계 최고 수준의 제품을 생산한다"처럼 정성적 목표로 나타낼 수도 있다.

이와 같이 모든 조직은 그의 목적을 달성하기 위하여 여러 가지 자원을 환경으로부터 구입하여 사용한다. 여기서 자원(resource)이란 조직에서 인적자원, 물적자원, 재무자원, 정보자원을 뜻한다.

인적자원(human resource)이란 조직이 경쟁우위를 확보하기 위한 경영자의 재능(managerial talent), 기술(skill), 노하우(know-how), 경험 등과 종업원들의 노동력(labor)을 말한다. 그런데 디지털 시대에 있어서는 조직 구성원 개

개인의 창의성과 자발적 협력이 매우 중요하므로 경영에 있어서 다른 자원보다 인적자원의 역할의 비중이 점점 커가고 있다.

물적자원(physical resource)은 기업이 제품과 서비스를 생산하는 데 직접적으로 사용되는 자원, 즉 우리가 눈으로 확인할 수 있는 유형의 자원들이다. 예를 들면, 공장이나 사무실 등의 부동산, 생산설비, 원재료 등이다. 이런 물적자원은 기업의 존속을 위해서는 필수요소라고 하겠지만 기업의 경쟁력확보를 위한 충분요소로서의 역할은 최근 들어 점차 떨어지고 있다고 할 수 있다.

재무자원(financial resource)은 기업을 창업하고 운영하는 데 필요한 자본을 의미한다. 이러한 자금은 창업자가 자체적으로 마련하거나 주식이나 채권을 발행하여 투자자로부터 제공받을 수도 있고 또는 은행 등 금융기관으로부터 융통하는 경우도 있다. 기업은 이렇게 마련된 자본으로 생산설비나 사무실을 갖추거나 종업원을 채용하게 된다.

정보자원(information resource)이란 기업이 제품이나 서비스를 생산하기 전에 소비자들이 무엇을 요구하는지 또는 경쟁자들은 어떻게 생산하고 있으며 생산비용은 얼마인지 등을 파악해야 전략수립과 의사결정을 옳게 할 수 있는데 여기에 사용가능한 정보 또는 자료를 의미한다. 특히 오늘날 글로벌 경쟁환경에서 사업수행의 스피드를 내기 위해서는 컴퓨터와 정보기술(information technology: IT)이 필요하다.

이와 같이 기업이 인적자원, 물적자원, 재무자원, 정보자원 등을 잘 활용하면 경쟁우위(competitive advantage)를 확보하여 시장에서 재화 또는 서비스를 경쟁자보다 더욱 많이 팔 수 있는 것이다.

이제 우리는 경영이 무엇인지 정의할 수 있는 단계에 이르렀다. 경영(management)이란 조직에서 물적자원, 인적자원, 재무자원, 정보자원 등 여러 가지 자원을 효율적이고 효과적으로 이용하여 고객이 필요로 하는 재화나 서비스를 생산한 후 고객에게 전달하는 연속적 과정(process: 프로세스)이라고 정의할 수 있다. 이러한 과정에서 경영자는 계획화, 조직화, 지휘, 통제 등 네 가지 기능을 수행하고 조직의 목적을 달성하고자 한다.

경영은 가치창출(value creation)의 프로세스이다. 경영활동을 잘 하여 투입물에 가치를 부가하면 산출물이 커져 기업조직의 경우에는 이익(profit)을 남기게 되고 비영리조직의 경우에는 사회에 부를 낳게 된다.

이상에서 설명한 경영의 특성을 요약하면 다음과 같다.

- 경영은 조직목표 달성을 위한 연속성과 순환성을 갖는 프로세스이다. 계획, 조직, 지휘, 통제와 같은 일련의 활동과 운영을 포함한다.
- 경영은 여러 가지 형태의 제한된 자원을 효율적·효과적으로 균형 있게 결합해야 하는 프로세스이다.
- 경영은 원하는 결과(목적)를 달성하기 위하여 많은 활동(일, 과업)을 성공적으로 수행하는 노력을 포함한다.
- 경영은 공동의 목적을 달성하기 위하여 서로 다른 기능을 수행하는 사람들로 구성된 조직 내에서 이루어지는 활동들을 포함한다.
- 경영은 환경변화를 예측하고 이에 적응해 가는 활동들을 포함한다.

경영성과

조직의 목적이 무엇이든, 조적의 형태와 규모가 어떻든지 간에, 경영자는 조직의 목적을 달성하기 위하여 자원을 효과적이고 효율적으로 사용하기 위한 여러 가지 활동을 수행한다. 각 조직은 경영을 어떻게 하느냐에 따라 그 성과가 달라진다. 따라서 경영자의 능력은 조직성과에 의하여 측정된다. 조직의 전반적인 성과를 기술하는 공통적인 방법이 생산성(productivity)의 측정이다. 이는 투입물의 비용에 대한 산출물의 수량과 품질로 측정한다. 생산성은 개인, 그룹, 조직, 국가 차원에서 평가할 수 있다. 〈그림 1-2〉에서 보는 바와 같이 생산성은 효율성과 효과성이라는 두 가지의 성과측정을 포

그림 1-2　생산성과 조직성과

	비효율적 자원이용	효율적 자원이용
효과적 (목적달성)	**효과적, 비효율적** • 목적달성 • 자원낭비	**효과적, 효율적(높은 생산성)** • 목적달성 • 자원낭비 없음
비효과적	**비효과적, 비효율적** • 목적 미달성 • 자원낭비	**비효과적, 효율적** • 목적 미달성 • 자원낭비 없음

목적달성

자원이용

함한다.

조직성과(organizational performance)란 관리자들이 고객을 만족시키고 조직의 목적을 달성하기 위하여 자원을 얼마나 효율적이고 효과적으로 사용하는가의 측정을 말한다. 조직성과는 생산성을 통한 효율성과 효과성이 증가할수록 증가한다.

여기서 효율적(efficient)이란 일정한 산출물을 생산하기 위하여 더욱 적은 자원과 시간을 사용하는 것을 말한다. 이와 같이 효율은 어떤 목적을 달성하는 과정에서 가용자원을 얼마나 생산적으로 이용하는가 하는 능력이라고 정의할 수 있다. 자원을 효율적으로 사용하면 비교적 낮은 원가로 제품을 생산할 수 있다.

한편 효과적(effective)이란 조직이 적절한 목적을 선정하고 이를 달성하는 능력을 말한다. 즉 효과란 옳은 결정을 내리고 이를 성공적으로 수행하려는 것을 말한다. 따라서 효과성이란 조직 목표의 달성 정도를 의미한다.

피터 드러커(Peter Drucker)의 구분에 의하면 효율은 자원의 이용을 극대화하기 위하여 어떤 일을 바르게 하는 것(doing things right)을 의미하고 효과란 어떤 목적을 달성하기 위하여 바른 일을 하는 것(doing the right things)을 의미한다.

효율은 일을 해내는 수단(means)과 관련이 있고 효과는 조직 목적의 달성이라는 결과(ends)와 관련이 있다. 진정한 경영자는 효과와 효율을 한쪽으로 치우침이 없도록 균형 있게 추구해야 한다. 따라서 성공적인 조직에서는 높은 효율성과 효과성이 동시에 이루어진다. 부실경영은 대부분 비능률과 비효과에 기인하든지 또는 비능률을 통해 달성하려는 효과에 기인한다. 반대로 비용절감을 통한 효율성을 너무 강조하면 금융위기는 피할 수 있지만 고객불만 등 조직 효과성은 훼손되는 경우가 있다.

가치창출

앞절에서 우리는 경영을 가치창출의 프로세스라고 정의하였다. 그러면 가치란 무엇이고 어떻게 창출하는 것인가?

가치(value)란 고객이 제품과 서비스를 구매하기 위하여 기꺼이 지불하고자 하는 가격에 대한 효익(benefit) 또는 기능(function)을 말한다. 즉 가치는 제품의 비용에 대한 유용성(usefulness)의 비율을 고객이 인식하는 것이다. 유용성은 제품의 품질, 신뢰성 및 성능을 말한다. 고객은 자신이 지불하는 가격보다 제품이나 서비스의 사용을 통하여 얻는 효익(만족, 행복)이 크면 가치있다고 생각하는 것이다. 따라서 고객은 가치에 근거하여 구매결정을 내리는 것이다.

가치는 고객의 욕구를 가장 낮은 비용으로 만족시키는 것이다. 이와 같이 제품의 가치는 같은 비용으로 고객의 유용성을 증가시키든지 또는 비용을 절감하여 같은 유용성을 제공함으로써 향상된다. 이것은 가치에 공헌하지 못하는 불필요하거나 값비싼 기능을 제거함으로써 가능하다.

이와 같이 경영은 여러 가지 자원을 효율적이고 효과적으로 전환하여 제품이나 서비스의 요구되는 성능과 고객의 욕구를 가장 낮은 비용으로 만족시키는 데 목적이 있다.

가치는 제품이나 서비스를 만드는 데 소요된 총비용보다 소비자들이 더욱 많이 지불하고자 할 때 발생한다. 이와 같이 가치는 제품의 최종가치와 모든 투입물의 가치의 차이를 말한다. 부가가치가 증가할수록 기업은 더욱 생산적이다. 가치창출(value creation)은 여러 가지 자원을 투입하여 제품이나 서비스와 같은 산출물로 전환시키는 공정에서 발생한다.

2. 경영자

경영자의 정의 및 유형

우리는 이미 조직과 경영의 의미를 살펴보았다. 어떤 조직에서 경영을 담당하는 사람이 경영자이다. 조직에는 많은 구성원들이 맡은 임무를 수행한다. 이들 중에서 가장 핵심적인 사람이 경영자이다.

경영자(manager)란 조직의 목적을 달성하기 위해 인적자원, 물적자원, 재무자원, 정보자원의 배분을 계획하고, 조직하고, 지휘하고, 통제하며 목표가 달성되는가를 확인하고 감독하는 사람이라고 정의할 수 있다. 경영자는 이런

그림 1-3 경영자의 형태

수준별 | 직위별 | 기능적 타이틀별

최고경영층 — CEO — (타이틀 예)
최고경영자
사장
판매담당 부사장

부사장 / 부사장 / 부사장

중간관리층

광고이사
판매이사
생산이사
인사관리자

이사 / 이사 / 관리자

일선관리층과 팀 리더

관리자 / 팀 리더

생산감독관
판매경영자

감독관 / 감독관

종업원

과정에서 작업자들이 하는 일을 조정하고 감독하고 돕는 역할을 수행한다.

모든 조직은 여러 가지 형태의 경영자를 보유한다. 모든 경영자들이 갖는 공통적인 책임은 조직 구성원들로 하여금 목적을 공유하고 그 목적을 달성하기 위하여 자원을 효율적으로 사용하도록 하는 것이다.

경영자는 관리자와 구분하여 사용할 수 있다. 조직의 수뇌부는 최고경영층이라 하고 그의 하위에 있는 집행부는 중간관리층 또는 일선관리층이라고 한다. 이때 경영자는 관리자의 상위개념으로서 전략적·정책적 결정을 담당하고 관리자는 일상적·실천적 기능을 수행한다.

이 외에도 경영자는 기업조직과 관련된 개념으로 사용하고 관리자는 비영리조직 또는 공공조직과 관련하여 사용하기도 한다.

이들 두 개념은 구분하지 않고 혼용하는 경우가 일반적이지만 본서에서는 경영자를 관리자의 상위개념으로 사용하려고 한다.

모든 조직은 효과적, 효율적으로 임무를 수행하기 위하여 경영자를 수직적 기준과 수평적 기준에 따라, 그리고 수준(level)별, 직위(position)별, 기능적 타이틀별로 분류한다. 이는 〈그림 1-3〉과 같다.

① 최고경영자, 중간관리자, 일선관리자

먼저 조직의 수직적 계층에 따라서 경영자는 최고경영자(top managers), 중간관리자(middle managers), 일선관리자(first-line managers)로 분류할 수 있다. 이들 간에는 위계질서는 물론 업무영역과 책임의 성격에 차이가 있다.

첫째, 최고경영자는 기업의 위계질서의 상위에 속하는 소수의 고위 인사들을 의미한다. 소위 임원으로 불리는 최고경영자 집단은 어떤 제품이나 서비스를 생산할 것인가와 같은 기업의 목적과 기업에 중대한 영향을 미치는 중·장기적 의사결정을 담당한다. 특히 CEO(Chief Executive Officer)라고 불리는 최고경영자는 기업 전체를 총괄하며 환경의 변화에 신속한 변화를 강구하고 사업성과에 대한 포괄적 책임과 기업의 사회적 책임을 진다. 이사, 부사장, 사장, 회장 등은 최고경영층이라고 부른다.

둘째, 중간관리자는 최고경영층이 설정한 경영목표, 전략, 정책을 집행하기 위해 자원을 배분하고 생산, 마케팅, 재무, 구매, 인적자원관리 등과 같은 기업 내 각 부문의 활동을 담당하는 부장을 의미한다.

이 외에도 중간관리층은 일선관리층에 대한 지휘·감독을 수행하고 최고경영층과 일선관리층 사이의 상호관계의 조정역할도 담당한다.

셋째, 일선관리자에는 예컨대 작업감독관(supervisor), 은행의 창구책임자, 군 하사관, 병원의 수간호원 등이 해당되는데 이들은 조직의 상위목표를 지원하고 일반 종업원의 성과를 장려·감독·보상·보고하고 상급자들이 결정한 사항을 실행하는 업무를 맡는다. 일선관리자들은 실제로 기업의 많은 부서와 기능의 관리를 담당하는 중요한 직책이다.

넷째, 팀 리더(team leader)라고도 부르는 팀장은 최근 각 조직에서 도입하는 자율관리팀(self-managing team)을 이끄는 사람으로서 그의 공식적인 감독자는 존재하지 않는다. 팀 멤버(구성원)들은 자신들의 제품·서비스의 생산활동을 감독하고 그들의 품질을 감시할 권한을 갖는다.

그림 1-4   자율관리팀의 역할

팀 멤버들은 정보기술의 도움으로 과거에 일선관리자들이 수행하였던 기능, 책임, 의무를 담당하게 되었다. 이러한 환경에서 일선관리자들은 종업원들에게 무엇을 할 것인지 지시하지 않고 팀 멤버들이 일을 더욱 효율적으로 수행할 수 있는 새로운 방법을 강구하는 데에 필요한 자문이나 지침을 제공하는 일을 하게 된다. 이는 〈그림 1-4〉에서 보는 바와 같다.

② 전문경영자와 일반경영자

수평적 분업의 관점에서 활동범위 및 전문지식과 능력 등을 기준으로 경영자는 전문경영자와 일반경영자로 분류할 수 있다. 전문경영자(professional manager)는 회계, 생산, 마케팅, 재무, 정보 등 특정 기능분야에 국한된 업무를 수행하면서 그 분야에 전문성을 가진 관리자를 의미한다. 이들은 기능관리자(functional manager)라고도 부른다.

반면 일반경영자(general manager)는 최고경영자, 공장관리자 등과 같이 여러 전문분야가 연계된 복합적 관리업무를 수행하는 관리자이다. 소규모 조직에서는 한 명의 일반경영자가 필요하겠지만 대규모 조직에서는 상대적으로 독립된 부서에 모두 일반경영자를 둘 수 있다.

　　기업자본과의 관계를 기준으로 경영자는 소유경영자와 전문경영자로 분류할 수 있다. 소유경영자(owner manager)는 자신이 기업을 소유하면서 필요한 자본을 조달하고 그 기업을 직접 경영하는 경영자를 말한다. 기업의 규모가 크지 않고 전문경영능력을 필요로 하지 않는 기업에서 볼 수 있다.

　　소유경영자는 자본투자에 따른 위험부담을 책임지고 그에 따른 경영성과에 의한 이익도 모두 차지한다. 그러나 기업의 규모가 점차 확대해 감에 따라 소유경영자의 재력에는 한계가 있어 자본의 조달은 다수의 투자자들에 의존할 수밖에 없다.

　　주식회사가 일반화함에 따라 기업의 자본은 주식의 형태로 조달되는데 기업의 주식이 고도로 분산되면 소유와 경영의 분리가 이루어져 소유주인 주주들은 주가등락과 이익배당에만 관심이 있고 경영은 전문지식과 노하우를 갖춘 전문경영자가 전담하게 된다. 이때 전문경영자는 다수의 주주들로부터 기업경영권을 위임받기 때문에 수탁경영자 또는 대리인(agent)이라고도 한다.

경영과정

　　경영은 기업의 목적을 달성하기 위하여 여러 가지 자원을 결합하고 조정하는 프로세스라고 정의할 수 있다. 경영자는 이러한 책임을 효과적이고 효율적으로 수행하기 위해서 여러 가지 활동과 기능을 수행한다.

　　따라서 경영과정(management process)은 경영자가 수행하는 기본적인 네 개의 경영기능(management function)으로 구성되어 있다고 할 수 있다. 이들은 〈그림 1-5〉에서 보는 바와 같이

- 계　획　화
- 조　직　화
- 지　　　휘
- 통　　　제

등이다. 이들은 별개이지만 상호관련이 되어 있다. 예를 들면, 아무리 계획

그림 1-5 경영기능

자원
• 인적
• 금융
• 원자재
• 기술적
• 정보

계획화
• 목표설정
• 달성방법

통제
• 편차규명
• 시정조치

경영과정

조직화
• 자원획득
• 과업달성 위한 책임의 부과

지휘
• 의사소통, 동기유발
• 영향력 행사

성과
• 목표달성
• 제품
• 서비스
• 효율성
• 효과성

이 훌륭하더라도 지휘가 잘못되면 목적은 달성될 수 없다. 한편 경영자는 이러한 과정을 순차적으로 하는 것이 아니고 경우에 따라서는 동시에 수행하기도 한다. 이러한 경영활동의 성격을 맨처음 주장한 사람은 프랑스의 페이욜(Henri Fayol)이다.

계획화(planning)는 조직이 추구할 적절한 목적을 설정하고 이의 높은 성과를 달성할 전략(strategy)을 수립하며 이러한 전략을 추구하기 위해 활동들을 조정할 계획(plans)을 수립하고 자원을 배분하는 의사결정 과정을 말한다. 경영자가 어떻게 계획과 전략을 수립하느냐에 따라 그 조직이 얼마나 효율적이고 효과적이냐가 결정된다.

최고경영층이 전반적인 목적과 전략을 수립하면 하위관리층은 이러한 전략적 계획을 지원할 구체적인 운영계획을 수립하게 된다. 계획화에 대해서는 제 9 장에서 자세히 공부할 것이다.

조직화(organizing)란 기업이 수립한 계획을 어떻게 성공적으로 수행할 것인가를 결정하는 일로서 이에 필요한 여러 가지 인적·물적자원을 조달하고 배분하고 조정하는 기능을 말한다. 즉 조직화는 활동과 자원이 어떻게 그룹화되어야 하는가를 결정하는 기능이다. 이를 위해서는 조직시스템(organizational system)의 설계와 개발이 필요하다. 조직화를 통해서 경영자는 수행할 과업 (task)이 무엇이며, 이를 누가 수행할 것인가, 이들 과업을 어떻게 그룹화할 것인가, 그리고 이들 과업을 어떻게 관리하고 조정할 것인가를 결정하게 된다. 한편 누가 누구에게 보고할 것이며, 누가 의사결정 책임이 있는가도 결정된다.

경영자는 정보, 자원, 과업이 조직을 통해 효율적으로 흐르도록 작업자 그룹과 조직의 구성원을 편성해야 한다. 조직문화라든지 인적자원관리 등은 이러한 기능의 핵심이다. 조직화의 결과 생성되는 조직구조(organizational structure)는 전략적 및 운영적 목적을 달성할 수 있도록 형성되어 기업환경의 변화에 쉽게 적응할 수 있도록 해야 한다. 조직화에 대해서는 제11장에서 자세히 공부할 것이다.

지휘(leading)란 기업의 목적을 달성하도록 기업의 구성원들로 하여금 수행해야 할 업무를 지시하고 조율하고 영향을 끼치는 기능을 말한다. 지휘는 구성원들로 하여금 높은 성과를 이루도록 자극하는 것이다. 즉 지휘란 작업자들과 개인적으로 또는 그룹으로 의사소통하고 이들을 이끌고 또한 동기부여(motivation)하는 것을 의미한다. 지휘에 대해서는 제13장에서 자세히 공부할 것이다.

통제(controlling)란 계획된 결과와 실제의 결과 사이의 편차를 규명하는 기능을 말한다. 경영자는 전략적 및 운영적 계획을 실행하는 과정에서 진척상황은 물론 현재의 업무성과를 감시하고 평가할 필요가 있다. 계획대로 진행하지 않으면 시정조치를 강구해야 한다.

통제기능은 기업의 목적을 달성하는 방향으로 기업이 움직이도록 하는 방법을 제시해 준다는 의미에서 아주 중요한 기능이라고 할 수 있다. 통제에 대해서는 제14장에서 자세히 공부할 것이다.

모든 경영자는 네 개의 기능을 수행한다. 하지만 어느 특정 경영자에 대한 네 경영기능의 상대적 중요성은 경영계층에서 그 경영자가 어떤 위치에 있느냐에 의존한다. 조직성과를 향상시키기 위하여 자원을 계획하고 조직화하는데 경영자가 소요하는 시간은 계층을 올라갈수록 증가한다.

즉 최고경영층은 기업의 장기적 성과를 결정하는 계획화와 조직화의 기능에 더 많은 시간을 소비하고 일선관리자는 지휘와 통제기능에 더 많은 시간을 소비한다. 한편 중간관리자는 모든 기능에 거의 같은 시간을 소비한

그림 1-6 경영자가 경영기능에 소모하는 시간의 양

	계획화	조직화	지휘	통제
최고경영자				
중간관리자				
일선관리자				

다. 이는 〈그림 1-6〉이 보여주고 있다.

경영기술

경영자가 하는 일이란 다양하고 복잡하다. 따라서 특정 분야에서 다른 사람보다 더욱 일을 잘 하기 위해서는 몇 가지 능력을 소유해야 한다.

오늘날의 전문경영자는 과업관련 활동, 사람관련 활동, 변화관련 활동 및 경영순환활동과 경영기능을 성공적으로 수행하기 위해서 전문적 능력, 즉 경영기술(management skills)을 발휘할 수 있어야 한다.

이러한 경영기술은 재능 · 경험 · 교육훈련 · 실무를 통해서 학습되고 향상되는 특성을 갖는다. 그동안 많은 학자들은 성공적인 경영자들이 공통적으로 보유하는 능력과 재능이 무엇인지를 밝히려는 노력을 경주하여 왔는데 카츠(Robert L. Katz)는

- 전문적 기술
- 대인적 기술
- 개념적 기술

그림 1-7   조직계층에 따른 경영기술의 상대적 중요성

중요성 높음

중요성 낮음

대인적 기술   전문적 기술   개념적 기술

■ 최고경영층   ■ 중간관리층   ■ 일선관리층   ▦ 팀 리더

로 요약하고 있다.[3]

이러한 경영기술과 업무책임은 경영자의 계층에 따라 다르다.

전문적 기술(technical skills)이란 일을 수행하는 데 필요한 절차, 과정, 장비, 기법, 정보기술 등에 관한 특별한 지식과 이러한 지식의 사용에 관련된 능력을 보유하고 있음을 의미한다. 이러한 기술은 〈그림 1-7〉에서 보는 바와 같이 하위관리자와 팀 리더에게 많이 요구되며 성공적인 기업의 초창기에 아주 중요한 요소가 된다.

대인적 기술(interpersonal skills)은 감수성, 설득력, 감정이입(empathy) 등을 소유하여 작업그룹 구성원들의 감정, 태도, 동기를 이해하고 의사소통(communication)을 원활히 할 수 있음을 의미한다. 사람들과 함께 잘 일하는 것은 경영성공에 필수적이다. 이러한 기술은 경영자 모두에 요구되는 기술이지만 특히 중간관리자에게는 필수적이다.

3 Robert L. Katz, "Skills of an Effective Administrator," *Harvard Business Review*(Sept.-Qct. 1974), pp.90~102.

그림 1-8　경영기술과 경영기능의 관계

개념적 기술(conceptual skills)은 조직의 모든 관심과 활동들을 조정하고 통합하는 데 필요한 논리적 사고, 판단력, 분석능력 등을 의미한다. 이는 계획화와 조직화를 책임지는 최고경영자에게 많이 요구된다. 개념적 기술은 조직이 환경에 어떻게 관련되어 있으며 조직의 한 부분의 변화가 나머지 부분에 어떻게 영향을 미치는지를 이해할 수 있는 지적능력으로서 시스템적 사고(systems thinking)라고도 한다. 따라서 이러한 기술을 소유하면 조직을 전략적으로 생각하고 조직의 큰 그림(big picture)을 보며 전 조직에 도움이 되는 폭넓은 문제해결의 의사결정을 하게 된다.

앞절에서 설명한 계획화 기능을 잘 수행하기 위해서는 개념적 기술이 필요하고 조직화 기능을 위해서는 개념적 기술과 함께 대인적 기술이 필요하다. 한편 지휘 기능을 위해서는 대인적 기술이 요구되고 통제 기능을 위해서는 전문적 기술이 요구된다. 〈그림 1-8〉은 경영기술과 경영기능의 상호관계를 보여주고 있다.

경영자 역할

경영자가 하는 일은 어떤 것인가? 그들은 과연 어떤 일에 자신들의 시간을 소비하고 있는가? 이러한 일들을 수행하는 데 정보기술은 어떤 영향을 미치는가? 오늘날 정보기술은 경영자의 기능, 경영자의 역할, 경영자의 기술에 중요한 영향을 미친다.

모든 계층의 경영자는 경영 목표의 달성을 위해 계획을 수립하고, 조직을 형성하고, 부하를 지휘하며, 그 성과를 통제하는 등의 여러 경영활동을 수행하게 된다. 그러나 이러한 일련의 과정적 경영활동은 경영 목표달성을 위해 필요한 경영자의 순환적 직능을 의미할 뿐이며 그 과정에서 경영자가 실제로 어떻게 행동하고 있느냐를 설명해 주지는 못한다. 이러한 과정에서 경영자들이 실제로 수행하는 특정 과업들을 10개의 역할로 정리한 사람이 민츠버그이다.

민츠버그(Mintzberg)는 경영기능을 수행하기 위하여 경영자들이 실제로 매일 어떻게 시간을 소비하며, 어떠한 일을 하고 있느냐 하는 경영자 역할 (management roles)을 실증적 관찰자료에 근거하여 설명하고 있다.[4]

그는 어떤 계층의 경영자를 막론하고 공식적 권한과 지위로부터 비롯되는

그림 1-9 경영자의 역할

대인적 역할

외형적 지도자
리더
연락자

의사결정적 역할

기업가
분쟁해결자
자원배분자
협상가

청취자
전파자
대변인

정보적 역할

4 H. Mintzberg, "The Manager's Job: Folklore and Fact," *Harvard Business Review*(July-August 1974), pp.49~61.

- 대인적 역할
- 정보적 역할
- 의사결정적 역할

을 수행하고 있다고 주장한다. 이와 같은 관계는 〈그림 1-9〉에 나타나 있으며 각 역할을 구체적으로 설명하면 다음과 같다.

① 대인적 역할

대인적 역할(interpersonal roles)은 앞절에서 설명한 대인적 기술을 활용하여 경영자가 기업을 계속적으로 원만히 운영해 가는 데 도움을 주는 역할이다. 이러한 대인적 역할은 비록 그것이 경영자의 통상적인 임무라고 해서 결코 소홀히 수행되어서는 안 된다.

- 기업의 외형적 대표자로서의 역할이다. 한 단위 조직의 장으로서의 경영자는 때때로 방문자의 접견, 부하 결혼식에의 참석, 고객접대 등의 의식적인 일을 수행함으로써 외형적 대표자로서의 역할을 하게 된다.
- 종업원을 채용, 훈련, 동기유발시키는 등의 리더로서의 역할이다. 특히 일선관리자일수록 일을 성공적으로 성취하는 데는 이러한 역할이 더 중요시 될 것이다.
- 연락자로서의 대인적 역할이다. 이는 예컨대 기업 내에서는 동료, 기업 밖에서는 공급자나 고객 등과 같은 여러 이해집단과 접촉함을 의미한다.

정보기술을 통하여 경영자들은 조직을 구석구석 볼 수 있고 e-mail과 Internet을 통하여 종업원 또는 이해관계자들에게 기업의 사명이 무엇이고 이를 달성하기 위해서 어떤 일을 하는가를 알릴 수 있다. 한편 기업 내·외의 사람들의 활동을 연계하고 조정할 능력을 향상시켜 준다.

② 정보적 역할

경영자의 직무에서 가장 중요한 측면이 바로 정보를 수집, 전달하는 것이다. 경영자의 정보적 역할(informational roles)은 세 가지로 분류할 수 있다.

- 모니터로서의 역할이다. 이는 경영자가 하나의 모니터가 되어 경영활동을 수행하는 과정에서 유리하게 활용할 수 있는 정보를 꾸준히 탐색하는 청취자가 됨을 말한다.
- 전파자로서의 역할이다. 이는 부하들에게 필요한 중요 정보를 전달해 주는 역할을 지칭한다.
- 대변인으로서의 역할이다. 이는 그가 수집한 정보의 일부를 그 자신의 부서 혹은 기업 외부의 사람들에게 전달해주는 역할을 일컫는다.

정보기술을 통하여 필요한 정보를 수집하고 종업원들에게 신속하게 전송할 수 있다. 최고경영자와 전국에 흩어져 있는 소매상들을 연결시키는 화상회의가 가능하고 Internet을 사용하여 전 종업원에게 공지사항을 알릴 수 있다. 경영자의 정보적 역할은 앞절에서 설명한 대인적 기술을 사용하여 수행한다.

③ 의사결정적 역할

의사결정적 역할(decisional roles)은 개념적 기술을 사용하여 수집된 정보를 바탕으로 여러 경영문제를 해결하는 것을 의미한다. 이 역할은 다음과 같이 네 가지로 분류된다.

- 기업가로서의 역할이다. 이는 경영자가 기업의 성장과 발전을 위해 솔선수범하며 창의적 노력을 하는 것이다.
- 분쟁해결자로서의 역할이다. 이는 파업, 고객파산, 계약위반 등과 같이 기업 내·외에서 각종 애로상황이 발생했을 때 이에 대한 적극적 해결방안을 모색하는 것을 의미한다.
- 자원배분자로서의 역할이다. 이는 경영자가 그 기업의 자원을 어떻게 그리고 누구에게 배분할 것인가를 결정하는 역할이다. 자원배분의 의사결정이 현명하게 이루어질 때 경영성과가 커지게 되는 것이다.
- 협상가로서의 역할이다. 이는 공급업자와 계약을 체결한다든가 노동조합과의 견해 차이를 해소한다든가 혹은 마케팅 전문회사와 거래를 시작하는 등의 역할이다.

정보기술을 통하여 경영자들은 어떤 프로젝트를 시작할 것인가, 어디에 자원을 투자할 것인가를 결정하는 데 필요한 정보를 실시간으로 얻을 수 있다. 또한 전자시장(electronic market)과 기업간 전자상거래(business to business : B2B) 네트워크의 출현으로 기업은 수많은 공급업자들과 거래를 할 수 있게 되었다.

경영자가 직면한 도전

국내는 물론 해외에 있는 조직과의 경쟁이 오늘날 격화되고 있다. 이러한 조직이 기업조직이든 비영리조직이든 글로벌 환경의 변화에 신속히 대응하고 성과향상이라는 압력 속에 놓여 있다. 특히 두 나라 이상에서 운영하고 경쟁하는 글로벌 기업의 출현으로 기업들은 성과를 더욱 향상시키고 자원을 효율적으로 사용하도록 심한 압력을 받고 있다.

오늘날 글로벌 환경(global environment)에서 경영자들이 직면하는 네 가지 도전(challenge)은 다음과 같다.[5]

- 경쟁우위 확보
- 윤리와 사회적 책임표준의 준수
- 정보기술과 전자상거래의 활용
- 글로벌 위기관리 능력의 향상

① 경쟁우위 확보

경영자들과 조직이 다른 기업보다 경쟁우위를 확보하기 위해서는 자원을 효율적으로 사용해야 한다. 경쟁우위(competitive advantage)란 경쟁자들보다 원하는 제품이나 서비스를 더욱 효율적이고 효과적으로 생산하여 판매경쟁에서 이길 수 있는 능력을 말한다.

조직이 경쟁우위를 확보하기 위해서는 〈그림 1-10〉이 보여주는 바와 같이

- 효율증진

---

5 G. R. Jones and J. M. George, *Contemporary Management*, 7th. ed.(McGraw−Hill, 2011), p. 60.

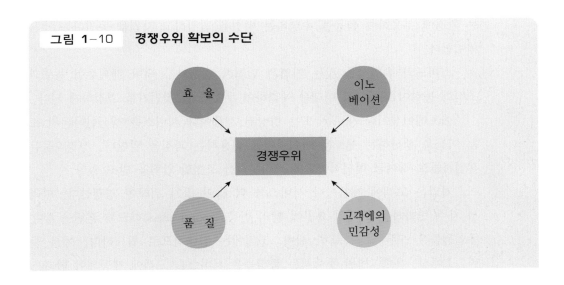

그림 1-10 경쟁우위 확보의 수단

- 품질향상
- 스피드, 유연성, 이노베이션
- 고객에의 민감성

등의 수단을 이용할 수 있다.

　일정한 제품이나 서비스를 생산하는 데 사용하던 자원(예컨대 사람과 원자재)의 양을 줄이면 효율은 증진한다. 조직에서는 자원의 효율적 사용을 꾸준히 증진하기 위하여 새로운 방법, 기술을 도입하고 고도로 컴퓨터화한 조립공장에서 필요한 새로운 기능과 기법을 연마할 작업자들의 훈련이 절대적으로 필요하다.

　생산하는 제품이나 서비스의 품질을 향상하기 위해 작업자들의 능력과 기능을 증진시켜야 하는 압력을 경영자들은 받고 있다. 글로벌 환경에서 가격경쟁력 못지않게 품질경쟁력도 중요하기 때문이다.

　작업자들은 품질향상기법이라는 종합적 품질경영(total quality management: TQM)에 참여하여 새로운 작업방법을 개선하고 생산하는 제품의 품질을 감시하고 평가할 권한을 갖는 것이 오늘날의 추세이다.

　오늘날 스피드, 유연성, 혁신(innovation)에 따라 경쟁에서 우열이 결정된다. 스피드(speed)란 누가 신상품을 시장에 빨리 출하하느냐 또는 납기를 단축하여 주문을 빨리 만족시키느냐를 의미한다. 유연성(flexibility)이란 변화하는 환경에 부응하여 활동을 수행하는 방법을 변경하고 자원을 동원하는 것을 의미한다.

스피드와 유연성을 갖는 기업은 민첩한 경쟁자가 되어 계획수립 능력과 조직화 능력이 뛰어나고 미래를 예측하여 무엇을 할 것인가를 결정하게 된다.

이노베이션이란 새로운 또는 향상된 제품이나 서비스를 생산한다든지 또는 이들을 생산하는 새로운 아이디어를 이용하는 과정을 말한다. 경영자들은 작업자들로 하여금 혁신적이도록 조직문화를 조성할 압력을 받고 있다.

기업은 고객에 제품이나 서비스를 더 많이 팔기 위하여 경쟁한다. 따라서 자주 변화하는 고객의 요구에 빨리 반응(responsiveness)하도록 훈련을 받는 종업원들은 모든 조직 특히 서비스조직에는 절대적으로 필요하다. 예를 들면, 소매상, 은행, 병원 등에서는 품격높은 서비스를 고객에 제공해야 한다.

② 윤리와 사회적 책임표준의 준수

최고경영층은 주주들로부터 조직성과를 향상시켜 주가를 올리고 배당금을 늘리도록 압력을 받는다. 이들은 다시 중간관리층에 압력을 가해 수익을 올리도록 한다. 이러한 성과증진 압력은 좋은 결과를 가져오는 경우도 있지만 유해한 결과를 가져오는 경우도 있다는 사실을 우리는 유념해야 한다.

과도한 압력은 관리자들로 하여금 조직 내·외의 사람과 그룹을 상대할 때 비윤리적으로 행동하게 한다. 예를 들면, 비용관계로 불량품을 구매한다든가 외국 기업과의 계약을 체결하기 위하여 뇌물을 제공하는 경우이다. 기업윤리와 사회적 책임에 대해서는 제7장에서 자세히 공부할 것이다.

③ 정보기술과 상거래의 활용

오늘날 경영자들은 정보기술(information technology: IT)과 전자상거래(e-commerce)를 효율적으로 사용하도록 도전받고 있다. 제조업의 경우 컴퓨터가 통제하는 새로운 기술이라든지 팀 멤버들을 새로운 방법으로 연계시키는 정보시스템이 꾸준히 개발되고 있다.

예를 들면, 자율관리팀을 운영하고 있는 기업에서는 컴퓨터 정보시스템을 통하여 각 멤버들의 활동을 연계시킴으로써 각 팀 멤버는 다른 멤버가 무엇을 하고 있는지를 알게 되고 따라서 이러한 조정은 품질을 향상시키고 혁신의 스피드를 증진시키게 된다.

많은 기업에서는 PC를 통한 e-mail, Internet, 화상회의(video conference) 같은 정보시스템을 이용하여 경쟁우위를 강화하고 있다. 정보기술과 상거래에 대해서는 제15장에서 자세히 공부할 것이다.

④ 글로벌 위기관리 능력의 향상

글로벌 위기(global crisis)는 두 가지 원인으로 구분할 수 있다.

첫째는 허리케인, 쓰나미, 지진, 기근, 질병 등을 포함하는 자연적 원인이다. 이러한 자연적 원인은 피할 길이 없으며 위기로부터 회복하고 경제와 인프라를 재건하는 데 수년이 소요된다.

둘째는 산업오염, 작업자 및 작업장 안전에 대한 무관심, 지구 온난화, 자연 생태계의 파괴, 지정학적 긴장과 테러 등 인간이 유발하는 원인이다. 예를 들면, 이산화탄소와 다른 개스의 방출로 발생하는 지구 온난화로 허리케인과 홍수가 빈발하고 가뭄이 장기화하고 있다.

오늘날 경영자들은 글로벌 위기에 효과적으로 대응함에 있어 중요한 역할을 수행해야 한다. 다시 말하면, 위기에 효과적으로 대응하기 위하여 필요한 자원을 계획하고, 조직하고, 지휘하고, 통제함에 있어 위기로부터 교훈을 배워야 한다.

위기관리(crisis management)는 다음과 같은 사항에 대한 선택을 포함한다.

- 신속한 의사결정과 커뮤니케이션을 위한 팀의 구성
- 신속한 대응을 위한 명령계통과 보고관계의 수립
- 위의 팀에서 일할 적격자의 선정
- 이해관계가 다른 그룹 사이의 갈등을 관리할 전략의 수립

경영자가 이러한 결정을 여하히 하느냐에 따라 위기에 직면하여 효과적으로 신속하게 대응하여 위기의 심각성을 예방 또는 감소시킬 수 있는 것이다.

3. 경영의 최근 변화

     치열한 글로벌 경쟁과 정보기술(IT)의 발달로 경영자들의 업무와 책임은 최근 극도로 변화하고 있다. 국내·외 조직으로부터의 심각한 자원경쟁은 경영자로 하여금 효율성과 효과성을 증진토록 압력을 가하고 있다. 한편 정보기술로 모든 수준의 경영자들은 더 좋은 정보에 접근하여 계획, 조직, 지휘, 통제의 능력을 향상시킬 수 있고 종업원들은 직무관련 정보에 접근하여 보다 전문화되고, 생산적으로 될 수 있다.

     최고경영층은 정보기술을 이용하여 효율성과 효과성을 증진하기 위하여 조직의 구조조정과 특정 활동의 아웃소싱을 추구하고 있다.[6]

구조조정

     구조조정(restructuring)이란 경상비를 줄이기 위하여 조직의 업무를 단순화하거나 축소하는 것을 말한다. 경쟁기업에 비하여 과도한 비용의 발생으로 수익이 감소하기 때문에 생산 팀의 제거, 부서의 축소, 특정 업무의 중단 등을 통해 경영자들과 종업원들의 일자리를 축소하게 된다.

     우리나라의 기업들은 1997년 외환위기에 직면하여 뼈를 깎는 구조조정을 하게 되었고 2009년에 불어닥친 글로벌 금융위기(financial crisis)에 직면하여 국·내외의 모든 기업들은 구조조정을 통해 비용절감을 실현하게 되었다.

     정보기술은 작업자의 정보처리능력을 향상시켜 적은 인원으로 더욱 빨리 효과적으로 의사결정을 할 수 있게 만든다. 그러나 구조조정은 남은 근로자들의 사기를 떨어뜨리고 언제 일자리를 잃게 될지 불안에 떨게 만든다. 예를 들면, 쌍용자동차의 경우 직장을 잃은 근로자들을 복직시키라는 노사갈등으로 회사는 심한 후유증에 시달리고 있다.

---

6 G. R. Jones and J. M. George, *Contemporary Management*, 7th ed.(McGraw-Hill, 2011), p. 59.

아웃소싱

아웃소싱(outsourcing)이란 기업이 그동안 수행해 왔던 제조, 마케팅, 대고객 서비스 등 업무를 다른 기업(보통은 저비용의 외국기업)에 넘기는 외부조달을 말한다. 아웃소싱은 경상비를 절감시켜 자금과 자원을 더욱 효과적인 방법, 예컨대 신제품의 개발 등에 사용할 수 있도록 해줌으로써 효율성을 증진한다.

그러나 일자리의 아웃소싱을 외국 기업에 할 때는 국가적으로 볼 때 일자리의 상실을 의미한다. 미숙련 저임금 일자리를 잃지만 이와 관련된 숙련 고임금 일자리를 그 외국 기업으로부터 유입한다면 오히려 국가적으로는 이득이 될 수도 있다. 이는 미국이나 일본의 기업에서 볼 수 있는 현상이다.

4. 경영학의 학문적 성격

경영학의 의의

경영은 우리의 일상생활에 깊숙이 내재되어 있었지만 하나의 학문으로 형성된 것은 철학, 정치학 또는 경제학 등 다른 학문에 비해서 비교적 최근의 일이다. 그럼에도 불구하고 경영학은 오늘날 가장 빨리 발전하고 관심의 대상이 되는 학문 중 하나이다. 그러면 사람들은 왜 경영학에 대해서 관심을 가지는 것일까?

경영은 기본적으로 사회가 필요로 하는 재화나 서비스의 창출에 관심을 가진다. 즉 인간이 생명을 영위하기 위해서는 자연을 가공하여 인간에 필요한 재화 또는 서비스를 생산하여 필요한 사람들에게 전달해야 하는데 이러한 활동을 수행하는 것과 경영은 관련이 있다. 이러한 재화와 서비스의 창출은 인간 생활에 있어서 중요한 부문을 차지하고 있으며 또한 이를 얼마나 효율적으로 수행하느냐가 국가 경쟁력을 결정짓는 중요한 요인이 된다.

그림 1-11   경영학의 대상

[자 연] ➡ [생 산]
자연으로부터 또는
이미 생산된 물건을
조립, 가공하여 인간에
필요한 재화 창출 ➡ [서비스]

경영학의 연구대상

재화나 서비스를 창출하는 프로세스는 통상 한 사람만의 힘으로 이루어 지는 것이 아니고 여러 사람의 협력이 필요하다. 여러 사람이 필요하다면 여기에서 권력, 갈등, 의사소통 등 다수의 인간관계적 요인이 발생한다. 재화나 서비스를 원활히 창출하기 위해서 우리는 이러한 인간관계적 요인을 원활히 관리할 필요가 있다.

이상의 논의를 바탕으로 할 때 경영학은 사회가 필요로 하는 재화와 서비스를 창출하기 위하여 인적·물적 자원을 효율적으로 관리하는 일련의 프로세스를 연구하는 학문이라고 정의할 수 있다. 따라서 경영학의 연구대상은 〈그림 1-11〉에서 보는 바와 같이 재화와 서비스를 창출하는 데 필요한 모든 활동과 이들을 사회에 제공하는 데 관련된 모든 활동 등을 포함한다.

경영학은 전통적으로 자본주의 경제체제하에서 이윤추구를 위해 취하는 기업의 경영활동에 초점을 맞추어 왔다. 그러나 모든 조직이 경영을 하기 때문에 오늘날 경영은 기업을 포함하여 가정이나 국가 등 기본 경제주체뿐만 아니라 학교나 종교단체 등 비영리조직에도 광범위하게 적용된다.

그러나 전통적으로 경영학의 주된 대상은 기업이었다. 이는 좁은 의미의 경영학을 의미한다.

사회과학으로서의 경영학

사회과학(social science)이란 인간의 사회적 사상에 관한 모든 과학적 연구를 총칭하는 말로서 인간의 주체적인 행동을 다루는 것을 특징으로 한다.

그림 1-12 경영학의 학문적 성격

사회과학

과　학

기　술

경　영　학

이론과학

실천과학

따라서 사회 특히 조직과 불가분의 관계를 맺을 수밖에 없는 인간을 조직과 연계지어 연구하는 경영학은 크게는 사회과학에 속한다고 볼 수 있다(〈그림 1-12〉 참조).

　　사회과학 중에서도 경제학이나 사회학은 인간행동의 매크로(macro)적인 종합현상에 관심을 가지지만, 경영학은 하나의 합목적적 주체로서 조직과 인간간에 상호관계를 맺으며 일정한 목적을 달성하고자 행동하는 인간과 그들이 집합을 이루는 조직을 그 연구대상으로 하는 과학(science)이다.

이론적인 면과 실용적인 면

　　경영학은 이론으로서의 성격이 강조되면서 이론의 바탕하에 실천가능한 관리기술에 대한 지침, 구체화 또는 적용시의 문제를 조정해 나가는 등의 현실적인 면 또한 중요시되고 있다. 경영학은 유기체와 같은 조직을 대상으로 하기 때문에 실용적 측면을 강조한다.

① 이론적 성격

　　경영학은 현실에서 나타나는 경영현상을 과학적 방법을 통해 관찰, 분석을 통해 가설을 설정하고 검증하는 과정을 거쳐 개념을 만들어 내고 개념 간의 상호관계성을 모델화하여 현실장면에서 예측을 가능하게 하는 이론을 만들어낸다. 그러나 경영현상은 인간간에, 조직과 인간간에, 그리고 조직간에 나타나는 현상으로 범위가 제한된다.

② 실용적 성격

만들어진 이론들은 현실장면에 적용되며 적용되면서 시행착오를 거쳐 관리기술이 구체화되고 이론과의 피드백(feedback) 과정을 통해 경영기술이 고양되는 실천적 성격을 갖는다. 즉 개발된 이론을 현실장면에 적용할 계획을 세우고, 계획을 실천해 나가는 과정을 점검하면서 실천을 통해서 나오는 자료를 기초로 이론과의 부합성을 검토하여 이론의 현실성을 실천을 통해 드높이게 된다.

기예적인 면과 과학적인 면

경영학은 효율과 효과를 추구하는 응용학문적 성격이 강하므로 과학 (science)적인 면과 기예(art)적인 면을 포함한다고 볼 수 있다. 이와 같이 경영자는 자료와 객관적 사실과 함께 육감과 개인적 통찰력을 사용하여 의사결정을 하게 된다.

① 기예적인 면

인간의 다수가 모여 조직을 이루게 되므로 조직을 운영하는 측면에서 지휘나 조정이 필요하게 되며 이때 경영학이 세운 이론을 활용하게 된다. 활용적 측면에서 기예적인 면이 중요시되고 숙련도에 따라 경영의 성과는 달라지게 마련이므로 완성된 이론의 활용이라는 면에서는 기예적인 면이 강조되어야 된다.

이와 같이 경영학의 기예적 측면이 강조되는 이유는 경영학이 다루는 경영현상에서 규칙성과 법칙성의 적용이 미약하기 때문이다. 경영은 사람과 기업조직을 대상으로 하는데 사람의 태도나 행동이 자주 변화하고 기업에 영향을 미치는 환경도 시시각각 변화하기 때문에 이들에 규칙성과 법칙성을 적용하기가 쉽지 않다고 할 수 있다.

② 과학적인 면

　　사실 오늘날 기업경영에 있어서 경영자의 경험, 육감, 통찰력과 창의력 같은 기예적인 측면이 절대적으로 필요하기는 하지만 경영을 실천하는 데 있어 자료, 사실, 객관적 정보를 수집하고 계량적 모델과 의사결정기법을 사용하여 옳은 결정을 내리는 것이 아주 중요하다. 특히 규모가 크고 복잡하며 변화가 많은 불확실한 현실세계에서 경영은 예측을 필요로 하며 이는 과학적 접근법에 받침을 두지 않고서는 요행에 의존할 수밖에 없는 것이다.

　　분석적, 합리적, 객관적, 체계적인 방법에 기초한 지식의 누적이 무엇보다도 필요하고 이는 과학적 방법으로서만이 해결할 수 있으며 그런 면에서 경영학에서 과학에 의존하는 부분은 다른 학문들 못지 않게 크다고 할 수 있다.

E/X/E/R/C/I/S/E
토론문제

01. 조직은 무엇이며 왜 필요한가?

02. 조직의 유형을 설명하라.

03. 경영을 정의하라.

04. 경영자원의 종류를 설명하라.

05. 경영자를 정의하라.

06. 경영과정이란 무엇인가?

07. 경영자의 역할과 기술을 설명하라.

08. 오늘날 글로벌 환경에서 경영자가 직면하는 도전은 무엇인가?

09. 경영학의 학문으로서의 성격에 대하여 논하라.

10. 경영학의 연구대상에 대하여 설명하라.

11. 경영학의 연구방법에 대하여 설명하라.

12. 경영학을 정의하라.

경영이론의 발전

경영의 연구에 큰 공헌을 한 사건은 1776년 아담 스미스(Adam Smith)가 출간한 「국부론」(*The Wealth of Nations*)과 18세기 영국에서 시작한 산업혁명(Industrial Revolution)이다. 아담 스미스는 노동의 분업화를 통해서 생산성과 효율을 증진시킬 수 있음을 강조하였다.

산업혁명 이후 동력의 출현, 대량생산, 저렴한 수송비, 정부규제의 미비는 19세기 초반에 대기업의 탄생을 적극 도왔다. 이러한 조직을 운영할 관리자들을 지도할 공식적인 이론의 필요성이 제기되었다. 이와 같이 경영관행은 수 천년 전부터 진행되어 왔었지만 경영이론과 경영원리 개발의 필요성은 산업혁명 이후 대규모 공장이 설립되어 제품생산에 있어 수많은 작업자들의 노력을 조정하고 공장을 효율적으로 운영하기 위함에서 비롯되었다고 할 수 있다.

경영이론들의 개발은 관리자들이 조직에 있어서 무엇을 어떻게 수행해야 하느냐에 대해 믿음을 달리하는 특성을 갖는다.

다시 말하면 이러한 이론들은 조직의 자원을 효율적으로 이용하는 방법이라든가 또는 조직에서 구성원의 행위, 조직의 근본 목적, 조직이 직면한 문제의 형태와 이의 해결방법 등에 관한 서로 다른 가정에 입각하여 전개되어 왔다. 따라서 모든 상황에 적용할 수 있는 통일된 경영이론은 정립되어 있지 않다.

이에 따라 본장에서는 경영이론의 역사적 발전과정을 전고전이론, 고전 경영이론, 행동과학이론, 계량경영이론, 현대 경영이론, 최근 이론으로 구분하여 설명하고자 한다.

제 2 장

경영이론의 발전

1. 경영사상에 영향을 미치는 환경적 요인

경영이론(management theory) 또는 경영사상(management thought)의 발전을 이끈 원동력은 경영자와 이론가들이 제품과 서비스를 생산하는 데 인적, 물적 자원을 사용하는 더 좋은 방법을 탐구한 것이다. 이러한 경영이론은 수 세기 동안 환경적 요인에 의하여 형성되어 왔다. 이러한 환경적 요인으로 경영 이론가들은 기업을 경영하고 종업원을 관리하는 경영관행에 관한 관점에 영향을 받아 왔다. 환경적 요인으로서는 경제적, 사회적, 정치적, 기술적, 글로벌 영향들을 포함할 수 있다.

경제적 영향

경제적 영향이란 사회에서 물적 또는 인적자원의 가용성, 생산, 그리고 유통을 의미한다. 산업화 사회로 바뀌면서 자본주의 국가들은 사유재산제도, 경제적 자유, 경쟁적 시장, 정부의 제한적 역할 등에 입각한 시장경제 원리를 적용하고 있다.

어떤 사회에서도 예컨대 정부, 군, 교회, 학교, 기업 등은 그들의 목적을 달성하기 위하여 희소한 자원을 필요로 한다. 따라서 자원의 가용성, 자원획득의 용이함, 고객이 원하는 제품과 서비스의 종류 등은 경영자의 경영활동에 영향을 미친다. 경제적 희소성은 기술혁신의 자극제가 되어 자원의 용도를 증가시킨다. 예를 들면, 1913년 미국의 포드(Ford) 자동차회사에서는 움직이는 조립라인을 개발하여 노동시간을 획기적으로 단축시키는 데 성공하였다.

현대 경영이론에서 경제적 요인은 환경분석, 전략적 계획, 조직설계 등 다양한 분야에서 사고에 영향을 미치고 있다.

사회적 영향

사회적 영향이란 인간 사이의 관계를 지배하고 영향을 미치는 문화(culture)를 특징지우는 규범과 가치를 말한다. 사람은 무엇을 가치 있다고 보는가? 사람은 무엇을 필요로 하는가? 사람 사이의 행위의 표준은 무엇인가? 이러한 요인들은 문화의 사회계약을 형성하는 데 영향을 미친다. 사회계약(social contract)이란 인간관계뿐만 아니라 노사관계를 지배하는 문서화되지 않은 규칙과 인식을 뜻한다.

노사간의 사회계약은 시대가 흐름에 따라 크게 변하였다. 처음에 작업자들은 단순히 임금을 받고 고용인의 통제 속에서 작업을 수행하여 왔다. 그러나 작업자들이 작업안전, 복지, 기타 사회적 고려 등을 위해 투쟁한 결과로 사회계약은 최근 크게 변하였다.

작업자들은 육체적 기능 외에 정신적 능력을 사용할 것을 강조하고 작업장에서의 자율과 정의를 요구하게 되었다. 이러한 변화는 작업자들을 동기부여하고 그들의 활동에 대해 의사결정의 권한과 책임을 부여하는 현대적 접근방법의 적용에 이르게 하였다.

사회적 요인의 변화는 모티베이션(motivation), 리더십(leadership), 인적자원관리와 같은 분야의 경영이론 형성에 영향을 미치는 데 큰 역할을 수행하였다.

정치적 영향

정치적 영향이란 정치적, 법적 기관이 작업자와 기업에 미치는 영향을 말한다.

정치적 요인은 지방자치, 재산권, 계약권, 정의의 개념, 범죄의 유·무죄의 결정과 같은 정치시스템을 뒷받침하는 기본적인 가정들을 포함한다. 민법과 형법은 물론 정부의 규정도 개인과 조직의 행위에 영향을 미친다.

경영에 여러모로 영향을 미치는 법, 규칙, 규정은 경제적, 사회적 영향의 부산물이었다. 환경 규제는 자연자원의 보호를 무시한 무자비한 행위를 방지하기 위하여 제정되었다. 어린 소년의 취업을 금지하고 작업장에서의 안전에 관한 규정들은 모두 사회적 요구에 따라 제정된 것이다.

작업자의 권리에 대한 높은 관심으로 주당 작업시간의 단축을 초래하였고 작업장에서의 안전환경을 보장하게 되었고 후생, 복지의 수준을 증진하게 되었다. 독점금지법의 제정으로 기업은 구조조정을 하게 되고 산업을 재편성 하게 되었다.

이와 같이 법, 규칙, 규정의 제정으로 오랫동안 경영철학과 경영 스타일의 변화를 초래하였다.

기술적 영향

기술적 영향이란 제품과 서비스를 생산하기 위하여 사용되는 노하우(know-how), 장비와 도구, 그리고 절차 등의 진보가 기업경영에 미치는 영향을 말한다.

예를 들면, 수송, 커뮤니케이션, 정보기술의 발달은 글로벌 경영이 가능하도록 만들었다.

글로벌 기업의 경영자들은 새로운 기술을 받아들여 현명한 의사결정을 해야 한다. 이러한 결정은 운영상 인적 또는 기술적 측면에 영향을 미친다.

새로운 기술의 도입은 경쟁우위를 결정한다. e-mail과 팩스기(fax machine), 전자자료교환기와 같은 통신과 정보교환능력의 발달은 꾸준히 진행될 것이다. 휴대폰의 기능도 더욱 편리해지고 노트북 컴퓨터는 모뎀(modem), 스피커폰(speaker phone), 전화자동응답장치(answering machine) 그리고 팩스기를 장착한다.

한편 수송분야에 있어서의 발달도 지구를 급속히 좁히고 있다. 이 외에도 미래의 공장은 컴퓨터 설계(computer-aided design: CAD), 컴퓨터 제조(computer-aided manufacturing: CAM), 컴퓨터 통합제조(computer integration manufacturing), 자동저장/검색 시스템(automated storage and retrieval system:

AR/AS), 유연생산시스템(flexible manufacturing system: FMS) 등을 갖추어 컴퓨터를 이용하여 제품을 설계하고 기계를 통제하기 위해 이들을 모두 통합할 것이다.

이상에서 열거한 모든 기술분야의 발달은 작업장에서 작업자의 직무책임을 변화시키고 기업경영에 막대한 영향을 미치고 있다.

글로벌 영향

글로벌 영향이란 기업이 세계시장에서 경쟁하려고 할 때 품질과 생산성은 높이고 비용은 절감시키도록 압력을 가하는 것을 말한다. 기업이 국경 없는 국제시장에서 치열한 경쟁을 벌여야 하는 환경의 변화로 경영사고에 있어 최근 큰 영향을 초래하였다.

자동차 산업이든 전자 산업이든 모든 산업에서 글로벌 경쟁은 모든 기업에 영향을 미치고 있다. 예를 들면, 한국의 자동차 시장은 현대, 기아, GM 쉐보레 자동차만을 위한 시장이 아니다, 외국의 경쟁자들이 높은 품질과 낮은 가격의 자동차로 시장을 침투하고 있다. 이와 반대로 우리나라의 자동차는 미국 등 다른 나라의 시장에 계속 침투하고 있다.

시대가 흐름에 따라 국산 자동차와 외국 자동차의 구별도 점차 지워지고 있다. 미국 내에 공장을 가지고 있는 현대와 일본의 혼다(Honda) 및 도요타(Toyota)는 미국산 부품을 사용하고 미국인 노동자를 고용하고 있다.

점증하는 글로벌 경쟁으로 기업은 노동자들의 기능과 능력을 총동원하여 품질, 생산성, 비용을 향상시키는 노력을 경주하게 되었다.

이에 따라 경영의 현대이론은 기업의 글로벌 환경으로 크게 영향을 받고 있다.

2. 전고전이론

이미 앞에서 공부한 바와 같이 경영행위는 수천 년 전으로 거슬러 올라

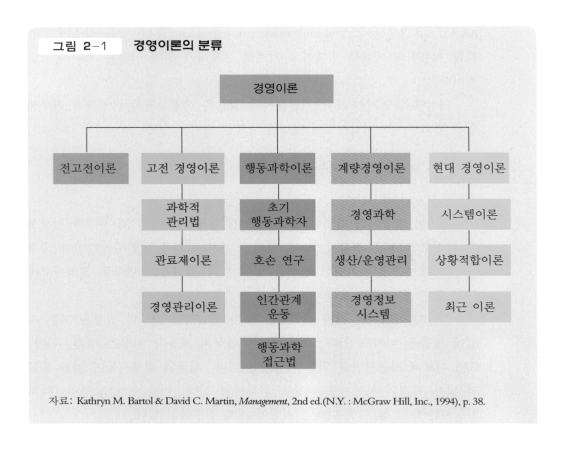

그림 2-1 경영이론의 분류

경영이론

- 전고전이론
- 고전 경영이론
  - 과학적 관리법
  - 관료제이론
  - 경영관리이론
- 행동과학이론
  - 초기 행동과학자
  - 호손 연구
  - 인간관계 운동
  - 행동과학 접근법
- 계량경영이론
  - 경영과학
  - 생산/운영관리
  - 경영정보 시스템
- 현대 경영이론
  - 시스템이론
  - 상황적합이론
  - 최근 이론

자료: Kathryn M. Bartol & David C. Martin, *Management*, 2nd ed.(N.Y. : McGraw Hill, Inc., 1994), p. 38.

가지만 지식의 한 분야로서 경영학의 발전은 좀더 최근의 일이다. 경영이론과 경영원리의 개발을 촉진시킨 것은 1800년대 초에 있었던 산업혁명이었다.

공장의 규모가 확대되어 가내 수공업 형태의 생산방식으로부터 공장에서의 대량생산방식으로 바뀌고 수많은 작업자가 기계를 사용하여 제품을 생산하게 되어 공장을 효율적으로 운영하고 작업자들의 행위를 관리하는 문제에 관심을 갖기 시작하였다.

전고전이론(pre-classical theory)의 공헌자라고 하는 이들은 주로 특정 문제에 적용되는 특정 기법에 초점을 맞추었다. 이 후에 경영의 주요한 관점 또는 학파의 기초가 되는 폭넓은 원리와 이론을 개발하는 사람들이 줄을 이었다. 본서에서는 〈그림 2-1〉이 보여 주는 바와 같이 고전 경영이론, 행동과학이론, 계량경영이론, 현대 경영이론(최근 접근법 포함)으로 그룹화하고자 한다. 각 이론 속에는 몇 가지의 접근법이 존재한다. 이러한 경영이론의 발전과정을 연대별로 나타낸 것이 〈그림 2-2〉이다.

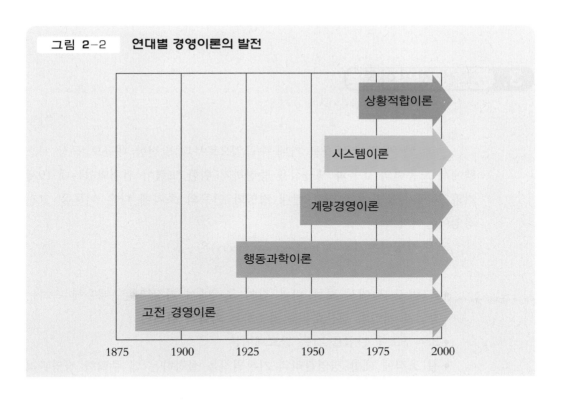

그림 2-2 연대별 경영이론의 발전

상황적합이론

시스템이론

계량경영이론

행동과학이론

고전 경영이론

1875 1900 1925 1950 1975 2000

    고전 경영이론이 출현하기 전 1800년대 후반기에 몇 사람이 경영관리에 관한 아이디어를 제시하였다. 오웬(Robert Owen: 1771~1858)은 스코틀랜드에 있는 목화공장의 경영자요 기술 개혁가로서 인적자원의 중요성을 인식하고 종업원의 복지에 큰 관심을 기울였다. 그 당시까지 공장 노동자들은 기계와 장비와 같은 생산수단으로 취급되어 왔으나 오웬은 노동자는 존경과 권위를 인정 받아야 함을 믿었다. 따라서 그는 생산과 이윤을 증가시키기 위하여 작업조건과 생활조건을 개선하고 취업연령을 10세 이상으로 하고 매일 근무시간을 10.5시간으로 제한하였다.

    배비지(Charles Babbage: 1792~1871)는 영국의 수학자로서 생산의 효율성에 큰 관심을 두었다. 배비지는 그의 저서 「*On the Economy of Machinery and Manufactures*」에서 작업을 수행하는 사람들 사이에 노동의 분업(division of labor)과 전문화를 강조하고 수학을 적용하여 시설과 자재의 효율적 사용을 통한 생산성 증가와 비용절감을 주장하였다. 오늘날 각 작업자가 몇몇 과업에 책임을 지는 반복적인 조립라인은 배비지의 아이디어에 기초한다고 할 수 있다.

3. 고전 경영이론

산업혁명의 결과 소규모 가내 수공업으로부터 발전한 대규모 공장 시스템에서 노동력의 효율과 생산성을 증진하기 위한 노력이 전개되었는데 19세기와 20세기 초반에 이러한 현대 경영학 연구의 초기에 나온 이론을 고전 경영이론이라 한다.

고전 경영이론(classical management theory)은

* 〈그림 2-3〉에서 보는 바와 같이 조직에서 가장 낮은 계층에 속하는 작업자 개인의 생산효율을 강조하는 과학적 관리법
* 조직구조에 관심을 갖는 관료제이론
* 전 조직에 대한 경영관리의 기본원칙을 설정하는 데 주력한 경영관리 이론

으로 구성되어 있다.

고전적 접근법은 공통되는 전제를 갖는데 그것은 작업자들은 주로 경제적 관심에 따라 합리적(이성적)으로 행동한다는 것이다. 즉 작업자들은 자기

그림 2-3 고전 경영이론의 분류

들에 주어지는 기회를 합리적으로 고려하고 개인의 금전적 이득을 취하기 위해서는 무엇이든 한다는 것이다.

과학적 관리법

20세기 초에 산업과 기업은 확대되고 자본은 충분하였지만 기능을 갖춘 노동력의 공급은 부족하였다. 따라서 경영자들은 일선노동자들을 더욱 효율적으로 사용하는 방법을 찾기 시작하였다. 효율을 증대시키기 위하여 개별 노동자들과 작업 사이의 관계를 체계적으로 연구하기 위하여 전개된 이론이 과학적 관리법(scientific management)이다.

과학적 관리법의 초기 주창자들에는 테일러(Frederick W. Taylor: 1856~1915), 프랭크 길브레드(Frank Gilbreth: 1868~1924), 릴리안 길브레드(Lillian Gilbreth: 1878~1972), 간트(Henry Gantt: 1861~1919) 등이 포함되지만 테일러가 주도적 역할을 수행하였다.

과학적 관리법의 아버지라고 불리는 테일러는 공장의 문제해결에 과학적 방법을 적용하고 인간노동, 도구, 시간 등의 효율적 사용을 강조하였다. 그의 과학적 관리법은 작업장에서 작업자의 능률을 높임으로써 생산성 증대를 도모하기 위하여 작업을 과학적으로 설계하는 목적으로 작업자와 과업(task) 사이의 관계를 체계적으로 연구하는 기법이다. 테일러는 한 단위의 제품을 생산하는 데 각 작업자가 소요하는 시간과 노력이 직무의 전문화(job specialization)와 노동의 분업(division of labor)의 강화를 통해서 감소한다면 이는 공정이 효율적임을 뜻한다고 믿었다. 따라서 그는 작업자들이 과업을 수행하는 유일최선의 방법(one best way)을 찾는 과정으로 과학적 관리법을 이용함으로써 비효율적 생산현장을 바로잡고자 하였다.

테일러의 과학적 관리법은 처음에는 공장 내부의 노무관리를 위해 출발하였으나 나중에는 기업경영의 전 부문에 대한 관리의 과학으로 발전하여 오늘날 경영학 및 산업공학의 기초가 되었다.

테일러는 미국의 필라델피아에 있는 미드베일 철강회사(Midvale Steel Co.)의 선임 엔지니어로 근무하면서 작업자들이 정상적인 작업속도보다 느린 속도로 작업하는 태업(soldiering)의 원인을 발견하였다. 생산성을 증가시키면 작업자들이 실직할 수 있을지도 모른다는 두려움을 느꼈을 뿐만 아니라 표준 이상의 제품을 생산하였을 때 이에 상응하는 보상을 충분히 하여 주지 못하였기 때문이었다.

테일러는 작업자들의 태업을 방지하고 작업자들의 노동효율을 증진시키기 위하여 1911년 「The Principles of Scientific Management」라는 저술을 통하여 과학적 관리의 4원칙을 제의하였다.

- 한 과업의 각 요소들을 과학적으로 연구하여 과업을 수행하는데 가장 좋은 작업방법과 절차를 표준화한다.
- 각 작업을 수행할 기술과 능력을 갖춘 적격자를 과학적으로 선발하고 과학적인 표준방법으로 과업을 수행하도록 훈련·교육시킨다.
- 관리자는 작업자들이 과학적인 작업방법으로 과업을 수행할 수 있도록 그들과 협력토록 한다.
- 관리자는 작업자의 작업을 계획하고 작업수행방법을 설정하는 반면 작업자는 이에 따라 작업을 수행함으로써 작업과 책임을 균등하게 배분한다. 이와 같이 관리자와 작업자의 직무와 기능이 분업화되어야 한다.

테일러는 작업자들이 하루의 공정한 작업량인 과업을 과학적인 방법으로 수행할 수 있도록 시간연구(time study)와 동작연구(motion study)를 실시하였다.

이는 작업자가 실시하는 직무(job)를 과업(task)으로, 과업을 다시 요소동작(element)으로 세분한 후 불필요하고 낭비적인 동작을 제거하고 직무를 수행하는 가장 효율적인 표준화된 작업방법과 이러한 직무를 수행하는 표준시간(standard time)을 측정하는 연구를 말한다.

테일러는 과학적으로 표준화된 작업방법을 통하여 작업자들의 생산성을 높이기 위하여 표준 생산량을 초과하는 부분에 대해 높은 임금을 보장하고 과업달성에 실패한 작업자에게는 손실을 감당케 하는 차별적 성과급제도와 같은 임금인센티브제도(wage incentive system)의 도입을 실현하였다.

프랭크 길브레드와 릴리안 길브레드는 부부로서 테일러에 이어 시간·동작연구를 더욱 발전시키는 데 공헌하였다. 프랭크는 벽돌쌓기 공정의 능률화를 위하여 동작연구를 사용할 것을 제안하였다. 그는 과업구조를 연구하기 위하여 동작 사진촬영기법을 사용하였다. 이러한 과업구조의 변경을 통하여 그는 18개의 동작을 다섯 개로 줄이고 생산량도 200% 이상 증가시킬 수 있었다.

동작연구를 수행하기 위해서는 특정 직무와 관련된 각 활동 또는 과업이 17가지의 기본동작으로 분해되어야 한다. 이들 인간의 기본동작이 서블릭(therblig)이다.

릴리안은 1712년 「The Psychology of Management」라는 박사학위논문을 발표하고 산업공학의 인적 측면에 관심을 두었다. 그녀는 작업능률과 생산성을 증진하는 데 작업조건의 향상을 강조하였다. 그녀는 표준 작업일수, 휴식시간, 점심시간의 계획화를 제안하였다.

간트는 테일러와 함께 여러 직장에서 함께 일하면서 특히 현장에서 생산계획을 통제하고 그의 일정계획을 수립하는 방안에 관심이 많았다. 현대에도 사용되는 간트차트(Gantt chart)는 작업의 흐름을 조정하는 그래프적 수단이다. 즉 이는 작업공정이나 제품별로 계획된 작업의 실제 진행상황을 도표화함으로써 전체적인 시간관리를 가능케 하는 막대도표이다.

관료제이론

산업혁명이 일어나자 과학과 기술에 대한 인식이 새롭게 되었으며 많은 사람들이 도시 노동자화되었다. 이 시기에 유럽에서는 조직이 효율적이기 위해서는 어떻게 설계되고 관리되어야 하는가에 대한 공식적 연구가 나타났다.

독일의 사회학자 웨버(Max Weber: 1864~1920)는 20세기 초 독일에서 산업혁명이 일어날 때 조직관리를 효과적으로 수행하도록 경영자를 돕기 위해 조직구조, 리더십, 그리고 합리성(rationality)에 대한 일련의 연구논문을 발표하였다. 웨버가 제시한 전반적 구조는 관료주의적 모델(bureaucratic model)로 알려져 있으며 이는 전통적 접근법의 기초가 되었다.

초기에 관료주의는 오늘날 우리가 부정적 의미로 사용하는 서류중심, 변화거부, 복지부동으로 인한 조직의 비효율성과 형식에 사로잡힌 비능률적인 사무절차를 의미하는 것은 아니었다. 반대로 웨버는 관료주의를 대규모 조직에서 조직 효율성을 강화하는 합리적이고 이상적인 조직구조의 설계방법으로 믿고 있었다. 관료주의 조직의 기본 설계원리는 다음과 같은 특징을 지닌다.

- **규칙의 명확화:** 공식적인 규칙을 통하여 업무절차를 표준화할 수 있고 모든 사람을 동일하게 취급할 수 있다. 합법적 권한과 권력은 규칙에 근거한다. 따라서 규칙은 조직의 질서와 영속성을 위하여 필요하다.
- **노동의 분화**(division of labor)**:** 사람들은 잘 정의된 직무를 담당하고 있으며 직무를 수행하는 데 필요한 권한을 가진다. 따라서 기능적 전문화에 의한 노동의 분화 원칙은 조직설계의 근간이다.
- **기술적 훈련, 역량 그리고 전문성에 근거한 선발:** 특정 직무에 대한 자격요건이나 승진에 대하여 객관적 기준을 적용한다.
- **전문 경영:** 관리자는 전문적인 경력자이어야 한다.
- **권한의 계층:** 하위 직급은 상위 직급에 의해서 직접적으로 감독과

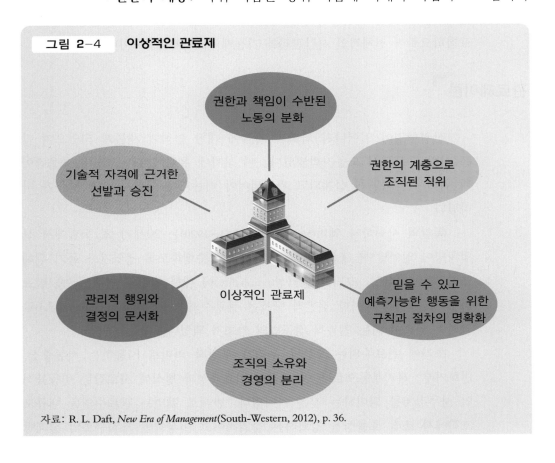

그림 2-4 이상적인 관료제

권한과 책임이 수반된 노동의 분화

기술적 자격에 근거한 선발과 승진

권한의 계층으로 조직된 직위

관리적 행위와 결정의 문서화

이상적인 관료제

믿을 수 있고 예측가능한 행동을 위한 규칙과 절차의 명확화

조직의 소유와 경영의 분리

자료: R. L. Daft, *New Era of Management*(South-Western, 2012), p. 36.

통제를 받는다. 의사소통은 수평적이라기보다는 수직적으로 이루어진다.

- **문서화:** 모든 구성원들에게 적용되는 행동, 의사결정 그리고 규칙 등은 문서로 기록되고 보관된다.

이상을 요약한 것이 〈그림 2-4〉이다.

관료제 모델의 근간은 권한과 합법적 통제(legitimate control)이다. 조직 내 모든 행위는 권한과 책임을 수반한다. 사람들이 합법성(legitimacy)을 획득하는 방법으로 웨버는 세 가지 가능성을 제시하고 있다. 즉 이들은 전통적(traditional), 카리스마적 그리고 관료적(합리적, 법적) 권한을 말한다. 전통적 권한은 단순히 전통이나 관습에 의해 특정 지위를 맡는 전제군주로 대표될 수 있다. 카리스마적 리더는 개인적 능력이나 매력을 통하여 부하로부터 자발적으로 순응을 받는 권한을 획득한다.

웨버는 조직을 경영할 사람은 관료적 리더라고 주장하였다. 관료적 리더는 전문성과 법적으로 정의된 자격요건 때문에 획득되며 책임을 수반한다.

웨버의 모델은 문자 그대로 모델임에 주목할 필요가 있다. 관료제는 웨버가 이상적 조직설계 모델이라고 믿는 것이다. 현실에 있어서는 이상적 모델과 부합되는 조직은 존재하지 않는다. 그러나 웨버는 관료적 조직에 근접할수록 조직의 효율성이 커진다고 주장하였다.

경영관리이론

전통적 접근법을 정교화하고 보완한 다수의 유럽 학자들이 있다. 그러나 그들은 이상적 모델을 설계하는 대신 실제로 존재하는 성공적 조직의 특성을 분류하고 식별하고자 하였다. 과학적 관리법은 생산성을 극대화하기 위해 개별 노동자와 과업을 짝짓게 하는 데 초점을 맞추었지만 효율적인 전체 조직 시스템에 초점을 맞추는 경영관리원칙론이 그 후에 나타났는데 이 이론에 기여한 사람은 페이욜과 바나드이다.

프랑스의 페이욜(Henri Fayol: 1841~1925)은 고전 조직이론의 선구자로서 조직 전체적인 측면에서 모든 경영자들이 어떻게 조직을 효과적으로 관리할 것인가, 즉 경영성과의 모든 면에 초점을 맞추었는데 경영자를 위한 지침과

방향으로써 그가 수행해야 할 다섯 개의 관리과정과 경영의 14원칙을 개발하였다. 경영자의 다섯 개 기능은

- 계획화(planning)
- 조직화(organizing)
- 지시(command)
- 조정(coordination)
- 통제(control)

등이다.

이 다섯 기능의 경영관리이론(general administrative theory)은 현대의 경영서적에서도 그대로 인용되고 있다.

경영관리의 14개 기본원칙은 웨버의 원칙과 비슷하며 다음과 같다.

- **업무의 분화**(division of work): 보다 효율적으로 특정 활동에 전념할 수 있게 하는 노동 전문화의 원칙이다.
- **권한과 책임**(authority and responsibility): 권한은 업무상 지시할 수 있는 권리이다.
- **훈육**(discipline): 훈육은 사업의 원만한 운용을 위하여 필수 불가결한 것이다.
- **명령의 일원화**(unity of command): 종업원은 단지 하나의 상사로부터 지시를 받는다.
- **방향의 단일화**(unity of direction): 동일한 목적을 지닌 업무 활동들에 대하여 한 명의 책임자와 하나의 계획만 있어야 한다.
- **사적 이해에 대한 공적 이해의 우선**(subordination of individual interests to general interests): 개별 종업원 또는 집단의 이해는 조직의 전반적 이해보다 우선되어서는 안 된다.
- **종업원에 대한 보상**(remuneration of personnel): 보상은 공정하여야 하며 가능한 한 종업원과 기업을 동시에 만족시켜야 한다.
- **집권화**(centralization): 집권화는 조직의 핵심이며 조직화의 당연한 결과이다.

- **계층연쇄**(scalar chain): 조직은 최고 권한을 지닌 계층으로부터 최하직까지 감독의 연쇄(사슬)로 이루어져 있다.
- **질서**(oder): 조직은 모든 구성원에 대해서 적절한 자리와 위치를 제공하여야 한다.
- **공정성**(equity): 공정성과 정의감(justice)이 조직에 만연해 있어야 한다.
- **재직의 안정성**(stability of tenure of personnel): 종업원들이 자신의 업무에 적응하고 효과적으로 업무를 수행하기 위해서는 시간이 필요하다.
- **주도권**(initiative): 조직의 모든 계층에서 주도권을 갖고 계획을 수립하고 집행하는 열정과 에너지를 증대시켜야 한다.
- **집단정신**(esprit de corps): 팀워크와 인간관계를 강조하고 있다.

미국의 바나드(Chester I. Barnard: 1886~1961)는 「*The Functions of the Executives*」라는 저서를 출간하고 경영이론에 큰 공헌을 하였다.

첫째는 최고경영층의 기능이다. 바나드는 조직을 종업원들의 협동이 필요하고 그들과 꾸준한 커뮤니케이션이 요구되는 사회적 시스템(social system)으로 간주한다. 따라서 최고경영층은 종업원 사이의 커뮤니케이션 시스템을 유지하라는 것이다. 바나드의 큰 공헌은 비공식조직(informal organization)의 개념이다. 조직은 기계가 아니기 때문에 종업원 사이에 파벌 같은 비공식관계가 형성되는데 이를 잘 관리만 한다면 오히려 조직에 도움이 된다고 주장한다. 한편 최고경영층은 조직의 목적을 분명히 제시함으로써 종업원들이 이를 달성하기 위해 모든 노력을 경주하는 모티베이션이 가능하다는 것이다.

둘째는 권한의 수용이론(acceptance theory of authority)을 주창한 것이다. 부하는 상사의 명령이 자신에 이득이 되고 조직의 목적에 부합하며 그의 내용을 쉽게 이해할 때 그의 명령에 기꺼이 따른다는 이론이다.

따라서 경영자는 권한의 수용이 조직 성공에 아주 중요하므로 구성원들과 커뮤니케이션을 통하여 협조를 구해야 한다.

고전 경영이론의 공헌과 비판

고전적 관점의 가장 큰 공헌은 조직사회의 중요한 요소로서 경영을 자리매김하였다는 것이다. 고전 경영이론의 주창자들은 경영도 법, 의료, 기타 직업과 같이 경영자기 배우는 원칙에 따라 실행할 수 있다는 것을 보여주었다. 고전적 관리이론은 조직을 잘 관리하기 위해서는 합리적인 접근방법과 이론적 · 과학적인 원칙을 따라야 한다고 주장하였다.

계획화, 조직화, 지휘, 통제와 같은 경영기능은 새로운 경영자를 훈련시키는 기초를 제공하였다. 고전 경영이론의 공헌은 경영의 한 분야로서 그리고 그의 공정과 기능을 규명하는 차원을 넘어서 제시된 경영기법이 오늘날에도 이용되고 있다는 점이다. 예를 들면, 효율성을 극대화 시키기 위한 시간 · 동작분석, 직무 전문화, 작업단순화, 직무설계, 임금인센티브시스템, 일정계획, 작업환경의 중요성 등에 대한 개념은 오늘날의 대기업에서도 그대로 원용하고 있다.

그러함에도 불구하고 고전 경영이론은 몇 가지 점에서 비판을 받고 있다.

- 고전 경영이론은 안정적이고 단순한 조직을 대상으로 하였다는 점이다. 오늘날의 조직은 이와 반대로 복잡하고 변화무쌍한 것이다. 고전 경영이론은 보편적인 지침을 제시한 것으로서 오늘날 모든 조직에 그대로 적용할 수는 없다는 것이다.
- 고전 경영이론은 조직에서 개인의 역할을 등한시하였다는 점이다. 고전 경영이론에서는 조직과 사람을 기계적 관점에서 취급하고 있다.

특히 과학적 관리론은 인간의 존엄성을 무시함으로써 조직을 기계로,

| 표 2-1 | 고전 경영이론의 특징

	과학적 관리법	관료제이론	경영관리이론
특징	일상화와 규칙의 훈련, 유일 최선의 관리 방법, 금전적 동기부여	규칙, 비인간성, 분업, 계층적 구조, 권한구조, 장기고용계약, 합리성	경영기능의 정의, 분업, 계층적 구조, 권한구조, 공정성
초점	근 로 자	전 체 조 직	경 영 자
장점	생산성, 효율성	일관성, 효율성	명료성 구조, 규칙
단점	근로자의 사회적 · 심리적 욕구 무시	경직성, 의사결정지연	환경요인 고려 제외, 지나친 경영자행동 강조

자료: D. Hellriegel, S. Jackson and J. Slocum, Jr., *Management*, 10th ed.(Thomson Publishing, 2005), p. 46.

인간을 그의 부속품으로 취급하고 개인의 행동을 표준화하고 통제하여 작업의 능률에 초점을 맞춤으로써 조직을 폐쇄시스템으로 보았다. 그뿐만 아니라 노동자를 생산성-금전적 보상의 관계로 취급함으로써 노동자의 사회, 심리적 요인을 무시하고 있다.

노동자는 그가 속한 집단의 문화나 사회구조 또는 그의 동료들에 의하여 그의 행동이나 태도에 영향을 받을 수 있을 뿐만 아니라 경제적 욕구 이외의 여러 가지 다양하고 복합적인 욕구를 갖는 사회적 동물이라는 사실을 간과하고 있다. 즉 갈등, 커뮤니케이션, 리더십, 모티베이션 같은 중요한 인간 사이의 관계를 소홀히 하였다. 이러한 고전 경영이론의 한계로부터 새로운 조직이론의 다양한 학파들이 형성되어 나왔다.

고전 경영이론의 특징을 요약하면 〈표 2-1〉과 같다.

4. 행동과학이론

고전 경영이론은 작업자들을 단순히 생산기계로 취급하였다. 따라서 고전 경영이론은 기업이 이러한 생산기계를 더욱 능률적으로 이용하는 유일 최선의 방법을 찾는 데 주로 관심을 두었다.

고전 경영이론은 확실히 인간 본성에 대한 부정적 관점에 기초하고 있다. 인간들은 경제적 이해관계에 의해서만 동기유발된다고 여겨졌다. 작업자들의 행위는 작업상황의 여러 가지 측면에 대한 반응에 영향을 받는다는 사실은 능률증진과는 아무런 관계가 없다고 보는 것이다.

모든 조직의 핵심은 과업과 조직구조 등의 과학적인 설계라고 믿는 고전 경영이론에 반하여 제 2 차 세계대전 전·후에 태동하기 시작한 행동과학이론(behavioral science theory)에서는 경영자들이 성과를 향상시키기 위하여 작업자들을 어떻게 지휘하고 통제할 것인가에 초점을 두었다. 다시 말하면 조직의 핵심으로 인적변수(human variable)를 인정함으로써 조직에서 인간의 행위에 영향을 미치는 다양한 요인들의 중요성과 목표달성을 위한 작업자들에 대한 동기부여를 강조한다. 특히 작업자들의 인간적, 사회적 욕구와 조직의 사회적 환경이 작업의 양과 질에 영향을 미친다고 강조한다.

그림 2-5 행동과학 접근법의 분류

이와 같이 행동과학이론에서는 조직의 기술(기계)적 측면에만 관심을 가진 고전 경영이론과는 달리 조직에서 인간관계(human relations)의 중요성을 인식하여 조직을 사회적, 심리적 측면에서 접근하려고 한다.

우리는 행동과학이론으로서 초기 행동주의자들의 공헌, 호오손 연구, 인간관계운동, 행동과학 접근법을 순서대로 설명하고자 한다. 이는 〈그림 2-5〉에서 보는 바와 같다.

초기 행동주의자

초기 행동주의자(early advocate)로는 1800년대 전반의 로버트 오웬, 1900년대 초의 뮌스터버그와 폴렛, 1930년대의 바나드를 들 수 있다. 그들의 공헌은 다양하고 독특하지만 모두 사람이 조직의 가장 중요한 자산이요 성공의 근원이라고 믿었다. 그들의 아이디어는 근로자 선발절차, 근로자 모티베이션 프로그램, 근로자 작업팀, 조직-환경 관리기법 등 경영관행의 근간을 제공하였다.

뮌스터버그(Hugo Münsterberg: 1863~1916)는 독일에서 태어나 심리학과 의학 분야에서 박사학위를 받았다. 그는 1913년 출간한 「*Psychology and Industrial Efficiency*」라는 저서를 통하여 심리학자가 산업발전에 공헌할 수 있는 방안을 제시하였다.

첫째는 심리학자는 직무를 분석하여 특정 직무에 가장 알맞은 작업자를 선정할 수 있는 방법을 찾을 수 있다는 것이다. 이는 과학적 관리법의 주장과 유사하다. 그러나 다음 두 가지는 고전적 이론가들이 생각한 요인 이외의 다른 요인들이 작업장에서 작업자들의 행위에 영향을 미친다는 내용이다.

심리학자들이 산업을 도울 수 있는 두 번째 방안은 작업자들이 최선을 다 하여 작업할 수 있는 심리적 환경을 규명할 수 있다는 것이다.

셋째는 경영자의 이익에 부합하도록 근로자들이 행동하도록 영향을 미치는 전략을 개발할 수 있다는 것이다.

그의 아이디어와 그가 제시한 예는 산업심리학의 분야를 탄생시킨 계기가 되었다. 따라서 그를 산업심리학의 아버지라고 부른다.

폴렛(Mary Parker Follett: 1868~1933)은 미국에서 태어나 정치학을 공부한 사람이지만 고용과 작업장 문제에 관심을 가진 사회사업가이었다. 그녀는 조직이란 경영자와 작업자들이 민주적 협조관계를 유지해야 한다고 주장하였다.

그녀가 주장한 아이디어를 요약하면 다음과 같다.

- 조직은 공동체(communities)로 운영되어야 한다. 경영자들과 작업자들은 지배관계를 떠나 서로 협조하고 조화를 이루어야 한다.
- 갈등(conflict)은 경영자들과 작업자들의 자유스러운 대화를 통해 해결해야 한다.
- 그룹은 다양한 개인들이 그들의 재능을 큰 선을 위해 결합시킬 수 있는 메커니즘이다.
- 권력(power)은 경영자들과 작업자들이 함께 공유해야 한다. 권력의 공유는 통합(integration)을 통해 갈등을 해결할 때 가능하다. 여기서 통합이란 노사 쌍방을 만족시키는 해결책을 찾는 것을 말한다.
- 조직 구성원들이 서로 협조하고 이해의 통합을 달성하는 것은 경영자의 역할이다.
- 경영이란 정적인 원칙이 아니고 동태적인 과정이다. 이는 Taylor, Fayol, Weber의 생각과는 정반대이지만 현대 경영철학과는 부합하는 것이다.
- 기업에서 각 작업자를 소유자로 취급하면 집단 책임의식이 고취된다.
- 작업자들이 영향을 받는 경우에는 그들을 의사결정과정에 참여시켜야

한다.

● 사적 이익은 공중선과 대립관계라고 여겨야 한다.

그녀는 경영자들은 사람을 계층적 압력에 의해 강압적으로 대할 것이 아니라 작업자 그룹(work group)의 노력을 조정하고 화합하는 능력을 가져야 한다고 주장하였다. 이러한 개념은 오늘날 기업에서 볼 수 있는 자율관리팀(self-managed team)과 같은 것이다.

그녀가 주장한 아이디어 중에서 오늘날 우리가 사용하는 것의 예를 들면, 작업자 임파워먼트(worker empowerment), 작업자 소유권(employee ownership), 이익공유(profit sharing), 경영윤리, 기업의 사회적 책임 등이다.

호오손 연구

1920년대와 30년대에 미국의 노동자들은 표준화되고 전문화된 작업에 대한 불만이 고조되었다. 전통적 접근법, 특히 과학적 관리는 생산성 또는 생산량을 증대시키기 위해서는 직무설계와 동기도 중요하지만 집단 구성원 간의 관계, 감독자의 리더십 스타일 그리고 관리의 공정성 지각 등과 같은 사회적 요소도 중요하다는 사실을 간과하고 있었다.

이러한 사회적 측면이 작업 또는 작업환경에 영향을 미친다는 것은 호오손 실험과정에서 얻은 예상치 못한 연구결과였다.

① 호오손 연구: 내용

1924년부터 1932년까지 8년 동안 미국 시카고의 웨스턴 전기회사(Western Electric Co.)의 호오손 공장에서 네 차례 실험, 즉 조명실험, 계전기 조립실험실 실험, 면접, 배선작업실험을 통한 호오손 연구(Hawthorne studies)가 진행되었다.

호오손 실험을 하게 된 동기는 조명과 같은 물리적 작업조건의 변화가 생산성과 상관관계가 있는지를 밝히기 위함이었다.

연구결과 생산성과 작업조건 사이에는 직접 관련이 없고 오히려 생산성은 작업자들의 심리적·사회적 조건이나 감독방식에 의존한다는 결론에 도달하였다.

한편 연구진은 작업자들의 행동이 관찰되거나 특별한 관심(special attention)의 대상이 되면, 또는 경영자들이 자신들의 복지에 신경을 쓰고 있다고 생각하면 생산성은 작업조건의 변화와 상관 없이 증가한다는 사실을 발견하였다. 이러한 현상은 호오손 효과(Hawthorne effect)라고 한다.

일련의 실험을 통해서 연구진은 작업상황은 복잡한 사회시스템이고 인간의 행동이 감정과 밀접하게 연관되어 있으며 집단이 개인행동에 막대한 영향을 미친다고 생각하게 되었다. 따라서 집단 내의 행위를 이해하기 위해서는 작업자의 태도, 작업자간 의사소통, 그리고 무수한 다른 요인들을 이해할 필요가 있다는 것이다.

② 호오손 연구: 영향

호오손 연구는 현대적 연구기준에 의하면 심각한 문제점을 안고 있다. 예를 들면, 실험 참여자가 공장 근로자들을 대표할 수 있는지 밝혀야 할 내용이 많이 있다.

서투른 조사 설계, 결론에 대한 미흡한 실증적 지원, 조사결과의 지나친 일반화와 같은 단점에도 불구하고 호오손 연구는 기술적, 구조적인 전통적 경영이론으로부터 사회적, 인간적 측면을 강조하는 이론으로 이동하는 데 영향을 미쳤다. 즉 호오손 연구는 조직에서의 개인과 집단에 관한 조직행동(organizational behavior) 연구에 공헌을 하였다.

- 호오손 연구는 인간이 조직에서 가장 중요한 요소 중의 하나라는 사실을 강조하였다. 즉 조직에 있어서 인간행위를 이해하기 위해서는 과학적 관리에 의해 무시되었던 많은 요소, 즉 인간행위의 복잡성과 관련된 요소들에 대한 이해가 요구된다는 것이다.
- 경제적 · 기술적 요인 외에도 개인과 집단의 사회적 · 심리적 요소가 조직성과에 막대한 영향을 미친다는 사실을 인식하게 되었다. 따라서 생산성 증가의 열쇠로 고전적 방법이 가졌던 임금, 노동시간 등 근로조건의 기술적, 경제적 관심으로부터 작업자간의 인간관계, 사기, 지휘방식, 태도, 감정과 같은 사회적 · 심리적 관심으로 경영자의 관심을 바꾸어 놓은 데 기여하였다.
- 인간의 상호작용에 의하여 자연발생적으로 형성되는 비공식집단

(informal group)의 중요성을 강조하고 비공식집단 내에 존재하는 독특한 규범이 작업자들의 실제 행동에 영향을 미친다는 점을 깨우쳐 주었다. 즉 비공식조직을 지배하는 감정의 논리(logic of sentiments) 때문에 인간은 비합리적으로 행동하게 된다는 것이다. 한편 개인은 비공식조직을 통하여 공식조직으로부터 받은 소외감을 극복하고 사회적ㆍ심리적 욕구를 만족시키게 된다는 것이다.

인간관계운동

호오손 연구는 1950~60년대 있었던 인간관계운동(human relations movement)의 출현을 가져 왔다. 이러한 운동은 경영자들이 작업장에서 작업자들에 관심을 갖고 좋은 인간관계를 유지하면 생산성은 향상된다는 관점에 입각한다.

작업장에서 작업자의 만족감과 성취감이 증대되면 그의 작업성과가 향

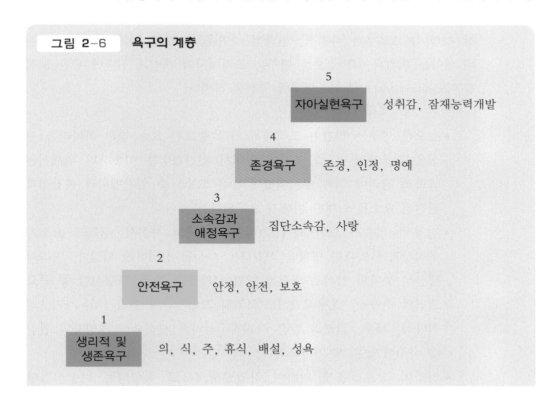

그림 2-6 　욕구의 계층

5
자아실현욕구　성취감, 잠재능력개발

4
존경욕구　존경, 인정, 명예

3
소속감과
애정욕구　집단소속감, 사랑

2
안전욕구　안정, 안전, 보호

1
생리적 및
생존욕구　의, 식, 주, 휴식, 배설, 성욕

상되기 때문에 경영자들은 작업자들과 더욱 협조적이어야 하고 작업장의 사회적 환경을 개선해야 하며 작업자의 개인적 위신을 강화하도록 노력해야 한다.

인간관계운동을 이끈 이론가들은 매슬로(Abraham Maslow)와 맥그레거(Douglas McGregor)이었다.

매슬로(1908~1970)는 미국에서 태어난 심리학자로서 인간 본성에 관한 세 가지 감정에 입각하여 모티베이션 이론을 전개하였다.

- 인간은 절대로 만족될 수 없는 욕구(needs)를 갖는다.
- 인간의 행위는 만족되지 않은 욕구를 충족시키려는 목적을 갖는다.
- 욕구는 그의 강도에 따라 계층을 이룬다.

이것이 바로 매슬로의 욕구단계설(needs hierarchy theory)이다.
욕구 계층의 단계는 〈그림 2-6〉에서 보는 바와 같이

- 1단계: 생리적 욕구(physiological needs)
- 2단계: 안전욕구(safety needs)
- 3단계: 소속감과 애정욕구(belongingness and love needs)
- 4단계: 존경욕구(esteem needs)
- 5단계: 자아실현욕구(self-actualization needs)

이다. 매슬로는 사람은 욕구를 순서대로, 즉 기본적인 욕구로부터 높은 단계의 욕구로 만족시키려 한다고 믿었다. 따라서 작업장에서 작업자의 중요한 욕구를 만족시켜 주는 경영자는 작업자들의 근로의욕을 높여 높은 생산

| 표 2-2 | 인간본성에 대한 관점에 따른 경영이론

부정적(X이론)	긍정적(Y이론)	중립적
고전적 접근법 • 과학적 관리론 • 관료제이론 • 경영관리이론	인간관계 접근법	시스템이론 상황적합이론

성을 가져오게 된다는 것이었다.

맥그레거(1906~1964)는 〈표 2-2〉에서 보는 바와 같이 인간 본성에 대해 어떤 관점을 갖느냐에 따라 두 가지 이론을 제안하였다.

맥그레거는 작업자들의 태도와 행위가 경영자의 행위에 어떻게 영향을 미치는가에 따라 서로 다른 두 가지의 가정을 제안하였다. 작업자들의 행위에 대해 비판적이고 부정적으로 보는 가정은 X이론(theory X)이라 하고 낙관적이고 긍정적으로 보는 가정은 Y이론(theory Y)이라 하였다.

X이론은 〈표 2-3〉에서 보는 바와 같이 작업자들은 게으르고 의욕이 없으며 일을 하도록 위협과 협박이 필요하고 다만 그들은 직업안정 욕구에만 관심이 있다고 가정한다.

이에 비해 Y이론은 작업자들은 일을 싫어하는 것이 아니고 자제할 능력을 갖고 있으며 창조적이며 혁신적이고, 달성하기 어려운 높은 수준의 욕구를 갖는다고 가정한다.

X이론의 가정을 따르는 경영자는 작업자에게 발언권을 인정하지 않고 직접 명령하고 통제하는 식으로 행동한다. 작업자들의 성과를 높이기 위해서는 경영자들은 당근(보상)과 채찍(벌)을 사용해야 한다. 이러한 경영자 밑에 있는 부하들은 지시받거나 꼭 해야 하는 일만 하는 수동적이고 의존적이며 억지로 하는 성격을 갖게 된다. X이론은 관리에 대한 전통적 접근방법에

| 표 2-3 | **X이론과 Y이론의 가정**

X이론	• 작업자는 일을 싫어하고 일을 피하려고 한다. • 경영자들은 작업자들이 열심히 일을 하도록 감시하고 통제하고 강요하고 위협해야 한다. • 작업자들은 지시받기를 좋아하고 책임을 회피하며 야망을 갖지 않고 다만 직업안정을 원한다.
Y이론	• 작업자들은 일을 싫어하지 않고 오히려 생활의 일부라고 생각한다. • 작업자들은 목적을 달성하기 위해 자극을 받는 것을 허용한다. • 작업자들은 목표를 달성하였을 때 받게 되는 보상수준에 맞는 목표를 달성하려 한다. • 작업자들은 좋은 조건하에서는 책임을 맡으려 한다. • 작업자들은 조직의 문제를 창조적으로 해결할 능력을 갖는다. • 작업자들은 유능하지만 그들의 잠재력은 충분히 발휘하지 않는다.

근거하는 이론이다.

반면 Y이론의 가정을 따르는 경영자는 작업자에게 목표설정에의 참여, 자유, 분권화, 권한위임, 직무확대, 책임을 부여하려고 한다. 작업자들은 존경과 자아실현욕구를 만족시킬 기회를 갖기 때문에 높은 성과를 달성할 수 있다. 따라서 맥그레거는 경영자들이 따라야 할 이론은 Y이론임을 강조하였다.

행동과학 접근법

인간관계론에 이어 그의 사상적 흐름을 더욱 발전시킨 연구 분야는 행동과학 접근법(behavioral science approach)이다. 이 이론가들은 인간관계론자들의 주장은 단순하고 작업자들의 행동을 충분하게 설명하지 못한다고 강조한다. 예를 들면, 작업자의 만족은 성과향상을 가져온다는 주장은 타당성도 적고 오히려 성과향상이 만족을 유발한다는 것이다.

조직행동론(organizational behavior : OB)이라고 불리는 행동과학 접근법에서는 조직에서의 인간행동은 인간관계론자들이 인식한 것보다 훨씬 더 복잡하다고 주장한다. 조직행동론은 인간의 행동(human behavior)에 관한 종합적인 연구에 테일러가 과학적 관리법에서 시도하였던 과학적인 접근법을 적용하는 학문분야이다.

조직행동론은 기존의 경제학과 경영학은 물론 심리학, 사회학, 인류학 등 사회과학에서 산발적으로 연구되어온 기업에서 작업자의 행동과 상호작용에 관한 연구를 종합하여 이용하려는 응용학문이다. 행동과학 접근법의 근본 목적은 관리자들이 여러 상황을 평가하고 적절한 조치를 결정하는 데 지침으로 사용할 이론을 개발하려는 것이다.

행동과학 접근법을 사용하는 사람들은 작업자들을 고전적 접근법에서 보는 경제인(economic man)과 인간관계론에서 보는 사회인(social man)보다 훨씬 더 까다로운 복합인(complex man)으로 취급한다. 행동과학 접근법은 작업 자체의 성격과 인간의 욕구를 만족시켜 기술과 능력을 발휘시키는 정도에 더욱 관심을 갖는다. 행동과학자들은 개인은 돈을 벌고 사회적 관계를 형성하고자 하는 이유 외의 여러 가지 다른 이유로 일을 하려 한다고 믿는다.

행동과학자들은 개인의 모티베이션, 그룹행동, 작업장에서의 대인관계,

사람에 작업의 중요성 등을 이해시키는 데 큰 공헌을 하였다. 그들의 업적으로 경영자들은 부하들을 효과적으로 다루는 데 예민하게 되었다.

1950년대의 행동과학자로서는 맥그레거 등을 들 수 있지만 1960년대 들어서는 아지리스(Chris Argyris)와 리커트(Rensis Lickert) 등을 들 수 있다. 아지리스는 1957년에 발간한 그의 저서 「*Personality and Organization*」에서 인간의 본성에 관한 성숙·미성숙 이론(maturity-immaturity theory)을 전개하였다. 그는 인간이 성장하는 과정에는 7가지 변수가 있는데 미성숙의 상태로부터 성숙의 상태로 발달한다고 주장하였다. 즉 성숙한 인간과 미성숙한 인간은 태도와 행동에 있어서 차이를 보인다는 것이다.

한편 리커트는 1967년에 발간한 「*The Human Organization*」에서 참여적 경영(participative management)의 가치를 강조하였다.

이러한 행동과학자들의 공헌에도 불구하고 이 분야의 잠재력이 완전히 실현되지 않았다고 믿는 것이다. 많은 경영자들은 행동과학자들이 제시한 모델과 이론이 너무 복잡하고 추상적이어서 특정 문제에 적용하기가 어렵다고 보는 것이다.

행동과학이론의 공헌과 비판

고전 경영이론은 작업을 기계적으로 보지만 행동과학이론에서는 복잡한 인간관계, 그룹행동, 동기부여, 관리자의 리더십 스타일의 중요성을 강조함으로써 작업자들이 단순히 생산도구가 아닌 값진 자원임을 인정하였다.

즉 작업자는 물질적 보상에 의해서만 움직이는 것이 아니라 정신적·심리적 요인에 의해서도 영향을 받는다는 사실을 발견하였다. 이와 같이 행동과학이론은 경영의 사고를 변화시킨 점에 큰 공헌을 하였다.

행동과학이론의 기본적인 가정은 다음과 같다.

- 작업자들은 사회적·심리적 욕구에 의해 근로의욕이 동기유발되고 타인과의 유대관계를 통하여 일체감을 느낀다.
- 작업자들은 기업의 금전적 보상과 규칙보다는 동료들에 의해서 영향을 받는 사회적 힘에 더욱 민감하다.
- 작업자들은 그들의 욕구를 만족시켜 주는 관리자들을 가장 따른다.

• 경영자들은 효율을 증대시키기 위하여 작업을 조정할 때 부하들을 포함시킬 필요가 있다.

이러한 가정은 실무에 그대로 적용되는 것은 아니다. 작업조건과 관리자의 인간관계 기술이 항상 생산성을 증대시키는 것은 아니다. 테일러가 믿은 바와 같이 작업의 경제적 관점은 아직도 작업자들에게는 중요하다. 예를 들면, 근래에도 노동조합은 직장안정과 임금 인센티브에 초점을 맞춘다.

작업자들은 동료들과의 관계가 좋고 작업환경이 좋더라도 임금이 낮으면 결근이나 이직을 하게 된다. 아무리 동료들과의 관계가 좋다고 해도 조직구조가 나쁘고 의사소통이 잘 되지 않고 지루한 일을 하는 데서 오는 부정적 영향을 극복할 수는 없다. 오늘날 직무의 인간적 측면은 1930년대 행동과학 이론가들이 생각했던 것보다 훨씬 복잡한 것이다.

5. 계량경영 접근법

고전적 접근법이 20세기 초에 탄생하였고 행동과학적 접근법이 1920~30년대부터 출현하였지만 계량적 관점은 제2차 세계대전 때에 싹트기 시작하였다.

대전 중 관리자, 정부관리, 과학자들은 영국과 미국에서 자원의 효율적 사용을 위하여 군사문제의 의사결정에 참여하였다. 군사노력을 최대화하기 위하여 영국 정부는 과학자, 수학자, 공학자, 행동과학자 등의 팀을 구성하여 복잡한 전략 전술문제를 해결하여 야전군사령관을 돕도록 하였다.

이러한 영국의 작전연구팀(operational research team)의 성공에 힘입어 미국도 작전연구(operations research: OR) 팀을 구성하여 적의 잠수함으로부터의 피해를 극소화하기 위하여 상선의 경호함을 전개하는 데 노력을 하였다. 이 외에 군대, 장비, 잠수함의 전개에 관한 결정을 수학적 분석을 통하여 해결하였다.

전쟁이 끝나자 컨설팅회사와 산업체에서 군사 목적으로 활용되었던 수학적·통계학적 기법을 적용하여 종업원들을 전개하고 공장입지를 결정하고 창고건설을 계획하였다.

기본적으로 계량적 관점은 경영의사결정에 계량적 기법을 적용함을 강조한다. 더욱 구체적으로 말하면 계량경영 접근법(quantitative management approach)은 의사결정, 경제적 효과, 수학적 모델, 컴퓨터의 사용에 초점을 맞춘다.

이러한 계량경영 접근법은

- 경영과학
- 생산/운영관리
- 경영정보시스템

이라는 세 가지의 분야로 나뉜다.

경영과학

경영과학(management science: MS) 또는 OR은 경영문제의 분석과 결정을 위하여 과학적이고 합리적인 방법론을 적용하는 분야라고 할 수 있다.

사실 오늘날 기업경영에 있어서 관리자의 경험과 창의력이 절대적으로 필요하기는 하지만 한편으로 의사결정의 실수를 줄이고 기업의 생존을 위해서는 복잡한 경영문제를 해결할 과학적이고 체계적인 도구나 기법에 의한 합리적 의사결정방법을 관리자는 이해하고 적용할 수 있어야 한다.

MS/OR 기법이 급속히 성장하고 발전한 이유는

- 전후 경제성장, 제품 다양화, 기술개발, 경쟁심화, 사회적 압력 등으로 체계적으로 분석적 의사결정의 필요성이 제고되었고
- 고성능 컴퓨터의 개발로 매우 복잡하고 거대한 경영문제도 해결할 수 있게 되었기 때문이다.

특히 최근에 개인용 컴퓨터와 사용하기 쉬운 스프레드시트(spreadsheet) 소프트웨어의 출현으로 복잡한 수학적 기법의 내용을 모르더라도 경영문

제의 해를 구할 수 있게 되었다.

오늘날 MS/OR 기법은 기업, 산업체, 정부, 군사, 병원, 교육 등 영리 또는 비영리조직의 문제를 해결하는 데 널리 이용되고 있다.

생산/운영관리

운영관리(operations management) 또는 생산관리는 제품과 서비스를 생산하고 공급하는 생산시스템의 설계와 운영을 담당하는 기능이다. 운영관리는 제품선정과 설계, 생산능력계획, 시설입지, 시설배치, 자재관리, 일정계획, 품질관리 등의 분야를 포함한다.

한편 제조업에서는 원자재, 에너지, 자본, 노동, 시설, 기술, 정보 등의 투입물이 완제품으로 변환되지만 서비스업에서는 이러한 투입물이 서비스로 변환된다. 이러한 과정에서 서비스업이든 제조업이든 수요예측, 품질, 공정, 생산능력, 재고, 노동력 등 중요한 요소들을 관리하게 된다. 생산·운영관리에 대해서는 제16장에서 자세히 공부할 것이다.

경영정보시스템

경영정보시스템(management information system: MIS)이란 경영자가 사용할 정보를 제공하기 위하여 컴퓨터에 기초한 정보시스템을 설계하고 실행하는 것을 다루는 경영학의 한 분야이다. 이러한 정보시스템은 방대한 원자료(raw data)를 정보(information)로 변환시켜 경영의 여러 계층에서 사용할 수 있게 해준다.

많은 산업에서 컴퓨터에 기초한 정보시스템은 방대한 양의 정보를 쉽게 처리할 수 있기 때문에 강력한 경쟁무기가 되고 있다.

경영정보시스템에 관해서는 제19장에서 자세히 공부하게 될 것이다.

계량경영 접근법의 공헌과 한계

다른 경영이론과 마찬가지로 계량적 접근법도 경영이론의 발전에 큰 공헌을 하였지만 한계 또한 가지고 있다. 계량적 접근법은 과거처럼 경영자의 경험이나 직관에 의한 관리의 한계점을 벗어나 경영자들에게 기업에서의 경영문제를 해결하는 데 도움이 되는 분석적 도구와 기법을 제공하였다. 계량적 접근법은 특히 계획과 통제 분야에서 널리 사용된다.

계량적 접근법은 수리적 모델을 사용함으로써 자료수집에 따르는 시간과 비용의 절감을 가져온다.

그러나 한편으로 볼 때 수리적 모델은 기업과 개인의 행위와 같은 심리적이고 사회적인 인간적 요소를 완전히 반영하지 못한다는 결점과 한계를 갖는다. 또한 수리적 모델을 사용할 때는 비현실적인 가정에 입각하는 경우가 있기 때문에 실제로 그의 결과를 이용할 때에는 주의를 기울일 필요가 있다.

6. 현대 경영이론

과학적 관리법은 효과적인 직무설계를 통하여 조직의 생산성을 극대화하는 데 초점을 맞추었다. 인간관계론은 연구의 초점을 직무설계로부터 사회적 요소로 바뀌게 만들었다.

이와 같이 이러한 이론들은

- 조직과 그의 외부환경과의 관계를 소홀히 하였다
- 조직의 각 측면을 따로따로 강조하였다

는 비판을 받아 왔다. 즉 이들 이론들은 인간의 행동에 영향을 미치는 요소들이 서로 상호작용한다는 사실을 간과하였다.

지금까지 우리가 공부해 온 고전적 접근법, 행동과학적 접근법, 계량적 접근법 등은 서로 다른 가정과 예측을 전제로 하지만 상호배타적이 아니고 보완적이라고 할 수 있다. 따라서 이러한 이론들을 통합하는 새로운 이론으로서 시스템이론과 상황적합이론이 1960년대에 등장하였다.

이 두 이론 외에 현대 경영이론에는 학습조직 접근법이 포함된다.

시스템이론

① 시스템의 정의

시스템(system)이란 특정 목적을 달성하기 위하여 여러 개의 독립된 구성인자가 상호간 의존적이고 영향을 미치는 유기적인 관계를 유지하는 하나의 집합체(a whole)라고 정의할 수 있다.

우리 주위에는 수많은 시스템이 있다. 경제시스템, 정치시스템, 교통시스템, 교육시스템 등 헤아릴 수 없을 정도다.

조직도 서로 함께 일하는 사람들의 사회적 역학(dynamics)에 의해 서로 관련되어 있는 많은 상호의존적인 구성요소로 만들어진 시스템으로 볼 수 있다.

② 시스템의 분류

시스템은 전형적으로

- 폐쇄시스템
- 개방시스템

으로 분류할 수 있다.

폐쇄시스템(closed system)이란 외부환경과 상호작용을 하지 않는 시스템을 말하고 개방시스템(open system)이란 외부환경과 상호작용을 계속하는 시스템을 말한다. 여기서 상호작용이라 함은 시스템이 외부환경에 영향을 미치기도 하고 외부환경으로부터 영향을 받기도 하는 것을 의미한다.

모든 조직은 외부환경으로부터 각종 자원을 구입하고 이들의 산출물을 외부환경의 고객이나 소비자에게 공급한다.

전통적인 관리이론은 조직을 폐쇄시스템으로 간주하였다. 그러나 조직은 현실적으로 외부환경과 정도의 차이는 있을지라도 상호작용을 하고 있기 때문에 개방시스템이라고 할 수 있다.

시스템은 수많은 부분 또는 구성요소들로 만들어지기 때문에 상위시스템과 하위시스템(subsystem)의 여러 계층으로 구성되어 있다고 할 수 있다.

그림 2-7 하위시스템의 네트워크

하위시스템의
조직적 네트워크

구매와
재고시스템

마케팅, 판매,
운송시스템

운영과 서비스
관리시스템

투입물

공급자

회계와
재무시스템

정보와
기술시스템

산출물

고객

어떤 시스템을 상위시스템(또는 전체시스템)이라고 하면 그의 부분 또는 구성 요소들은 하위시스템이라고 할 수 있다.

어떤 기업도 생산, 마케팅, 재무, 인사, 회계 등 여러 기능을 수행하는데 그 기업을 전체시스템이라고 하면 각 기능을 수행하는 구성요소들은 하위시스템이라고 할 수 있다. 예컨대 생산기능을 담당하는 생산시스템은 하위시스템이다.

그런데 하위시스템 상호간 또는 상위시스템과 하위시스템간에는 상호의존성과 상호연관성을 갖고 상호작용을 하게 된다. 이렇게 볼 때 조직이란 상호작용하는 하위시스템의 복잡한 네트워크라고 볼 수 있다. 이는 〈그림 2-7〉에서 보는 바와 같다.

③ 시스템의 구성요소

어떤 시스템도 투입물, 변환과정, 산출물, 피드백, 환경의 다섯 가지 요소로 구성되어 있다.

투입물(input)은 재화와 서비스를 생산하는 데 필요한 사람, 자재, 자본,

정보, 토지, 시설 등과 같은 다양한 자원을 말한다. 그런데 투입물은 시스템의 성격에 따라 크게 다른 것이다.

변환과정(transformation process)이란 투입물을 산출물로 변형시키는 기업의 관리적, 기술적 능력, 즉 공정이라고도 말한다. 변환과정은 제조업에서처럼 실물의 형태가 바뀌거나, 운송업에서처럼 지역이동적이거나, 창고업에서처럼 상거래적인 것이다.

산출물(output)은 유형의 재화, 무형의 서비스, 시스템의 고객 또는 사용자가 원하는 정보, 만족 등을 포함한다.

피드백(feedback)은 시스템을 통제하는 데 열쇠가 된다. 시스템에서는 원하는 제품이나 서비스를 생산하기 위하여 변환과정의 결과인 산출물에 대해서 측정이 이루어지고 이 산출물을 사용하는 고객과 시장에 대한 조사가 이루어지는데 이러한 정보는 투입물의 선정과 변환과정에 반영하여야 한다. 이를 피드백이라 하고 이러한 측정결과를 사전에 결정한 표준과 비교하여 차이가 발견되면 시정조치를 취하도록 하는데 이를 통제(control)라고 한다.

환경(environment)이란 기업의 결정에 영향을 미치는 경제적, 사회적, 정치적, 기술적 요인을 말한다. 환경에 대해서는 제5장에서 자세히 공부할 것이다.

〈그림 2-8〉은 시스템의 구성요소를 보여 주고 있다.

엔트로피(entropy)는 시스템이 쇠퇴하고 소멸해 가는 경향을 말한다. 환경으로부터 투입물과 에너지를 공급받지 못하는 폐쇄시스템은 엔트로피가 증가하여 결국 소멸하고 만다.

기업은 따라서 환경을 감시하고 그의 변화에 적응하고 생존과 성장을 위해 계속해서 새로운 투입물을 공급받아야 한다. 개방된 기업에서는 엔트로피가 감소하게 된다.

시너지(synergy)란 전체는 그의 모든 부분의 합보다 크다라고 하는 특징을 말한다. 기업의 각 하위시스템이 따로따로 일을 할 때보다 모든 하위시스템이 상호의존되어 있기 때문에 함께 일을 할 때 더욱 큰 성과를 거둘 수 있음을 의미한다. 시스템 자체는 전체에 의해서만 설명될 수 있다. 전체론(holism)은 요소주의(elementalism)의 반대 개념이다.

시스템 경계(system boundary)란 시스템과 그의 환경을 분리시키는 경계

그림 2-8 시스템의 구성요소

를 말한다. 폐쇄시스템에서 경계는 경직되고 통과하기 어렵지만 개방시스템의 경우에는 좀더 유연하여 통과하기 쉽다. 시스템의 경계는 조직과 같은 사회시스템의 경우에는 설정하기가 쉽지 않다.

④ 시스템이론의 내용

시스템이론(system theory)은 인간행동의 영향 요소들간 복잡한 상호작용의 중요성을 강조하였다. 즉 모든 것이 서로 관련이 있고 의존되어 있다는 것이다. 이런 관점에서 볼 때 조직에 있어서 인간의 행동은 태도, 성격, 의사소통, 보상제도 등과 같은 다양한 요소의 상호작용에 의해 결정된다고 할 수 있다.

경영자는 조직을 개방시스템의 관점에서 이해해야 한다는 것이다. 즉 조직을 상호의존적인 여러 개의 하위시스템으로 구성된 하나의 시스템으로 보아야 한다는 것이다. 시스템이론은 조직의 어떤 분야의 활동이 다른 모든 분야의 활동에 영향을 미친다고 주장한다. 즉 개인, 그룹, 태도, 동기, 구조, 상호작용, 목표, 상태, 권한 등 상호의존된 요인들로 구성된 조직의 각 분야에서 작업활동을 조정할 때 이러한 상호의존성을 고려하여 조직의 목적을 달성하도록 해야 한다.

따라서 시스템이론에 의하면 관리자들은 업무를 수행함에 있어서 자신의 부서뿐만 아니라 다른 부서 나아가 조직 전체에 미치는 영향까지도 고려해야 한다.

상황적합이론

1960년대 이후 경영사고에 공헌을 한 이론이 상황적합이론(contingency theory)이다. 고전적 · 행동적 · 계량적 접근법은 다양한 상황(situation)에서 기업을 경영함에 있어 유일최선의 방법(one best way)을 적용하려 했기 때문에 보편적 관점(universal perspective)이라고 한다. 즉 모든 상황에 동일한 경영원칙을 적용하려 한 것이다. 보편적 원리가 발견만 된다면 경영자들은 이를 배우고 적용하는 방법을 익히면 되는 것이다.

이에 비해 상황적합이론은 경영에 유일최선의 방법은 없으며 각 조직은 유일하고 독특하기 때문에 모든 조직에 일률적으로 보편적 경영원칙을 적용할 수는 없다고 주장한다. 다시 말하면 어떤 상황에 가장 알맞은 경영행위는 그 상황에 독특한 요소들에 의존한다는 것이다. 따라서 다른 경영스타일의 효과성은 상황에 따라 다르다.

어떤 상황에서는 가장 효과적인 행위일지라도 다른 모든 상황에 이를 일반화할 수는 없다는 것이다. 모든 상황이 다르기 때문에 결과가 다르고 어떤 상황에서 가장 효과적인 방법이 다른 상황에서는 전혀 다른 결과를 가져오는 것이다. 상황적합이론에 따르면 경영자의 임무란 특별한 상황에서, 특별한 경우에, 특정 시점에, 특별한 환경에서 기업의 목적을 가장 잘 달성할 수 있는 접근법(관점)이 무엇인가를 그때그때 찾아내는 것이다. 즉 상황적 패턴이나 특성을 이해하고 각 상황의 특성별로 개인 및 조직에 대한 최선의 방안을 선택해야 한다. 이에 따라 앞절에서 설명한 네 개의 관점은 다른 상황에 따라 홀로 또는 결합하여 사용해야 한다. 〈그림 2-9〉는 고전적, 행동적, 계량적, 시스템점 관점을 상황적 관점으로 통합하는 틀을 보여주고 있다.

이와 같이 상황적합이론은 "만일 ~ 그러면"관계(if-then relationship)를 강조한다. 예를 들면, 관리자가 만일 경험이 없는 부하들을 거느린다면 그러면 경험이 많은 부하들을 거느리는 경우와 다른 방법을 사용해야 한다는 것이다.

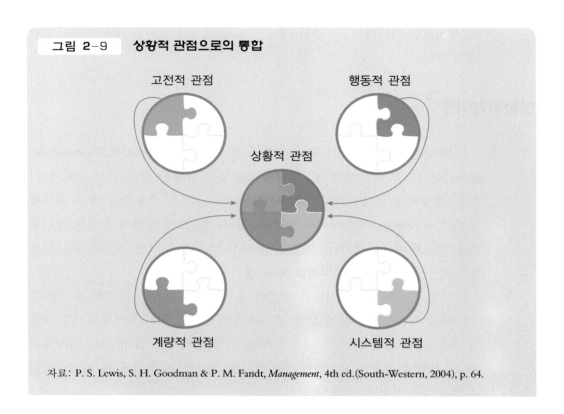

| 그림 2-9 | 상황적 관점으로의 통합 |

고전적 관점

행동적 관점

상황적 관점

계량적 관점

시스템적 관점

자료: P. S. Lewis, S. H. Goodman & P. M. Fandt, *Management*, 4th ed.(South-Western, 2004), p. 64.

테일러는 모든 작업자는 경제적 보상을 최대화하기 위하여 가능한 많은 제품을 생산하게 된다고 가정한다. 그러나 어떤 사람들은 돈에 주로 동기유발 되지만 다른 사람들은 메이요가 호오손 공장에서 실험한 바와 같이 여가시간에 대한 욕망, 지위, 사회적 인정 등에 의해 동기가 유발된다고 가정한다.

미국의 컨티넨탈(Continental) 항공사는 델타(Delta) 항공사에서 성공적 임무를 수행한 해리스(Hollis Harris)라는 중역을 그의 CEO로 영입하였다. 당시 델타 항공사는 비용관리를 잘 하여 상당한 수익을 내고 있는 반면 컨티넨탈 항공사는 비용관리에 실패하여 적자를 내고 있었다.

해리스는 비용에 대한 관심을 두지 않고 델타에서 하던 방식대로 컨티넨탈에서도 관리하려고 하였다. 그러나 컨티넨탈을 파산으로부터 구제하지 못하고 결국 사임하고야 말았다. 그는 컨티넨탈이 델타와 다른 상황에 처해 있어 다른 방식으로 경영해야 한다는 사실을 인식하지 못한 실수를 범했다.

또 다른 예를 들면, 구글 같은 Internet 회사에 아주 효과적인 조직구조는 현대자동차 회사에서는 성공할 수 없는 것이다.

현대 경영이론의 공헌과 비판

경영에 대한 현대 경영이론의 큰 공헌은 보편적 원리를 맹목적으로 적용하는 것을 반대하고 의사결정분석의 과정을 적용할 것을 강조한 것이라 할 수 있다.

현대 경영이론은 경영절차와 스타일을 상황에 따라 달리 적용할 필요성을 강조하는 중요한 요인들을 인정한다.

현대 경영이론은 새로운 기술, 다른 사회적 가치의 출현과 같은 환경의 변화에 빨리 적응할 것을 경영자들에게 권유한다.

그러나 이러한 개념들은 새로운 경영자가 이해하기에는 꽤 어려운 내용이다. 경영자들이 어떤 상황에서 잘못을 저지를 가능성을 염두에 두지 않는다고 할 때 보편적인 경영원리를 배우기란 훨씬 쉬운 것이다. 그렇지만 현대경영에 있어서는 효과적인 경영성과를 거두기 위하여 본절에서 논의한 개념들 외에도 고전적·행동적·계량적 이론으로부터 관련된 개념들을 사용한다.

따라서 경영학도들은 경영사상의 역사와 발전과정을 모두 공부할 필요가 있다고 하겠다.

7. 최근 접근법

지금까지 우리는 시대의 흐름에 따라 발전해 온 여러 가지 다른 경영에의 접근법을 설명하면서 경영의 역사를 살펴보았다. 각 접근법은 수년간 발전하면서 조직의 특정 요구에 집중하였다. 한편 이러한 접근법은 비교적 안정적이고 예측가능한 조직에 적용할 수 있었다.

그러나 오늘날 기업 환경은 급속도로 변화하고 있다. 기술발전은 급속하게 진행되고 있고 고객의 욕구변화도 다양화되고 있고 글로벌화가 크게 강조되는 현실에서 경영자들은 새로운 접근법을 찾게 되었다. 과거의 지식만 가지고는 새로운 현실에 적응하기 어렵게 되었다. 지식은 꾸준히 진부화해 가기 때문에 새로운 지식을 연마하는 노력이 필요하다.

따라서 조직의 구성원은 새로운 방식으로 사고하고 새로운 가치와 태도를 배우고 환경변화에 신속하게 변화하고 적응해야 할 필요성을 느끼게 되었다. 이러한 요구로 경영에의 새로운 접근법과 새로운 형태의 조직이 탄생하게 되었다.

최근에 전개되는 경영에의 새로운 접근법이 학습조직 접근법(learning organization approach)이다. 학습조직이란 조직의 환경변화를 민감하게 예측하고 기업경영에 유용한 새로운 정보와 지식,[1] 그리고 능력을 창출하고 획득하고, 이전할 뿐만 아니라 새로운 지식에 맞게 행동을 수정하는 조직, 요약하면 꾸준히 배우고 변화하고 적응하는 능력을 개발하는 조직을 말한다.

학습조직은 체계적인 문제해결, 새로운 아이디어의 시도, 경험과 과거 역사로부터의 배움, 타인의 경험으로부터의 배움, 지식의 조직 전체로의 전달을 강조한다.[2] 학습조직의 본질적인 아이디어는 문제해결이다. 이는 효율을 강조하는 전통적인 조직과 대립된다. 조직 구성원은 고객의 특수한

그림 2-10 **학습조직의 3요소**

팀제

학습조직

구성원
임파워먼트

정보공유

---

[1] 정보와 지식의 개념을 위해서는 제19장 정보관리와 e-비즈니스를 참조할 것.
[2] P. Senge, "The Fifth Discipline: The Art & Practice of the Learning Organization"(New York: Doubleday/Currency, 1990).

요구와 같은 문제를 찾아내고 이를 해결토록 한다. 학습조직의 경영자는 전통적인 현명함에 과감하게 도전하고 조직의 지식 기반을 관리하고 필요한 변화를 수행하고 한편 지식공유, 팀워크, 임파워먼트, 그리고 참여를 강조하면서 조직 구성원들로 하여금 학습능력을 배양토록 조장하고 협조해야 한다.

학습조직을 설립하기 위한 중요한 세 가지 요소는 〈그림 2-10〉에서 보는 바와 같이

- 팀을 위주로 한 구조
- 구성원 임파워먼트
- 정보의 공유

이다. 학습조직에서 중요한 가치는 부서와 경계를 넘나드는 협조와 커뮤니케이션이다. 이를 위해서 조직구조는 자율관리팀으로 구성되어야 한다.

임파워먼트(empowerment)란 구성원들에게 의사를 결정하고 효과적으로 수행할 수 있도록 재량권, 자원, 정보, 기술 등을 제공함으로써 힘과 창의력을 발휘토록 하는 것을 말한다. 이는 직속 감독자 없이 작업을 수행할 때 발현되므로 자율관리팀, 작업자 참여 그룹 등이 필요하다.

〈표 2-4〉는 전통적 조직과 학습조직의 차이를 비교한 것이다.

조직에서 단순히 지식이나 지혜의 가치를 인식하는 것만으로 충분치 않

| 표 2-4 | 전통적 조직과 학습조직의 비교

	전통적 조직	학습조직
변화에 대한 태도	아무런 문제가 없으면 변화하지 말라	당신이 변화하지 않으면 오랫동안 그대로 가지는 않는다
새로운 아이디어에 대한 태도	여기서 창안한 것이 아니면 거부하라	여기서 창안한 것이면 거부하라
혁신에 대한 책임은 누가?	R&D 부서	조직의 모든 구성원
두려움	실수	배우지 않음, 적응하지 않음
경쟁우위	제품과 서비스	학습능력, 지식, 전문성
경영자의 일	타인의 통제	타인으로 하여금 능력 발휘토록 함

다. 경영자는 지식 기반을 현명하게 관리해야 한다. 지식경영(knowledge management)의 강조는 학습조직의 특징이다. 지식경영이란 조직 구성원들이 정보기술(information technology)을 사용하여 체계적으로 새로운 지식을 습득하고 다른 구성원들과 이러한 지식을 공유함으로써 조직성과를 향상시키는 과정을 말한다.

E/X/E/R/C/I/S/E
토론문제

01. 경영사상에 영향을 미치는 환경적 요인을 설명하라.

02. 전고전이론이 경영을 하나의 학문으로 발전시키는 계기를 제공하는 데 공헌한 내용은 무엇인가?

03. 고전 경영이론에 포함되는 세 가지 접근법을 비교 설명하라.

04. 고전 경영이론의 공헌과 한계를 설명하라.

05. 행동과학이론의 발전과정을 설명하라.

06. 호오손 연구의 내용을 설명하고 이 연구가 인간관계운동의 전개에 미친 영향을 설명하라.

07. 행동과학 접근법의 공헌과 한계를 설명하라.

08. 계량경영 접근법을 설명하라.

09. 시스템이론, 시스템의 구성요소를 설명하라.

10. 상황적합이론을 설명하라.

11. X이론, Y이론을 설명하라.

12. 학습조직과 지식경영을 정의하라.

PART II

PART II

기업론

제 3 장

기업과 경영

우리는 제1장에서 조직은 무엇이며 왜 우리 사회에서 필요한 것인지를 살펴보았다. 또한 조직은 기업처럼 이윤이라는 영리성을 추구하는 영리조직과 정부조직, 병원, 시민단체처럼 공익성을 추구하는 비영리조직으로 구분할 수 있음도 공부하였다.

넓은 의미에서 경영의 대상은 모든 조직이다. 즉 영리조직은 물론이고 비영리조직도 경영의 대상이다. 이는 경영지식의 적용범위가 단순히 기업조직에만 국한되는 것이 아니고 병원, 학교, 국가 등 비영리조직에도 확대적용될 수 있기 때문이다.

그러나 기본적으로는 경영의 대상을 영리조직, 즉 기업조직에 국한하고 그 안에서 발생하는 복잡한 경영현상을 연구하게 된다. 이와 같이 경영학의 연구대상을 기업조직으로 제한하기 때문에 본장에서는 기업의 경영에 대해서 자세히 공부하고자 한다.

제 3 장

기업과 경영

1. 기 업

기업의 개념

기업(enterprise)은 자본주의 경제체제하에서 발달한 역사적 제도이며 시장경제사회의 대표적인 조직의 하나이다. 기업은 사회발전과 국가경제 발전을 이끄는 기관차 역할을 하는 자본주의의 꽃이라 할 수 있다. 기업은 오늘날 우리 사회에서 가장 흔히 찾아볼 수 있는 대표적인 국민경제의 한 축이다. 기업의 수 뿐만 아니라 그들의 구성원의 수도 가장 큰 조직이다.

기업이란 경제재와 서비스를 생산, 유통하는 조직적인 경제단위이다. 예컨대 냉장고, 연필, 가구, 이발, 소매, 도매 등 유형의 제품과 무형의 서비스의 생산과 유통에 참여하는 경제단위들을 기업이라고 한다. 기업은 신제품의 생산, 새로운 생산방식의 채용, 새로운 조직의 형성, 새로운 시장개척, 새로운 원료의 개척, 새로운 자본시장의 개척 등을 통해 계속적인 생산활동을 하며 그에 따른 위험을 스스로 부담하는 조직체이다.

과거의 기업은 자본을 투자한 자본가 소유의 사적 경제단위로 인식하였지만 오늘날에는 사회를 유지·발전시키는 데 큰 기여를 하는 중요한 사회적 사명을 완수해야 하는 조직으로 인식되고 있다.

오늘의 기업은 사회의 구성원은 물론이요, 사회의 모든 부문과 깊은 관련을 가지고 그 영향력을 행사하고 있다. 즉 오늘날 기업은 우리의 의·

식·주를 해결하는 데 필요한 제품과 서비스를 생산, 공급하는 경제적 기능을 수행하고 있다. 뿐만 아니라 기업은 우리의 소득의 원천임과 동시에 삶을 이어가는 인간에 있어서는 생활의 터전으로서 기능하고 있다.

또한 기업은 지역사회뿐만 아니라 정치와 문화에도 영향을 미친다. 기업은 산업사회에 존재하는 사람들의 가치관, 욕구수준, 사고방식에도 큰 영향을 미친다. 그리하여 사람들의 행동양식을 규정하기도 한다.

기업의 특징

그렇다면 기업의 본질적인 특징은 무엇인가?

- 기업은 원료·인력·자본·기술 등의 투입물을 재화와 서비스라는 산출물로 생산하고 공급하는 생산경제단위이다. 기업은 가계(household), 정부(government)와 더불어 국민경제를 구성하는 개별 경제단위이다. 가계는 소비를 목적으로 하는 소비경제단위인 데 비해서 기업은 주로 인간의 욕구충족에 필요한 재화와 서비스의 생산과 공급을 목적으로 하는 생산경제단위라는 점에서 차이가 있다.
- 기업은 비즈니스(business) 활동을 통하여 이윤추구를 목적으로 운용되는 자본체이다. 자본주의는 사회적으로 필요한 생산과 공급이 사적인 이윤추구를 목적으로 하여 이루어지는 사회이다.
- 기업은 구성원의 소득의 원천이요, 생활의 터전이다. 기업이 사회가 요구하는 재화를 생산하는 것은 그 자체가 기업에 참여하고 있는 사람들의 소득을 형성하는 것이다. 즉 기업은 소득분배의 기초가 되는 소득 그 자체의 원천이며, 또 그것은 인간의 기본적 욕구를 충족시켜 주는 원천이기도 하다.
- 기업은 일반 소비자들의 수요를 창출하고 이를 만족시킨다. 기업이 재화와 서비스를 생산·공급하는 것은 사회가 필요로 하는 수요를 충족시킬 때 비로소 의의있는 일이 된다.
- 기업은 사회시스템이기도 하다. 기업은 인간이 필요로 하는 재화나 서비스를 생산, 공급하는 경제·기술시스템인 동시에 경영과정에서 공해방지, 환경보호, 불공정거래 방지, 소비자보호, 윤리준수 등을 만

족시키는 사회 · 심리적 시스템이다.

기업의 설립목적

목적이 없는 조직은 존재할 수가 없다. 어떠한 기업도 설립목적을 갖는다. 앞에서 살펴본 경제시스템과 사회시스템이라는 기업의 특징으로부터 기업의 목적이 무엇인지 유추할 수가 있다.

사람과 마찬가지로 기업 역시 비즈니스 활동을 통해 최종적으로 달성하고자 하는 목적을 갖는다. 이러한 목적은 비즈니스 활동의 명확한 방향을 제시해 주고 복잡한 의사결정이나 비즈니스 활동의 기준으로 이용될 뿐만 아니라 기업성과의 평가기준으로도 이용된다.

기업의 목적은 크게 경제적 목적과 사회적 목적으로 구분할 수 있다. 이러한 목적은 대립적인 관계가 아니고 상호보완적인 관계를 갖기 때문에 기업은 두 목적을 균형있게 추구하는 것이 바람직하다고 할 수 있다.

경제적 목적은 이윤추구목적으로 전통적으로 강조되어 오던 기업 본연의 기능으로서 재화와 서비스를 사회에 효율적으로 공급함으로써 얻는 총수익(total revenue)에서 총비용(total cost)을 차감한 총이윤(total profit)을 극대화(maximization)하려는 목적이다.

이윤은 소유주 또는 주주에게는 부를 축적할 기회를 제공하고 정부에 세금을 납부하게 된다. 한편 이윤이 있어야 기업이 성장할 수 있고 성장은 곧 기업규모의 확장을 의미하기 때문에 이윤극대화는 전통적으로 경제적 단일 목적(single goal)의 전형이 되어 왔다.

이러한 전통적인 이윤극대화와 유사한 개념으로는 기업가치라는 개념이 있다. 여기서 기업가치란 투자자들이 자본시장에서 평가하는 기업의 총주가를 의미한다.

이 외에도 기업은 성장목적, 매출액목적, 만족목적, 고객창조목적 등을 갖는다. 한편 기업은 종업원, 은행, 정부, 거래처, 채권자, 노조, 소비자, 지역사회, 경쟁기업 등 다양한 이해관계자(interest group)들의 이익도 고려해야 하는 복수목적(plural goal)도 갖는다.

기업의 사회적 목적은 사회가 기업에 기대하고 요구하는 역할을 기업이 자발적으로 수행함으로써 달성된다. 사회적 목적은 사회적 책임이나 기업윤리라는 용어로 대체할 수 있다. 기업은 주어진 환경에서 일차적으로 생존해야 하며 이러한 생존선상에서 유지 발전을 꾀해야 한다.

올바른 사회적 가치판단과 합리적인 경영윤리만이 기업을 생존 유지시킨다는 점에서 이상적 의사결정 방법과 행동을 이끌어 내는 올바른 기업윤리(managerial ethics)의 설정은 대단히 중요하다.

특히 최근에는 기업의 사회적인 영향력이 어느 때보다 현저해 지면서 기업은 내·외적으로 많은 이해관계집단과 연루되고 이로 인해 복잡한 이해관계와 갈등관계에 직면하게 되었다. 기업은 이 과정에서 이들의 갈등을 조정하는 조정자의 역할을 수행해야 한다.

이런 관점에서 기업윤리는 변화하게 되는데 기업의 사회적 가치창출이라는 보다 큰 목적을 위해 소극적, 대내적인 기존의 윤리체계가 점점 더 적극적, 대외적인 기업윤리로 바뀌게 되었다. 이러한 변화의 일환으로 경영윤리와 더불어 사회적 책임이라는 적극적 윤리형태가 제기되었다.

기업의 기능

기업조직은 사회에 제품이나 서비스를 공급하는 역할을 수행한다. 기업마다 목적, 제품, 서비스가 같을 수도 있지만 상이할 수도 있다. 그럼에도 불구하고 그들의 기능과 운영방식은 동일하다.

전형적인 기업조직은 생산(운영), 마케팅, 재무라는 기본기능(basic functions)과 회계, 인사, 구매, 보수, 산업공학(industrial engineering), 경영정보시스템(management information system) 등 보조기능(supporting function)을 수행한다.

운영관리(operations management)란 원료와 부품의 구입과 이들을 이용한 제품 및 서비스의 생산과 관련된 기능을 말한다. 이에 대해서는 제16장에서 자세히 공부할 것이다.

마케팅관리(marketing management)란 생산된 제품이나 서비스의 판매, 광고, 판매촉진 등과 관련된 기능을 말한다. 여기에는 고객의 요구 및 취향을 조사하여 제품설계와 생산에 필요한 정보를 제공하는 것도 포함한다. 이에 대해서는 제17장에서 자세히 공부할 것이다.

재무관리(finance management)란 원료구입, 제조과정, 인력관리, 토지임

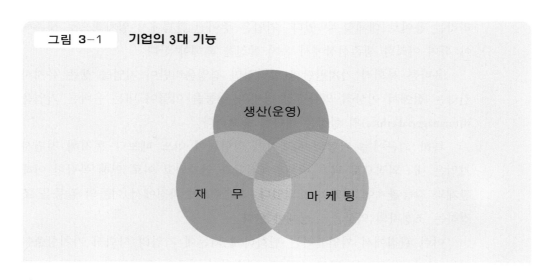

그림 3-1   기업의 3대 기능

생산(운영)

재　무　　　마 케 팅

대 및 공장설비에 필요한 자금조달 등 자본을 관리하는 기능을 말한다. 이에 대해서는 제18장에서 자세히 공부할 것이다.

　　기업의 기능은 상호의존적이다. 제품의 생산능력과 자본이 있더라도 그 제품의 판매시장이 존재하지 못하면 아무런 도움이 되지 못한다. 마찬가지로 생산기술이 있고 제품시장이 확보되더라도 작업자를 채용하고 원자재를 구입할 자본이 없으면 쓸모가 없게 된다. 이러한 기업 기능의 상호의존성은 〈그림 3-1〉이 보여주고 있다.

기업의 중요성

　　기업은 사람이 살아가는 데 있어서 없어서는 안될 중요한 생산경제주체이다. 또한 기업은 사람이 기본적으로 해결해야 할 의·식·주에 필요한 소득의 원천이 되고 문화생활·여가생활을 할 수 있는 기회 등을 제공하기 때문에 매우 중요한 기능을 수행한다고 할 수 있다.

　　한편 기업의 생산활동이 활발하면 국민소득이 증가하고 정부의 재정이 확대되고 소비가 증가하게 되어 기업은 투자를 통해 소득과 부를 창출하게 된다.

① 제품과 서비스의 제공

　　기업의 기본적 역할은 정부, 기업, 일반소비자들이 필요로 하는 제품이나 서비스를 생산하고 유통하는 일이다. 이러한 제품이나 서비스는 최종소비자들의 소비를 위해서도 필요하지만 다른 제품이나 서비스를 생산하기 위해서도 필요하다.

② 취업기회 및 생활기반 제공

기업은 우리에게 일자리를 제공하고 일한 대가를 지불함으로써 생활기반을 확충시키는 데 기여한다. 정부기관, 교육기관, 독자적인 전문직업 등을 제외한 기업에서 제공하는 취업기회와 생활기반의 확충을 위한 역할과 기능은 더욱 중요시되고 있는데 이는 살아가는 데 필요한 소득원이기 때문이다.

우리에게 지속적으로 취업기회와 생활기반을 제공하기 위해서는 기업은 투자확대를 통한 일자리 창출에 전념해야 한다.

③ 이윤추구

오늘날 기업은 여러 가지 목적을 달성하려고 노력한다. 이러한 목적 중에서 가장 중요한 것은 이익창출이다. 기업이 지속적으로 이익을 창출하지 못하면 존재이유가 사라지기 때문이다. 제품과 서비스의 재생산에 필요한 자금을 확보할 수 없고 근로자들에게 임금을 제대로 지불할 수 없고 취업기회의 확대가 불가능하게 된다.

이와 같이 기업이 이익을 창출하지 못하면 그의 소유자(주주)들과 사회 전체에 손실과 자원의 낭비를 초래케 한다. 이익이 창출되어야 기업은 근로자들에게 더 많은 임금을 지불할 수 있고 기업규모를 확대시켜 고용기회를 확대시킬 수 있다.

④ 경제성장과 발전촉진

기업은 사회발전과 국민경제를 이끌어가는 중요한 주체로서 국민경제의 성장과 발전을 추진하는 엔진의 역할을 수행한다. 또한 기업은 우리들이 살아가는 데 필요한 확실한 소득원이 됨으로써 생활수준과 복지향상에 큰 공헌을 한다.

⑤ 사회적 욕구의 충족

기업은 사회가 요구하는 여러 가지 욕구를 충족시킴으로써 사회적 책임을 완수하고 삶의 질 향상에 기여한다. 현대사회는 위에서 설명한 기업에 대한 본질적인 욕구 외에도 공해의 방지, 환경의 보호, 불공정거래의 방지, 소비자의 보호, 윤리준수 등 다양한 사회적 요구를 기대하고 있다.

국민경제의 순환

자본주의하에서 국민경제의 주체는 가계(개인), 기업, 정부이다. 가계는 기업에 노동, 자본, 토지 등 제품과 서비스의 생산에 필요한 생산요소를 제공하고 기업으로부터 임금, 이자, 지대, 배당 등을 받는다. 이들 생산요소에 대한 보수는 가계의 입장에서 볼 때 소득이 된다. 가계는 이 소득으로 기업이 생산하는 제품과 서비스를 구매한다.

기업은 제품과 서비스를 생산·판매하여 얻는 수입에서 가계로부터의 생산요소에 대한 보수를 제외한 이윤을 챙기게 된다. 이 이윤은 기업의 소득으로서 생산설비나 건물구입 등 투자자금으로 쓰이게 된다.

정부는 다양한 경제정책을 실시한다. 정부는 도로·항만 등과 같은 공공재는 물론 경찰, 공공의료시설이나 교육 등 서비스를 생산하고 고용을 창출한다. 한편 정부도 가계처럼 기업으로부터 생산물을 구매한다. 정부의 활동에 소요되는 수입의 원천은 가계와 기업으로부터의 조세이다.

이처럼 국민경제의 순환은 가계, 기업, 정부가 서로 영향관계에 놓여

그림 3-2 경제순환과 기업

있어 경제순환의 틀 속에서 기업의 활동을 이해할 필요가 있다. 이는 〈그림 3-2〉가 보여주고 있다.

2. 기업과 경영의 관계

경영학을 올바르게 이해하기 위해서는 그 기초적 개념이 되는 기업과 경영의 관계를 명확하게 인식하여야 한다.

- 기업은 소유단위이고, 경영은 생산(작업)단위이다. 이것은 경영을 경제적 단위로서 생산을 목적으로 하는 생산경제단위로 파악하는 것이다. 따라서 이와 같은 입장에 따르면 경영은 경제적 급부를 생산하는 생산경제이며 경제성이라는 수단의 합리적 선택을 목표로 한다는 것이다.
- 기업이 목적을 설정하면 경영은 그 목적을 달성하기 위한 수단이다. 이것은 기업은 영리경제이며, 경영은 이에 대한 인적, 물적 기초를 부여하는 기술적 단위로 보아 경영을 기업의 종속적 지위에 두는 견해이다.
- 기업은 법률적, 경제적, 재무적 단위이고 경영은 기술적, 조직적 의사결정단위이다. 이것은 경영을 기업의 목적을 실현하는 기술적 기초 및 그 조직으로 보는 견해이다. 즉 경영과정 그 자체를 하나의 합목적적인 기술적 체계로 보려는 것이다.
- 기업의 지도원리(guiding principles)를 수익성 또는 영리성이라 할 수 있다면, 경영의 지도원리는 경제성 또는 생산성이다.

이러한 견해를 종합하면 기업은 설정된 목적을 달성하기 위하여 원재료, 노동력, 기계, 설비, 자금 등 모든 요소를 구입하여 제품과 서비스를 창조하고 판매한다. 경영은 기업에 있어서 구체적이고 실제적인 활동이 되는 것으로 원료, 기계, 노동력 등 모든 생산요소를 결합하여 재화와 용역을 생산, 판매하는 활동이 계속적으로 영위되도록 하는 조직체로서 존재하는 것이다.

그러므로 기업의 제 활동은 경영현상이며 경영관리의 대상이 된다고 할 수 있다. 따라서 기업은 생산경제단위이고 경영은 조직적 통일체라는 의미에서 기업과 경영의 실제적 통합성이 요구되고 있다.

3. 기업의 형태

기업의 종류는 매우 다양하다. 분류방법과 기준도 다양하다. 기업은 자본출자와 이에 따르는 책임부담의 기준에 의해 경제적 형태와 법률적 형태로 구분할 수 있다. 경제적 형태는 출자자의 성격과 종류, 출자와 책임한계 등 경영활동에 따른 분류이고, 법률적 형태는 법인격의 유무나 사원책임의 형태에 따른 분류이다.

기업의 분류

기업의 형태는 경제적인 측면으로 분류할 수 있다. 기업운영에 필요한 자본을 제공하는 사람을 출자자라고 하는데 이러한 출자의 주체에 따라 기업은

- 사 기 업
- 공 기 업
- 공사합동기업

으로 대별되며 사기업은 다시 출자자의 수에 따라

- 개인기업
- 공동기업

그림 3-3 기업형태의 분류

경제형태   법률형태

- 사기업
  - 개인기업 ················· 개인상인
  - 공동기업
    - 소수공동기업 ···· 합명회사, 합자회사, 유한회사 익명조합, 민법상의 조합
    - 다수공동기업 ···· 주식회사, 협동조합
- 공기업 ·························· 국영기업, 지방공기업, 공사, 공단, 금고
- 공사합동기업 ·················· 특수법인, 특수회사

으로 분류할 수 있다.

기업의 형태는 법률적인 측면으로 분류할 수 있다. 이는 법인격의 유무, 사원의 책임한계, 회사기관의 구성, 대체적 지분증권 발행가능성 등이다. 경제형태와 법률형태에 따른 기업의 분류는 〈그림 3-3〉이 보여주고 있다.

사 기 업

사기업(private enterprise)이란 개인의 자본으로 개인에 의해 영리를 목적으로 영위되는 일체의 개별 경제를 말한다. 사기업은 출자와 책임부담이 개인인지 여부에 따라 개인기업과 공동기업으로 나눈다.

① 개인기업

개인기업(sole proprietorship)은 한 명의 소유주(owner)에 의해 출자, 소유, 관리되고 의사결정을 하는 기업형태이다. 동네 소매점같은 개인상인이 대표적인 개인기업이다. 개인이 주체가 되어 기업의 소유·경영·지배를 홀로 담당하는 형태가 개인기업이다.[1] 개인기업의 경우 거래에 따른 권리와 의무의 주체가 개인상인이지만 뒤에 설명할 공동기업인 회사의 경우에는 법

---

1 지배란 경영기능을 담당하는 경영자의 임면과 자본운용에 대한 지배감독권을 말한다.

인격이 있기 때문에 회사 그 자체가 상인으로서 모든 권리, 의무의 주체가
된다.

개인기업은 설립과 폐쇄가 용이하고 순발력있는 경영이 용이하고, 이익
을 독점하는 장점이 있는 반면 경영과 관련된 모든 위험과 손실이 개인에게
귀착하고(무한책임) 자본조달능력이 제한된다는 약점이 있다.

② 공동기업

공동기업(partnership)은 2인 이상의 출자자(동업자)에 의해 공동으로 자본
이 형성되어 책임과 이익을 공동으로 나누기로 합의하고 세운 기업형태이다.

이는 출자자 수의 상대적 다소에 따라 합명회사, 합자회사, 유한회사,
익명회사 등이 포함되는 소수공동기업과 주식회사로 대표되는 다수공동기업
으로 구분된다.

● 합명회사

합명회사(unlimited partnership)는 2인 이상의 무한책임사원이 공동출자하
여 정관을 법원에 등기함으로써 설립되는 법인체이다. 여기서 법인체란 법
에 의하여 인위적으로 개인과 동등한 권리·의무 및 권력이 부여된 실체를
말한다.

합명회사는 소유와 경영이 분리되지 못하며 정관에 특별한 계약이 없는
한 전원이 회사의 공동경영에 참여하고 언제나 무한책임을 지게 되므로 상
호간 신뢰관계가 두터운 가족이나 친지간에 이용된다.

● 합자회사

합자회사(limited partnership)는 채권자에 대해 기업의 출자액을 한도로
책임을 지는 유한책임사원과 출자액을 초과한 기업의 채무에 대해서도 변제
의무가 있는 무한책임사원으로 구성되는 기업형태이다.

유한책임사원은 출자만 할 뿐 경영에 참여는 하지 않는 반면 무한책임
사원은 출자와 경영에 참여한다. 무한책임사원은 금전 이외의 서비스 또는
신용만을 제공할 수도 있다.

합자회사는 유한책임사원이 지분을 처분할 때 무한책임사원 전체의 동
의를 필요로 한다.

🔹 유한회사

유한회사(limited company)는 2인 이상 50인 이하의 사원이 출자액을 한도로 하여 기업채무에 대해 유한책임을 지는 전원 유한책임사원으로 조직되는 기업형태이다. 유한회사는 전 사원이 유한책임을 진다는 점에서 주식회사와 유사하지만 소수의 출자자에 의한 소액의 자본조달과 지분의 양도시 사원총회의 동의를 받아야 한다는 점 때문에 중소기업 경영에 이용된다.

🔹 익명조합

익명조합(dormant partnership)은 조합에 출자를 하고 경영에 참여하는 무한책임의 영업자와 조합에 출자만 하고 경영에 참여하지 않지만 이익분배에는 참여하는 유한책임의 익명조합원으로 구성되는 기업형태이다. 그런데 이는 합자회사와 유사하지만 법인은 아니다.

🔹 주식회사

개인기업 또는 소수공동기업이 운영하기 어려운 현대의 대기업을 운영하는 데 소요되는 대자본의 조달과 경영의 합리화를 위하여 현대 기업은 거의 모두 주식회사(corporation)의 형태를 취하고 있다.

주식회사는 법인이기 때문에 그의 이름으로 부동산을 소유, 판매할 수 있으며 법적인 소송 및 계약을 체결할 수 있을 뿐만 아니라 소유권이 넘어가더라도 계속기업(going concerns)으로 존속한다.

주식회사를 설립하기 위해서는

- 발기인에 의한 회사명 선정 및 정관작성
- 주주의 모집
- 창립총회의 개최
- 설립등기

등의 절차를 거쳐야 한다.

실제로 회사의 의사를 결정하고 행위를 실천하는 회사 조직상의 지위를 기관이라고 하는데 주식회사의 기관으로서는 주주총회, 이사회 및 대표이사, 감사가 있다.

주주들로 구성되는 주주총회는 감사 및 이사의 선임, 정관의 변경을 수행하는 최고의사결정기구이다. 그러나 회사의 경영은 이사회와 대표이사가 담당하며 감사는 이사회 및 대표이사의 업무집행을 감사하게 된다.

주식회사의 특징을 요약하면 다음과 같다.

- **자본의 증권화:** 자본의 증권화란 출자의 단위를 균일한 주식으로 세분하여 출자를 용이하게 하고 이를 증권시장에서 매매가 가능하도록 하여 소유권의 이전을 용이하게 하는 것을 말한다. 자본의 증권화를 통하여 주식회사의 소유권은 수많은 소규모 단위(주식지분)로 분할되기 때문에 회사는 자본을 조달하기가 더욱 쉬워진다.
- **출자자의 유한책임:** 주식회사가 다액의 자본을 조달하기 쉬운 이유로는 유한책임제도를 들 수 있다. 주주의 책임은 출자액의 한도(지분) 내이며, 그 이상의 채무를 부담할 필요가 없다. 따라서 출자자는 안심하고 기업에 출자할 수가 있다. 이것을 주주의 유한책임이라 한다.
- **중역제도**(출자와 경영의 분리제도)**:** 중역이라 함은 이사를 말하는 것으로 반드시 주주 가운데서 선출되는 것을 요하지 않으며 일반주주를 대신하여 회사의 업무를 지휘, 감독하는 자를 말한다. 이러한 제도를 통하여 주주는 출자를 하여 자본위험을 부담하는 직능을 담당하고 중역(전문경영자)은 경영의 직능을 담당하게 함으로써 출자(소유)와 경영의 인적 분리가 이루어지고 자본의 증권화와 더불어 주식회사의 자본규모를 확대하는 역할을 다하고 있다.

주식회사는 많은 장점을 가지고 있지만 한편으로 과다한 창업비가 소요되고, 법률과 정부에 의해 각종 규제와 보고의무를 가지며, 기밀유지의 어려움 및 이익에 대한 이중납세를 피할 수 없다는 단점도 갖는다. 한편 전문경영인(대리인, agent)이 자신의 이익을 위하여 활동하고 주주들을 위한 부의 극대화가 저해될 때 대리인 문제가 발생할 수 있다.

최근 국내에 도입된 주식회사의 특수한 형태로 지주회사(holding company)가 있다. 지주회사는 자회사의 주식 전부 또는 일부를 소유해 자회사의 경영권을 지배하는 회사를 말한다. 지주회사는 순수지주회사와 혼합지주회사(또는 사업지주회사)로 나누는데, 전자는 자회사의 지배 이외에 독립적인 사업을 하지 않는 데 비해 후자는 독자적인 수익사업도 추구하는 회사이다.

협동조합

협동조합(cooperatives)은 경제적 약자인 생산자와 소비자 등이 상부상조와 정신적 협동에 의하여 대자본의 압력을 방어하고 중간이익을 배제함으로써 경제상의 지위를 향상시키고자 조직된 기업형태이다. 따라서 그의 직접적인 목적은 영리가 아니라 조합원의 경제적 지위의 향상과 복지를 꾀하는 데 있다.

협동조합은 조합의 주체에 따라서

- 소비자 협동조합
- 생산자 협동조합
- 신용조합

등으로 구분할 수 있다. 신용조합의 예를 들면, 농업협동조합, 수산업협동조합, 중소기업협동조합, 어업협동조합 등이 있다.

공기업 및 공사합동기업

공 기 업

공기업(public enterprise)은 국가, 지방자치단체 또는 지방공공단체가 출자자로서 그 사업체를 공익을 목적으로 경영하는 기업이다. 따라서 이는 국가 또는 공공단체가 소유·경영하는 기업으로서 특히 국가가 소유하는 기업을 국영기업, 공공단체가 소유하는 기업을 공영기업이라 한다.

공기업은 재정수입을 확보하여 독립채산제로 운영되는데 서민생활안정과 실업구제와 같은 공공의 이익증진, 민간 기업이 할 수 없는 산업의 육성과 거대한 자본이 필요한 사업(예: 서울 지하철), 공익사업의 자유경쟁으로 인한 폐해제거, 기간산업의 국영화에 의한 산업통제, 국토방위와 사회안전을 위한 사업(무기 제조업) 등을 목적으로 설립된다.

공기업의 예를 들면, 전신, 전화, 철도, 체신, 전매, 상·하수도, 국민생명보험, 우편연금사업, 양곡관리사업, 특수은행, 공단, 금고, 공사, 특수회사 등이다.

● 공사합동기업

　　공기업과 사기업이 혼합하여 운영되는 공사공유경영의 형태로서 국가 또는 지방공공단체와 개인 또는 사적단체가 공동으로 출자하여 공동으로 경영하는 기업형태이다. 이와 같은 공사합동기업(mixed undertaking)은 사기업과 공기업의 단점을 보완하여 공기업의 무사안일주의적인 폐해를 없애고 경영능률의 증진을 목적으로 한다.

　　공사합동기업의 예를 들면, 국민은행, 중소기업은행, 포항제철, 한국증권선물거래소, 국정교과서주식회사 등이다.

4. 기업의 지배구조

지배구조의 의미

　　기업지배구조(corporate governance)란 기업경영에 관한 경영진, 주주, 종업원, 채권자 등 다양한 이해관계자의 이익을 최소의 비용으로 극대화하기 위한 의사결정방식 등 제도적 장치를 말한다. 기업의 소유와 경영이 분리되기 전에는 소유주 또는 대주주가 기업을 지배하고 경영의 주체였으므로 이해상충이 발생할 가능성이 적어 기업지배구조에 관한 논의가 활발하지 않았다. 그러나 기업의 규모가 확대되고 주식시장의 발달로 주식이 광범위하게 분산되어 소유와 경영이 분리되면서 주주와 전문경영자간의 이해상충문제가 발생하게 되었다.

　　우리나라의 기업지배구조에 있어서는 주주와 전문경영자간의 대리인문제보다는 지배주주 또는 지배주주에 의해 선임된 경영자의 독단·독점경영이 문제이다. 우리나라 기업은 회사 설립자의 친인척 및 특수관계인의 지분과 계열사간 상호출자비율이 점차 낮아지고는 있으나 아직도 높은 수준이어서 소유와 경영이 뚜렷이 분리되지 못해 지배주주인 경영자에 의한 기업지배의 성격을 띠고 있다.

이에 따라 과잉투자와 과오투자가 발생할 소지가 크고 지배주주의 이익을 위해 경영자가 소액주주, 채권자, 종업원, 소비자, 공급업자, 지역사회 등 모든 이해관계자들의 이익에 반하여 경영할 가능성이 크다. 의사결정체계가 이사회보다는 지배주주나 지배주주가 선임한 경영자를 중심으로 이루어지고 있어 이사회가 주주를 대리하여 경영을 감시하고 통제하는 본연의 기능과 책임을 다하지 못하고 있다.

현재 기업지배구조의 개선은 우리나라 기업지배구조 체제의 특성을 감안하여 경영자 및 지배주주에 대한 통제를 강화하고 계열기업간 상호출자와 상호지급보증을 제한하는 방향으로 나가고 있다.

기업지배구조의 유형

기업지배구조의 유형에는 미국, 영국 등 주식시장이 발달하여 주식회사를 주주의 사적 재산으로 인식하는 주주자본주의(shareholder capitalism) 모델이 있다. 또한 독일, 일본 등과 같이 주식시장이 발달하지 않아 주식회사를 주주, 전문경영자, 종업원, 채권자, 거래기업, 소비자, 정부 등 다양한 이해관계자로 구성되는 공공이익의 연합체로 인식하는 이해관계자 자본주의 (stakeholder capitalism) 모델이 있다.

● 주주자본주의 모델

주주자본주의 모델에 의하면 경영자는 기업의 투자수익을 극대화하기 위해 영업활동을 수행해야 할 임무가 있으나 주식의 분산으로 소유와 경영이 분리되어 전문경영자가 주식회사의 주인인 주주의 이익보다는 자기 자신의 고용안정과 부수혜택(perquisite)을 위해 행동하는 주주와 전문경영자간의 "주인-대리인 문제(principal-agent problem)"가 발생할 가능성이 높다. 주주는 대리인이 자신들의 부의 극대화를 위한 의사결정을 해 주기를 원하지만 전문경영자는 자신의 이익을 위한 행동을 하거나, 투자성과가 높은 고수익 고위험 투자안을 가급적 기피하거나, 과도한 활동비를 사용하는 등의 도덕적 해이가 발생하는 경우에는 대리인 문제가 발생하게 된다.

따라서 정책당국은 대리인 문제를 해소하기 위해 경영실적이 반영되는 주식시장에서의 주식가격에 의한 기업가치 평가, 기업지배권 매매(M&A) 허용 등 시장규율을 통해 전문경영자의 행동을 통제하고 주주의 이익을 최대한 확보하고자 한다.

◈ 이해관계자 자본주의 모델

이해관계자 자본주의 모델에 의하면 전문경영자는 주주뿐만 아니라 다양한 이해관계자의 이익을 극대화하는 한편 기업의 사회적 책임도 수행해야 할 임무가 있으며, 이해관계자간 이해상충을 조정하기 위하여 다양한 이해관계자들이 기업지배구조에 참여한다. 이 모델에서는 기업들이 자금을 주로 은행차입을 통해 조달함에 따라 은행이 기업경영에 상당한 영향력을 행사하며 이해관계자들은 내부 상호감시를 통해 대리인 문제를 해소하고 전체 이해관계자 이익의 극대화를 추구한다.

최근 시장개방 등 글로벌화가 진전되면서 순수한 주주자본주의 모델 또는 이해관계자 자본주의 모델만으로는 경영환경의 변화에 대처하는 데 어려움이 있으므로 양 모델의 장점을 중심으로 수렴해 나가는 경향을 보이고 있다.

5. 기업집중

기업집중의 의의와 목적

자본주의 경제체제 속에서 기업은 경쟁을 배제하고 시장을 독점하여 이윤을 극대화하려는 노력을 경주한다. 이를 위해서 기업은 자기가 축적한 이윤을 통한 개별 자본의 확대라든가 이미 존재하는 다른 기업의 개별 자본과 결합하는 형태를 취한다. 이를 기업집중(business concentration)이라고 한다.

기업이 경영활동을 통하여 획득한 이윤을 축적하고 자본화함으로써 자기자본 확장에 의한 개별 자본 확대를 꾀하게 되는데 이를 집적(accumulation) 또는 내적 성장(internal growth)이라 하고, 동종 또는 유사한 타기업과의 수평적 또는 수직적 상호결합에 의한 개별 자본 확대를 집중(concentration) 또는 외적 성장(external growth)이라 한다.

집적에서는 자기이윤의 축적을 통한 자본규모의 확대로 사회 전체의 총자본 확대를 의미하지만 집중에서는 인수·합병을 통해 사회 총자본을 구성하는 개별 자본의 수를 감소시킬 뿐이다. 한편 집적은 축적력에 한계를 나타내지만 집중의 경우에는 개별 자본의 대규모적인 확대를 통하여 생산력의 확대를 가능케 한다.

기업집중은 결합기업 이외의 타기업과 소비자들에 대하여 폐해나 불이익을 초래할 수 있다. 독과점적 지위를 이용하여 경쟁제한적 행위를 함으로써 자원배분의 왜곡, 소득분배의 형평성 저해, 영업자유의 제한 등 부작용을 유발하여 경쟁업체, 소비자, 국민경제 전체에 피해를 줄 수 있다.

따라서 오늘날 기업집중의 폐해를 방지하기 위하여 자본주의 국가에서는 주식취득, 인수·합병 등 각종 기업집중 행위에 대하여 규제를 하고 있다.

그러면 왜 기업들은 집중을 추구하려고 하는가? 근본적인 동기는 다음과 같다.

● 경쟁의 제한 또는 배제

오늘날 시장에서의 경쟁은 치열하다. 이러한 경쟁을 제한 내지는 배제를 통해서 시장통제를 강화하고 이윤을 극대화하기 위해 기업은 집중을 추구하게 된다.

이러한 목적으로 이루어지는 기업집중은 주로 동종 또는 유사한 기업 사이에서 행해지는데 이를 수평적 결합(horizontal integration)이라고 부른다. 예를 들면, 후술할 카르텔이나 트러스트가 여기에 속한다.

● 생산의 합리화

원료의 확보나 기술, 생산 및 유통과정에 있어서의 경영합리화를 도모하기 위해서 관련 기업간에 기업결합이 행해진다. 이를 수직적 결합(vertical integration)이라고 한다. 예를 들면, 신문회사가 제지회사와 결합하는 경우이다. 후술할 산업형 콘체른이나 콤비나트는 이러한 목적으로 발생한다.

● 출자를 통한 기업지배

대기업이나 금융회사가 동종기업 또는 이종기업에 대한 금융지배력을 강화하기 위하여 장기융자를 하여 주거나 그 기업의 주식을 소유함으로써 기업결합이 행해진다. 이를 자본적 결합(capital integration)이라고 한다.

이는 기업지배를 위한 자본의 절약과 투자수익의 증대를 목적으로 하는 것인데 재벌이 여기에 속한다.

기업집중의 기본형태

기업의 독립성과 결합의 정도에 따라 기업집중은

- 카르텔
- 트러스트
- 콘체른

등으로 구분할 수 있다.

① 카르텔

카르텔(cartel)은 담합 또는 기업연합(association)이라고도 하는데 동종 또는 유사한 산업에 속하는 다수의 기업들이 법률적·경제적 독립성을 유지한 채 신사협정을 맺고 과당경쟁을 제한하여 가격의 안정을 도모하고 독점적으로 시장을 지배하여 기업의 안정과 경제적 이익을 얻기 위해 수평적으로 결합하는 형태를 말한다.

카르텔은 가격, 판매량·조건·지역, 생산, 기술, 그리고 구매 측면에서 협약하는데 예를 들면, 석유의 가격과 생산을 통제하기 위해 조직한 석유수출국기구(OPEC)이다.

우리나라에서는 공정거래를 저해하기 때문에 공정거래법상 카르텔 행위를 금지하고 있다.

② 트러스트

트러스트(trust)는 기업합병이라고도 하는데 자유경쟁의 배제 내지 제한을 통한 독점과 경영합리화를 목적으로 각 참가 기업들이 법률적·경제적 독립성을 완전히 버리고 새로운 기업으로 통합하는 결합형태이다.

트러스트는 대자본의 시장지배력과 독점성이 카르텔보다 강한 형태이다. 트러스트는 원래 미국에서 발생하였지만 법에 의해 금지되어 지금은 지주회사가 형성되었다.

트러스트는 각 참가 기업이 자발적으로 해산하고 모든 자산이 신설기업에 흡수하는 신설합병(consolidation)과 막대한 자금을 가진 기업이 약한 다른 기업의 주식을 모두 매수함으로써 그의 모든 권리와 의무를 승계하고 소멸시키는 흡수합병형태인 합병·인수(merge and aquisition: M&A)로 구분할 수 있지만 후자가 보다 일반적이다.

③ 콘 체 론

콘체른(concern)이란 기업연맹이라고도 하는데 몇 개의 기업이 법률적 독립성을 유지하면서 실질적으로는 주식소유, 자금대여와 같은 방법에 의해 자본적 독립성을 상실하고 지배를 받는 하나의 기업으로 결합되는 형태이다.

콘체른은 생산, 판매 및 금융에 대하여 경영상으로 수평적으로는 물론 수직적 또는 다각적으로 결합된다. 우리나라에서는 재벌(financial clique)이 이와 유사한 형태이다.

콘체른의 지배방법은 지주회사를 이용한 형태가 일반적이다. 대기업, 특히 금융기업들이 중소기업을 지배할 목적으로 이들 중소기업의 주식을 보유함으로써 경영권을 장악하는 경우에 나타나는데 이때 중소기업들은 외형상으로는 독립성을 유지하지만 실질적으로는 독립성을 잃고 대기업에 종속하게 된다. 이러한 대기업을 지주회사 또는 모회사라고 하고 중소기업은 자회사라고 한다.

6. 기업집단

기업집단의 의의와 유형

어떠한 형태든 기업집중은 앞에서 살펴본 바와 같이 경쟁을 배제하고 경영합리화를 위하여 규모를 확대시켜 독점력을 강화하려고 하기 때문에 사회적으로 보면 이는 불공정경쟁을 유발하므로 엄격한 법의 규제를 받게 된다.

따라서 기업들은 이를 피하기 위하여 기업집단(business group)이라는 새로운 형태로 발전해 가고 있다. 기업집단이란 두 개 이상의 참가 기업이 상호간 지배관계가 없이 독립성을 유지하면서 상호간 보완적 역할을 하는 경영상 또는 금융상 협조관계에 따라 결합하는 형태를 말한다.

이러한 현상은 기업의 국제경쟁이 치열해짐에 따라 외국 기업과의 경쟁력을 강화하기 위하여 국내 기업과 합병을 한다든지 또는 다국적기업 등으로 진행되고 있다.

① 콤비나트

콤비나트(combinat)는 기업집단의 대표적인 형태인데 원래 1930년대 소련에서 계획생산을 수행하기 위한 기술적 결합방법으로 발생하였다. 콤비나트는 기술적인 관점에서 유기적으로 결합된 다수기업의 집단으로서 공장집단이라고도 한다.

콤비나트는 원재료의 가공, 폐기물·부산물의 처리·이용, 원재료와 반제품의 종합적 이용을 위해 결성되어 자원의 다각적·효율적 이용, 원료확보 및 에너지 절약, 운송의 절약 면에서 시너지 효과를 유발한다.

우리나라의 경우 울산공업단지와 여천석유화학단지가 콤비나트의 좋은 예이다.

② 콘글로머리트

콘글로머리트(conglomerate)란 이종 기업의 주식을 무차별 집중매입하여 합병함으로써 기업의 규모를 확대시켜 대기업의 이점을 추구하려는 다각적 합병을 의미한다. 콘글로머리트는 기업합병·인수(M&A)를 통한 급속한 다각화를 특징으로 한다.

과거 우리나라 대기업들은 산업화시대에 기술이나 경영에 있어 연관성이 없는 기업을 합병하여 사업의 다각화(diversification)를 성장전략으로 추구해 왔다.

③ 다국적기업

　　다국적기업(multinational corporation)이란 기업의 성장과정에서 필연적으로 발생하는 기업형태로서 생산 · 판매활동을 국제적 규모로 수행하는 대기업이 일국에 본사를 가지고 세계 각 지역에 자회사 · 지사 · 사업본부 · 합병회사 · 공장 등 일련의 관계 회사를 확보하고 경영책임을 직접 부담하면서 영업활동을 하는 것을 말하는데 세계기업(world enterprise)이라고도 한다.

　　다국적기업의 신장을 통해 국제무역 및 국제투자가 급증하고 있다. 다국적기업은 단순히 해외에 지점 또는 자회사를 두는 것이 아니라 세계 각국의 국적을 가지는 현지법인으로서의 제조공장 또는 판매회사를 가진다.

　　다국적기업에 대해서는 제 7 장에서 자세히 공부할 것이다.

④ 조인트 벤처

　　조인트 벤처(joint venture)란 두 명 이상의 사업자가 공동출자 · 공동계산 · 공동사업 영위를 목적으로 설립하여 출자액에 비례하는 손익을 분담하는 합작회사를 말한다.

　　오늘날 조인트 벤처라고 하면 국제합작기업을 뜻하는데 외국에 투자하고자 할 때 그 나라의 외환관리, 무역장벽, 기술보호 등 여러 가지 규제를 피하기 위하여 현지 기업과 특정 사업을 대상으로 설립하기 때문에 그 사업이 완료되면 동시에 해산하게 된다.

　　과거 우리나라는 1970년대 정부의 해외투자유치전략에 따라 선진국 기업과의 합작투자기업이 성행하였는데 이는 자본도입과 함께 기술도입을 촉진하기 위함이었다.

⑤ 기업계열화

　　기업계열화(integration)란 대기업이 투자자본의 절약, 시장의 확보, 생산기반의 확립, 고정설비의 활용, 우수기술의 전수 등을 목적으로 중소기업을 지배하에 두고 그의 생산력, 판매력, 금융력 등을 독점적 · 배타적으로 이용하려는 것을 말한다.

　　보통 계열화란 대기업이 부품수급의 원활화를 위하여 중소기업과 종속적인 협력업체 형태의 하청관계를 맺는 것을 뜻한다. 대기업인 모기업은 계열화된 중소기업을 위하여 출자하고 중역을 파견하며 필요한 자금과 기술을 지원한다. 반대로 계열사는 모기업에 대하여 판로확보를 위한 하청 또는 장기 공급관계를 맺기 위하여 배타적인 계약을 체결하기도 한다.

기업계열화는 원료구입, 생산·판매·자본 등을 통한 상호보완관계를 맺음으로써 공동이익을 증진함을 목적으로 하기 때문에 경쟁배제나 시장통제를 목적으로 하는 기업집중이나 조인트 벤처와는 다른 형태이다.

⑥ 기업다변화

기업다변화(diversification)는 다각화라고도 하는데 원래 경영하고 있던 업종 이외의 다른 업종에 진출하여 기업규모를 확대해 가는 형태이다.

기업다변화는 환경의 변화(기술변화, 수요감소)나 경쟁의 격화에 따른 위험을 분산시키고 상호구매와 상호견제 등을 통한 시장지배력을 강화하기 위하여 새로운 성장산업에 진출하는 방법으로 사용된다. 한편 기업다변화는 다양한 자산을 공동으로 활용하고 경영기법의 이전 등을 통해 범위의 경제(economy of scale)를 창출할 수 있다.

기업의 다각화전략에 대해서는 제4장에서 다시 설명할 것이다.

기업의 인수·합병

기업은 양적인 경쟁력 확보를 위해 기업다각화를 통한 외적 성장전략을 사용할 수 있다. 이때 기업은 다른 기업을 인수·합병(merger and acquisition: M&A)함으로써 국내·외에 생산거점, 판매거점을 확보할 수 있는 것이다.

기업의 인수란 한 기업이 다른 기업의 주식이나 자산을 취득하여 경영권을 획득하는 것을 말하고 합병이란 기업지배권 획득을 목적으로 두 개 이상의 기업들이 법률적으로나 사실적으로 하나의 기업으로 합쳐 외적 성장을 추구하는 것을 말한다.

우리나라에서는 외국인의 M&A가 허용되고 있으며 증권투자회사법의 개정으로 적대적 M&A까지 가능해졌다.

이러한 **M&A**의 목적에는

● 기존 기업의 내적 성장한계를 극복하고 신규사업 참여에 소요되는 기

간과 투자비용의 절감
- 경영상의 노하우 획득
- 숙련된 전문인력 및 기업의 대외적 신용확보
- 경쟁기업 인수를 통한 시장점유율 확대
- 경쟁기업의 주식 매입을 통한 M&A 대비
- 자산가치가 높은 기업을 인수한 뒤 매각을 통한 차익획득

등 여러 가지가 있다.

M&A는 상대기업의 동의를 얻어 인수합병을 하는 우호적 M&A와 상대기업의 동의 없이 강행하는 적대적 M&A로 분류할 수 있다.

일반적인 M&A 방법으로는 주식인수, 자산취득(영업양수), 위임장대결 등이 있는데, 주식인수란 취득기업이 피취득기업의 주식의 일부 또는 전부를 그의 주주들로부터 취득하는 것을 말하고, 자산취득이란 두 기업간 계약에 따라 영업의 일부만을 취득하는 것을 말한다. 이에 반하여 적대적 M&A는 주로 주식의 공개매수와 위임장대결을 통해 이루어진다.[2]

---

2 위임장대결이란 주주총회에서 의결권을 보유하는 위임장을 보다 많이 확보해서 현재의 이사진과 경영진을 교체하는 방법을 말한다. 공개매수란 의도한 가격으로 단기간에 대량의 주식을 공시해 매집하는 것을 말한다.

E/X/E/R/C/I/S/E
토론문제

01. 기업의 개념과 특징을 설명하라.

02. 기업의 3대 기능은 무엇인가?

03. 기업은 우리에게 왜 중요한가?

04. 국민경제의 순환구조를 설명하라.

05. 기업과 경영의 관계를 설명하라.

06. 개인기업과 공동기업의 차이점을 설명하라.

07. 현대 기업이 주식회사의 형태를 취하는 이유는 무엇인가?

08. 주식회사의 특징을 설명하라.

09. 기업지배구조를 설명하라.

10. 기업집중과 기업집단의 차이점을 설명하라.

11. 기업의 인수·합병에 관하여 설명하라.

12. 다음 용어를 간단히 설명하라.
　① 합명회사　　　　　　② 합자회사
　③ 유한회사　　　　　　④ 익명조합
　⑤ 지주회사　　　　　　⑥ 기업결합
　⑦ 카르텔　　　　　　　⑧ 트러스트
　⑨ 콘체른　　　　　　　⑩ 인수·합병
　⑪ 콤비나트　　　　　　⑫ 콘글로머리트
　⑬ 조인트 벤처　　　　　⑭ 계열화
　⑮ 다변화(다각화)

제 4 장

기업의 창업과 성장

　최근 들어 현실세계에서 창업에 대한 논의들이 국내뿐만 아니라 외국에서도 매우 활발하다. 이러한 창업 붐이 일게 된 배경으로는 소비자들의 다양화된 욕구, 기술 발전, Internet 등 가상공간의 존재로 인한 새로운 비즈니스 기회 창출, 정부의 정책적 지원, 도전정신을 가진 사람들의 창업 욕구 등이 주요 요인으로 작용한 것으로 보인다.

　한편 대기업에서 근무하였다가 퇴직하게 된 경우라든지 좋은 아이디어를 가지고 있는 경우에 중소기업의 창업에 뛰어들게 된다. 미국의 경우 창업에 의하여 1990년 이후 매년 70만~100만 개 이상의 신생기업들이 설립되고 있으며 국내의 경우도 소기업 수가 약 10만 개에 이르고 있어 창업 열풍은 전세계적이라 할 수 있다.[1]

　국내에서는 벤처 비즈니스를 중심으로 많은 신생기업들이 생성되고 있는데 특히 첨단 기술 기반의 하이테크형 기업, Internet과 전자상거래를 중심으로 한 닷컴 기업, 생명공학을 기반으로 한 바이오(bio) 벤처기업 등에 창업활동이 집중하는 경향을 보이고 있다.

　그러나 중소기업을 경영한다는 것은 어렵고도 위험한 일이다. 미국의 경우 500명 이하의 종업원을 갖는 기업의 경우 창업 2년 내에 34%가, 3년 내에 50%가 문을 닫고 있다. 특히 첨단기업의 실패율은 더욱 높다고 하겠다.

　본장에서는 기업가정신은 무엇이며 기업가의 특징과 경제 · 사회에 미치는 영향은 어떠한지를 살펴보고 기업가의 창업과정, 기업의 성장전략, 그리고 벤처 비즈니스를 설명하고자 한다.

---

1 htvc.kaist.ac.kr

제 4 장

기업의 창업과 성장

1. 기업가정신

기업가정신의 개념

    우리는 일반적으로 기업가라 하면 이병철, 정주영, 빌 게이츠, 스티브 잡스 등 성공한 사업가들을 연상하지만 서울 테헤란로에서 새로운 시장을 개척하는 데 성공한 이름 없는 IT 창업자도 기업가이다. 그러면 기업가란 어떻게 정의할 수 있는가?

    경영학적 의미로 기업가(entrepreneur)는 일정한 수익을 목적으로 사업을 구상하고 시작한 사람으로 창업자라고도 하는데 그 사업에 대한 조직화, 방향 설정, 지휘·감독의 책임을 가진 사람으로 정의되고 있다. 한마디로 기업가는 새로운 사업을 창조하는 주체로서 필요한 자원을 조달하고 조직관리를 하면서 위험과 보상을 감당하여 만족감을 즐기는 사람으로 단정지을 수 있다.

    국가나 사회적으로 볼 때 기업가들은 열성적인 노력과 창의력을 발휘하여 신상품이나 서비스를 제공하기 때문에 사회의 경제활동이 활력을 갖게 되므로 경제발전에 밑거름이 된다.

    그렇다면 기업가는 어떠한 이유로 사업을 구상하고 창업에 이르게 되는가? 이는 강한 도전정신, 성취욕구, 위험감수 성향, 혁신 추구, 추진력, 창의성으로 특징 지어지는 기업가정신(entrepreneurship)에서 발원된다고 할 수 있다.

    기업가정신의 정의들은 많은 연구자들에 의해 내려지고 있는데 이들 정

| 표 4-1 | 기업가정신에 대한 세 가지 견해

구 분	내 용
경제 기능적	기업가정신은 제품, 공정, 생산요소, 시장, 조직 등에서 다양한 혁신을 일으키며, 기업가의 핵심적 역할은 혁신 특성이다.
사회·심리적	기업가정신은 개인적으로 높은 성취 욕구, 자유 의지, 위험 감수 등의 특성을 가지며 가정환경과 교육수준 등의 배경요인도 포함된다.
종 합 화	기업가정신은 위험 대비 이익을 전제로 하여 가치 있는 것을 창조해 내는 과정이며 사업 기회의 인지, 위험 부담의 관리, 적절한 자원 동원을 통해 가치 있는것을 만들어 내는 것이다.

자료: http://www.centerworld.net/acad/prof/leejw/venture/12/12-4.htm의 내용을 발췌, 수정.

의의 특징은 크게 세 가지 견해로써 경제 기능적, 사회·심리적, 종합화 견해로 나누어지고 있다(〈표 4-1〉 참조). 경제 기능적 견해는 다양한 분야에서 혁신적 특성을 고려한 기업가의 기능적 측면을 말하는 것이며, 사회·심리적 견해는 기업가의 개인적 특성을 의미한다. 마지막으로 이들 견해들을 종합한 견해는 기업가정신을 창조적 활동과정으로 정의하고 있다.

이 세 가지 견해들을 모두 고려할 경우 기업가정신은 "조직의 모든 요소들에 대해 독창적이고 혁신적인 사고를 하며 자아욕구가 강하여 가치에 근거한 창조적인 활동을 하는 것"으로 정의할 수 있을 것이다.

오늘날 기업가정신은 토지, 자본, 노동, 정보(지식) 못지 않게 중요한 생산요소로 취급한다.

기업가의 특성과 역할

유능한 기업가가 되기 위한 조건들로는 여러 가지 요인들이 복합적으로 작용한다고 볼 수 있다. 기업가의 행동적 측면에서 기업가에게는 다음과 같은 개인적 특성들이 요구된다. 이는 〈그림 4-1〉에서 보는 바와 같다.

- 뚜렷한 목표의식
- 사업에 대한 열정, 몰입(commitment)과 확고한 결의 및 자신감
- 기회에 대한 집착과 인내심

그림 4-1   기업가의 특성

자기통제 → 기업가의 개성 ← 모호성의 수용

높은 열의 → 기업가의 개성 ← 인내심

성취욕 → 기업가의 개성 ← 자신감

- 위험 · 모호성 · 불확실성의 수용 및 미래지향성
- 창의성 · 자립심 · 적응력
- 혁신
- 남보다 앞서려는 성취동기
- 강력한 자기통제
- 근검절약
- 도전과 모험심
- 신용 우선
- 리더십
- 현실감각과 유머감각

이와 더불어 창업을 위한 철저한 준비과정이 필요하며 사전에 지식을 습득하여 준비하고 기회를 잘 포착하는 능력을 갖추어야 할 것이다. 또한 창업한 신생기업이 성장하려면 기술혁신 능력뿐만 아니라 경영관리 능력(의사결정능력)과 대인관계 능력도 필요하며 기술적 배경을 가진 기업인이 경영지식을 모두 갖기 어렵기 때문에 서로 보완적 역량을 갖춘 사람들이 팀을 구성하여 창업을 하는 경우가 많다.[2]

역할 측면에서 볼 때 기업가는 조정자(coordinator), 혁신자(innovator), 위험 감수자(risk taker), 중개자(arbitrager)의 역할을 수행한다.

슘페터(Schumpeter)는 기업가를 창업과정을 통하여 자원의 신결합과 새로운 산업방법으로 균형(현상유지)을 파괴하는 혁신가로 보았다. 경제는 끊임

---

2 Timmons(1994).

| 표 4-2 | **기업가와 경영자의 차이점**

구 분	기 업 가	경 영 자
개인적 성향	기회를 현실화시키는 통찰력과 타인들을 사업에 동참시키려는 설득력이 강하다.	합리적이고 분석적 판단을 중시하며 실무에 능통하다.
의 사 결 정	새로운 비즈니스를 개시할 때 현재 가용 자원의 고려 없이도 시작한다.	현재 상태 유지와 자원에 근거한 의사결정을 중시한다.
위 험 인 식	현실 안주를 거부하고 여러 가지 위험을 감수하며 자신의 비전을 실현한다.	주어진 목표와 상응한 보상에 의해 동기가 부여되며, 불확실성과 위험을 기피하는 성향이 강하다.

없는 혁신(innovation)을 통하여 창조적 파괴(creative destruction) 과정으로 발전되어 왔으며 이 과정을 추진하는 자가 기업가이다. 기업가는 낡은 것을 파괴하고 새로운 전통을 창조하는 경제발전의 원동력이다.

카오(Kao) 등은 기업가와 경영자간의 차이가 개인적 특성에서 기인한다고 주장한다. 〈표 4-2〉는 상황적 특성에 따라 기업가와 경영자간에 차이가 나고 있음을 보여 주고 있다.

- 전통적인 경영자들은 위험과 모험을 기피하려는 보수적인 경향이 있는 반면 기업가들은 주어진 기회를 활용하고 변화를 추구하면서 모험과 위험을 감수하려 한다.
- 전통적인 경영자들은 영업실적과 같은 단기적 목표 지향적이지만 기업가들은 기업의 지속적 성장과 같은 장기적 목표 지향적이다.
- 전통적인 경영자들은 실패할 상황 자체를 기피하는 반면 기업가들은 이를 감내하려는 적극적 자세를 취한다.

그러나 현실 상황에서 기업가와 경영자는 표에서 보는 바와 같은 분명한 차이를 보이지는 않고 있으며 각각의 특성들이 혼합되어 있다. 즉 벤처비즈니스를 창업한 기업가들은 조직 내부의 경영관리를 위해 경영자와 같은 역할도 수행하며 경영자 역시 시대 및 환경 변화에 대처하고 기업 내부에 혁신을 일으키기 위해 기업가의 특성을 보이기도 한다.

이러한 점을 감안할 때 기업가와 경영자의 특성은 뚜렷한 기준에 따라 구분하기보다는 개인특성, 과업특성, 환경특성 등에 따라 기업가로서 혹은 경영자로서의 역할을 수행한다고 말할 수 있을 것이다.

기업가의 경제적 · 사회적 영향

기업가정신과 기업가가 주요 화제가 되는 이유는 기업 환경의 변화가 극심하고 소비자의 욕구변화가 다양화하면서 제품과 기술의 수명이 크게 단축되고 있는 현실에서 그 중요성 및 경제 · 사회에 미치는 영향이 크기 때문일 것이다. 즉 기업가의 기업가정신에 의해 창업된 벤처 비즈니스는 경제 · 사회부문에 파급되는 효과가 매우 큰 것으로 인식되고 있다. 기업가는 경제발전, 고용창출, 혁신창조 등의 측면에서 사회 전반에 영향을 미친다고 할 수 있다.

● 경제발전

슘페터(Schumpeter)가 주장한대로 기업가는 경제의 무게중심을 이동시키는 데 중요한 역할을 하며 경제발전에 주요하게 공헌한 사람이다. 기업가정신은 많은 기업이 새로운 아이디어를 사업화하는 데 시간과 자본을 투자하는 창업을 통하여 고용을 창출하고 의욕적인 경영활동을 전개하여 경제성장을 촉진시키는 결과를 초래한다.

예를 들어 미국의 경우 정보통신산업을 중심으로 하여 매년 70만 개 이상의 벤처 비즈니스가 신설되고 있는데 이러한 기업들의 등장은 1990년대 중반 이전까지 만성적인 경기침체 속에 빠져 있던 미국 경제를 사상 초유의 경제 호황을 맞이하도록 하여 이러한 기업들이 경제발전에 공헌한 정도는 지대하다고 할 수 있다.[3]

● 고용창출

경제발전과 더불어 기업가는 새로운 비즈니스 창조로 인해 고용기회를 창출(job creation)하게 되는데 이러한 벤처 비즈니스의 고용은 대기업보다 더 많은 기회를 제공해 주고 있다. 대기업이 창출하는 일자리는 40%이고 나머지 대부분의 경우는 벤처 비즈니스를 포함한 중 · 소규모의 기업들에 의해

---

3 www.chosun.com

창출되고 있다.

특히 중소기업은 여성인력과 미숙련 노동자에게 일자리를 제공한다.

● 혁신창조

혁신가로서 기업가는 새롭고 독특한 아이디어와 기술을 개발·사용함으로써 시장에 혁신적(innovative) 제품 및 서비스를 창조하여 소비자들에게 제공하는데 이러한 기업가의 혁신적 창조활동은 사회 각 부문에 영향을 준다. 실제로 벤처 비즈니스를 경영하는 기업가들에게 창업 후 만족사항을 문의한 결과 성공한 기업가들은 창업 후 가장 만족을 느끼는 항목으로 지역사회 공헌 63.2%, 성취감 28.4% 순으로 나타나[4] 기업가 스스로가 자신이 창업한 기업이 사회에 공헌한다고 인지하는 경우가 많음을 알 수 있다.

2. 창업과 창업전략

기업의 창업

기업의 창업(inauguration of an enterprise)이란 제품이나 서비스를 생산·판매하거나 그와 부수된 활동을 수행하기 위하여 사업을 새롭게 개시(startup)함을 의미한다. 새로운 시장과 새로운 고객을 창출하기 위한 새로운 기업의 창업을 위해서는 인적·물적자원이 필요하지만 기업의 입지, 형태, 규모 등에 관한 사전 의사결정이 이루어져야 한다. 모든 창업이 성공하는 것은 아니다. 오늘날 실패할 위험부담이 큼에도 불구하고 소기업(small business)의 창업이 꾸준히 진행되는 이유는

- 경제적 변화
- 글로벌화와 경쟁의 격화
- 기술발전

---

4 www.startinfo.co.kr

● 새로운 기회

때문이라고 할 수 있다.

경제는 소기업에 기회를 제공하면서 꾸준히 변화하고 있다. 서비스의 수요는 증가일로에 있고 이를 위해 설립되는 기업의 대부분은 소기업이다. 특히 저렴하게 생산하는 기업에 아웃소싱하는 추세에 따라 소기업의 창업이 중단없이 진행된다.

글로벌화는 빠르고 좋고 저렴하게 운영하는 기업을 요구한다. 대기업은 비용을 절감하기 위하여 전문화된 소기업에 아웃소싱하는 추세이다. 글로벌화와 경쟁의 격화로 소기업의 신축성과 빠른 대응이 유리하게 되었다.

컴퓨터 기술의 괄목할 발전과 가격하락은 제품과 서비스를 생산하는 새로운 방법을 추구하게 만들었고 이는 소기업에 기회를 주고 있다.

오늘날 소기업은 시장에서 변화하는 고객들의 욕구를 충족시킬 기회를 활용하고 있다. 예를 들면, 택배와 퀵서비스는 과거에는 별로 성업하지 않았던 운송사업이 되고 있다.

창업전략

의욕적인 기업가가 기업의 소유자가 되는 창업의 방법으로는

● 신규사업의 채택
● 기존 업체의 인수
● 가맹점에의 가입

등을 들 수 있다.

기업가가 되는 가장 보편적인 방법은 새로운 사업을 신규창업하는 것이다. 전에 채우지 못했던 신제품과 서비스에 대한 필요성을 느껴 아이디어와 꿈이 현실로 나타나는 것을 볼 때 감동하게 된다.

새로운 사업을 창업한다는 것은 기업가가 원하는 대로 사업을 개발하고 설계할 수 있다는 것을 의미한다. 기업가가 사업의 성공에 전적인 책임을 소유하지만 성공하여 이윤을 내기까지는 긴 시간이 소요된다.

| 표 4-3 | 신규창업의 장단점

장 점	단 점
• 창업자 자신의 소신과 정보에 따라 설립된다.	• 성공적인 창업을 보장할 수 없다.
• 창업자의 자율권이 보장된다.	• 판매나 이익달성 정도의 예측이 불확실하다.
• 최신기술, 장비 및 원재료, 기자재 등을 임의로 선택할 수 있다.	• 창업계획의 합리성 검증이 어렵다.
• 최신제작과정을 도입할 수 있다.	• 유통경로 및 시장확보가 어렵다.
• 신선한 상품전략을 선택할 수 있다.	• 입지, 건물, 장비, 재료, 직원채용 등과 관련된 준비기간이 길다.
• 시장선택이 자유롭다.	• 창업자금의 확보가 어렵다.

자료: 김종재 외, 경영의 이해(박영사, 2007), p. 111.

신규창업을 하게 되면 입지, 설비, 제품이나 서비스, 종업원, 공급업자, 유통채널 등을 자유롭게 선택할 수 있지만 기존 기업을 매입하는 경우보다 매출액, 현금흐름, 고객관계, 공급업자 등에 관한 불확실성이 높다는 단점을 갖는다.

신규창업의 장점과 단점을 살펴보면 〈표 4-3〉과 같다.

긴 창업시간과 피할 수 없는 실수를 회피하기 위하여 기업가들은 타인의 기존 업체를 구매하여 새로이 사업을 시작하는 인수창업을 통하여 위험부담을 줄이고자 한다. 한편 현재의 경영상태가 부실한 기업을 인수하여 새로운 경영방식을 도입함으로써 이익을 얻고자 하는 경우에도 이러한 방법이 사용된다.

기존 기업을 매입하는 인수창업의 경우에는 신규사업에 필요한 자금과 시간을 줄일 수 있고 현금흐름, 매출액 등에 관한 역사적 자료를 활용할 수 있으며 기존 공급업자, 유통채널, 고객망을 인수할 수 있는 반면에 기존 기업이 갖고 있던 나쁜 점도 그대로 인수하게 되고 변화와 혁신의 추구가 어렵다는 단점을 갖는다.

가맹점(franchise: 체인점)에 가입하거나 기존의 가맹점을 매입하는 방법이 최근에 급속도로 팽창하는 기업가의 길이라 할 수 있다. 가맹점은 본사(모기업, franchisor)와 가맹자(franchisee) 간에 본사의 독점판매권에 관해 체결된 계약관계에 따라 운영되는 사업이다.

가맹자는 본사의 경영 도움을 받아 본사의 제품이나 서비스를 독점판매할 권리를 사면서 비용이나 로열티를 지불한다. 그리고 본사의 상호, 경험, 명성, 로고, 기업이미지, 훈련, 생산기술, 노하우, 서비스 제공방법, 마케팅 기법, 점포 운영방법 등 경영에 관한 지도를 받을 수 있다.

따라서 시장이나 제품면에서 실패할 위험이 감소한다. 가맹자는 자본과 시설을 투자하여 기업을 소유할 뿐 새로운 회사를 설립하는 것도 아니고 새로운 제품을 개발하고 시장을 시험할 필요가 없다.

가맹자는 경영의 자율권을 제한받고 본사로부터 고가매입의 요구를 감수해야 할 뿐만 아니라 본사에 지불해야 하는 비용이 막대하다는 결점을 갖는다.

가맹점은 특히 음식료업에 보편화되어 있는데 맥도날드, KFC, 스타벅스 등은 그의 예이다.

3. 창업과정

창업은 기업가에 의해 새로운 기업이 탄생됨을 의미한다. 다시 말해 창업은 이윤획득을 목표로 하여 기업가가 사업 아이디어를 가지고 사업자금을 투자 또는 조달하여 수익을 창출하는 사업체를 결성하거나 타인의 사업을 인수하여 새롭게 사업을 시작하는 행위로 규정할 수 있다.

기업가가 창업을 하게 되는 동기는 여러 가지가 있겠으나 크게 네 가지를 들 수 있다.

- 이윤을 얻기 위한 경제적 동기
- 도전정신 및 자신의 자아실현을 위한 개인적 동기
- 사회적 책임을 다하기 위한 사회적 동기
- 자신이 생각해낸 새로운 사고나 개념을 상업화하기 위한 전략적 동기

등이 그것이다. 이러한 동기요인들로 인해 현재 국내의 경우 창업이 활성화되고 있다. 그러나 한편으로는 성공할 아이디어가 없다든지 아이디어가 있

어도 기업경영에 필요한 자원을 구입할 창업자본이 부족하기 때문에 창업에 어려움을 겪는 경우도 허다하다.

새로운 사업이 창업되는 과정을 살펴보면 먼저 기업가는 소비자 수요의 동향이라든가 예상되는 경쟁과 제품의 판매경로 등 전반적인 시장조사를 통하여 사업 아이디어를 내고 제품이나 서비스의 시장성을 검토한 후 자본사정과 시장조건 등을 감안하여 기업규모와 기업형태를 결정하고 교통, 원자재, 전력, 용수, 노동력, 시장과의 거리 등을 토대로 입지(location)를 선정한다. 다음에는 구체적인 사업계획과 계획서를 작성하고 시장분석을 실시하며 여기에서 사업의 타당성이 입증된 경우에는 자본을 투자하여 구체적으로 사업화하려는 의도를 굳히게 된다.

이를 위해 투자자금을 확보하기 위한 자본조달 활동과 운용관리를 수행하며 제품개발을 통해 새로운 기업을 조직화하게 된다.

전통적으로 신제품 개발(new product development)은 아이디어(아이템)의 창출로부터 시작하여 여러 과정을 순차적으로 거치면서 진행되었다. 많은 아이디어로부터 신제품이 선정되고 설계 및 공정이 결정되어 제품의 상업화가 이루어진다.

사업 아이디어 창출

기업가로서의 꿈을 실현하는 첫 단계는 어떤 제품이나 서비스를 생산·판매할 것인가를 결정하는 아이디어 창출(idea generation)이다. 성공적인 기업을 설립하기 위하여 창업자가 맨 먼저 해야 할 활동은 수익성이 있는 상품을 선택하는 것이다.

사업 아이디어는 어디서나 찾을 수 있다. 해결해야 할 문제가 있다든지, 마음에 들지 않는 제품이 있으면 이것이 아이디어가 될 수 있다. 대부분의 성공적인 사업은 누군가가 문제를 제기하고 이를 해결하기 위한 노력을 시작하면서 시작된다.

이러한 사업 아이디어를 창출하는 원천으로는 보통 현장경험, 고객, 시장조사, 신상품의 발명, 우연한 발견, 취미, 주위로부터의 권유, 기타 교육기회 등을 들 수 있다.

미국의 경우 창업자의 37%는 동종 업계에서 종사한 현장경험으로부터 습득한 지식에서 아이디어를 구한다. 우리나라의 경우에도 경제위기 상황에서 직장을 그만두고 새로 시작한 창업자들의 대부분은 동종업계에서 자신의 경험과 기술을 이용하는 사업을 선정하였다.

타당성 검토

새로운 사업개발을 위한 아이템(아이디어)이 선정되었을 때 이 아이템을 제품 개발로 곧장 선정하는 것은 아니다. 새로운 아이템에 대해 마케팅 부서는 몇몇 제품개념(product concept)을 개략적으로 정의하고 평가한다. 예를 들면, 새로운 시리얼(cereal)을 설계할 때 밀, 귀리, 옥수수, 겨 등을 어떻게 혼합할 것인가? 플레이크(flake)로 할 것인가, 비스킷(biscuit)으로 할 것인가? 설탕과 비타민을 첨가할 것인가? 등을 결정한다.

제품개념이 결정되면 아이템이 상품화의 과정을 거쳐 시장에서 수요를 만족시킬 가능성이 있는지 체계적이며 합리적으로 분석해야 한다. 이러한 아이디어의 검토과정을 타당성 검토(feasibility study)라고 한다.

타당성 검토는

- 시장분석
- 경제분석
- 기술분석

을 포함한다.

◉ 시장분석

창업 전에 기업가는 시장분석(market analysis)을 실시하는데 제품개발을 위해 투자할 가치가 있는지 알기 위하여 개발하는 제품의 판매가능성(marketability), 즉 시장의 규모와 시장 잠재력은 어떠한가, 경쟁에서 성공할 가능성은 어느 정도인가를 면밀히 평가할 필요가 있다.

◉ 경제분석

제품개발과 생산에 따르는 비용을 추산하고 이를 수요예측에 입각한 예상매출액을 비교함으로써 이익 잠재력을 평가하는 경제분석(economic analysis)은 가장 중요한 내용이다.

또한 필요한 시설 및 운전자금의 확보와 계속적인 자금수지예상을 검토하는 자금조달능력 분석이 이루어져야 한다.

🔹 기술분석

새로운 제품은 새로운 기술을 요하는가(기술확보 여부), 위험 또는 자본투자가 지나친 것은 아닌가, 충분한 노동력과 관리기술을 보유하고 있는가, 필요한 원자재와 생산시설능력은 충분한가, 적정한 원가수준 내에서 제조가 기술적으로 가능한가 등 기술적 측면에서 생산가능성을 평가하는 기술분석(technological analysis)이 실시되어야 한다.

이 외에도 사업이 장기적으로 성장발전할 수 있는지 경영환경, 즉 시장환경, 소비 패턴, 국·내외 경제상황에 대한 분석도 병행해야 한다.

사업계획 수립

아이템과 시장에서의 반응을 바탕으로 하여 구체적인 사업계획(business plan)을 세워야 하는데 이러한 사업계획은 창업을 준비하는 기업을 비롯하여 기존 기업에서 신규사업과 현재 사업을 변경하고자 할 경우에도 작성하게 된다. 사업계획은 계획사업에 관련된 제반사항을 객관적이고 체계적으로 작성하여 자금조달이 필요한 경우에는 투자자의 관심과 신뢰를 얻을 수 있게 된다. 사업계획의 주요 기능을 살펴보면 〈표 4-4〉와 같이 네 가지로 요약할 수 있다.

사업계획에서 주요하게 고려되는 사항들로는 사업성격, 시장상황, 경쟁자, 고객, 제공할 제품 및 서비스 내용, 생산 및 판매방법, 수익성, 자본조

| 표 4-4 | 사업계획의 주요 기능

◆ 기업의 목표, 목적, 전략, 전술, 사업수행일자, 특정 시장에서의 성공가능성 등을 설명한다.

◆ 소비자 및 고객, 관리자, 은행 또는 채권자들이 사업을 평가할 수 있다.

◆ 기업의 목표와 운영 방법 등에 대해 고객 및 종업원들과 의사소통할 수 있다.

◆ 기업 자산 및 부채의 체계적 관리, 경쟁적 시장 상황의 설명, 설비와 재무 상황의 확인, 문제 예측, 적절한 해결방안의 강구, 성공적인 기업의 전략과 전술을 확인시켜 준다.

| 표 4-5 | 사업계획서 내용

I. 사업계획서 요약문	사업개념 및 사업배경, 기업 및 제품에 대한 개요, 틈새 및 기회, 경쟁우위, 수익성, 성장전망 및 비전, 사회에의 공헌도(필요성 부여) 등을 간략히 서술
II. 기업 및 산업 개요	1. 기업개요: 기업명, 기업이념, 목표, 성격 등 2. 사업개념: 어떠한 사업이며 추구하는 상품이 무엇인지에 대한 설명 3. 사업배경: 산업현황 및 전망, 성장추이, 기회 등
III. 사업 및 제품 (서비스) 개요	1. 제품(서비스)의 특성 및 용도 2. 기술 인력 및 제품(서비스) 개발계획 3. 경쟁 제품(서비스)과의 차별성
IV. 시장환경분석	1. 목표 시장 2. 시장규모 및 성장추이 3. 경쟁 및 경쟁우위전략 4. 시장진입 및 성장전략 5. 예상 매출 규모 6. 수익잠재력 7. 차기 아이템
V. 마케팅계획	1. 주요 마케팅전략 2. 제품전략 3. 가격전략 4. 유통전략 5. 촉진전략
VI. 생산계획	1. 생산전략 2. 원자재 수급계획 3. 설비 및 필요 기자재 4. 운영주기 5. 공장입지 및 법적인 규제
VII. 재무계획	1. 채산성 분석 2. 추정 재무제표(3~5년) 3. 비용관리계획 4. 자금조달계획
VIII. 조직 및 인적자원	1. 조직도 2. 핵심창업인력 3. 경영능력 4. 인사정책 및 계획 5. 외부자문 및 지원인력
IX. 위험요소 및 대책	
X. 사업추진일정	

자료: http://board.cgiworld.net에서 수정 · 보완함.

달 시기와 방법, 경영진 구성과 인력수급계획 등으로 경영관리의 전반적인 내용들에 대한 중요 사항들이 포함된다.

이러한 요소들을 기본으로 하여 기업가 나름대로 사업계획을 갖고 있을 경우 다음에 할 일은 구체적으로 이러한 요소들이 포함되고 문서화된 형태로 갖기 위해 사업계획서(business plan)를 작성하는 일이다.

〈표 4-5〉는 사업계획서 내용의 한 사례를 보인 것이다. 사업계획서는 정형화된 형식을 취하지 않으며 창업하려는 기업가 자신의 사업 분야에 따라 그 내용이 추가·삭제될 수 있다.

사업계획서는 아이템을 기술하고 이 사업을 시행하는 데 필요한 생산, 재무, 마케팅, 인사 등 경영 부문별 계획을 나타냄으로써 기업의 창업과정을 일목요연하게 보여준다.

사업계획서가 완성되면 집중하고자 하는 시장에 대한 분석이 또다시 이루어지는데 이러한 시장분석은 기업이 자신의 고객이 누구인지를 확인하고, 어떻게 이들에게 자신의 제품, 서비스, 프로그램 등을 판매, 유통, 촉진하며 이에 따른 인적자원의 충원, 교육, 배치는 어떠한지를 파악해 볼 수 있도록 한다.

또한 시장분석은 목표한 매출액의 예측, 시장에서의 진출·퇴출 여부를 가름할 수 있는 결정적인 역할을 수행한다.

일반적으로 시장분석은 시장조사의 결과를 기본으로 하며 이를 기초로 하여 마케팅계획이 수립된다. 이러한 마케팅계획에는 시장의 범주, 시장세분화, 시장장벽, 시장수요, 시장점유율, 매출액, 유통경로, 가격구조와 정책, 광고와 판촉 등의 관점들을 고려하게 된다.

기업의 법적 구조 선택

기업인은 기업을 설립하기 전에 기업의 형태로서 개인기업으로 할 것인가, 소수공동기업으로 할 것인가, 아니면 주식회사로 할 것인가를 선택해야 한다. 기업의 형태에 대해서는 이미 제 3 장에서 공부한 바와 같다.

창업자본 조달 ┐

창업하려는 사업이 투자자들로부터 그 타당성이 입증되고 시장분석이 완료되어 시장성이 있다고 판단되면 자본이 투입되어 사업의 구체성을 갖게 된다고 할 수 있다. 자본조달을 위하여 기업가는 직접적으로 자금을 투자하거나 외부에서 자금을 유치하게 되는데 직접적인 투자는 기업가 자신의 자금보유 능력에 따르므로 이에 대한 설명은 생략하고 외부에서 자본을 조달·운용관리하는 사례를 살펴보기로 한다.

◈ 벤처 캐피탈

벤처 캐피탈(모험자본)은 고도의 기술력과 장래성은 있으나 자본과 경영능력이 취약한 기업에 창업초기단계부터 자본과 경영능력을 지원하여 투자기업을 육성한 후 투자자본을 회수하는 자금공급기관을 말한다.

그러므로 벤처 캐피탈(venture capital)은 융자를 위주로 하는 기존의 금융기관과 자금의 지원방식, 투자금의 회수방법, 성과보수, 리스크 등에서 현격한 차이가 있다.

- 기존 금융기관이 일정한 담보를 조건으로 융자형태의 자금을 지원하고 있는 반면, 벤처 캐피탈은 유형의 담보를 요구하는 것이 아니라 투자기업의 기술력·성장성을 평가하여 무담보 주식투자를 원칙으로 한다.
- 성과보수면에 있어서 일반 금융기관은 투자기업의 경영성과에 관계없이 대출시점에서 정한 일정 금리를 얻는 대신 벤처 캐피탈은 투자업체의 성공 여부에 따라 많게는 투자금의 수배, 수십 배의 이익을 얻을 수 있는 반면 실패하는 경우 투자금을 전혀 회수할 수 없는 리스크를 가진다.

◈ 코스닥시장(장외시장)

벤처투자는 장기적으로 위험이 따르는 투자이기 때문에 자금을 조달해 주는 자본시장의 역할이 중요하다. 이에 벤처기업들에 안정적인 시장진입을 할 수 있도록 이를 대신해 줄 수 있는 자본시장이 바로 코스닥(Kosdaq)시장

(장외시장)이다.

코스닥시장에 등록한 벤처기업들은 일반 공모의 증자를 통해 직접 자금을 마련할 수도 있고 자기회사 주식을 획득함으로써 주가 안정을 유지하고 경영권도 방어할 수 있다.

미국의 경우 우리의 코스닥 시장과 같은 나스닥(Nasdaq)을 통해 세계적인 기업으로 성장한 인텔이나 마이크로소프트가 있어 자본시장을 통한 자본조달의 대표적 사례로 볼 수 있다.

● 엔   젤

엔젤(angel)이란 창업 초기에 자금이 부족한 벤처기업에 자금지원과 경영지도를 해 주는 개인투자자를 말한다. 이러한 엔젤에 의한 투자는 유망한 벤처기업을 발굴해 장기적으로 투자하는 고위험ㆍ고수익 투자 수단으로 볼 수 있어 투자위험은 높지만 미래의 성공가능성과 성장성이 높은 기업에 투자하여 투자금액보다 많은 수익을 기대하며 투자하는 특성을 보이고 있다.

또한 엔젤은 기업에 자금을 빌려주는 것이 아니라 지분을 매입하여 주인이 되는 특성을 보이고 있어 주식투자와 유사하다고 할 수 있다.

● 투자조합

투자조합은 전문투자금융기관들이 조합을 결성해서 조성된 자금을 재원으로 하여 고성장ㆍ고수익이 예상되는 유망한 벤처기업을 대상으로 이들 기업이 발행하는 주식, 전환사채 등을 획득함과 동시에 각종 경영, 기술상의 자문을 제공하여 투자기업의 육성발전을 지원하고 향후 공개시장에서 투자수익을 환수함으로써 조합 출자자들에게 높은 수익을 분배하는 제도이다.

● 금융기관

창업하려는 기업들은 기술개발자금의 대부분을 금융기관의 시설자금 융자와 기술개발 융자에 의존하고 있으나 대기업에 비해 담보능력이 적어 금융기관이 대출을 기피하고 있는 실정이다.

즉 현재 대부분의 금융기관들은 신생기업들의 연구단계에 있는 기술투자의 수익성을 제대로 예측할 능력이 없기에 자신들의 위험부담을 줄이기 위해 안정성 위주로 지원하는 특성을 보이고 있는 것이다.

4. 벤처 비즈니스

벤처 비즈니스의 정의

벤처 비즈니스(venture business)가 등장하게 된 태초의 배경에는 중세시대 항해를 목적으로 선원을 모으고 항해하는 기업가들이 있었는데 이들을 벤처 비즈니스의 역사적 선조로 보고 있다. 벤처 비즈니스는 원래 미국에서 시작되었는데 그 역사적 배경을 살펴보면 〈표 4-6〉과 같다.

벤처 비즈니스를 "기업가정신을 바탕으로 위험이 많은 첨단기술 개발에 과감히 도전하여 새로운 시장을 개척하는 사업 또는 높은 위험성에도 불구하고 성공가능성을 보고 이에 과감히 도전하는 기업" 혹은 "기술수준이 높은 신규기술의 기업화를 위해 기업가정신이 강한 기술 창업자 또는 기존 기업인이 창업 또는 점진적 기술 축적을 통해 위험부담은 높으나 성공시의 기대수익이 큰 사업을 운영하는 중소기업"으로 규정하는 정의가 일반적으로 사용되고 있다.[5]

| 표 4-6 | 벤처 비즈니스의 역사적 배경

시대구분	내 용
1950년대	NASA를 중심으로 군사, 우주 개발 등 국가적 프로젝트 수행에 따라 축적된 기술을 바탕으로 이직한 전문가들이 벤처 비즈니스로 사업화를 추진
1960년대	미국 중화학 공업의 성숙기/쇠퇴기 이후에 반도체 산업의 발달로 수많은 벤처 비즈니스가 태동, 실리콘 밸리를 중심으로 세계적 테크노폴리스를 태동시키며, 벤처 비즈니스가 성장산업으로 등장(일본의 경우는 1970년대, 한국의 경우에는 1980년대 후반이 미국의 이 시기에 해당)
1970년대	반도체산업에서 유전공학, PC 등 첨단기술을 중심으로 벤처 비즈니스가 탄생
1980년대 이후	기술집약형 벤처 비즈니스를 육성하기 위하여 자본이득에 대한 세율 인하 등을 통해 벤처 캐피탈이 양적 · 질적으로 성장하였고 일반 투자자들이 기술 및 산업에 투자함으로써 벤처 비즈니스의 사업화를 촉진

[5] 국내는 벤처기업에 대한 정의를 법으로 명시하고 있는데 벤처기업 육성에 관한 특별조치법의

이러한 정의들로부터 벤처 비즈니스의 특징을 기술하면 다음과 같다.

- 소수의 기술적 배경 지식을 가진 기업가가 기술혁신의 아이디어를 사업화하기 위해 설립한 신생기업이다.
- 높은 위험부담이 있으나 성공할 경우 매우 높은 기대이익이 예상된다.
- 모험적 사업에 대한 도전의식이 강한 기업가에 의해 주도되는 경향을 보인다.

이러한 이유로 벤처 비즈니스는 모험기업, 신기술기업, 기술집약기업, 지식집약적 중소기업, 연구개발형 기업, 하이테크기업 등으로 불려지고 있는 것이다.

벤처 비즈니스의 형태

벤처 비즈니스는 기업가에 의해 설립된 독립 사업체나 기업을 의미하나 최근에 벤처 비즈니스에 대한 관심과 중요성이 높아짐에 따라 대기업들도 참여하고 있어 다양한 형태의 벤처 비즈니스들이 나타나고 있다. 그 형태를 살펴보면 다음과 같다.

◈ 독립 벤처

벤처 비즈니스의 가장 전형적 형태로 독립적으로 벤처 비즈니스를 창업하여 운영하는 것을 의미한다. 이러한 대부분의 독립 벤처의 경우 기업가의 배경이 이전의 직장을 의미하는 배양조직(incubating organization)이 대학, 연구소, 대기업인 경우가 많아 배양조직으로부터 파생되어 나온 사업이라는 의미도 포함하고 있다. 또한 이러한 형태의 벤처는 배양조직에서 익힌 경영능력을 갖추고 있어 기술 창업자와 벤처 캐피탈이 융합된 경우가 많다.

제2조 제1항 제1호의 규정에 의한 벤처기업은 동호 각목의 중소기업 창업투자회사, 중소기업 창업투자조합, 신기술 사업금융업자ㆍ신기술사업투자조합 및 한국벤처투자조합(이하 이 항에서 "중소기업 창업 투자회사 등"이라 한다)의 투자총액이 당해 기업 자본금의 100분의 20 이상이거나 중소기업 창업투자회사 등의 주식인수 총액이 당해 기업 자본금의 100분의 10 이상인 기업으로 하고 있다〈개정 1999년 4월 30일〉.

● 합작 벤처

중·소규모의 벤처와 대기업이 합작(joint)한 경우로 전자가 고도의 기술력을 제공하고 후자가 자본과 판매망 또는 기술개발 결과의 활용과 적용에 역점을 둔 형태이다. 벤처가 자금부족이나 경영부실 또는 규모의 경제성을 실현하고자 하는 경우와 대기업이 전략적 필요성에 의해 벤처를 인수·합병하여 자회사나 사업부로 운영하는 형태이다.

또한 벤처는 지속적으로 기술 보완 및 개발에 전념하고 기업경영의 총괄은 경영능력이 있는 대기업이 맡게 되는 경우이기도 하다.

● 내부 벤처

대기업이 회사 내부에 모험자본을 마련해 놓고 기업 내부의 조직 구성원들에게 특수한 분야 또는 특수한 사업 아이디어를 제안하여 벤처 비즈니스를 설립하게 하거나 참여하도록 하는 방식이다. 회사조직과는 별도로 특수 사업부를 담당토록 하기 때문에 사업자 등록은 하지 않는다.

최근 대기업들이 적극적으로 추진하고 있는 전략으로 기업 내부에 기업가정신을 고취시키는 수단으로 사용된다. 또한 대기업이 내부에 벤처 캐피탈을 마련해 놓고 기업 내부의 종업원에게 좋은 아이디어를 창출하도록 하고 벤처 비즈니스에 참여하도록 하는 형태이다.

● 복합 벤처

경영능력이 부족한 기술 창업자가 자신은 기술개발에 전념하고 경영관리는 전문경영인에게 위임하여 기업을 경영하도록 하며 이때 벤처 캐피탈도 참여하는 형태이다. 대부분 전문경영인은 벤처 캐피탈 회사가 추천하고 벤처 기업가의 동의를 얻어 영입되는 경우가 많다.

● 도입 벤처

연구기관의 연구결과나 특허와 같은 공업소유권, 해외의 선진기술을 도입하여 기업화하는 형태이다. 이는 대부분 벤처 캐피탈 회사의 주도로 추진되고 이에 관심이 있는 자본가를 참여시켜 벤처 캐피탈 회사와 합작투자를 하게 하는 경우이다.

● 경영참가 벤처

벤처 캐피탈 회사가 벤처기업에 자본참여를 통해 투자하는 것은 도입 벤처와 같으나 이 형태는 벤처 캐피탈이 벤처기업의 인사, 생산, 마케팅, 재무 및 회계 등 경영전반을 총괄하여 벤처 캐피탈의 자회사로 운영하는 형태이다.

● 컨소시엄 벤처

벤처 캐피탈 회사가 컨소시엄을 구성하여 벤처기업에 투자하는 경우로써 주식뿐만 아니라 전환사채와 같은 지분을 갖는 투자와 지분 대신 사용료 (royalty)만을 받는 조건부 투자 등을 포함하여 공동으로 투자한 형태이다.

5. 온라인 비즈니스의 시작

많은 기업가들은 Internet을 이용하여 그들의 소기업을 확장하거나 새로운 벤처사업을 시작하고 있다. 누구든 아이디어, PC, Internet에의 접속, 웹사이트(Website)의 개설을 위한 도구를 가지고 있으면 온라인 비즈니스를 시작할 수 있다.

오늘날 IT산업의 발달로 Internet이라는 매개체를 이용하여 상품을 사고 파는 비즈니스의 방식이 날로 번성하고 있다. 이러한 온라인 비즈니스 방식을 온라인 마케팅(online marketing) 또는 **Internet** 마케팅이라고도 한다.

온라인 비즈니스를 시작하려는 기업가는 전통적인 비즈니스를 시작하는 데 필요한 절차를 따르면 된다. 즉 틈새시장의 발견, 비즈니스 계획의 수립, 회사의 법적 형태의 선정, 자금조달계획의 수립 등이다.

온라인 비즈니스를 시작하는 데 필요한 몇 가지 절차를 간단히 설명하면 다음과 같다.[6]

- 틈새시장의 발견: 목표로 하는 고객이 원하는 독특하고 맞춤형 제품이나 서비스를 판매해야 성공한다.
- 웹사이트의 개설: 온라인 고객들의 주의를 끌기 위해서 웹사이트는 읽기

---

6 R. L. Daft, *New Era of Management*, 10th ed.(South-Western, 2012), p. 169.

쉽고 이해하기 쉬운 메뉴를 제공해야 하며 오자와 같은 실수라든지 내려받는 데 시간이 걸리는 큰 파일은 피하도록 해야 한다.

- 도메인 이름의 선정: 도메인(domain) 이름은 웹상에서 회사의 주소를 나타내기 때문에 독특해야 하고, 기억하고 발음하는 데 쉬워야 한다. 도메인 이름은 회사 이름이라든지(예: Dell.com) 제품 또는 서비스를 나타내는(예: chocolate.com) 이름을 사용할 수 있다.
- 온라인 고객 관계의 구축: 고객에 대한 이해와 주의 그리고 친절한 서비스를 바탕으로 고객이 원하는 제품과 서비스를 지속적으로 제공함으로써 고객을 오래토록 유지시키는 고객관계관리(customer relationship management: CRM) 시스템을 구축할 필요가 있다.

6. 기업의 성장단계

기업성장(business growth)이란 기업의 동일성이 유지되는 범위 내에서 기업의 규모나 능력이 확대되어 가는 것을 말한다. 그런데 성장변화를 측정하는 성장지표(growth indicator)로는 일반적으로 매출액을 사용한다.

우리는 기업의 성장단계(stages of growth)를 대체로

- 창　　업
- 유 아 기
- 성 숙 기
- 장 년 기
- 쇠 퇴 기

와 같이 다섯 단계로 나눌 수 있다.

창 업

기업은 우선 뜻이 맞는 사람(창업주주)들이 모여 돈을 투자해 회사(대부분 주식회사 형태의 조직)를 만들면서 개시(start-up)하게 된다. 주식회사는 주주들이 자기가 낸 돈만큼 의사결정권을 갖게 되는데 자본주의 경제의 등뼈 같은 구실을 하는 조직이다.

이 단계의 최고의 목표는 우수한 제품과 서비스를 생산·판매하여 살아남는 것이고 최대과제는 자금조달과 고객확보이다. 창업 초기에 마련한 자금은 흔히 생각보다 빨리 바닥나고 신생기업은 고객을 끌어오는 과정에서 숱한 난관에 부딪히게 된다. 그래서 많은 창업기업들이 이 고비를 넘기지 못하고 사라진다.

기업은 창업한 후 일반적으로 다음과 같은 단계를 거치면서 성장·쇠퇴하게 된다.

유 아 기

창업기업은 커가면서 종업원도 채용해야 하고, 기계도 들여와야 하며, 공장을 확장해야 할지도 모른다. 이 모든 일이 돈을 필요로 함은 말할 것도 없다. 사람이 커가면서 더 많은 음식을 먹게 되는 것과 마찬가지라고 할 수 있다. 이 단계에서는 충분한 고객을 확보하여 규모도 커지고 이윤도 내기 시작한다.

성 숙 기

기업이 어느 정도 궤도에 오르면 아주 많은 사람으로부터 돈을 모을 수 있다. 즉 주식을 새로 발행해 그것을 일반인들에게 팔아 자금을 모을 수 있게 된다. 이 단계에서는 이윤을 충분히 내기 때문에 소유자는 경영을 계속 담당할 수도 있지만 전문경영자에게 맡길 수도 있다.

장년기

주식시장 등을 통해 자금을 모은 기업은 이를 바탕으로 시설을 확장하거나 마케팅에 투자하여 매출의 증가를 꾀한다. 이러한 일들이 순조롭게 진행되면 성장에 가속도가 붙는 등 기업은 전성기를 맞게 된다.

그러나 이럴 때일수록 기업은 고객과 경쟁사의 움직임을 면밀히 관찰하고 그에 따라 적절한 조치를 재빨리 취하는 등 긴장을 늦추지 말아야 한다. 오늘날처럼 모든 것이 빨리 변하고 경쟁이 심한 시대에서는 과거의 성공, 과거의 영광, 과거의 경험이 오히려 경영자들의 시야를 좁히고 생각을 가로막을 수 있다.

쇠퇴기

기업이 자금조달에 성공했다고 해도 잘 팔리는 상품을 개발하지 못하면 기업은 또 돈에 쪼들리게 된다. 대우그룹이 그 좋은 보기이다. 대우는 수십

그림 4-2   기업성장의 단계

개의 회사를 거느리고 우리나라의 국가예산과 맞먹는 100조 원이나 빌렸는데도 잘 팔리는 물건을 만들지 못해 결국 어느날 갑자기 망해버린 것이다.

쇠퇴기에 접어든 기업은 워크아웃을 통해 회생하려는 노력을 할 수 있지만 많은 기업은 문을 닫는 도산의 길로 가게 된다.

〈그림 4-2〉는 지금까지의 이야기를 그림으로 보여 주고 있다.

7. 기업의 성장전략

그러면 기업이 앞에서 얘기한 성장의 여러 단계를 거치면서 추구할 수 있는 성장전략에는 어떤 것들이 있는가? 기업이 활용할 수 있는 핵심적인 성장전략들은 대체로 다음의 다섯 가지다.

- 전문화 성장전략
- 다각화 성장전략
- 통합적 성장전략
- 내부육성/인수 · 합병
- 매각 또는 폐기

전문화 성장전략

전문화 성장전략(specialization growth strategy)이란 기업이 스스로의 핵심역량을 바탕으로 특정 시장이나 제품 또는 기술에 집중하여 전문적으로 성장을 꾀하는 전략이다. 그런데 어떤 시장에 집중하면 그에 공급하는 제품은 다양해야 할 것이다. 예를 들어 어린이시장에 초점을 맞추면 어린이들이 필요로 하는 교육상품 · 옷 · 장난감 · 식품 등 여러 가지의 제품과 서비스를 공급해야 할 것이다.

반면에 어떤 특정 제품에 집중하면 그 제품이 쓰일 수 있는 여러 세분시장을 공략해야 할 것이다. 예를 들어 회사가 전기모터제품에 승부를 건다면 그것이 쓰이는 여러 세분시장(보기: 장난감용, 가정용, 중공업용, 경공업용)에 진출해야 할 것이다.

다각화 성장전략

전문화전략과는 달리 글자 그대로 다각적으로 사업을 펼침으로써 성장을 꾀하는 전략을 다각화 성장전략이라고 하는데 이에는 크게

- 집중적 다각화
- 수평적 다각화
- 복합적 다각화

의 세 가지가 있다.

집중적 다각화(concentric diversification) 성장전략이란 기업이 이미 보유하고 있는 생산·기술·제품·마케팅 등의 분야에서의 노하우를 활용하여 새로운 고객집단/시장을 겨냥한 신제품을 추가적으로 내놓음으로써 성장을 추구하는 전략이다. 배를 만들던 회사가 공작기계시장에 진출하고(현대중공업), 도로건설을 해 오던 회사가 아파트건설분야에 진입하며, 분유회사가 요쿠르트·아이스크림 등의 가공유제품을 추가로 생산·판매하는 것 등이 이 전략의 보기이다.

수평적 다각화(horizontal diversification) 성장전략은 기업이 기존의 고객층에게 이제까지 공급해 오던 것과는 다른 종류의 제품들을 그들에게 새로 공급함으로써 성장을 꾀하는 전략이다. 즉 이것은 기업이 기존 고객들을 깊이 이해하고 있다는 점을 활용하여 그들의 다른 욕구들을 충족시키는 방법으로 다각화하는 것이다. 냉장고·TV 등을 만들던 가전회사가 에어콘·세탁기·VCR 등의 신제품을 추가하는 것은 이 전략의 보기라고 할 수 있다.

복합적 다각화(conglomerate diversification) 성장전략은 한마디로 말해 산업의 경계선을 뛰어넘어 여러 산업분야들에 진출함으로써 성장을 꾀하는 전략이다. 즉 이것은 기업이 기존의 제품 및 고객과는 전혀 관계 없는 이질적인 제품을 이질적인 생산기술로 생산하고 또 새로운 시장에 들어가는 등의 복합적인 방법으로 성장을 추구하는 것이다.

설탕을 만들어 파는 제일제당으로 시작한 삼성이 전자 · 기계 · 화학 · 광고 · 증권 · 보험 · 카드 등의 분야에 진출하여 오늘날의 화려한 삼성그룹을 일군 것은 이 전략의 아주 좋은 본보기이다.

통합적 성장전략

통합적 성장전략(integrative growth strategy)이란 기업이 자사가 속해 있는 산업에서 규모의 경제(economy of scale)나 범위의 경제(economy of scope)를 노리고 전방, 후방, 또는 수평적으로 협력업체 또는 판매점 등의 기업간 결합을 통해 자기 영향권 내에 포함시켜 경쟁력을 높이고 성장을 꾀하는 전략을 일컫는다. 이는 기업계열화라고도 한다.

만일 어느 특정 기업이 자사에게 원자재 · 중간재 등을 공급하던 협력업체들에 대한 소유지분/영향력을 높여 사실상 이들을 통제하려고 하면 우리는 이 회사가 후방통합 성장전략(backward integration growth strategy)을 추구한다고 말한다. 예를 들면, 자동차회사가 철강회사를 인수하려 하거나 건설회사가 건설공사에 투입되는 시멘트를 확보하기 위해 시멘트회사를 설립 또는 매수하는 경우이다.

전방통합(forward integration) 성장전략은 그 반대로 제조업체가 자사제품을 취급하는 유통업체를 인수한다든가, 또는 원자재 생산업체가 생산공정을 추가하여 부가가치가 더 높은 반제품이나 완제품을 생산 · 판매한다든가 하는 등의 전략을 뜻한다.

수평적 통합성장전략은 특정 업체가 같거나 비슷한 업종의 경쟁사들을 인수하거나 또는 그런 회사를 신설하는 등의 방법으로 해당분야에서 힘을 늘려가는 전략이다. 자동차 · 반도체 · 가전 · 금융 등의 산업에서 살아남기 위해 해당분야의 기업들이 서로 합치는 것이 이 전략의 보기이며 국내에서 할인점과 백화점들이 다투어 여기저기 분점을 세우는 것도 마찬가지다.

내부육성/인수 · 합병

기업이 성장을 해나가는 데 있어서 필요한 제품 · 기술 · 시설 · 인재 · 마케팅 노하우 등을 회사 내부에서 육성하여 조달할 것인지 또는 밖에서 사들이거나 다른 회사와 합병하여 확보할 것인지는 무척 중요한 결정사항이다. 다른 조건들이 똑같다면 대체로 기업들은 내부육성을 선호하는 경향이다.

그러나 기업이 스스로 조달한 자금과 자체의 연구개발을 통해 내부육성을 하려면 시간이 많이 걸린다. 또 시간이 걸리더라도 우리가 원하는 경영자원을 다 얻을 수 있다는 보장이 없다. 그래서 짧은 시간 내에 원하는 외부경영자원을 얻기 위한 목적으로 기업은 인수 또는 합병을 고려하게 되는 것이다.

매각 또는 폐기

마케팅에서는 흔히 '구매도 마케팅이다'라는 말을 한다. 즉 잘 파는 것뿐만 아니라 제대로 사는 것도 중요한 마케팅활동이라는 것이다. 이것은 참으로 적절한 말이다. 이와 비슷하게 기업이 성장을 추구할 때는 매각 또는 폐기도 아주 훌륭한 성장전략일 수 있다.

왜냐하면 기업은 경쟁력이 없거나 앞으로의 장기계획과 어울리지 않는 사업부 또는 일부 부서를 떼어 내서 팔거나(매각) 아주 없애버림으로써(폐기) 몸을 가볍게 하고 더 핵심적인 일에 몰두할 수 있기 때문이다.

8. 워크아웃과 기업도산

워크아웃의 의미

워크아웃(work-out)이란 기업가치 회생작업으로서 계약 불이행이 발생하였을 때 도산 등을 피하기 위해 채권금융기관이 거래기업의 구조조정을 통하여 재무구조를 개선시키고 경쟁력을 강화시킴으로써 궁극적으로 기업의 채무상환능력을 제고시키는 절차라고 정의할 수 있다. 이와 대비되는 개념으로 턴 어라운드(turn-around)가 있는데 이는 기업 자체에서 주도적으로 부실기업을 회생시키는 것이다.

워크아웃은 부실기업을 파산시키는 것보다 사적인 계약협의를 통해 회생시키는 것이 유리하다고 판단될 경우 금융기관과 기업이 긴밀하게 협의하여 개선작업을 진행시킨다.

채권자인 금융기관은 종합적인 부채구조 조정작업을 실시하는데 대출원리금의 상환유예, 이자율조정, 단기대출금의 중장기 전환, 일부 부채의 탕감, 신규자금의 투입 등의 내용을 포함한다. 이에 기업에서는 자산과 지분의 매각, 감자조치 단행에서 경영진의 교체와 업무프로세스의 효율적 조정을 통해 한계사업을 정리하고 주력사업을 정비하여야 한다.

이러한 점에서 볼 때 워크아웃은 금융기관의 입장으로 보면 부실채권의 추가발생을 방지하고 또한 기존 부실채권을 감소시키기 위한 적극적 자구노력이고 기업의 입장에서는 부도를 방지하고 기업의 가치회복을 위한 생존노력이라 할 수 있다.

이렇게 워크아웃은 기업회생을 위한 장기적 프로그램이라는 면에서 부도유예협약이나 협조융자와 차이가 있다.

부도유예협약이란 부실기업의 부도사태를 막기 위해 만든 금융기관 협약이다. 협약적용 대상기업은 2개월 동안 채권상환부담이 유예되어 회생의 기회를 갖게 되며 이러한 지원에도 회생의 가망이 없다고 판단되면 채권기관협의회가 기업회생절차(법정관리)를 신청하고 청산절차에 들어간다.

협조융자(joint financing)란 주거래 은행이 다른 한 개 이상의 은행과 협정된 융자조건, 즉 대출금액, 대출부담비율(협조융자비율), 대출조건에 따라 각 은행이 개별적으로 대출하는 융자방식이다.

그러나 협조융자나 부도유예협약은 당장의 부도사태를 막아 시간을 번다는 식으로 운용되어 더 큰 부실피해를 보는 사례가 많았다.

기업도산

기업의 도산(insolvency)이란 과도한 적자로 인해 더 이상의 경영이 불가능할 때 이러한 비효율적인 기업을 도태시키는 제도적 장치라고 정의할 수 있다. 그런데 도산의 정의로 거론되는 용어로는 부도, 회사정리, 화의, 파산 등이 있다.

부도(dishonor)란 어음이나 수표의 소지자에게 지급하기로 약속한 기일

내에 현금을 지급하지 못하여 거래은행으로부터 거래정지처분을 받는 것을 말한다. 우리나라의 경우 기업의 도산은 대부분 어음의 부도에서 연유한다.

회사정리란 이해관계자의 승인하에 법원의 감독을 받아 회사정리법에 의거 회사를 청산하는 법적 제도로서 기업회생절차(법정관리)라고도 한다.

화의란 자산보다 채무가 많아 파산원인이 발생하였으나 이를 방지하기 위하여 채무자가 채무변제의 조건을 법원에 제출하여 인가를 받고 채권자회의의 가결을 거쳐 갱생을 도모하는 제도이다.

파산(bankruptcy)이란 기업의 채무변제가 불가능하다고 판단할 때 법원이 채무자 또는 채권자의 신청을 받아들여 기업의 재산을 처분하여 이해관계자에게 분배하는 제도이다.

E/X/E/R/C/I/S/E
토론문제

01. 기업가정신이란 무엇이며 유능한 기업가에게는 어떠한 특성들이 요구되는 가?

02. 기업가가 경제와 사회에 미치는 영향을 논의하라.

03. 창업할 때 취할 수 있는 전략에는 어떤 것이 있는가?

04. 새로운 사업을 창업할 때 거쳐야 할 과정을 기술하라.

05. 일반적으로 사업계획서를 작성할 때 포함하여야 할 내용에는 어떠한 것들이 있는가?

06. 벤처 비즈니스의 개념을 논의하라.

07. 인터넷 마케팅의 개념을 설명하라.

08. 기업의 성장단계를 요약하여 설명하라.

09. 기업이 성장하기 위하여 취할 수 있는 전략에는 어떤 것이 있는가?

10. 워크아웃을 간단히 설명하라.

11. 기업의 도산, 부도, 회사정리, 화의, 파산 등의 개념을 간단히 설명하라.

PART III

기업과 환경

제 5 장

기업과 환경

대부분 기업의 외부환경은 지난 30여 년 동안 급속도로 변화하여 왔다. 기업이 안정적이고 예측가능한 외부환경 속에서 경영활동을 수행하게 되면 외부환경에 주의를 기울일 필요성은 낮아진다. 우리가 제2장에서 공부한 경영학의 고전 경영이론, 행위론적 이론, 계량적 이론 등은 관리자가 직접 영향을 미칠 수 있는 조직 내적인 측면에 초점을 맞추어 발전되어 왔다.

예를 들면, 몇 명의 부하를 통솔해야 하는가, 왜 작업조건은 개선되어야 하는가, 새로운 기술은 어떻게 의사결정에 사용되어야 하는가 등이다. 이러한 이론들은 기업의 내부환경에 관심을 두었기 때문에 정치환경의 변화라든가 압력단체와 같은 외부환경의 중요성을 간과하게 되었다.

오늘날 외부환경은 끊임없이 변화하면서 기업의 목표달성에 막대한 영향력을 행사하여 생존 또는 성장여부를 결정한다. 아시아와 유럽의 기업들이 세계시장에서 미국의 기업에 강한 경쟁자로 부상한 것이라든지 Internet과 같은 정보통신기술의 발달로 정보의 교환이 획기적으로 빨라졌다든지 국내적으로 IMF라는 외환위기를 맞이하여 과거의 모든 관행이 사라지고 금융기관과 기업 등 모든 산업이 투명한 경영을 할 수밖에 없게 되었다든지 우리 주위에는 헤아릴 수 없는 환경의 변화가 꼬리를 물고 진행하고 있다.

따라서 오늘날 경영자들은 기업을 경영함에 있어 글로벌하게 사고하고 수많은 외부환경의 변화를 예상하고 이에 대응하도록 점증하는 압력 속에 놓여 있다. 한편 경영자들을 평가하는 기준도 바뀌고 있다. 과거에는 경영자들은 주주들의 금전적 이익을 증진하는 데 따라 평가되었지만 지금은 주주들뿐만 아니라 다른 이해관계자들의 생활의 질에 그들의 행위가 미치는 영향까지도 고려하게 되었다.

기업은 환경의 변화에 대처함에 있어 기본적으로 두 가지 접근법을 추구할 수 있다. 첫째, 기업은 환경의 위협에 방어하기 위하여 모든 능력을 동원하고 둘째, 환경의 기회를 이용하기 위하여 공격적 전략을 구사할 수 있다.

본장에서는 경영환경의 의의, 특성, 분류를 자세히 다루고 기업과 환경의 상호작용에 대해서도 설명할 것이다.

제 5 장

기업과 환경

1. 기업 성패의 책임

기업의 성공과 실패의 책임이 경영자들에게 있느냐에 관한 경영이론의 관점에는 다음과 같이 두 가지 형태가 있다.

- 경영의 전능적 관점
- 경영의 상징적 관점

전능적 관점

우리는 제1장에서 기업에서 경영자들의 중요성을 공부하였다. 전능적 관점(omnipotent view)에서 기업 성패의 책임은 전적으로 경영자들에게 귀속 시킨다. 경영자들의 질이 기업의 질을 결정한다는 주장이다.

즉 경영성과에 차이를 가져오는 것은 관리자들의 의사결정과 행위에 의 존한다는 것이다.

성공적인 경영자들은 변화를 예견하고 기회를 이용하고 나쁜 성과는 바 로잡고 필요하면 조직의 목적을 변경할 수 있어야 한다. 기업이 이윤을 내 면 보상을 해야 하지만 적자를 누적시키면 경영자들은 해고되어야 한다.

상징적 관점

상징적 관점(symbolic view)은 경영성과에 영향을 미치는 경영자의 능력은 외적 요인에 의해 영향과 제약을 받는다고 주장한다. 경영성과는 경영자들이 통제할 수 없는 경제, 고객, 정부 정책, 경쟁자의 행위, 산업조건, 전임 경영자들이 내린 결정들과 같은 환경적 요인에 영향을 받는다는 것이다.

따라서 기업 성패에 대한 경영자들의 책임과 역할은 미미하다는 관점이다.

그러면 현실은 어떤가? 경영자들은 전능한 힘을 갖는 것도 아니지만 그렇다고 아무런 힘을 갖지 않는 것도 아니다. 경영자들의 결정에 영향을 미치는 내적, 외적 제약은 모든 기업에 존재한다. 여기서 내적 제약은 조직문화를 의미하고 외적 제약은 기업의 환경을 의미한다.

이러한 제약 속에서 경영자들은 기업성과에 영향을 미친다는 것이 사실이다.

2. 기업환경의 의의

기업은 진공에서 사업하는 것이 아니다. 기업은 그의 목적과 목표를 달성하기 위하여 여러 가지 투입물을 변형시켜 제품이나 서비스를 생산한다. 기업이 외부와 완전히 단절된 폐쇄시스템(closed system)에서 경영활동을 수행한다면 사회의 다른 요소들과 상호작용을 하지 않기 때문에 그의 환경은 별로 영향력이 없는 고로 신경 쓸 만한 것이 못 된다.

그러나 기업이 개방시스템(open system)에서 경영활동을 수행하는 상황에서는 원자재나 부품 등을 요소시장(factor market)으로부터 구입해야 하고 생산된 제품이나 서비스는 고객과 같은 제품시장(product market)에 판매해야 한다. 이와 같이 기업은 특히 기업시스템 경계선 외부의 여러 요인들과 깊은 관련을 맺으면서 영업행위를 수행하는 것이다. 기업은 시장, 산업, 경제, 지역사회, 국가, 그리고 다른 시스템의 일부분이다.

경영환경(business environment)이란 기업활동에 관한 의사결정에 따른 경영성과에 영향을 미치는 기회와 제약 등 기업 내·외의 다양한 형태의 제도, 상황, 세력이라 할 수 있다. 모든 기업은 외부환경과 내부환경이라는 두 개의 주요한 환경과 상호작용을 한다. 외부환경이란 기업시스템의 경계선 밖에서 기업성과에 영향력을 행사하는 모든 요소들을 말하고 내부환경이란 기업의 경계선 안에서 기업성과에 영향력을 행사하는 모든 요소들을 말한다.

오늘날 외부환경은 변화의 속도가 빠를 뿐만 아니라 더욱 복잡해지고 필요한 자원은 고갈되어 경영환경은 점점 불확실해지고 있다. 이와 같이 급변하는 경영환경은 기업경영에 절대적인 영향을 미치기 때문에 오늘날 기업의 생존과 실패는 이에 크게 의존한다고 말할 수 있다. 따라서 기업의 관리자들은 환경의 동향을 끊임없이 감시하고 그 변화에 능동적으로 대응하기 위하여 중요한 환경요인들에 관한 자료를 수집하고 분석하는 데 많은 시간과 노력을 경주하고 있다.

기업은 환경과 분리해서 존재할 수 없다. 기업은 내·외의 여러 환경요인들과 상호작용을 하면서 경영활동을 수행한다. 따라서 경영환경은 기업에 성장의 기회를 제공하는 한편 생존의 위협이 될 수도 있다. 신기술과 신소재의 개발, 해외시장의 개척 등은 새로운 자원을 조달할 수 있는 기회를 제공하고 반대로 경쟁자의 출현, 경제불황, 산유국들의 석유감산 등은 존폐를 위협하는 요인이 될 수 있다.

3. 경영환경의 특성

오늘날 기업이 직면하는 외부환경은 급속도로 변하고 있다. 이와 같이 변하는 외부환경의 특성으로서는 환경변화의 가속화, 환경의 복잡성, 자원의 고갈 등이며 이들로 인해 환경은 불확실성을 가중시킨다.[1]

---

1 C. Williams, *Management,* 2nd ed.(Thompson, 2003), p. 39.

변화의 가속화

현대 기업을 둘러싼 외부환경의 한 특성은 변화의 속도(rate of change)가 매우 빠르다는 것이다. 안정적 환경에서는 변화의 속도가 느리지만 동태적 환경에서는 변화의 속도가 매우 빠르다. 안정적 환경(stable environment)이란 새로운 경쟁자도 없고 현재의 경쟁자에 의한 새로운 기술적 도약도 없을 뿐만 아니라 기업에 영향을 미치기 위한 압력단체들의 어떠한 활동도 없는 경우이다.

반면 경영환경의 동태성(dynamics)이란 국제화, 정보화 시대에 다양한 환경요인들이 복합적으로 매우 빠른 속도로 변하면서 경영활동에 영향을 미치는 것을 의미한다. 따라서 이를 사전에 정확히 예측하기도 힘들고 또한 이에 대응하는 조치를 강구하는 것도 어려운 것이다.

미국의 스포츠(EA Sports)사는 매우 동태적인 환경에서 컴퓨터용 비디오 게임을 생산하는 회사이다. 이 회사는 NFL 미식축구, NBA 농구, NHL 하키, PGA 골프, FIFA 축구 등을 생산하는데 컴퓨터 기술이 발전함에 따라 게임의 기술도 매우 빠르게 변하고 있다.

환경의 복잡성

환경의 복잡성은 기업경영에 영향을 미치는 환경요인들의 수와 기업이 이들에 대해 알고 있는 정도로써 측정한다. 단순한 환경은 몇 개의 요인을 갖는 반면 복잡한 환경은 고객, 경쟁자, 공급자, 정부기관 같은 환경의 구성요인들의 수가 많을 뿐만 아니라 경영자들이 별다른 지식이나 정보를 보유하고 있지 않는 경우이다. 어떤 산업은 오랫동안 환경의 변화가 적어서 단순한 환경을 경험하는가 하면 어떤 산업은 경쟁자가 속출하고 가격인하가 불가피한 경우도 발생한다.

예를 들면, 제빵산업은 효율적인 오븐(oven)이 출현하였다는 것을 제외하면 옛날이나 지금이나 매일 빵을 굽고 포장하고 신선한 상태로 고객에 공급하기 때문에 어떤 빵은 10년 전과 똑같이 지금도 인기가 있는 것이다. 이와 같이 제빵산업은 안정된 경영환경을 경험하고 있다고 할 수 있다.

반면 아침식사용 시리얼을 생산하는 켈로그(Kellog)사는 최근 복잡한 환경 속에서 월마트(Wal-Mart) 등과 같이 새롭게 출현하는 수많은 경쟁자들과 치열한 경쟁을 전개하면서 가격인하를 감내하는 경우이다.

환경요인의 수는 경영환경의 범위가 확대되기 때문에 증가하기도 한다. 현대 기업은 글로벌 시장에서 경쟁하기 때문에 환경의 복잡성(complexity)이 중대할 뿐만 아니라 활동영역도 과거처럼 소비자나 노동조합 등의 차원을 넘어 환경단체나 지역사회로 그 범위가 날로 확대되어 환경변화의 방향이나 영향력의 정도를 예측하기가 무척 어려운 것이다.

자원의 고갈

외부환경의 또 다른 특성은 기업의 외부환경이 기업에 중요한 인력, 자금, 원료 등 자원을 풍부하게 제공하느냐 또는 부족을 느끼게 하느냐 하는 환경의 자원풍부성(munificence)이다. IMF 사태와 세계적인 금융위기 이후 많은 기업과 금융기관 등에서 구조조정을 하는 과정에서 많은 사람들이 직장을 잃는 일이 빈번히 발생하고 있다. 그럼에도 불구하고 기술직이나 또는 전문직에서는 유능한 사람을 구하기가 무척 어려운 것이 사실이다. 경제가 정상화되면 이러한 현상은 더욱 두드러질 것으로 전망된다. 이러한 현상은 경제가 발전할수록 구직에 대한 수요가 공급보다 훨씬 커지기 때문으로 여겨진다.

환경의 불확실성

오늘날 많은 기업의 경우 기업에 영향을 미치는 외부환경의 변화와 그의 추세를 미리 이해하고 예측하기가 무척 어려운 것이 사실이다. 이러한 환경의 불확실성(uncertainty)은 외부환경에서 어떤 사태가 전개될지 완전한 정보를 갖지 못하는 데서 연유한다. 미래의 상황전개를 예측하기 어려울 뿐만 아니라 기업에 미칠 잠재적 암시를 이해하기가 무척 어려운 것이다.

〈그림 5-1〉은 환경의 불확실성을 복잡성, 변화속도, 자원의 풍부성의 차원에서 측정하는 그림이다. 이 그림에서 왼쪽 부분은 불확실성이 가장 낮은 경우이다. 환경요인이 복잡하지도 않고 그의 변화속도가 완만할 뿐만 아

니라 자원도 풍부하여 관리자들은 사업에 영향을 미칠 외부요인들을 이해하고 예측하는 데 큰 어려움을 겪지 않는다.

이러한 경우는 우리 주위에서 많이 볼 수 있는 상황이다. 대학교 정문 앞에 늘어 서 있는 음식점과 복사업체들은 경쟁은 치열하지만 고려해야 할 환경요인의 수는 많지 않고 또한 그의 변화속도는 아주 낮은 것이다.

그림의 오른쪽 부분은 환경의 불확실성이 아주 높은 경우이다. 환경의 복잡성과 변화의 속도가 높은 반면에 필요한 자원은 부족하기 때문이다. 이러한 예로 글로벌 회사인 월드컴(World-Com)이라는 텔레콤회사를 들 수 있다. 이 회사는 다국적기업으로서 텔레콤 산업의 성격 및 핵심기술과 관련된 다양한 많은 수의 환경요인이 급속도로 변화하는 환경 속에서 치열한 경쟁을 이겨내고 있다. 이와 같이 외부환경의 불확실성을 관리하는 것과 이의 기업경영에 미치는 영향은 기업마다 서로 다르다고 할 수 있다.

일반적으로 환경의 불확실성이 크면 클수록 관리자들은 외부환경의 변화에 더 많은 주의를 기울여야 한다. 즉 관리자는 환경에 관한 정보를 수집하고 분류하고 분석할 수 있는 방법과 기법을 적용하여 얻는 정보를 의사결정에 이용하도록 해야 한다. 관리자는 환경분석(environmental analysis)을 통

그림 5-1 **환경의 불확실성**

높음

중간

낮음

환경의 불확실성

환경의 특성

■ 복잡성   ■ 변화   ■ 자원

하여 기업에 미치는 기회(opportunity)와 위협(threat)을 규명할 수 있다.

한편 환경의 불확실성이 크면 클수록 조직설계와 작업행위에 있어 신축성과 적응성의 필요는 더욱 높아진다. 외부환경의 변화를 예상하는 데는 한계가 있으므로 기업은 새로운 변화추이에 빨리 대응하도록 해야 한다.

4. 경영환경의 분류

기업은 개방시스템(open system)으로서 그의 외부환경에 영향을 받고 반대로 이에 영향을 미친다. 외부환경(external environment)이란 경영자가 기업으로 하여금 효과적으로 경쟁하고 생존할 수 있도록 계속 주의를 기울여야 하는 기업의 경계선 밖에 있는 모든 환경요인을 말한다.

이러한 요인의 대부분은 기업이 통제할 수 없는 것이다. 통제할 수 없다고 해서 이러한 요인을 무시할 수는 없다. 경영자는 외부환경의 변화에 따라 가면서 이에 대응해야 한다. 그러나 외부환경의 어떤 구성요소에 대해서는 기업이 영향을 미칠 수도 있음을 우리는 알아야 한다.

일반환경과 과업환경

〈그림 5-2〉는 환경의 구성요소를 보여 주고 있다. 환경은 크게 내부환경과 외부환경으로 구분된다. 내부환경(internal environment)은 기업 내에서 작업이 수행되고 목적이 달성되는 방법에 직접적인 영향을 행사하는 요인들을 일컫는다. 여기에는 종업원, 조직구조, 조직문화, 자원, 경영 스타일, 생산기술, 보상제도 등이 포함된다.

외부환경은 기업에 영향을 미칠 가능성을 가진 기업 밖에 존재하는 모든 요소들을 말하는데 이는 다시 일반환경과 과업환경으로 구분된다.

일반환경(general environment)이란 특정 대상이 파악되지 않기 때문에 기업의 영향권에서 벗어나 기업이 전혀 이를 통제할 수 없는 반면 사회 전체의 모든 기업에 간접적으로 공통적인 영향을 미치는 환경요인을 말한다. 이

그림 5-2 환경의 구성요소

일반환경

과업환경

내부환경

사회·문화적
요인

주주

정부

특수한
이해 집단

고객

채권자

구조
문화
자원

공급자

종업원/
노동조합

경쟁자

협회

지역사회

경제적
요인

기술적
요인

국제적 요인

정치적·법적
요인

러한 요인은 매일매일의 기업경영에 직접적인 영향을 미치는 것은 아니지만 모든 기업에 결국 영향을 미친다.

여기에는 경제적 요인, 기술적 요인, 정치적·법적 요인, 사회·문화적 요인, 국제적 요인 등이 포함된다.

한편 과업환경(task environment)이란 기업과 매우 밀접한 관련을 가지면서 기업의 운영과 목적달성에 직접적으로 좋은 영향 또는 나쁜 영향을 미치는 환경요소를 말한다. 이는 기업의 입장에서 볼 때 그 대상을 파악할 수 있기 때문에 영향력 행사가 가능하고 관리가능한 것이다. 여기에는 경쟁자, 주주, 고객, 공급자, 노조, 정부, 지역사회, 타기업, 금융기관 등이 포함된다.

일반환경과 경쟁환경

외부환경은 일반환경과 경쟁환경으로 구분하기도 한다. 경쟁환경

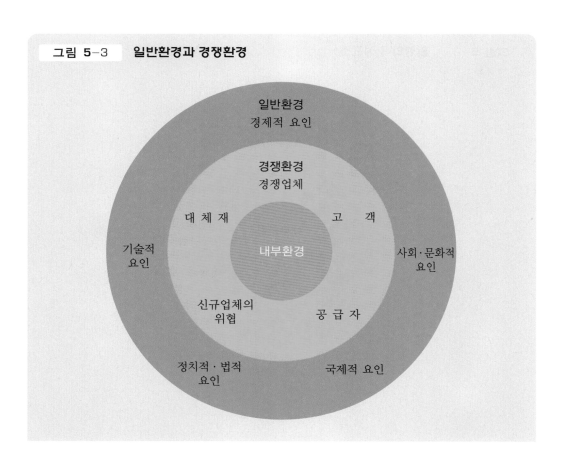

그림 5-3 일반환경과 경쟁환경

일반환경
경제적 요인

경쟁환경
경쟁업체

대체재　　　　　고　객

기술적
요인

내부환경

사회·문화적
요인

신규업체의
위협　　　　　공급자

정치적·법적
요인

국제적 요인

(competitive environment)이란 포터(Michael Porter)가 주창한 개념인데 한 기업이 상호작용을 하는 특정 기업들을 말한다. 여기에는 〈그림 5-3〉에서 보는 바와 같이 고객, 경쟁업체, 공급자, 대체재, 진입하는 신규업체 등이 포함된다.

이들은 특정 기업과 더욱 밀접하고 직접적인 관련을 맺으면서 영향을 미치고 영향을 받는 요인들이다. 이는 기업이 직면하는 경제적 상황의 일부분이지만 매우 중요하기 때문에 따로 분류하는 것이다.

경쟁환경은 일반환경에 비하여 기업의 전략적 경쟁력과 평균 이상의 수익에 더욱 직접적인 영향력을 행사한다. 산업 내 경쟁과 장기적 자본수익률은 위에서 언급한 다섯 가지 요인의 함수이다.

5. 일반환경

본서에서는 환경을 외부환경과 내부환경으로 구분하고 외부환경은 다시 일반환경과 과업환경으로 구분하는 방식을 따르기로 하고 이들의 구성요소들에 대해서 설명하려고 한다.

일반환경은 앞에서 설명한 바와 같이 기업 외부의 전체 사회시스템 내에서 발생하므로 특정 기업과 관련성이 명확하지 않는 특성을 갖는다. 따라서 기업은 이런 환경의 변화를 통제할 수 없기 때문에 오히려 이런 변화에 순응하거나 적극적으로 대응하는 방안을 수립하는 것이 현명하다고 하겠다.

일반환경에는 경제적 요인, 기술적 요인, 정치적·법적 요인, 사회·문화적 요인, 국제적 요인, 생태학적 요인 등이 포함된다.

경제적 요인

한 국가의 경제적 상태와 전망은 개별 기업과 산업의 경영성과에 막대한 영향을 미친다. 호경기에는 투자가 활발히 이루어져 많은 일자리가 창출되고 근로자의 소득이 증가되어 소비지출이 확대된다. 따라서 기업은 더 많은 제품이나 서비스를 생산하게 된다. 호경기가 모든 기업의 판매량 증가를 의미하는 것은 아니지만 이는 기업성장에 유리한 환경을 제공하는 것만은 분명하다.[2]

반대로 불경기에는 소비자들의 소비지출이 줄어들어 사고 파는 제품이 감소하여 개인기업이 성장하는 데 위협요인이 된다. 이와 같이 기업이 생산을 확장할 것인가, 근로자를 더 채용할 것인가, 은행대출을 받아 시설에 투자를 할 것인가, 반대로 기업규모의 축소를 위해 어떤 기업은 매각하고 종업원을 해고할 것인가 등 변화를 위해 경제환경을 검토할 필요가 있다.

따라서 국내 경제의 건전성은 물론 세계 경제의 일반적 상태는 기업의

---

2 주류업, 트레일러주택(mobile home), 자동차 정비업은 경제상태가 좋지 않을 때 그들에 대한 수요가 증가한다.

의사결정에 많은 영향을 미치기 때문에 기업의 전략을 수립할 때 국내·외 경제상황의 변화와 추이에 대한 면밀한 검토가 이루어져야 한다.

경제적 환경(economic environment)이란 기업이 국내·외 시장에서 경쟁하고 있는, 또는 앞으로 경쟁할 그 나라 경제의 전반적 여건과 방향을 의미한다. 임금, 경쟁자의 가격, 정부의 재정정책은 제품을 생산하는 원가는 물론 그 제품의 시장조건에 영향을 미친다.

기술적 요인

기술(technology)이란 원자재, 정보, 자본 등과 같은 투입물을 제품이나 서비스와 같은 산출물로 변형시키는 데 사용되는 지식, 도구, 기법 등을 말한다. 따라서 기술이 발전하면 새로운 제품을 개발할 수 있고 기존 제품에 대해서는 개선된 제품을 원가절감 등 더욱 효율적으로 생산하게 된다.

예를 들면, 최근 수술기술의 발전과 장비의 고급화로 예전과 달리 더욱 빠르고 안전하게 심장을 수술한다. 또한 CD-ROM의 기술개발로 책으로 된 브리태니카(Britannica) 백과사전 32권을 1,500달러에 사던 것을 CD-ROM 백과사전을 100달러 미만에 살 수 있게 되었다.

한편 기술이 향상되면 새로운 산업, 새로운 시장을 창조한다. 예를 들면, 컴퓨터 기술의 개발로 오늘날 정보기술(information technology) 산업이 국가의 경제에서 차지하는 비중이 점점 높아지고 있다.

기술이라는 환경요인은 산업에 변화와 기업과 고객간 관계에 변화를 초래하고 새로운 경쟁자를 창조한다. 현명한 경영자는 새로운 고객을 찾아내고 고객에 저렴한 새로운 제품을 신속하게 개발·공급하기 위하여 기술을 적절히 활용할 수 있어야 한다.

새로운 기술은 관리방식과 의사소통방식에 큰 변화를 가져 온다. 컴퓨터를 이용하는 경영정보시스템(management information system: MIS)으로 필요한 때 정보를 얻을 수 있다. 기업에 중요한 의미를 부여하는 기술은 역시 Internet이다. 이는 정보초고속도로(information superhighway)라고도 한다.

이와 같이 기술은 정보, 통신, 수송, 유통, 의료, 생명공학, 컴퓨터 부문 등 모든 분야에 걸쳐 날로 눈부신 발전을 거듭하기 때문에 여기서 모두 나열한다는 것은 불가능한 일이라 하겠다.

정치적 · 법적 요인

일반환경 가운데 정치적 · 법적 요인으로서는 기업행위를 규제하는 법령, 규정, 법원의 결정 등을 들 수 있다. 경영자들은 정부가 기업활동에 불간섭원칙을 고수하기를 원한다. 그러나 정부와 지방자치단체는 기업활동을 지원하거나 규제하는 규칙과 법령을 제정하여 왔다.

조세정책, 무역에 관한 규정, 최저임금법, 환경오염기준치에 관한 법령, 직장 내 성희롱 금지에 관한 법령, 고용차별금지에 관한 법령, 제조물책임에 관한 법령, 금융기관에 대한 공적자금 투입에 관한 법령 등 헤아릴 수 없을 정도로 정부는 기업에 책임을 부여하고 있다.

기업에 영향을 미치는 정부가 시행하는 프로그램의 수와 종류는 많이 있다. 이러한 프로그램은 경제성장, 직장보장, 환경오염규제와 같이 서로 상이한 목적을 달성하고자 한다. 이 프로그램 가운데는 기업활동을 지원하고자 하는 것도 있고 기업활동을 규제하고자 하는 것도 있다.

정부가 기업활동을 특별히 지원하려고 하는 프로그램에는 보조금(subsidy), 국내산업 보호, 계약, 연구 등이 포함된다. 정부는 기업에 대하여 특수한 경우에 대출이나 기금을 보증하여 준다.[3] 정부는 관세를 부과함으로써 주택 산업이나 자동차 산업에서 외국기업의 진입을 막음으로써 기업을 보호하기도 한다.

정부는 독과점 금지법, 공정거래법, 소비자보호법, 환경보호법, 제품안전법 등 수많은 규제 입법을 통하여 공정한 기업활동을 보장하려고 한다. 공청회, 보고서, 회의 등을 통해 산업, 회사, 제품에 대한 여론에 영향을 미칠 수 있다.

사회 · 문화적 요인

일반환경의 사회 · 문화적 요인(sociocultural forces)이란 특정한 사회에 속

---

3 예컨대 미국 정부는 1979년에 Chrysler에, 1984년에는 Continental Illinois에 대출을 하였다.

하는 사람들의 일반적인 행위, 태도, 신념, 생활양식, 문화적 가치관을 뜻한다. 태도와 가치관은 사회의 초석이기 때문에 인구통계학적, 경제적, 기술적, 정치적·법적 변화의 원동력이 된다.

사회·문화적 변화와 추세는 다음과 같이 기업에 영향을 미친다. 변화하는 인구통계학적 성격이 기업경영방식에 영향을 미친다는 것이다. 가장 괄목할 만한 사회·문화적 추세는 최근들어 여성 근로자의 수가 점차 증가하고 있고 젊은 근로자의 수가 감소하여 점차 고령화 작업장으로 변하고 있다는 사실이다.

이러한 추세는 편의시설, 전문복, 유아시설, 가사(housekeeping)와 같은 제품과 서비스에 대한 수요의 증가를 초래하였다.

오늘날 작업장은 여성의 참여가 확대되고 있다는 사실 외에도 외국 근로자가 참여하고 있다는 점에서 그의 구조와 구성에 변화가 진행되고 있다고 할 수 있다. 우리나라에서도 소위 3D 업종에 일손이 부족하여 동남아시아의 근로자가 상당히 유입되고 있다. 노동력의 다양성(work force diversity)은 연령, 인종, 성, 가치관에 있어 상이한 사람들이 같은 작업장에서 작업을 한다는 것을 의미한다.

문화적 배경이 다른 사람들이 한 작업장에서 함께 작업하기 때문에 서로 다른 가치관, 직업윤리, 행위규범이 혼재하고 있다. 관리자는 작업자의 가치관을 이해하고 관리방식을 필요하면 조정해야 한다.

국제적 요인

국제적 요인은 국제관계에서의 변화, 다른 외국국가들의 환경변화로 인하여 발생하는 외적 환경요인이다. 오늘날 정보·통신·수송수단의 발달로 경영자와 기업에 영향을 미치는 가장 중요한 국제적 요인은 점증하는 국가간의 경제통합이다.

관세무역일반협정(GATT), 세계무역기구(WTO)는 국가간 제품과 서비스의 자유교역을 위해 여러 가지 장벽을 낮추는 역할을 수행한다. 이러한 무역장벽의 제거로 국제적 차원에서 기업에 기회 또는 위협을 제공하게 된다.

국가간 교역이 확대되면 국내 기업의 경영환경은 국제적으로 영향을 받지 않을 수 없게 된다. 즉 국내 기업이 외국에 제품이나 서비스를 수출할 기회가 확대되고 외국 기업이 국내의 고객들을 대상으로 경쟁해야 하기 때문에 위협이 될 수 있다.

한편 무역장벽의 제거를 통한 시장개방의 추세와는 달리 EU(유럽연합), ASEAN(동남아국가연합), NAFTA(북미자유무역협정) 외에 우리나라와 칠레, 싱가폴, 인도, EU, 미국과 체결한 FTA(자유무역협정)와 같은 대륙별·지역별 경제블록화 현상이 강화되어 국가간 제품과 서비스의 자유무역에 역행하는 흐름도 발생하고 있다.

생태학적 요인

생태학(ecology)이란 인간을 중심으로 한 그의 환경, 예컨대 공기, 토양, 물, 공장, 야생과의 관계를 연구하는 자연과학의 한 분야이다. 오늘날 경영자들은 기업활동이 야기하는 오염(pollution)문제를 평가하고 통제하도록 해야 한다. 산업사회에서 인간활동으로 발생하는 생태계에의 위협이 바로 오염이다. 따라서 경영자들은 기업이 자연환경에 미치는 부정적 영향을 최소화하도록 노력해야 한다.

에너지 부족과 오염 등 생태학적 문제는 그 동안 경제가 성장해 오는 과정에서 풍요로운 생활양식, 도시집중화, 기술향상 등으로 꾸준히 누적되어 왔다. 세계는 지금 산림의 벌채, 종(species)의 소멸, 토양의 부식, 공기오염 및 수질오염으로 몸살을 앓고 있다.

6. 과업환경

기업활동에 간접적으로 영향을 미치는 일반환경과 달리 과업환경의 변화는 기업활동에 직접적으로 영향을 미친다. 예컨대 고객이 다른 회사의 제품을 사용하기로 변경한다거나, 경쟁회사가 가격을 10% 인하하기로 결정한다거나, 공급자가 원료공급을 중단하기로 선언한다거나, 정부가 오염기준치를 낮춘다거나, 소비자보호단체가 불량품을 제조하였다고 고발한다거나 하

그림 5-4　이해관계자

외부 이해관계자
- 고　　객(소비자)
- 경　쟁　자
- 공　급　자
- 정　　부
- 금융기관
- 지역사회
- 언론매체

기여

대가

기　업

대가　　기여

내부 이해관계자
- 주　　주
- 종업원집단/노동조합
- 관　리　자

면 이 기업은 직접적인 영향을 받게 되어 그의 대응책을 강구해야 한다.

　　기업은 경영성과에 직접적 영향을 미치는 이해관계자(stakeholder), 즉 이해집단(interest group)과 관계를 맺고 있다. 이러한 이해관계자들은 기업에 중요한 자원(또는 기여)을 제공하고 대신 기업으로부터 어떤 이해(대가)가 만족되기를 기대한다. 이들이 기업 내부에 소속하면 내부 이해집단이라고 하고 기업 외부에 소속하면 외부 이해집단이라고 한다.

　　본서에서는 〈그림 5-4〉에서 보는 바와 같이 외부 이해관계자로서 경쟁자, 공급자, 정부, 금융기관, 지역사회, 언론매체 등에 관해서, 그리고 내부 이해관계자로서 주주, 종업원/노동조합, 경영자 등에 관해서 간단히 설명하고자 한다.

외부 이해관계자

　　고객(customers)은 기업이 생산하는 제품과 서비스를 돈을 주고 구매하는 소비자이다. 따라서 고객의 기호나 선호도를 제대로 파악하지 못하는 기업은 존재할 수 없다. 예를 들면, 프랑스의 할인업체인 까르푸는 한국 진출

10년 만에, 미국의 월마트는 8년 만에 한국에서 잇따라 철수하였다. 또 다른 예를 들면, Internet 검색만을 위주로 하는 구글(Google)은 검색 외에 질문과 답변을 해주는 다음(Daum)이나 네이버(Naver)에 밀리고 있는 것이다.

오늘날 소비자들은 그들의 가치와 욕구를 실현하기 위하여 조직화된 행동 또는 각종 사회운동의 참여를 통하여 기업에 대한 영향력을 행사하는 중요한 이익집단으로 변모하고 있다. 이러한 소비자주의(consumerism)의 만연으로 정부는 소비자들의 권익을 보호하기 위하여 소비자관련 입법을 통해 기업에 대해 압력을 가하게 되었다.

경쟁자(competitors)란 고객에게 동일한 제품이나 서비스를 판매하는 같은 산업에 속하는 기업을 말한다. 현대, 기아, 르노 삼성, GM 쉐보레는 자동차 시장에서 경쟁하며 KBS, MBC, SBS는 TV시청자를 상대로 경쟁을 벌인다. 기업이 성공하느냐 또는 실패하느냐 하는 갈림길은 경쟁자보다 제품의 사용에 있어 고객만족(customer satisfaction)을 넘어 고객감동(customer delight)을 줌으로써 경쟁자의 희생으로 시장점유율을 높이느냐 못하느냐에 달려있다. 따라서 기업은 경쟁자가 무엇을 하는지 예의 주시할 필요가 있다. 예를 들면, 경쟁자의 가격, 품질, 대고객 서비스, 공급원, 시장점유율, 기술혁신, 임금, 인력개발 및 기타 활동에 대하여 관심을 가져야 한다.

공급자(supplier)란 고객에 판매하기 위하여 제품이나 서비스를 생산하는데 필요한 여러 가지 자원을 한 기업에 제공하는 사람 또는 기업을 말한다. 사람의 경우 공급자는 직업학교·대학교이고, 원자재의 경우 생산자·도매업자·유통업자 등이고, 정보의 경우 연구자와 컨설팅회사이고, 에너지의 경우 전력회사·정유회사이고 금융자본의 경우 은행 등 금융기관이다.

기업이 공급자로부터 무엇을 지원받아 무엇을 만들 것인가는 최종제품의 가격과 품질을 결정하므로 기업은 공급자에 의존할 수밖에 없다. 한편 공급자는 기업이 필요로 하는 고품질의 자원을 저렴한 가격으로 적기에 제공하는 차원을 넘어 때때로 가격인상을 요구하거나 저질의 제품이나 서비스를 제공할 수 있기 때문에 공급자는 아주 중요한 존재이다.

모든 기업에 영향을 미치는 일반환경의 정치적·법적 요인에 비하여 정부의 산업규제는 특정 산업과 기업의 경영활동과 절차를 규제하는 규정과 규칙을 뜻한다. 정부(government)는 감시자, 감독자로서 민간부문에 꾸준히 관여해 왔다. 정부는 소비자, 근로자, 안전 등 공익을 보호하기 위하여 법과 제도를 제정하고 강화하여 왔을 뿐만 아니라 자유경쟁을 통한 시장경제원리를 증진하기 위하여 규제를 강화하여 왔다.

예컨대 정부는 식품위생법, 환경보전법, 독과점금지법, 공정거래법과 각종 세법을 통하여 기업을 규제하고 감독하는 기능을 수행한다. 한편 우리나라의 경우 IMF 체제를 맞이하여 정부가 기업의 구조조정과 경제부문의 개혁을 강화하기 위하여 기업에 대한 간섭을 추진하여 왔다. 정부의 간섭이 강화할수록 이에 대한 반론도 꾸준히 증가하여 왔다.

정부의 개입은 깨끗한 공기와 물, 안전한 자동차, 생활수준의 향상이라는 사회적 혜택을 증진시키고 이러한 개입이 산업 자체를 보호하는 긍정적 측면이 있는가 하면 자유기업체제를 위협하는 부정적 측면도 갖는다.

기업은 시중은행, 투신, 보험, 증권, 종합금융, 신용금고 등의 금융기관(financial institutions)으로부터 운영에 필요한 단기대출을 받거나 새로운 시설과 장비 투자에 필요한 장기대출을 지원받는다.

이러한 금융기관과의 긴밀한 유대관계는 기업의 경영활동에 막대한 영향을 미치기 때문에 최고경영층은 금융산업의 환경변화에 촉각을 곤두 세우고 있다. 특히 우리나라의 경우 IMF사태 이후 과거 정부의 관행이었던 특혜적인 관치금융을 통한 문어발식 기업확장이 사라지고 금융감독위원회라는 새로운 정부기관이 탄생하여 금융기관의 여신을 철저히 감시·감독함으로써 기업의 구조조정과 투명한 경영을 강요하게 되었다.

지역사회(community)는 도·시·읍·면·동의 지방자치단체를 일컫는데 이는 기업과 긴밀한 관계를 맺는 이해집단이다. 전통적으로 지역사회는 기업에 의존하여 왔다. 기업은 지역주민인 종업원에 급료를 지불하고 지방정부에 세금을 납부하고 지역사회의 납품업자와 건설업자와 계약을 체결함으로써 지역주민의 고용과 소득증대를 이룩하여 지역사회의 경제발전에 기여한다.

기업의 경영성과에 막대한 영향을 미치는 언론매체(mass media)로서는 TV, 라디오, 신문, 잡지 등을 들 수 있다. 기업은 이러한 언론매체를 통하여 제품과 서비스의 판촉활동을 전개하기도 하고 기업 이미지 고양에 힘쓰기도 한다.

언론매체의 기업에 대한 감시기능은 오늘날 막강하다. 기업이 국민건강에 유해한 제품을 수입, 판매하거나 오염된 물질을 무단 방류하거나 부당하게 높은 가격으로 소비자를 착취하거나 경영자들이 부도덕한 행위에 의하여 재물과 금전을 착복하는 등 사회적 책임을 망각하는 기업과 경영주에 대해서는 언론매체들이 가차 없이 비난과 성토의 분위기를 공개적으로 조성함으로써 이미지 실추는 물론 사회로부터 이들을 몰아내는 역할을 수행한다.

내부 이해관계자

주주(shareholder, stockholder)는 주식회사의 주식을 소유함으로써 출자하여 자기의 출자비율에 따라 배당을 받고 파산 등의 위험에 유한책임을 지게 된다. 주식은 언제든지 필요에 따라 누구에게나 매매할 수 있는 소유권 이전의 권한을 갖게 됨으로써 투자할 기업을 손쉽게 선택할 수 있다.

우리나라의 경우에는 기업의 오너가 대주주로서 기업경영에 직접 참여하는 것이 일반화되어 있지만 선진국가의 경우에는 소유와 경영의 분리가 철저하게 지켜지고 있다. 이런 경우 주주는 투자수익에 주로 관심을 갖고 경영은 전문경영인에게 일임하는 것이 상례로 되어 있다. 이와 같이 주주는 주주총회에서 투표권을 행사함으로써 기업에 영향력을 행사하게 된다.

공개적으로 거래되는 주식의 대부분은 개인의 손으로부터 기관투자가의 손으로 이동하여 왔다. 기관투자가들은 개인으로 부터 의뢰받은 돈으로 수익률이 높은 기업을 선택하여 투자함으로써 기업으로 하여금 이윤창출을 제일의 우선순위로 삼도록 만든다. 투자전문가로서 이러한 주주들은 경영자들의 의사결정에 막대한 영향력을 행사하게 된다.

종업원들은 기업이 제품이나 서비스를 생산함에 있어서 없어서는 안 되는 중요한 인적자원이다. 종업원들은 기본적으로 임금에 관심을 두지만 근로환경과 조건, 후생복지 등에도 큰 관심을 갖게 되었다. 우리나라의 경우에도 근로자의 해외로부터의 수입이 불가피하게 되었고 점차 고령화사회로 진행함에 따라 노동력의 공급부족은 더욱 심화될 것이다.

동시에 근로자들에게 요구되는 기술도 점차 변하고 있다. 즉 품질 프로그램, 팀제, 자율적인 작업그룹 등을 채택하는 기업이 늘어남에 따라 새로운 기법에 대한 교육과 훈련이 필요하게 되었다.

노동조합(labor union)은 기업에서 사용자인 경영자에 비해 약한 위치에 있는 노동자(종업원)들이 지위향상과 권익을 보호하기 위하여 결성한다. 우리나라에서는 1953년에 노동조합법을 제정하여 노동조합에 단결권, 단체협약권, 단체행동권 등 노동3권을 보장하고 있으며 사업장 단위의 기업별 노동조합을 인정하고 있다.

노동조합은 단체교섭권(collective bargaining)을 이용하여 조합원의 임금, 작업조건, 직업안정, 근무시간, 복지와 각종 혜택에 관해 경영자와 협상을 벌인다. 이러한 협상과 협약이 원만히 타결되지 않으면 노동조합은 법적 절차에 따라 파업이나 태업을 단행할 수 있고 사용자측은 직장폐쇄로 맞설 수 있다.

7. 내부환경

기업의 내부환경(internal environment)이란 앞절에서 설명한 바와 같이 기업 내에서 작업이 수행되고 목적이 달성되는 방식에 직접적으로 영향을 미치는 여러 요인을 말한다. 여기에는 소유주, 이사회, 종업원, 작업환경 (physical work environment), 경영 스타일, 보상제도, 생산기술, 조직구조, 조직문화, 자원 등이 포함된다. 그런데 이 가운데서 기업의 경쟁우위에 가

그림 5-5   내부환경의 구성요소

장 큰 영향을 미치는 것은 조직문화이다. 이는 〈그림 5-5〉에서 보는 바와 같다.

소유주(owner)란 기업에서 법적 소유권을 갖는 사람들을 말한다. 소유주는 개인기업의 경우에는 개인이 되고 기업을 합자하여 경영하는 경우에는 파트너들이 되고 주식회사에서는 주식을 소유하는 개인투자자들이 될 수 있다. 이사회(board of directors)는 주식회사에서 주주들에 의하여 선임되며 주주들의 이익을 위해 기업경영을 하도록 경영자들을 감시하는 직무를 맡는다.

작업현장에서 근로자들의 안전과 건강을 위한 규정의 강화로 최근 조직에서는 이 분야에 더 깊은 관심을 갖게 되었다.

8. 조직문화

조직구조의 의의

조직구조(organizational structure)란 조직의 기구표가 보여 주듯 기업 내에 존재하는 기본적인 보고관계를 의미한다. 이와 같이 기업의 구조는 지휘계통을 설정하고 그의 책임과 권한의 위계질서를 설정한다.

원래 조직구조라고 하면 부, 과, 계와 같은 계층을 의미한다. 똑같은 과업을 수행하는 사람들을 그룹화하는데 만일 생산업무만 담당하는 사람끼리, 그리고 재무업부만 담당하는 사람끼리 그룹화하면 이는 기능별 부서가 되는 것이다.

또한 담당하는 시장이나 지역별로 그룹화할 수 있고 취급하는 제품별로 기업구조를 조직할 수 있다. 이와 같이 조직구조는 기능별 구조에서 사업부별 구조로 변화하고 있다. 조직구조에 대해서는 제11장에서 설명할 것이다.

챈들러(Chandler)는 1960년에 「Strategy and Structure」라는 책을 통해서 기업의 전략은 그 기업의 조직구조에 영향을 미친다고 주장하였다. 예컨데 새로운 제품개발을 통해서 성장전략을 추구하는 기업은 〈그림 5-6〉과 같은 제품별 사업부제 조직구조가 알맞고 지리적 시장개발을 추구하는 기업은 지역

그림 5-6 　조직구조

(1) 기능별 조직구조

(2) 사업부제 조직구조

제품별 사업부

지역별 사업부

별 구조가 알맞다는 것이다.

따라서 기업의 전략이 변화하면 이에 따라 알맞은 조직구조로 바꾸도록 해야 한다. 전략과 조직구조가 연계된 기업은 우수한 경영성과를 올리고 전략의 변화에 부응하는 조직구조의 개발에 실패한 기업은 결국 경영성과가 퇴보하는 결과를 초래하는 것이다.

조직문화의 의의

모든 경영자들과 종업원들이 다르게 사고하고 행동하는 것은 개성이 다르기 때문이다. 그러나 같은 조직 내에 있는 사람들은 어떤 신념이나 가치를 공유하여 같은 방식으로 행동하게 된다.

조직문화(organizational culture)란 조직의 구성원들의 행동을 만들고 인도하기 위해 이들이 공유하는 신념, 이념, 가치관, 관습, 의식, 규범 등을 말한다. 그런데 이는 객관적인 측정이나 관찰을 할 수 없는 무정형의 개념이다. 이는 조직의 내부환경의 기초로서 그 구성원들의 경영행위에 대한 방향과 지침이 된다. 모든 조직은 고유한 문화와 특성을 가지고 있어 일을 처리하는 방식에 차이가 있다. 비록 문화가 조직에서 발생하는 것의 유일한 결정요인은 아닐지라도 조직에서 무엇을 어떻게 결정하고 수행할 것인가에 영향을 미치는 것이다. 이와 같이 조직문화의 성격은 구성원들이 수행하는 일들의 성과와 품질에 절대적인 영향을 미친다.

이와 같이 조직문화는 구성원들이 부딪히는 문제를 정의하고 분석함으로써 해결방법을 제시하고 행동을 제한하게 된다. 한편 조직문화는 구성원들의 행동에 정당성을 제공함으로써 조직의 결속 및 협동체계를 강화하는 역할을 수행한다.

성공적인 기업에 있어서 조직문화는 기업의 장기적 경영성과에 큰 공헌을 하였음이 연구결과 밝혀졌다.[4] 더욱 기업문화는 조직이 이루고자 하는 것에 대한 비전을 제공함으로써 구성원들로 하여금 역량을 결집하여 이를 달성토록 유도하는 역할을 한다.

우수한 조직은 고객 위주로 성과 지향적인 문화를 갖는 것으로 알려졌다. Disneyland 또는 Disney World는 강한 조직문화를 가진 기업으로 알려

---

4 J. Collins & J. Porras, *Built to Last*(Harper Business, 1994).

겼는데 강한 문화(strong culture)란 분명하고 잘 정의되어 있으며 구성원 사이에 폭넓게 공유되는 문화를 말한다. 다시 말하면 강한 문화는 구성원이 사고하고 행동하는 데 강한 영향을 미치는 것이다. 이러한 문화는 긍정적인 작업행위를 조장하고 기능을 해치는 행위는 못하도록 말리는 역할을 한다.

강한 문화는 그것이 장려하고 조장하는 행위가 시대에 알맞으면 조직에 아주 강한 힘이 된다.

조직이 강한 문화를 형성하는 하나의 방법은 사회화(socialization)를 통하는 것이다. 사회화란 새로운 구성원이 조직의 가치, 규범, 문화를 배우고 기존 구성원들이 공유하고 있는 행위와 태도를 배우는 과정이라고 말할 수 있다. 이는 고용주의 오리엔테이션과 훈련 프로그램을 통해서 진행할 수 있다.

예컨대 Disneyland의 문화는 고객 서비스에 최우선 열성을 쏟을 것을 장려하고 Apple Computer의 문화는 혁신을 조장한다.

반면 시대에 맞지 않는 행위를 조장하는 강한 문화는 변화하고 있는 외부환경에 효과적으로 대처할 능력을 방해한다. 예를 들면, IBM은 수 세기 동안 강한 문화를 유지해 왔지만 한결같고 묵종하는 문화라서 오늘날과 같이 역동적이고 유연한 조직에는 알맞지 않는 것이다.

약한 문화(weak culture)를 갖는 조직에서는 사람마다 서로 다른 가치관을 갖고 기업의 목적에 혼란이 발생하고 의사결정에 사용할 원칙이 매일매일 분명하지 않게 된다. 따라서 이러한 문화는 혼란, 갈등, 저조한 성과를 유발한다.

대부분의 경영자들은 기업을 더욱 효과적으로 만드는 목적과 행위를 조장하고 지원하는 강한 문화를 선호한다. 다시 말하면 기업의 경쟁환경과 적절하게 어울리는 강한 문화를 조성하려고 한다.

한국의 기업문화는 첫째, 인간중심의 가부장적이며 둘째, 명분주의와 집단주의에 의한 행동방식을 추구하며, 셋째, 상·하간의 위계질서를 중시하는 특성을 가지고 있는 반면 일본의 기업문화는 충성심, 몰입, 높은 품질표준, 집단참여 등의 특성을 가지고 있다. 일본의 근로자들은 주체성과 귀속감을 보유한다.

기업문화는 시간의 경과에 따라 형성되며 언제나 고정된 것은 아니다. 환경의 변화에 따라 얼마든지 바뀔 수 있다. 국경 없는 무한경쟁 속에서 외국기업을 이길 수 있기 위해서는, 그리고 IMF 체제 이후, 세계적인 금융위기에 직면하여 변화하는 환경에 적응하기 위해서는 우리나라 기업은 경쟁적이고 혁신적인 문화로 탈바꿈할 필요가 있다고 하겠다.

조직문화의 생성과 유지

조직문화는 그의 설립자에 의해서 생성된다. 설립자의 개성, 신념, 태도, 감정, 가치관 같은 자신의 이미지로 조직을 설립한다.

조직이 성장함에 따라 그의 문화는 심벌, 이야기, 영웅, 슬로건, 의식, 사회화 등을 통하여 형성되고 수정되고 전달된다.

물리적 심벌의 예를 들면, 설비배치, 착용하는 의상, 사무실 크기, 각종 회원권, 회사식당, 종업원 전용 라운지, 주차장 배치 등인데 이는 조직에서 중요시되는 사람은 누구이며 구성원간 평등의 수준과 요구되는 행동의 유형을 읽을 수 있다.

조직 내에서 전파되는 이야기(story)는 창업자 또는 특정인의 성공담, 인력감축, 인사발령, 규율위반, 조직의 사활을 건 전쟁 등과 같은 중대한 사건이나 사람들에 대해 입에 오르내리는 내용을 말한다.

영웅(hero)이란 강한 조직문화에서 개인의 행위, 성격 및 특성이 타인들의 모범이 되는 사람을 말한다. 영웅은 실제 인물일 수도 있지만 상징적인 것일 수도 있다.

슬로건(slogan)은 조직의 핵심가치를 간결하게 표현한 구, 절, 문장 등을 말한다.

의식(rite)이란 조직의 구성원들에게 문화적 가치관을 조직 내·외에 공포하고 강조하기 위한 일련의 계획된 활동을 말한다. 예를 들면, 기업체에서 우수사원 표창식을 갖는 경우이다. 한편 예식(ceremony)이란 특수한 상황이나 사건과 관련하여 수행하는 일련의 의식체계를 말한다.

조직문화는 새로 채용된 종업원이 조직의 가치, 규범, 문화를 배우고 일을 효과적으로 수행하는 데 필요한 작업행위를 익히는 사회화를 통해서도 생성·전달된다. 예를 들면, 대학교 신입생은 오리엔테이션이나 학과 MT에 참여하여 신입생으로서 갖추어야 할 여러 가지 내용을 배우고 습득하게 된다.

〈그림 5-7〉은 조직문화를 유지하고 전달하는 요인들을 나타내고 있다.

그림 5-7   조직문화의 유지 · 전달 요인

설립자의 가치관

의식과 예식

조직문화

사회화

이야기와 언어

조직문화의 변화

조직문화는 조직에서 경영행위가 어떻게 행해져야 하는가에 관한 공유된 가치관과 가정(assumption)의 패턴이다. 이러한 패턴은 구성원들이 내·외부 환경문제에 직면할 때 학습하게 되고 새로운 구성원이 되면 옳게 인식하고 느끼도록 가르침을 받는다.

조직문화는 〈그림 5-8〉에서 보는 바와 같이 세 가지 수준으로 분석할 수 있다. 첫째는 표면에 나타나는 유형의 가공물(artifacts)로서 인간에 의해 구체적인 행동으로 표출되어 육안으로 확인할 수 있는 가시적 문화(visible culture)이다.

여기에는 의상, 심벌(symbol), 관습, 의식, 사무실 배치, 주차장 배치, 경영자와 작업자들의 행위 등이 포함된다. 예를 들면, 주차장 배치시 특정인에게 고정된 위치를 배정하느냐 또는 모두에게 전체 공간을 개방하느냐는 문화의 가시적 측면이다.

둘째는 바로 다음 수준의 가치관과 신념으로서 보이지는 않지만 조직구성원들에 의해 표현된다. 이는 이야기, 언어 및 구성원들이 자신을 표현하는 심벌 등으로부터 해석할 수 있다.

가치관이란 사물의 옳고 그름, 또는 해야할 일과 해서는 안 되는 일을 구분해 주는 판단기준이다. 따라서 기업에서의 가치관이란 기업목적을 달성하기 위해서는 어떤 방법으로 경영활동을 수행하고 관리해야 할 것인가에

그림 5-8　　조직문화의 수준

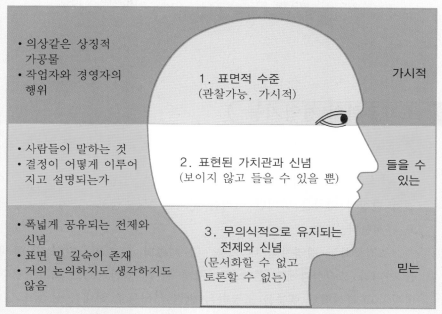

* 의상같은 상징적
　가공물
* 작업자와 경영자의
　행위

1. 표면적 수준
(관찰가능, 가시적)

가시적

* 사람들이 말하는 것
* 결정이 어떻게 이루어
　지고 설명되는가

2. 표현된 가치관과 신념
(보이지 않고 들을 수 있을 뿐)

들을 수
있는

* 폭넓게 공유되는 전제와
　신념
* 표면 밑 깊숙이 존재
* 거의 논의하지도 생각하지도
　않음

3. 무의식적으로 유지되는
　전제와 신념
(문서화할 수 없고
토론할 수 없는)

믿는

자료: C. Williams, *Effective Management*, 2nd ed.(Thompson, 2006), p. 50.

관한 지속적 신념이라고 할 수 있다. 이와 같이 조직 내에서의 가치관은 행위의 원천으로서 인간의 행위를 일정한 방향으로 유도하는 역할을 한다.

셋째는 표면에서 가장 깊숙이 존재하는 기본전제(가정)(basic assumption)인데 이는 구성원들이 의식적으로 알 수 없는 핵심문화(core culture)이다. 이는 조직에서 경영행위와 의사결정을 거의 무의식적으로 이끌게 된다. 이들은 강하게 유지되고 폭넓게 공유되기 때문에 누가 변화시키려는 시도가 없는 한 거의 논의도 하지 않고 심지어는 생각해 보지도 않는 견해 또는 규칙이다.

조직문화를 바꾼다는 것은 무척 어려운 일이다. 사실 표면 밑으로 깊숙이 존재하는 무의식적인 기본가정과 신념은 바꾸기가 무척 힘들기 때문에 경영자들은 통제할 수 있는 부분에 집중할 수 있다.

육안으로 볼 수 있는 표면적 수준의 문화는 구성원들로 하여금 새로운 행위를 하도록 하는 행위추가(behavioral addition)와 바꾸고 싶은 행위 대신에 새로운 행위를 하도록 하는 행위대체(behavioral substitution)방법을 통해 바꿀 수 있다. 또한 이는 구문화의 가시적인 가공물을 변경해서도 가능하다.

조직문화는 기업이 원하는 문화와 일치하는 가치관과 신념을 가진 사람을 채용하고 선정함으로써 바꿀 수 있다.

9. 조직문화와 경영기능

조직의 설립자와 경영자들은 조직문화의 생성·유지·커뮤니케이션에 있어 결정적 역할을 하지만 이러한 문화는 모든 근로자들의 행동을 형성하고 규제한다.

조직문화는 경영자의 네 기능, 즉 계획화, 조직화, 지휘 및 통제에 뿐만 아니라 조직성과에도 영향을 미치게 된다. 일반적으로 최고경영층은 창의적이고 혁신적인 행동을 조장하는 반면 부하들로 하여금 보수적이고 조심스런 접근을 조장하는 두 그룹으로 분류할 수 있다.

① 계획화

혁신적 문화를 갖는 조직의 최고경영층은 새로운 제품을 개발하는 데 새로운 아이템에 귀를 기울이고 위험부담을 무릅쓰는 경향이 있어 하위 경영자들로 하여금 계획화 과정에 참여토록 한다.

반면 보수적 가치를 갖는 조직의 최고경영층은 공식적인 하향식 계획과정을 강조하여 하위 경영자로부터의 제안도 공식 루트를 거쳐야 하기 때문에 의사결정이 지연되는 결점을 갖게 된다.

② 조직화

창의적인 문화를 갖는 최고경영층은 계층에서 수준을 줄이고 권한이 분권화되어 근로자들이 문제해결에 참여할 수 있는 유기적 구조(organic structure)를 선호한다.

반면 보수적 최고경영층은 정교한 권한의 계층과 분명한 보고관계를 설정하여 근로자들이 누구에게 보고할 것인가를 알도록 한다.

③ 지 휘

혁신적 최고경영층은 근로자들이 위험을 무릅쓰도록 권장하고 성공하든 실패를 하든 지원해 준다.

반면 보수적인 최고경영층은 부하들이 목표달성 진행상태를 수시로 점검하고 그들의 움직임을 감시하게 된다.

④ 통 제

혁신적 경영층은 부하들이 특별하게 사전에 결정된 방식으로 일을 하여 목표달성에 얽매이는 것보다 장기적 성과를 향상시킬 아이디어를 내는 데 주도적 역할을 해줄 것을 기대한다.

반면 조심과 현상유지를 강조하는 최고경영층은 근로자들이 수행하기 어려운 목표를 설정하고 꼭 따라야 할 규칙을 설정하며 진도를 수시로 감시하게 된다.

10. 기업과 환경의 상호작용

기업은 외부환경의 요인들에 대해 많은 신경을 써야 하는데 이것은 경영자가 환경요인의 변화에 대해 예측을 할 수 없어 확실한 정보를 갖지 못하기 때문이다. 이러한 환경의 불확실성 때문에 기업은 환경의 변화에 적응하도록 기업의 조직을 이에 맞게 재설계하는 방법을 통해 변화를 추구할 수도 있고 또는 환경에 영향을 미쳐 기업의 요구에 유리하도록 유도하는 방법을 택할 수도 있다.

환경에의 적응

어떤 조직이든 외부환경의 변화에 제때에 적응하지 못하면 엔트로피 (entropy)가 발생하여 그 조직은 마침내 몰락하고 만다. 따라서 조직이 꾸준

그림 5-9 조직의 환경에의 순응방법

일반환경
과업환경

정보관리
(경계연결 활동)

사회적 책임

전략의 수정

조직

직접
영향력 행사

합병,
인수, 제휴

조직설계와
유연성

하게 성장하고 발전하기 위해서는 환경변화에 순응해야 한다. 기업이 경쟁자, 고객, 공급자, 정부 규정 등에 관해 많은 불확실성에 직면하게 되면 기업은 경계연결 활동, 전략의 수정, 유연한 기업조직, 합병 또는 조인트 벤처 같은 방법을 통해 환경의 변화에 순응하는 길을 선택한다.[5] 이는 〈그림 5-9〉에서 보는 바와 같다.

① 경계연결 활동

경영자들은 의사결정을 잘 하기 위해서 그들의 경쟁자, 고객, 공급자 등 외부환경 요인에 대한 정확한 정보를 필요로 한다. 따라서 성공적인 기업에서는 모든 구성원들을 경계연결 활동을 수행토록 한다. 정보관리(information management)의 한 기법이 경계연결자를 이용하는 것이다. 경영자들은 경계연결(boundary spanning) 활동을 수행함으로써 기업의 일반환경과 과업환경을 보다 잘 인식하고 이해할 수 있다.

경계연결이란 외부환경에 관한 값진 정보를 얻기 위하여 기업 외부의

---

5 R. L. Daft, *The New Era of Management*, International ed.(Thompson, 2006), p. 91 ; R. W. Griffin, *Management*, 8th ed.(Houghton Mifflin Co., 2005), p. 93.

그림 5-10 경계연결 활동의 성격

조직 A

조직 B

경계연결
역할을 하는 경영자는
자기 회사의 다른 경영자들에게
정보를 피드백한다

개인이나 그룹과 접촉하여 정보를 얻는 행위를 말한다. 예를 들면, 마케팅부와 구매부에 근무하는 사람은 고객과 공급자를 대면하고 시장조사를 통해 다른 기업이 무엇을 하는지 정보를 얻기 위해 경계를 넓힐 수 있다.

〈그림 5-10〉은 기업 X와 기업 Y에서 경계연결 활동을 수행하는 두 경영자가 서로 연결되어 있음을 보여 주고 있다. 두 경영자는 산업환경에서 변화하는 요인과 상황을 이해할 수 있도록 의견을 교환하고 정보를 공유한다.

이 두 경영자는 자기 회사의 다른 경영자들에게 정보를 피드백함으로써 두 기업의 모든 경영자들은 기업의 경계 밖에서 벌어지는 변화를 알게 되어 더욱 효과적인 의사결정을 할 수 있는 것이다.

오늘날 정보기술의 발달로 기업은 Internet을 통하여 고객과 계속 접촉하고 있다.

② 전략의 수정

기업이 환경변화에 순응하기 위해서 적절한 전략을 구사할 수 있다. 기업이 현재 아주 잘 하고 있다면 현상유지전략을 고수할 수도 있지만 그렇지 않을 경우에는 조직목적을 달성하기 위한 장기전략방향과 장기계획을 수정하든지 또는 중요한 자원배분에 대한 변화 등 전혀 새로운 전략을 채택할 수 있다.

기업이 제품이나 서비스를 공급하는 시장이 급속하게 확장하면 더 많은 투자를 할 수 있지만 반대의 경우라면 축소전략을 구사할 수 있다.

예를 들면, 미국의 커피 체인인 스타벅스는 1990년대 후반 국내시장이 포화상태이기 때문에 해외시장의 개척에 적극적으로 나서게 되었다.

③ 조직간 협력

환경의 변화에 순응하는 하나의 전략은 기업의 경계를 낮추고 다른 기업과 협력관계를 유지하는 것이다. 이는 조직간 협력(interorganizational partnerships)이라고 한다. 홀로 사업하고 서로 경쟁하던 기업들도 불확실하고 서로 연관되어 있는 글로벌 환경에서는 더욱 효과적이기 위해서 서로 합치고 희소한 자원을 공유해야 한다.

예를 들면, 소니, 도시바, IBM은 새로운 컴퓨터 칩을 생산하기 위하여 협력하고 있다. 독립 기업들 사이에서 벌어지는 치열한 경쟁으로 국제적으로 사업을 경쟁하는 동맹체의 네트워크가 형성되고 있다. 예를 들면, 우주 산업에서는 보잉(Boeing)과 에어버스(Airbus)라는 두 개의 네트워크가 각각 100여 개의 기업으로 파트너를 이루고 있다.

④ 조직문화의 관리

환경의 변화에 기업이 순응하는 하나의 방법은 경영자들의 조직문화 관리이다. 오늘날 경쟁력 강화를 위해 고객 지향적이고 품질을 향상시키고 필요한 조치를 강구하는 것은 기본적이기 때문에 뿌리 깊은 조직문화를 변경할 필요가 있다고 하겠다.

최고경영층이 문화를 관리하기 위해 사용할 수 있는 접근법은 다음과 같다.

- 조직 구성원을 고취할 수 있는 기업의 고상한 목표와 비전을 채택하는 것이다.
- 정기적으로 커뮤니케이트하고 조직을 통해 가시적이고 활동적인 일, 본보기를 설정하는 일 등과 같은 매일매일의 세속적인 일에 관심을

가져야 한다.

- 새로운 가치를 예시하는 종업원에게는 보상한다. 새로운 기업문화에 기초하여 신입직원을 채용하고 승진시킨다.

이런 식으로 새로운 문화가 기업 곳곳으로 스며들어야 한다. 새로운 문화를 조성하는 일이 시간 소모적인 것처럼 보이지만 전통적인 가치관을 새로운 경쟁적인 가치관으로 교체하는 일이야말로 기업을 더욱 효과적으로 만들고 환경의 도전과 기회에 순응하는 길이기도 하다.

⑤ 유연한 조직구조

기업의 구조는 환경의 변화에 효과적으로 대응해야 한다. 외부환경의 변화 또는 사내 혁신에 의해 불확실성이 가중되면 유연한 조직구조가 효과적이고 반대로 확실한 환경하에서는 엄격한 구조가 효과적이다.

유기적 조직(organic structure)은 규칙과 규정이 적고 종업원 사이에 팀워크를 조장하고 실제로 작업을 하는 종업원에 의사결정을 분산화하는 성격을 갖는다. 유기적 조직은 원자재, 새로운 제품, 정부규정, 혹은 마케팅에 있어 변화를 다룰 많은 팀을 구성하게 만든다. 이러한 조직은 더욱 유연하여 환경의 변화에 쉽게 적응할 수 있는 이점을 갖는다.

유연한 구조에 대립되는 개념이 기계적 구조(mechanic structure)이다. 이러한 구조하에서는 과업이 경직되게 정의되고, 많은 규칙과 규정이 존재하며, 팀워크는 적고, 의사결정은 중앙집권화된다. 기계적 구조는 안정된 환경의 경우에 알맞는 형태이지만 오늘날 어떤 기업이 안정된 환경 속에서 경영활동을 전개한다는 것은 드문 일이다.

⑥ 합병과 전략적 제휴

기업이 새로운 시장에 쉽게 진입하기 위하여 또한 현재의 시장에서 입지를 강화하기 위하여 다른 기업과 관련하여 취할 수 있는 방법으로는 합병·인수, 접수, 조인트 벤처 등을 들 수 있다. 합병(merger)은 두 개 이상의 기업이 합쳐 새로운 기업을 만드는 것을 말한다. 과거 상업은행과 한일은행이 합쳐 우리은행(한빛은행)이 된 것은 합병의 예이다.

인수(acquisitition)는 인수된 기업이 인수기업의 자회사로서 계속해서 업무를 수행하지만 접수(takeover)는 보통 적대적 매입으로서 접수된 기업은 사라지고 접수기업의 한 부분으로 귀속된다.

조인트 벤처(joint venture)는 두 개 이상의 기업이 파트너로서 참여하는 전략적 제휴의 한 형태이다. 이는 프로젝트가 너무 복잡하고 막대한 비용이 소요된다든지 불확실하여 한 기업이 수행하기에는 벅찬 경우에 적용된다. 또는 시장이나 기술적 요인 때문에 공동으로 자원을 이용할 때 참여하는 기업의 경영성과가 증가하므로 널리 선호된다.

환경에의 영향

기업은 환경의 변화에 적응하는 노력도 하지만 경우에 따라서는 환경변화의 방향, 크기, 성격, 결과에 영향을 미치는 조치를 취한다. 환경의 변화를 위해 널리 사용되는 기법으로서는 광고와 공중관계, 정치적 활동, 협회 등을 들 수 있다. 〈그림 5-11〉은 기업이 외부환경 변화에 적응하고 반대로 이에 영향을 미치는 기법을 요약한 것이다.

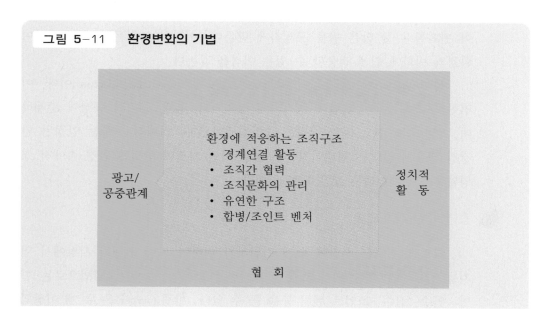

그림 5-11   환경변화의 기법

광고/
공중관계

환경에 적응하는 조직구조
• 경계연결 활동
• 조직간 협력
• 조직문화의 관리
• 유연한 구조
• 합병/조인트 벤처

정치적
활 동

협 회

① 광고와 공중관계

광고는 기업의 제품에 대한 수요를 관리하는 데 사용되는 가장 성공적인 기법이다. 기업은 고객의 취향에 영향을 미치기 위하여 막대한 자금을 사용한다. 광고야말로 고객에 대한 불확실성을 감소시키는 중요한 방법이다.

공중관계(public relation: PR)는 기업의 대중 이미지를 고양시키려는 목적을 갖는다는 점을 제외하고는 광고와 유사하다. 공중관계와 좋은 기업 이미지는 광고, 연설, 매체를 통한 보고서를 통해 수행된다. 미국의 담배회사들은 '담배와의 전쟁' 시대에 살아남기 위하여 흡연자의 선택의 권리와 자유를 권유하는 공격적인 공중관계 캠페인을 벌이고 있다.

② 정치적 활동

기업은 정부의 법과 규정의 제정에 영향을 미치기 위하여 정치적 활동을 전개한다. 미국의 경우 많은 기업은 로비스트들을 고용하여 그들의 견해를 연방정부와 주정부의 국회의원들에게 전달하도록 한다. 한편 일본의 기업들은 미국 정부에 대한 로비스트로서 과거 정치적 영향력을 가졌던 사람들을 채용하고 있다.

우리나라에서는 법적으로 로비스트를 인정하지 않으며 여러 기관에서 국회의원들에 입법을 청원하는 제도를 허용하고 있다.

③ 협   회

많은 기업은 같은 이해관계를 갖는 사람들의 모임인 협회나 조합에 가입한다. 이렇게 하여 기업은 단체의 힘으로 법 제정에 영향을 미치기도 한다. 우리나라에는 전국경제인연합회, 중소기업중앙회, 대한상공회의소, 무역협회, 전국자동차협동조합 등 무수한 협회와 조합이 결성되어 있어 이해관계에 따라 집단적으로 의사표시를 하여 불리한 법 제정을 방지하려고 한다.

11. 환경의 최근 변화

우리는 과거에 경험하지 못했던 더욱 역동적이고 복잡하고 예측불가능한 변화 속에서 살아가고 있다. 이러한 변화는 과거와 다른 기업경영의 방식

| 그림 5-12 | 변화의 영향 |

변화	결과	기업이 해야 할 일
* 기술혁신 * 시장과 경쟁의 　글로벌화 * 규제완화 * 인구증가율 변동 * 새로운 정치 　시스템 * 서비스 및 　지식산업 발전	* 경쟁 격화 * 불확실성, 혼란 * 소비자의 선택권 　향상 * 합병과 빼앗기 * 합작기업 * 복잡성 증대 * 제품수명주기 　단축 * 사업 실패의 증가	* 빠른 대응 * 수평적 조직 * 다운사이징 * 품질 인식 * 작은 규모 * 임파워먼트 * 분권화 * 인적 자본, 가치, 　비전 중시 * 팀제

에 커다란 영향을 미치고 있다. 기업이나 경영자 개인의 성공은 변화하는 환경 속에서 작업자들을 리드할 수 있는 능력에 크게 달려 있다고 할 수 있다.

이러한 변화는 환경에 영향을 미치고 따라서 경영자의 직무에도 영향을 미치고 있다. [그림 5-12]는 변화와 결과 및 기업이 해야 할 일을 요약한 것이다.

① 정보기술의 향상

조직에서 하는 일의 효율성과 효과성을 증진하는 데 이용한다. 정보기술은 작업자와 고객의 생활에 큰 영향을 미치고 있다. Internet이라는 세계적으로 연결된 네트워크를 통하여 정보를 공유하고 고객이나 공급업자와 의사소통을 할 수 있으며 전자상거래를 함으로써 비용을 절감하고 효율을 증진할 수 있다.

② 시장의 글로벌화

오늘날 세계는 지구촌(global village)이 되어 하나의 세계경제(world economy)를 형성하고 있다. 과거와 달리 기업의 입지결정에 있어 지역과 거리는 중요한 요인이 되고 있지 않아 세계 곳곳으로 분산되고 운영되고 있는 것이다.

글로벌화(globalization)란 기업이 세계 곳곳으로 시설과 운영을 전개하는 것을 말한다. 시장은 이제 국내 기업뿐만 아니라 세계의 기업이 참여하는 경쟁을 피할 수 없게 되었다.

글로벌화의 경향은 통신과 교통수단의 기술향상으로 더욱 가속하고 있다. 이 외에 WTO와 NAFTA, 한국과 미국 · 칠레 · 싱가폴 · EU · 인도 등과 맺은 자유무역협정(FTA) 등을 통한 무역장벽의 완화, 교통시설의 발달로 인한 저렴한 수송비, 신흥공업국가와 같은 매력적인 시장의 출현 덕택이다.

③ 지적자본의 중요성

과거와 달리 오늘날에는 지적자본(intellectual capital)이 가장 중요한 생산요소가 되었다. 육체노동을 하는 작업자들은 줄어들고 지식기반 업무에 종사하는 작업자들은 늘어나고 있다.

지적자본이라 함은 조직의 지식, 경험, 관계, 발견, 혁신, 시장출현, 지역사회 영향 등을 말한다. 오늘날 지식은 기업이 경쟁우위를 확보하는 토대라고 생각한다. 지식을 갖춘 경영자는 기회를 잘 이용하고 문제를 잘 해결할 수 있다. 지식의 토대는 정보이다. 정보를 이용하여 가치를 창조하게 된다.

지식경영(knowledge management)의 개념을 맨 먼저 언급한 Stewart는 그의 저서에서 지적자본을 다음과 같이 구분하고 있다.[6]

- **구조적 자본**(structural capital): 특허, 상표, 지적재산권, 특수 공정과 방법, 독점적 데이터베이스(database) 등과 같은 조직의 지식과 노하우
- **고객자본:** 고객과 공급업자와 맺은 공고한 관계의 가치
- **인적자본:** 조직의 기능과 지식

---

6 T. Stewart, *Intellectual Capital: The New Wealth of Organization*(New York: Doubleday, 1998).

E/X/E/R/C/I/S/E
토론문제

01. 기업 성패의 책임에 관한 두 가지 관점을 비교 · 설명하라.

02. 기업환경의 의미를 설명하라.

03. 기업환경의 특성을 설명하라.

04. 내부환경과 외부환경을 구분 설명하라.

05. 일반환경과 과업환경에 포함되는 요인들을 설명하라.

06. 일반환경에 영향을 미치는 요인들을 설명하라.

07. 내부 이해관계자와 외부 이해관계자를 비교 설명하라.

08. 조직구조에 대하여 간단히 설명하라.

09. 조직문화에 대하여 논하라.

10. 조직문화가 최고경영층의 기능에 어떻게 영향을 미치는가를 설명하라.

11. 기업이 환경에 적응하는 방법과 환경에 영향을 미치는 방법을 설명하라.

12. 환경의 최근 변화를 요약하여 설명하라.

사회적 책임과 윤리적 행동

　현대 사회에 있어서 기업은 점차 가장 중요한 조직으로 부상하고 있다. 기업은 사회에서 자원을 가장 많이 가지고 있는 조직이며 사회 발전에 근간을 이루게 되었다. 따라서 기업이 단지 주주 이윤의 극대화를 추구한다는 것은 더 이상 사회에서 수용하기 어렵게 되었다.

　기업이 사회적 정당성을 획득하기 위해서는 자신이 기능하고 있는 사회 체계의 목표와 가치에 부합되는 활동을 하여야 한다. 단순한 경제적 활동에만 국한한 것이 아니라 그 경제적 활동이 사회 전반에 미치는 역기능적인 결과에 대하여 책임을 져야 한다. 더 나아가 기업이 소유하고 있는 사회적 영향력 및 부와 권력에 비례하여 보다 적극적인 사회적 기여를 해야 한다.

　사회적 책임이란 개념은 미국의 대공황 이후 요구되기 시작하였다. 독과점기업의 등장으로 시장기능이 실패하고, 규모의 경제를 통한 기업의 대형화로 사회에 대한 영향력이 증대하고, 사회가 더욱 복잡하고 환경요인들의 상호의존성이 증대하게 되자 기업의 사회적 책임론이 등장하게 되었다.

　본장에서는 기업의 사회적 책임에 대한 정의, 찬반론, 내용 등을 살펴본 후 기업의 사회적 책임을 완수하기 위한 윤리적 경영의 정착 방안을 공부하고자 한다.

제 6 장

사회적 책임과 윤리적 행동

1. 기업의 사회적 책임

기업의 사회적 반응

기업에 대한 점증되는 비판과 권한-책임의 등가성(power-responsibility equation) 개념은 기업의 사회적 역할에 대한 관심을 고조시켰다. 사회의 가치관(value), 인구분포, 생활 스타일 등이 변함에 따라 기업에 대한 기대(expectation)도 변하기 마련이다. 사회적 환경과 기업에 대한 기대가 변화함에 따라 기업은 새로운 환경에 적응하도록 변화해야만 한다.

그림 6-1 **사회와 기업의 사회계약**

자료: A. B. Carroll, *Business & Society: Ethics and Stakeholder Management,* 3rd. ed.(South-Western College Publishing Co., 1996), p.20.

기업과 사회간의 사회계약(social contract)은 〈그림 6-1〉에서 보는 바와 같이 광범위한 개념으로 명시적인 법규와 규제 그리고 상대방에 대한 공유된 이해(shared understanding)로 구성된다고 볼 수 있다. 확실히 법규와 규제는 기업이 사회 속에서 활동하는 게임의 규칙을 규정하고 있다. 반면에 공유된 이해는 상대방의 역할, 책임 그리고 윤리에 대한 기대로서 반드시 공식적으로 규정된 것은 아니어서 상당한 혼동이 있을 수 있다.

오늘날 기업에 점점 더 광범위한 사회적 책임을 요구하며 보다 광범위한 인간 가치에 공헌하도록 요구하고 있다. 기업이 사회에 공헌하는 한 기업의 미래는 변화하는 사회의 기대에 경영이 얼마나 효과적으로 반응하느냐에 달려 있다.

사회적 책임의 정의

기업은 개방시스템으로서 내·외부 환경의 영향을 받고 있다. 경영에 대한 경제적, 정치적, 사회적, 기술적 환경이 변화함에 따라 경영의 역할과 환경에 대한 응분의 책임도 확대되고 있다.

옛날에는 기업이 사회가 필요로 하는 재화나 서비스를 효율적으로 생산하여 최대이윤을 추구하면서 고객의 욕구를 만족시키는 역할을 수행한다고 여겨왔다. 그러나 현대 사회에서는 이러한 역할을 뛰어넘어 기업을 도덕적 대리인으로 간주하고 모든 경영의사결정과정에 사회적 관계 또는 영향을 고려하도록 강요하고 있다.

따라서 기업의 사회적 책임(social responsibility)이란 기업은 물론 사회 전체의 이익과 복리를 증진하는 방향으로 의사결정을 해야 할 기업의 책무를 말한다. 그런데 사회적 책임은 그 조직이나 관리자가 속하는 사회·문화적 환경에 의해 영향을 받는데 사회규범, 가치, 도덕성, 윤리성 등의 사회·문화적 환경은 시대의 변화에 따라 상이하므로 사회적 책임의 개념은 계속해서 변화하게 된다.

사회적 책임에 대한 기대에 미치는 영향요소

기업의 사회적 책임에 대한 공중의 기대는 어떤 요소에 의해 영향을 받

그림 6-2   기업에 대한 기대에 변화를 초래하는 요소

사회적 요인

교육과 자각수준의 상승, 일반적 기대의 상승,
권리운동, 부여된 권리의식, 피해의식

기업에 대한 비판 증가와 기대의 변화

사회계약의 변화

는지를 살펴보자.

다양한 사회적 요소에 의해서 기업에 대한 기대가 변한다. 이러한 기업에 대한 기대의 변화는 궁극적으로 사회 속에서 기능을 수행하는 기업의 사회계약에 변화를 초래할 것이다. 사회계약의 범위와 내용에 따라 기업의 사회적 책임의 범위와 내용이 영향을 받는다. 이는 〈그림 6-2〉에서 보는 바와 같다.

① 교육과 자각 수준의 상승

교육수준이 높아짐에 따라 사회에 대한 기대는 높아지며 사회에 있어서 공중의 자각수준도 높아진다. 교육수준이 높아짐에 따라 사회적·경제적 생활수준에 대한 기대도 높아지는 경향이 있어 사회의 주요 기관 — 기업뿐만 아니라 정부나 사회 기관도 포함 — 에 대한 기대도 높아진다.

또한 오늘날 발달된 대중매체에 의해서 일반 공중은 사회현상에 대해 다양한 정보를 얻을 수 있다 특히 TV는 정규 뉴스뿐만 아니라 '뉴스추적', '현장르포', 'PD수첩' '토론회' 등과 같은 프로그램 등에 의해 일반 공중의 정서에 상당히 영향을 미치고 있다. 따라서 일반 공중은 기업의 실책이나 문제 있는 정책 등에 대해 과거 보다 더 잘 알게 되어 이에 민감하게 반응하고 있다. 최근에는 Internet 사용자가 급증함에 따라 Internet에 의한 영향

도 무시 못하는 실정이다.

② 일반적 기대의 상승

공식적 교육이나 대중매체에 의한 자각수준 상승 외에도 기업의 사회적 기능에 대한 기대를 상승시키는 요인이 있다. 이것은 공중의 일반적 기대 상승으로서 후세는 선조세대 보다 높은 생활수준을 유지하여야 한다는 태도 또는 믿음이다. 이러한 믿음은 사회의 주요 기관에 대한 기대를 높여 보다 폭넓은 사회적 책임을 강조하고 있다. 이러한 높은 수준의 기대는 기업이 실업에 대해서 상당한 부문 책임이 있으며 사회적 약자(예컨대 장애인)에 대해서 지원을 하여야 한다는 생각을 널리 퍼지게 만들었다.

③ 권리운동

최근 우리나라에는 참여연대, 환경운동연합 등 다양한 시민단체가 생겨나 지방의 권리운동이 활발히 추진되고 있다. 과거에는 그냥 넘어갔던 문제들에 대해 이들 단체들을 중심으로 활발히 권리주장이 제기되고 있다.

권리에는 모든 공중에게 일반적으로 적용되는 것과 일부 사회 구성원에만 적용되는 권리로 나눌 수 있다 전자의 예로는 사생활 보호나 정당한 법적 절차를 받을 권리 등이 있으며 후자의 예로는 소액주주의 권리 운동이나 장애인 차별금지 등을 들 수 있다. 실제로 우리나라에서 다수의 집단이나 개인이 권리를 추구하는 것을 제한하기는 어렵다. 따라서 사회의 주요 기관인 기업은 종업원뿐만 아니라 주주, 고객 그리고 일반 사회 구성원에 의해 제기되는 다양한 권리주장에 적절히 적응하여야 할 것이다.

④ 부여된 권리의식

부여된 권리의식(philosophy of entitlement)이란 사회 구성원으로서 당연히 무엇인가를 소유한다거나 자격이 있다는 일반적 믿음이다. 예를 들면, 대한민국 국민인 이상 직업을 가질 권리가 있으며 정부나 기업이 이를 적극적으로 보장하여야 한다는 믿음이 여기에 속한다. 이런 믿음이 강하면 국민들은 정부에 대해서 강력한 실업대책이나 의료보험정책을 요구하게 된다.

⑤ 피해의식

　　이와 대조적으로 사회의 일각에서는 피해의식이 광범위하게 퍼질 수도 있다. 이것은 특정 개인이나 집단이 사회에 의해 손해를 보고 희생을 강요 당했다고 믿는 것이다. 이런 피해의식은 종교, 성 또는 연령에 관계 없이 광범위하게 퍼져 있을 수 있다. 예를 들어 농민들은 도시민 보호를 위한 저 곡가정책에 의해 피해를 받았다고 느낄 수 있으며 또한 일반 시민들은 대기 업의 환경훼손에 의해 피해를 본다고 느낄 수 있다.

　　지금까지 살펴본 사회적 요인들은 서로 상호 연관적이다. 예를 들어 피 해의식은 권리운동이나 부여된 권리의식과 불가분의 관계를 맺고 있다. 또 한 이런 의식들은 다양한 대중매체에 의해 널리 퍼질 수 있는 것이다. 아무 튼 사회의 주요 기관인 기업은 이러한 대중적 기대의 변화에 잘 적응해야 미래에 있어서 기업의 사회적 가치를 높일 수 있는 것이다.

사회적 책임의 견해

　　사회에서 기업의 역할은 무엇인가? 기업의 사회적 책임에 대해서는 찬 반논쟁이 계속되어 왔는데 이는 기업의 목적이 무엇이냐는 논쟁과 일치한 다. 기업은 주주(stockholder)들을 위해 이익만을 극대화할 책임이 있는 경제 적 주체인가 그렇지 않으면 기업은 사회에 경제적·사회적 공헌을 해야 할 책무를 갖는 사회경제적 주체인가에 따라 두 가지 견해로 나눌 수 있다. 이 는 〈그림 6-3〉에서 요약하고 있다.

① 고전경제적 관점

　　고전경제적 모델(classical economic model)은 경영의 유일한 사회적 책임 은 기업의 현재가치를 극대화하는 것, 즉 생산과정에서 효율(efficiency)을 통 한 주주들의 단기이익을 극대화하는 것이라고 주장한다. 주주의 이익에 공 헌하는 것이 국가와 사회에 공헌하는 것이라는 관점이 바로 사회적 책임이 라는 주장이다.

　　이러한 견해는 기업이 주로 기업가 또는 소유경영자에 의해 소유되었던 시대에 등장한 것이다.

그림 6-3 기업의 사회적 책임에 대한 찬반논쟁

찬성

1. 기업은 문제를 일으키므로 이를 해결해야 한다.
2. 기업은 사회의 한 시민이다
3. 기업은 문제를 해결할 자원을 가질 수 있다.
4. 기업은 정부와 일반 시민과 같이 사회의 일원이다.

사회적 책임

반대

1. 기업의 목적은 소유자들을 위한 이익창출이다.
2. 사회적 프로그램에의 참여는 기업에 많은 힘을 부여한다.
3. 이익의 충돌가능성이 있다.
4. 기업이 사회적 프로그램을 관리할 전문성이 없다.

아담 스미스는 국부론에서 개인이나 기업이 자기이익을 추구하면 보이지 않는 손(invisible hand)에 의해 공공의 복리는 향상된다고 주장하였다. 그후 노벨 경제학상 수상자인 프리드먼(M. Friedman)이 이 견해를 이어받으면서 경영자는 공정한 규칙하에서 자유롭게 경쟁하면서 기업의 의사결정이 기업의 이익극대화를 위해 이루어지면 인류의 삶의 질 향상에 도움이 된다고 주장하였다.

그는 어떤 경영자가 시간, 자원, 주의를 주주이익이 아닌 사회이익에 투입한다면 시장기구를 해쳐 자유사회의 기초를 위태롭게 하고 결국 이런 자원배분의 대가는 배당의 감소를 통해 주주에게 또는 가격상승을 통해 소비자들에게 전가된다는 것이다. 따라서 기업은 우선 수익성을 높이면서 사회의 법률적·윤리적 기준을 따르는 것이 기업의 유일한 사회적 책임이라는 것이다.

고전적 견해의 핵심은 기업은 주주에게만 최소한의 책임을 질 뿐 사회적인 책임을 지지 않으며 사회적 문제의 해결책임은 정부에 있다는 것이다.

사회경제적 모델(social economic model)은 경영의 사회적 책임은 이익창출을 넘어 사회복지(social welfare)를 보호하고 향상시키는 것이라는 견해이다. 이러한 사회적 책임의 범위가 종전보다 더욱 확대된 이해관계자(stakeholder) 모델은 노벨 경제학상 수상자인 새뮤엘슨(P. Samuelson)에 의하여 강조되고 있다. 여기서 이해관계자란 기업의 의사결정과 조치에 의하여 영향을 받는 주주, 고객, 종업원, 공급자, 채권자, 정부기관, 지역사회, 노조 등 집단을 말한다. 그는 기업은 사회의 전반적인 문제와 사회 구성원 전체의 이익과 복리증진에 관심을 가져야 한다고 주장한다.

이러한 견해는 기업은 다만 주주에게만 책임을 지는 독립적인 단위가 아니라 사회 전체에 최대한의 책임이 있는 종속적인 단위라는 것이다. 나아가 이 견해는 기업은 이익만을 추구하는 단순한 경제적 조직이 아니라 사회적, 정치적, 법적 문제에도 적극적으로 관여해야 하는 사회적 조직이라고 주장한다.

여기서 사회적 문제의 예를 들면, 자연환경보호, 빈곤타파, 성차별금지, 장애자 보호, 소비자 보호, 안전, 건강, 교육지원, 문화 · 예술지원, 지역사회의 복리증진 등을 들 수 있다.

기업의 사회적 책임에 찬성하는 주장은 기업에 장기적 이익을 보장하고, 기업의 이미지를 향상시키고, 정부의 규제를 피하게 된다는 점을 강조한다.

오늘날 사회 전체는 시장기능의 실패비용이 커지고 기업의 영향력이 확대될수록 기업에 폭넓은 사회적 책임을 요구하고 있다. 따라서 이를 소홀히 하는 기업에 대해서는 고객이나 공중으로부터 외면을 당하고 있다.

사회적 책임의 내용

지난 30년 동안 우리나라 기업들은 일반 대중으로부터 고객에 대한 불친절, 환경에 대한 무관심, 이기적인 이윤추구 그리고 비윤리적 행위 등으로 상당한 비판을 받아 왔다. 이러한 사회적 관심은 두 가지 초점으로 모여진다.

첫째는 과연 기업은 사회적 책임을 가져야 하는가? 그리고 만약 사회적 책임이 있다면 무엇에 대하여 어느 정도 책임을 져야 하는가? 이다.

〈그림 6-4〉에 의하면 기업의 사회적 책임은 사회적 환경에 대한 관심 증대와 사회계약의 변경으로부터 도출된다. 이러한 사회적 책임은 사회에 대한 기업의 적응성과 사회적 성과(social performance)가 증대된 것이라고 가정한다.

둘째는 기업의 사회적 책임의 내용은 무엇인가?

기업의 사회적 책임은 경제적, 법적, 윤리적 그리고 자선적(philanthropic) 기대를 망라하고 있다. 경제적 책임은 자본주의 체제하에서 기업이 경제적 기관인 이상 가장 기본적이고 중요하다. 기업은 사회가 요구하는 재화와 서비스를 생산하여 공정한 가격에 공급하여야 하며 기업이 지속적 생존과 성장을 할 수 있도록 적정한 이윤을 남겨야 한다. 한편 기업은 이해관계자에

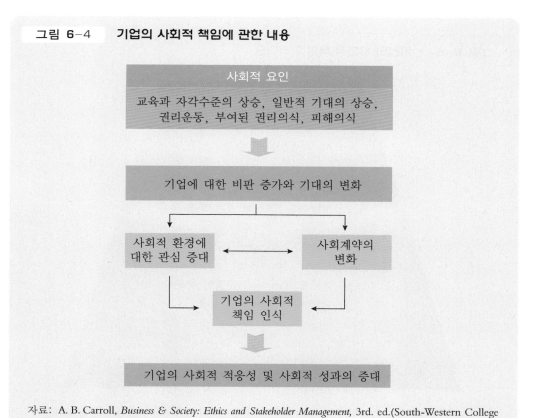

그림 6-4   기업의 사회적 책임에 관한 내용

자료: A. B. Carroll, *Business & Society: Ethics and Stakeholder Management*, 3rd. ed.(South-Western College Publishing, 1996).

대해 응분의 책임을 다 해야 한다.

　사회가 기업이 경제적 주체를 담당하도록 허가한 이상 사회는 기업이 운용되는 테두리, 즉 게임의 규칙을 정할 수 있다. 즉 기업은 사회가 정한 법규에 순응할 의무가 있어 이런 법규 테두리 내에서 공정하게 경쟁하여야 한다.

　윤리적 책임은 법규로 명시되지는 않지만 사회 구성원들이 기대하는 (또는 중시하는) 행위를 수행하여야 할(또는 하지 말아야 할) 책임을 의미한다. 윤리적 책임은 고객, 종업원, 주주 그리고 지역사회가 공정하고 올바르다고 여겨지는 관심사를 반영하는 규범, 기준 그리고 기대로 구체화된다.

　마지막으로 자선적 책임(philanthropic responsibility)은 순전히 자발적인 것으로 기업의 자유재량에 의해 행해지는 것이다. 이것은 기업의 사회에 참여하고 싶은 욕구에 의해 행하여지며 법이나 윤리에 의해 강요되는 것

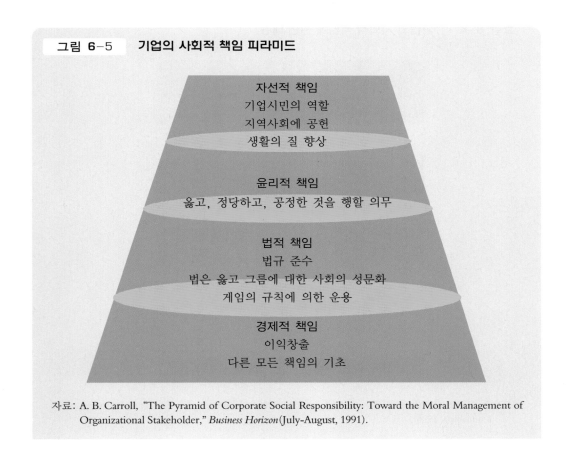

그림 6-5　기업의 사회적 책임 피라미드

자선적 책임
기업시민의 역할
지역사회에 공헌
생활의 질 향상

윤리적 책임
옳고, 정당하고, 공정한 것을 행할 의무

법적 책임
법규 준수
법은 옳고 그름에 대한 사회의 성문화
게임의 규칙에 의한 운용

경제적 책임
이익창출
다른 모든 책임의 기초

자료: A. B. Carroll, "The Pyramid of Corporate Social Responsibility: Toward the Moral Management of Organizational Stakeholder," *Business Horizon*(July-August, 1991).

은 아니다. 자선적 책임의 예로는 기업이 지역사회 문화활동이나 알콜 중독자 재활프로그램 지원 등을 들 수 있다. 자선적 책임은 윤리적 또는 도덕적 의미에 있어서 기업에 기대되지 않는다는 점에서 윤리적 책임과는 구분이 된다.

자선적 책임은 '기업시민(corporate citizenship)'으로서의 의무라고 간주될 수 있다. 이상을 도표로 요약하면 〈그림 6-5〉와 같다.

사회적 책임에의 접근법

기업이 사회적 책임을 준수하는 강도의 범위는 〈그림 6-6〉에서 보는 바와 같이 네 가지로 구분할 수 있다.

- 방해자적 접근법
- 방어적 접근법
- 화해적 접근법
- 적극적 접근법

방해자적 접근법(obstructionist approach)이란 조직과 경영자들이 사회적 책임을 무시하고 불법적이고 비윤리적으로 행동하고 그들의 행동을 조직의 이해관계자뿐만 아니라 사회가 알지 못하도록 하는 접근법이다. 예를 들면, 미국의 담배회사들은 흡연이 폐암의 원인이라는 증거를 오랫동안 숨겨왔다.

방어적 접근법(defensive approach)이란 법규는 엄격하게 지키지만 그 이상의 사회적 책임은 회피하고 비윤리적 행동을 가끔하는 접근법이다.

예를 들면, 기업이 파산하려고 할 때 최고경영층이 다른 주주들에 앞서

그림 6-6   사회적 책임에의 접근법

| 방해자적 접근법 | 방어적 접근법 | 화해적 접근법 | 적극적 접근법 |

낮음 ←――――――――― 사회적 책임 ―――――――――→ 높음

그들의 주식을 매각함으로써 손실을 줄이려고 하는 경우이다.

화해적 접근법(accommodative approach)이란 회사와 경영자들이 사회적 책임을 지고 합법적이고 윤리적으로 행동하려는 접근법이다. 이러한 접근법을 채택하는 경영자들은 사회의 눈으로 볼 때 적절한 선택을 하게 되고 옳은 일을 하려고 한다. 미국이나 유럽의 대기업들은 부하들이 불법적이거나 비윤리적 행동을 하게 되면 많은 것을 잃고 명성에 타격을 주기 때문에 이러한 접근법을 채택한다.

적극적 접근법(proactive approach)이란 회사와 경영자들이 사회적으로 책임지려는 방식으로 행동할 필요성을 적극적으로 인식하려는 접근법이다. 경영자들은 주주, 근로자, 지역사회의 이해를 위해 회사의 자원을 기꺼이 사용하려 한다. 이러한 회사는 오염 없는 환경, 재활용, 자원보존, 범죄예방, 문맹퇴치, 빈곤타파 운동에 적극적이다.

2. 기업윤리

윤리의 의의

윤리(ethics)란 개인이나 그룹의 행위의 옳고 그름, 선과 악, 또는 도덕적인 것과 비도덕적인 것에 대한 가치판단기준이다. 윤리는 부적절한 행동이 무엇이고 타인을 해치지 않도록 행동하기 위해서 어떻게 해야 하는가를 가르쳐 준다. 즉 우리는 윤리적 기준에 의해서 우리의 행위와 의사결정이 옳고 또는 그른가를 판단한다.

윤리는 선악과 관련된 인간행위를 규명하고 구체화하기 위한 것으로 '우리가 타인에 대해서 어떻게 생각하고 행동하는가, 또한 다른 사람이 우리에 대해 어떻게 생각하고 행동해 주기를 바라는가'라는 기본적인 인간관계를 다룬다.

윤리원칙(ethical principle)은 도덕적 행위에 대한 지침이다. 예를 들면, 거의 모든 사회에서 거짓말, 도둑질, 사기 그리고 타인을 해치는 것 등은 비윤리적이고 비도덕적이다. 반면에 정직, 약속 준수, 타인을 돕고 타인의 권리를 존중하는 것 등은 윤리적으로나 도덕적으로 바람직한 행위로 여겨진다. 이러한 기본적인 행동 규칙은 조직사회의 지속과 유지에 필수적이다.

옳고 그름에 대한 생각은 다양한 원천에서 나온다. 종교적 신념은 많은 사람들에 있어서 윤리적 지침의 원인이 된다. 또 가정은 어린이들이 성장함에 따라 옳고 그름에 대한 사고를 발전시킨다. 또한 학교, 친구, 이웃, 비공식적 집단 등은 인생에 있어서 옳고 그름에 대한 사고에 영향을 미친다.

이러한 다양한 학습 경험에 의해서 우리는 윤리, 도덕성 그리고 사회적으로 바람직한 행동에 대한 개념을 발전시킨다. 윤리적 문제가 발생했을 때 우리는 이러한 윤리적 신념에 의해서 행동하게 된다.

그런데 옳고 그름이 분명히 구분할 수 없을 때 가치가 서로 충돌할 수 있다. 윤리적 딜레마(ethical dilemma)는 가치가 서로 충돌할 때 옳고 그름을 판단해야 하는 상황에서 발생한다. 예를 들면, 법관이었던 자베르는 예전에 은혜를 입었던 장발장을 풀어주었다. 이는 개인적 윤리와 법이라는 사회적 윤리가 충돌한 경우이다. 즉 '개인 대 사회'라는 가치관이 서로 충돌하여 발생한 것이다.

도덕이나 윤리는 사회·문화적 환경을 바탕으로 한 인간생활의 관습이라고 할 수 있기 때문에 모든 사회, 모든 조직, 그리고 모든 개인마다 서로 다른 윤리적 기준을 가질 수 있다.

이런 차이는 윤리적 상대주의(ethical relativism)의 개념을 등장시켰다. 즉 윤리기준은 시대상황, 사회적 전통, 또는 기타 특수 상황에 의해서 다양하게 정의된다는 것이다. 윤리는 시간, 장소, 환경 그리고 관련된 사람에 따라 상대적이다. 그러므로 옳고 그름과 선악에 대해 합리적인 방법으로 구분할 수 없고 어떤 의사결정이 다른 것보다 더 좋다라고 평가할 수는 없다.

법, 가치, 윤리적 행동

윤리에는 첫째, 타인에게 해가 되는 일을 해서는 안 된다와 둘째, 타인에게 도움이 되는 일을 해야 한다라는 의무가 있다. 법은 윤리의 첫째 의무를 지키도록 함으로써 사회 전반적으로 최소한의 윤리수준을 유지하고자 한다. 따라서 윤리는 법에 우선하고 법을 생성시킨다고 할 수 있다. 그러므로 윤리적 행동에는 합법적 행동도 포함된다. 정의롭고 공정한 사회(just and fair society)에서는 윤리적 행동은 적법한 행동이라고 할 수 있다.

우리는 일반적으로 합법적이면 윤리적이라고 생각한다. 그러나 불법적인 행동이 아니라고 해서 모두 윤리적인 행동이라고 볼 수는 없다. 옛날 노예제도라든가 남자에게만 투표권을 부여하는 법이 있었다. 법의 준수 여부가 윤리적 행동을 판단하는 충분조건은 아니다. 예를 들면, 근무시간에 개인용무로 전화를 건다든지 아프다는 핑계를 대고 결근하는 경우는 엄격하게 불법적이라고는 할 수 없지만 비윤리적 행동이라고 볼 수 있다.

윤리적 신념이 법이나 규정의 제정을 이끌기 때문에 윤리적 신념이 변하면 법 자체가 변하든지 사라지게 된다. 이와 같이 윤리나 법도 세월이 흘러도 고정된 원칙은 아니라는 것이다.

사실 작업장에서 대부분의 윤리적 문제는 개인이 자기의 믿음에 반하는 행동을 하거나 하도록 강요를 받을 때 발생한다. 어떤 사람은 행위가 합법적인 한 거리낌없이 진행하겠지만 어떤 다른 사람은 행위의 적법성을 넘어 개인의 행동을 결정할 자기이해는 물론 믿음과 태도(beliefs and attitudes), 즉 개인적 가치관(personal values)에 따라 행동할 것이다.

사람마다 가치관이 다르기 때문에 어떤 행동이 주어진 상황에서 윤리적이냐 또는 비윤리적이냐 하는 문제에서 서로 다른 해석을 할 수 있게 된다.

기업윤리의 의의

기업윤리(business ethics)란 일반적인 윤리적 사고를 특수한 사업 행동에 적용하는 것이다. 기업윤리는 모든 상황에 보편적으로 적용되는 사회적 윤리와는 다른 독특한 윤리적 사고를 의미하는 것이 아니고 단지 사회적 윤리를 기업경영이라는 특수한 상황에서 나타나는 행동이나 태도의 옳고 그름이나 선이나 악을 체계적으로 구분하는 판단기준으로 적용하는 것이다.

부정직이 비윤리적이고 부도덕하다고 여겨진다면 종업원, 고객, 주주 또는 경쟁자에게 부정직한 사업가는 비윤리적이고 부도덕적인 것이다. 다른 사람을 위해하지 않는다는 것이 윤리적이라면 결함이 있어 위험 가능성이

그림 6-7 윤리적 판단

실제 행위 ←──── 비교 ────→ 사회적 규범

관찰자의 가치판단 및 지각

있는 제품을 리콜(recall)하는 것이 윤리적인 방식이다.

이렇게 기업윤리는 사회적 윤리에 기반을 두고 기업 경영과정에서 발생하는 여러 가지 도덕적 문제들을 규명하거나 해결하는 길잡이가 된다. 기업은 무엇이 옳고 그른지에 대해 자신만의 정의를 꿰매 맞추어서는 안 된다.

〈그림 6-7〉에 의하면 가치판단은 실제로 무엇이 일어났는가(실제 행위) 그리고 사회적 규범에 대한 타인의 판단에 의해 이루어진다. 이것은 서로 다른 두 사람이 동일한 행위를 관찰하더라도 사회적 규범에 대한 지각이 달라 서로 다른 판단을 내릴 수 있다는 것이다.

따라서 기업이 윤리적이기 위해서는 그 기업이 속한 사회의 모든 구성원이 윤리적이라고 인정하는 규범을 따라야 하며 그렇지 않으면 비윤리적 기업이 된다. 비윤리적 기업의 예를 들면, 남몰래 폐수를 방류하는 염색공장이나 교통사고 경력을 숨긴 채 중고차를 판매하는 도매상 등이다.

기업윤리의 필요성

기업은 왜 윤리적이어야 하는가? 기업은 왜 윤리를 도외시하고 수단과 방법을 가리지 않고 이윤을 추구하지 못하는가? 제품과 서비스의 생산과 제공이라는 기업의 경제적 활동이 안전문제, 공해문제, 부의 편재문제, 정경유착문제 등 부정적인 결과를 초래하는 경우도 있기 때문에 오늘날의 기업은 경제적 역할은 물론 경영윤리의 실천과 사회적 책임의 완수가 절대적으로 요구되고 있다. 이는 〈표 6-1〉에서 보는 바와 같다.

| 표 6-1 | 기업이 윤리적이어야 하는 이유

- 기업에 대한 일반 공중의 기대 충족
- 남을 해치지 않음
- 사업관계와 종업원 생산성 향상
- 타인으로부터 사업보호
- 사용자로부터 종업원 보호
- 개인적 도덕성 고취

첫째는 일반 대중들이 기업은 높은 윤리기준을 가지고 사회적 책임을 완수하기를 기대하기 때문이다. 즉 오늘날 기업이나 경영자가 의사결정을 할 때 경제적 합리성과 함께 윤리적 판단도 고려해야 한다고 사회는 기대한다.

이러한 대중의 기대를 충족시키는 데 실패하는 기업은 비판을 받고 불이익을 받을 것이 예상된다. 기업의 역할이나 활동이 사회의 윤리적 기준에 맞게 준수하는 것은 생존과 성장의 사회적 정당성을 획득하는 한 방법이다. 이렇게 기업과 사회는 서로 협조하여 윤리적 원칙을 고수하면서 경제적 이득을 누릴 수 있다.

기업과 종업원이 윤리적으로 행동하여야 하는 두 번째 이유는 일반 대중과 기업의 이해관계자들에게 해를 끼쳐서는 안 된다는 것이다. '해를 끼치지 말라'는 대다수의 사회에서 가장 강력한 윤리원칙 중 하나이다. 높은 수준의 윤리성을 유지하는 기업은 사회로부터 두터운 신뢰와 좋은 이미지를 얻어 성장 발전할 수 있게 된다.

〈그림 6-8〉은 고객, 종업원, 기타 이해관계자에 대한 조직의 비윤리적, 불법적 행동의 예를 보여주고 있다.

기업이 윤리적이어야 하는 세 번째 이유는 기업이 윤리적이면 보상을 받는다는 것이다. 즉 기업의 윤리는 좋은 사업관계 유지와 종업원들의 생산성 향상과 관련이 있다는 것이다. 도덕적이고 윤리적인 기업의 구성원은 자부심과 보람을 느끼고 열심히 일하려는 의욕을 갖게 된다.

한편 윤리적일수록 신뢰감을 높여 사업 파트너간에 제휴를 공고히 할 수 있다. 신뢰가 깨진다면 비윤리적 상대는 회피되거나 무시될 것이다. 이런 현상은 국내에서 부실 시공하여 많은 인명 피해를 준 회사가 외국에

그림 6-8   비윤리적 조직행동의 예

고객에 대하여
- 거짓이나 속이는 판매행위
- 애매한 송장의 발송
- 제품품질 자료의 조작

종업원에 대하여
- 차별대우
- 유해한 작업환경 조성
- 건강과 안전 규정의 위반

자본가에 대하여
- 거짓 재무제표 제출
- 데이터베이스 관리의 위반
- 비밀정보의 사용

공급업자에 대하여
- 뇌물이나 리베이트 받기
- 계약조건 위반
- 정확한 기록 없이 지불함

사회에 대하여
- 환경표준의 위반
- 국제적 인권 위반
- 공중을 안전위험에 노출시킴

서 수주하기 어려운 예에서 찾을 수 있다. 부실 시공으로 인하여 사장이 구속되었는데 누가 그 회사에 건설을 의뢰할 것인가?

비윤리적 종업원이나 경영자로부터 기업을 보호하기 위해서도 윤리적 행동은 촉진할 필요가 있다. 조직 구성원이 회사의 재산을 절취하거나 뇌물을 받고 사리사욕을 채운다면 조직의 이미지나 생존에 크게 위협이 될 수 있다. 조직 내부의 비리는 발견하기가 어려워 문제가 심각해진 다음에야 폭로되기가 쉽다.

기업의 높은 윤리기준은 조직 구성원을 보호할 수도 있다. 종업원들은 사생활 침해(예를 들면 정당화되지 않은 거짓말 탐지기 테스트)나 개인적 신념에 어긋나는 행위의 강요(예를 들면, 회계 보고서 조작) 또는 위험한 작업환경에서 근로강요(예를 들면, 통풍이 되지 않는 갱도에서 채탄 작업이나 위험한 화학물질에 노출) 등에 분개할 수도 있다. 기업은 종업원들의 존엄성을 존중함으로써 높은 사기와 생산성으로 보상받을 수 있다. 따라서 기업, 종업원, 사회 모두가 승자가 되는 상황을 결과할 수 있다.

마지막 이유는 개인적인 것이다. 사람들은 자신의 옳고 그름의 가치관에 따라 일관성 있게 행동하기를 원한다. 개인적 신념과는 다른 행위를 강요받는다면 많은 스트레스를 경험할 것이다. 사람들이 지원적이며 윤리적인 분위기에서 일한다고 느낄 때 그들은 심리적 안정감을 경험할 것이다. 따라서 사람들은 윤리적 기업에서 근무한다고 느낄 때 일반 대중뿐만 아니라 자신도 보호를 받는다고 느낄 것이다.

윤리문제 발생의 원인

확실히 기업의 윤리적 문제는 환경훼손, 뇌물, 불량제품 등 다양한 형태로 발생하고 있다. 이런 현상이 일반적이라고는 할 수 없지만 빈번히 일어나는 것은 사실이다. 윤리적 문제를 일으키는 원인이 무엇인가를 밝히는 것이 기업의 윤리적 문제를 강화하는 첫 단계가 된다. 〈표 6-2〉는 기업이 비윤리적으로 행동하게 하는 주요 원인을 요약하고 있다.

① 개인적 이득 및 이기심

개인적 이득 또는 탐욕이 강한 사람은 다른 사람, 기업 또는 사회보다는 무엇보다 자신의 이해관계를 우선 챙긴다. 조직은 채용과정에 있어서 윤

| 표 6-2 | 기업이 비윤리적 행동을 하는 이유

원 인	윤리적 문제	전형적 접근방식	태 도
개인적 이득 및 이기심	이기심 대 타인의 이해	이기주의	'내가 원한다'
이윤에 대한 경쟁적 압력	기업의 이해 대 타인의 이해	'최후의 보루' 정신	어떠한 일이 있더라도 타인에게 이겨야 한다'
기업목표 대 개인목표	상사의 이해 대 부하의 가치관	권위주의	'내가 말하는 대로 하라'
이 문화간 상충	기업의 이해 대 다양한 문화적 전통과 가치	자기만족 중심주의	'외국인은 무엇이 옳고 그름에 대해서 이상한 관념을 가지고 있다'

자료: J. E. Post, et. al., *Business and Society: Corporate Strategy, Public Policy & Ethics,* 8th ed.(McGraw-Hill, 1996), p. 101.

리적으로 바람직하지 못한 지원자를 색출하려고 하지만 윤리적 자질을 측정하고 평가하는 것이 쉽지는 않다. 따라서 횡령자, 바가지 씌우는 사람, 뇌물수수자 그리고 기타 비윤리적 사람들이 걸리지 않고 채용될 수도 있다. 채용시스템이 완전하지 않으므로 기업은 이런 유형의 비윤리적 행위로부터 전적으로 자유스럽지 못하다.

다른 무엇보다 자신의 이해관계를 우선하는 경영자나 종업원을 윤리적 이기주의자(ethics egoist)라고 부른다. 자기본위, 이기주의 그리고 탐욕 등이 윤리적 이기주의자에서 흔히 볼 수 있는 특성이다. 윤리적 이기주의자는 윤리는 타인을 위해서 만들어졌다고 믿기 때문에 윤리원칙을 무시하는 경향이 있다. 일반적으로 말하면 '제일주의 추구'는 윤리적 이기주의자의 모토이다.

② 이윤에 대한 경쟁적 압력

기업이 격렬한 경쟁에 의해서 압박을 받을 때 자신의 이익을 보호하기 위하여 종종 비윤리적 행동을 행한다. 기업의 재무적 성과가 기준 이하일 때 기업이 생존을 위해서 비윤리적 행위를 취할 가능성이 크다.

그러나 이윤이 높은 기업도 윤리원칙에 위배된 행동을 할 수 있다는 점에서 불안정한 재무상태는 비윤리적 기업행위의 한 요인일 뿐이다. 실제로 기업의 비윤리적 행위의 원인이 되는 것은 재무상태와는 관계없이 무모한 이윤추구 동기일 것이다.

우리나라와 같은 2중적 경제구조하에서 빈번히 일어나는 비윤리적 행동은 하청업체에 부당하게 비용을 전가하는 행위일 것이다. 하청업체에 공정한 가격 아래로 납품을 강요하거나 광고비를 전가시키는 행위 등이 공공연하게 자행되고 있다. 특히 기업 간부들의 이윤에 대한 집착이 강할수록 이해관계자들의 윤리적 주장을 무시한다. 이러한 행동은 기업과 사회를 서로 싸우게 만드는 불행한 결과를 초래한다.

③ 기업목표 대 개인목표

기업에서 윤리적 갈등은 때때로 기업이 개인이 수용할 수 없는 목표나 방법을 강요할 때 발생한다. 종업원이 개인적으로 기업의 잘못된 행위를 수정하도록 노력했지만 실패했을 경우에는 종업원들은 내부고발자(whistle-blowing)가 될 가능성이 있다.

또한 종업원은 법에 의지하여 소송할 수도 있을 것이다. 이런 행위는 최근에 정부가 다양한 보호행위를 취함으로써 점점 경제적으로나 경력적으로나 위험이 적어진다.

이렇게 조직에 저항한 종업원은 문제아가 아니다. 그들은 먼저 내부절차에 따라 문제를 해결하려고 노력하였다. 그러나 조직이 타인에게 해가 되는 또는 비윤리적 행위를 따를 것을 명령함으로써 문제가 발생하는 것이다.

④ 이 문화간 충돌

기업이 점점 글로벌화됨에 따라 기업들은 문화와 윤리적 전통이 다른 행위에서 사업을 행함으로써 문화적 충돌이 자주 발생하게 되었다. 예를 들어 정치헌금(political contribution), 뇌물(bribe)과 선물(gift)의 구별은 나라마다 다르다. 우리나라의 경우 뇌물과 관련된 스캔들에 공통적 특징은 혐의당사자들이 지금까지 관행적으로 해오던 것을 왜 나만이 문제가 되느냐는 식이다.

우리나라를 포함한 아시아에서는 선물이 인간관계를 돈독하고 부드럽게 하는 사회적 윤활유로서 역할을 한다고 생각한다. 그러나 독일에서는 '선물은 독이다'라고 하듯이 악의나 저주에 찬 선물의 증여는 상대방을 파멸시킬 수도 있다는 뜻이기도 하며, 한편으로는 상대방이 도저히 되갚을 수 없는 선물의 증여는 상대방에 대한 모독이기도 하다.

이와 마찬가지로 뇌물에 대한 법적 처리도 나라마다 사뭇 다르다. 미국의 경우 관료가 돈을 받으면 그 사실만 가지고도 대가성 행위를 증명할 필요 없이 기소할 수 있는데 반하여, 일본이나 우리나라에서는 뇌물수수가 형사사건이 되려면 검찰측이 세 가지 조건에 대한 증거를 제시하여야 한다.

첫째, 피고가 돈을 받았다는 것을 인정하고 둘째, 그것이 뇌물이었다는 것을 피고가 알고 있었으며(대가성) 셋째, 그것을 받은 사람이 준 사람에게 유리하도록 영향력을 행사할 수 있는 공직에 있어야 한다(직무권한). 이러한 조건은 미국에 비해 뇌물을 매우 좁게 정의하는 것으로 보인다.

윤리적 판단의 개발

경영자든 종업원이든 개인들이 어떻게 윤리적(또는 도덕적) 판단을 개발하는지를 이해하는 것은 윤리적 경영에 도움이 될 것이다. 우리가 윤리

그림 6-9 콜버그의 도덕적 발달 수준

초점:
자신

초점:
타인

초점:
인류

수준 3:
초인습적, 자동적 또는 원리화된 수준

수준 2:
인습 수준

단계 5: 세계적 윤리원리 지향
단계 6: 사회계약 지향

수준 1:
인습 이전 수준

단계 4: 법/질서에 의한 도덕심
단계 3: 착한 사람이란 도덕심

단계 2: 보상추구
단계 1: 처벌에의 반응
리더십 스타일: 지도/장려/팀 지향적   봉사하는 리더십
  전제주의적/위압적   작업자그룹 협력관계   권한을 부여받은 근로자 적극 참여
근로자 행동: 과업완수

적 판단의 발전과정을 이해한다면 우리 자신의 행동은 물론 주위 사람들의 행동을 더 잘 이해할 수 있을 것이다.

미국 심리학자 로렌스 콜버그(Lawrence Kohlberg)는 인간은 성숙해지고 교육을 받으면서 3수준(각 수준별로 두 개의 단계가 있는)을 거치면서 도덕적으로 발달한다고 한다. 〈그림 6-9〉는 콜버그의 도덕적 발달(moral development)의 3수준(6단계)을 제시하고 있다.

① 수준 1: 인습 이전의 수준

어린이 행동으로 특징지워지는 인습 이전의 수준(preconventional level)에서는 주로 자신에 초점이 맞추어진다. 어린이는 처벌과 보상에 반응하여 행동한다. 단계 1은 처벌에 반응하는 단계이다. 아주 어린애가 특정 행동을 하기 위한다면(예를 들어 차도에서 뛰지 않기를 원한다면) 엉덩이를 때리거나 꾸지람이 필요하다. 이 단계에서는 규율에 복종함으로써 '고통의 회피'를 지향하는 경향이 있다.

어린이가 나이가 좀 들면 개인적 이득 같은 보상을 추구하는 경향이 생긴다. 단계 2는 보상추구단계이다. 어린이들은 '착한 것'(예를 들어 부모가

원하는 행동을 하는 것)과 앞으로 제공될 보상 사이의 어떤 관계를 찾기 시작한다.

보상은 부모의 칭찬일 수도 있으며 사탕 등과 같이 구체적인 물질일 수도 있다. 이러한 인습 이전의 수준에서는 어린이들은 도덕적으로 '옳고'·'그름'을 진정하게 이해하고 있는 것이 아니라 단지 결과 — 즉 처벌과 보상 — 에 따라 행동하는 것을 배우는 것이다.

② 수준 2: 인습수준

어린이가 나이가 듦에 따라 다른 사람의 생각이나 안녕을 고려해야 한다는 것을 배운다. 다른 사람들로서는 처음에는 가족과 친구들이 포함이 된다. 도덕적 발달의 인습수준에서는 개인들은 사회의 전통적 규범에 순응하는 것이 중요하다는 것을 배운다.

인습수준(conventional level)은 두 단계로 구성되어 있다. 단계 3은 '착한 사람'이라는 도덕심 단계이다. 어린이들은 가족이나 친구들이 기대하는 대로 산다면 보상(예를 들어 신뢰, 수용 또는 따뜻함)이 있다는 것을 학습한다. 따라서 개인들은 일반적으로 착한 아들, 딸, 형제 또는 친구로서 기대되는 행동을 하기 시작한다.

단계 4는 법·질서 도덕심 단계(law-and-order morality stage)이다. 개인들은 단계 3에서와 같이 가족, 친구, 학교 등에 적응하기 시작할 뿐만 아니라 사회가 질서 있게 기능하기 위해서는 어떤 규범이 있다는 것을 인식하게 된다. 따라서 개인은 선량한 시민으로 사회화되는 것이다.

이러한 삶의 규칙은 법규(붉은 신호등에서는 차를 멈춘다 등)뿐만 아니라 보다 비공식적인 규범(교실에서는 담배를 피우지 않는다, 레스토랑에서는 팁을 주어야 한다 등)을 포함하고 있다. 단계 4에서는 개인은 사회적 시스템의 한 부분이고 사회 속에서 활동하고 수용되기 위해서는 사회의 규범과 기준에 순응하고 수용하여야 된다는 것을 인식한다.

③ 수준 3: 초인습적, 자동적 또는 원리화된 수준

소수의 사람들만 도달할 수 있는 제3의 수준에서는 초점이 자기에게 직접적 중요성을 지닌 '다른 사람'으로부터 '인류' 전체로 옮겨진다. 초인습적 수준(postconventional level)에서는 인습적으로 규정된 개념보다 더 성숙한 선악의 개념이 개발된다. 도덕적 원리가 사회의 법이나 규범 때문이 아니라 개인이 옳다고 느끼기 때문에 수용된다.

사회적 계약지향(social-contract orientation)의 특성을 지닌 단계 5에서는 일반적인 개인권리(general individual right)와 사회 전체가 동의한 기준에 근거하여 행동이 평가된다. 여기서는 개인적 가치와 합의에 도달하는 과정이 동시에 고려된다.

세계적-윤리-원칙지향(universal-ethical-principle orientation)이란 개인이 세계적이고, 포괄적이고, 일관적인 윤리원칙에 따라 행동하는 것을 의미한다. 보편적 원리(혹은 황금률: the Golden Rule)는 정의, 인권 그리고 사회복지 같은 이상에 초점을 맞추고 있다.

수준 3에서는 개인은 사회가 정한 기준보다 높은 차원에서 자신의 행동을 정당화할 수 있다. 예를 들어 우리나라 사회에서는 법적으로 여성을 차별해서는 안 된다. 수준 2의 경영자는 법을 위반하지 않기 위하여 여성을 차별하지 않는다.

수준 3의 경영자는 차별을 하지 않지만 좀 다른 이유에 근거하고 있다. 예를 들면, 여성을 차별하는 것이 인간권리에 대한 보편적 원리에 위반되기 때문이다. 수준 2와 수준 3의 차이는 부분적으로는 행동의 내적 동기에 의해서 설명될 수 있다.

지금까지의 논의를 신체적으로 연령과 비교해 본다면 수준 1은 유아기, 수준 2는 청소년기 그리고 수준 3은 성년기에 해당된다고 볼 수 있다. 수준 1과 수준 2는 신체적 연령과는 연관이 어느 정도 있어 보이지만, 그러나 대부분의 성인들은 수준 2를 뛰어 넘지 못하고 있다.

경영자로서 수준 3에 도달한다는 것은 바람직한 일이다. 이러한 경영자들은 사회가 일반적으로 요구하는 수준 이상으로 사람, 제품 그리고 시장을 생각한다. 우리가 비록 수준 3에 도달하지 못하더라도 우리는 지속적으로 무엇이 올바른 경영인가?를 자문하여야 할 것이다.

윤리적 행동의 영향요인

윤리적 행동은 사람마다, 기업마다, 국가마다 서로 다르게 나타나는데 그러면 개인과 조직의 윤리적 행동에 영향을 미치는 요인은 무엇인가?

그림 6-10 윤리적 행동의 영향 요인

개인으로서 경영자	조 직	외부환경
• 가족 영향 • 종교적 가치 • 개인의 표준과 욕구	• 정책 • 행동강령 • 감독자의 행동 • 조직문화	• 법과 정부의 규제 • 사회규범과 가치 • 산업의 윤리적 분위기

윤리적 경영행위

〈그림 6-10〉에서 보는 바와 같이 윤리적 행동에 영향을 미치는 요인으로는

- 개인으로서의 경영자
- 조직
- 외부환경 { 문화적 요인
법과 규제적 요인 }

을 들 수 있다.

① 개 인

개인은 무엇이 옳고 그른지 자신의 가치관과 감각을 가지고 있다. 가족의 영향, 종교적 가치, 개인적 표준과 욕구 등은 개인의 윤리적 행동에 영향을 미친다.

강하고 일관된 개인적 윤리관이 결여된 경영자는 자신의 이익을 극대화하려 하기 때문에 상황에 따라 다른 의사결정을 하게 된다. 윤리적 의사결정을 위한 개인적 규칙이나 전략이라는 강한 윤리적 틀(ethical framework)을 갖는 사람만이 윤리적 표준에 맞는 좀더 일관되고 자신있는 행동을 할 수 있는 것이다.

② 조   직

　　직장에서 근로자의 행동에 중요한 영향을 미치는 사람은 직속 상관이다. 감독자가 무엇을 요구하는지, 어떤 행위가 칭찬을 듣고 꾸중을 듣는지는 근로자의 행위와 결정에 바로 영향을 미친다.

　　공식적·비공식적인 정책, 규칙, 지시, 윤리규정, 연설 등은 조직문화를 지원하고 강화하고 조직문화, 리더십, 보상제도, 업무관행 등은 근로자의 윤리적 행동에 큰 영향을 미친다.

③ 외부환경

　　기업은 경쟁자, 정부의 법과 규제, 사회규범과 가치와 같은 외부환경 속에서 경영행위를 지속하고 있다.

　　정부는 법과 규제를 통하여 기업과 경영자로 하여금 윤리적 행동을 하도록 강요하고 있다. 예를 들면, 공정거래법을 통하여 기업의 불공정거래를 엄격히 규제하고 있으며 남녀고용차별금지법에 따라 고용과 승진에 있어 남녀간 차별을 금지하고 있다.

　　사회의 문화적 가치와 규범 및 전통은 구성원들의 윤리적 행동에 막강한 영향력을 행사하고 있다. 개인의 기본적인 가치는 보통 다음과 같이 나열할 수 있다.

- 정직(honesty)
- 청렴결백(integrity)
- 믿음(trustworthiness)
- 타인의 존중(respect for other people)
- 자존(self-respect)
- 가족(family)
- 달성(achievement)
- 신뢰(reliability)
- 공정(fairness)
- 충성(loyalty)

이러한 가치들은 윤리적 의사결정과 행동을 하도록 강요한다. 또한 이들은 행위나 결정이 윤리적인지, 비윤리적인지 구별하는 데 도움을 준다.

경영자를 위한 윤리원칙

다음의 원리들은 윤리적 행동과 관련된 특성과 가치를 내포하고 있다. 다음의 원리들을 체계적으로 고려하여 윤리적 의사결정을 내릴 수 있다.

- **정직:** 윤리적 경영자는 모든 거래에 있어서 정직하고 신뢰할 만하다. 그들은 그릇된 설명, 과장, 부분적 진실, 선택적 누락 등의 방법으로 고의적으로 타인을 속이지 않는다.
- **진실성:** 윤리적 경영자는 상당한 압력하에서도 자신이 옳다고 생각하는 것을 행하는 용기와 진실성을 지닌다. 그들은 원칙이 있으며 명예스러우며 강직하다. 그들은 자신의 신념을 위하여 투쟁한다. 그들은 편리함을 위해 원칙을 희생하지 않으며 위선적이지도 않다.
- **약속준수 및 신뢰:** 윤리적 경영자는 신뢰를 존중하며 적절한 정보를 제공하거나 사실에 대한 오해를 수정하는 데 주저하지 않는다. 그들은 자신의 약속을 지키기 위하여 노력과 헌신을 행한다.
- **충성:** 윤리적 경영자는 어려움에 처할 때 우정, 지원 그리고 의무에 전념함으로써 개인과 기관에 대해 충성을 보인다. 그들은 사적인 이익을 위하여 정보를 활용하거나 누설하지 않는다. 그들은 부당한 영향과 이해의 갈등을 신중하게 회피함으로써 독립적이고 전문적인 판단을 내릴 수 있는 능력을 지키려고 한다.
- **공정성:** 윤리적 경영자는 모든 거래에 있어서 공정하다. 그들은 권력을 자의적으로 행사하지 않는다. 그들은 이득을 유지하기 위하여 또는 상대방의 실수나 어려움을 부당하게 이용하기 위하여 기만적이거나 억지의 수단을 쓰지 않는다.
- **타인에 대한 관심:** 윤리적 경영자는 친절하고 보살피고 자비롭다. 그들은 황금률을 지키며 곤경에 처한 사람을 돕는다. 그들은 최대의 선과 최소의 해악을 결과하는 방식으로 사업목적을 달성하려 한다.
- **타인에 대한 존경:** 윤리적 경영자는 인간의 존엄성, 자율성, 권리 및

의사결정과 관련이 있는 모든 사람의 이해관계를 존경한다. 그들은 성, 인종 또는 출신국가와 관계없이 모든 사람을 인간적 존엄성을 가지고 예의 바르고 공정하게 다룬다.

- **법규 순응**: 윤리적 경영자는 사업활동과 관련된 법규, 규칙 및 규제에 순응한다.
- **탁월성 추구**: 윤리적 경영자는 자신의 의무를 탁월하게 수행하려 하며 자신이 책임지고 있는 모든 분야에 있어 준비하고 숙달되고자 노력한다.
- **리더십**: 윤리적 경영자는 리더십의 책임과 기회를 잘 알고 있으며 행동의 모범을 보임으로써 또한 논리적 사고와 윤리적 의사결정이 높이 평가되는 분위기를 만듦으로써 긍정적인 윤리적 역할모델을 추구한다.
- **명성 및 사기**: 윤리적 경영자는 회사의 명성에 해가 되는 행동을 행하지 않음으로써 그리고 다른 사람의 부적절한 행동을 방지하거나 교정함으로써 회사의 명예와 종업원의 사기를 보호하고 구축하려고 한다.
- **책임감**: 윤리적 경영자는 의사결정 또는 무작위의 윤리적 측면에 대하여 자신, 동료, 회사 그리고 지역 사회에 대해서 책임을 인정하고 수용한다.

3. 윤리적 의사결정 기준

개인이든 관리자이든 의사결정을 할 때 윤리적 딜레마(ethical dilemma)에 빠질 때가 있다. 윤리적 딜레마란 개인이나 조직에겐 유익하지만 비윤리적이라고 생각되는 어떤 대안을 선택해야 할 것인지 또는 선택하지 말아야 할 것인지를 결정해야 하는 상황을 말한다. 이는 어떤 행동을 취해야 하지만 무엇이 옳고 그른지에 대해서는 분명한 의견일치가 이루어지지 않는 경우에 발생한다.

기업에서 관리자가 겪는 윤리적 딜레마는 상관, 부하, 고객, 경쟁자, 공급자, 규제기관 등과의 마찰에서 발생한다. 예를 들면, 광고에 있어서의 부

그림 6-11 윤리적 행동의 접근법

이기주의 접근법

결정 또는 행동이 자신의 장기적인 자기이익을 증진하는가?

도덕적 권리 접근법

결정 또는 행동이 모든 인간의 기본권을 보장하는가?

공리주의 접근법

결정 또는 행동이 최대다수에게 최고의 선을 제공하는가?

사회적 정의 접근법

결정 또는 행동이 정당성 · 공정성 · 공평성의 원칙을 지키는가?

정직성과 최고경영층 · 고객 · 정부기관과의 의사소통상의 부정직성 등이다.

따라서 기업은 윤리적 딜레마에 직면할 때 적용할 지침을 필요로 한다. 이러한 지침으로 관리자와 종업원들은 윤리문제의 성격을 규명하고 어떤 대안을 선택할 때 가장 좋은 윤리적 결과를 초래할 것인가를 결정하게 된다.

규범과 가치를 중시하는 규범적 윤리(normative ethics)란 관리자가 윤리적 의사결정을 할 수 있도록 유도하는 윤리적 기준을 기술하는 접근법으로서 이에는 공리주의 접근법, 이기주의 접근법, 도덕적 권리 접근법, 정의 접근법이 있다. 〈그림 6-11〉은 윤리적 행동의 서로 다른 해석을 보여주고 있다.

공리주의 접근법

공리주의 접근법(utilitarian approach)은 도덕적 행동과 의사결정의 결과는 최대다수에게 최고의 만족을 제공하는 일반선(general good)을 지향해야 한다는 주장이다. 이는 행위의 윤리성을 행위의 동기에 의해 판단하려는 것이 아니고 그 행위의 객관적 결과에 의해 판단하려는 것이다.

따라서 어떤 행위, 계획, 정책 등은 그의 결과에 의해서 평가되어야 한다는 것이다. 이러한 결과 지향적인 윤리적 사고는 잠재적인 긍정적 결과가 잠재적인 부정적 결과보다 가치가 있다고 판단되는 경우에 의사결정을 하도록 유도한다.

공리주의 접근법은 비용-효익 분석(cost-benefit analysis)이라고도 하는데 결정, 정책, 행위의 비용과 효익을 서로 비교하기 때문이다. 비용과 효익은 경제적(원화로 표시할 수 있는), 사회적(사회 전체에 미치는 영향), 인간적(심리적·감정적 영향) 성격을 갖는다. 효익이 비용보다 크면 이윤을 내기 때문에 경제적 성공이라고 할 수 있다.

따라서 공리주의 접근법을 이익극대화, 능률성, 능력과 성과에 의한 보수, 경쟁, 조직이익 우선의 개념을 정당화하고 있다. 예를 들면, 기업이익과 70%의 근로자를 보호하기 위하여 30%의 근로자들을 해고할 수 있는 경우는 여기에 해당한다.

공리주의 접근법의 결점은 예컨대 종업원의 사기처럼 금전적 측정이 곤란한 경우에는 비용-효익 분석을 적용할 수가 없다는 것이다. 또한 이 접근법은 다수집단에 속한 사람들의 권리가 소수집단에 속한 사람들의 권리에 우선한다는 것이다.

이기주의 접근법

이기주의 접근법(individualism approach)은 어떤 행위가 도덕적인 한 개인의 장기적인 자기이익을 최대로 하고 결국 다수에 선과 이익을 초래한다는 주장이다. 개인의 자유성은 최고권위가 있기 때문에 이를 제약하려는 어떤 외부의 힘도 제거되어야 한다. 이 접근법의 가정은 단기적으로 윤리적 행위를 하게 되면 장기적으로 해를 끼치려는 다른 사람을 피할 수 있다는 것이다.

개인이 평가할 때 악보다 선의 비율이 큰 대안은 언제나 옳은 대안이 된다. 이기주의는 장기적으로 정직과 성실을 유발한다고 믿는다. 눈앞의 자기이익을 위하여 거짓이나 속임수를 쓰면 상대방으로부터 곧바로 거짓이나 속임수가 되돌아온다. 따라서 이기주의는 다른 사람들이 원하는 윤리적인 행동을 하도록 만든다.

이기주의 접근법의 결점은 한 사람의 단기적 자기이익이 언제나 장기적으로 모든 사람에게 선이 되는 것은 아니라는 것이다. 예를 들면, 작물에 화학비료를 사용하면 곡물의 수확량은 증가하지만 폐수가 흘러 고기의 수를 감소시키는 경우에는 어업에 부정적 영향을 미칠 수 있다.

도덕적 권리 접근법

도덕적 권리 접근법(moral-rights approach)은 모든 인간은 다른 사람의 결정에 의해서 침해받을 수 없는 기본적 자유와 권리를 가지고 있다고 주장한다. 이는 UN의 인권선언(Declaration of Human Rights)과 미국의 권리장전(Bill of Rights)에 기초를 두고 인간의 생명, 자유, 건강과 안정, 사생활권, 사유재산권, 양심의 자유, 언론의 자유와 같은 인간의 기본권의 기준에 따라 의사결정이 이루어져야 한다는 것이다.

우리나라에서도 도덕적 권리기준을 보장하기 위하여 공해방지법, 산업안전과 재해방지법, 소비자보호법, 공정거래법 등을 제정하였다.

윤리적 의사결정 기준으로서의 도덕적 권리 접근법은 충돌하는 권리 사이에 균형을 잡기가 어렵다는 결점을 갖는다. 예를 들면, 종업원의 정직성을 평가하기 위하여 거짓말 탐지기를 사용하는 것은 그의 사생활권을 침해할 수도 있는 것이다.

사회적 정의 접근법

사회적 정의 접근법(social justice approach)은 모든 사람은 동등하게 취급되어야 하고 법규는 공평하고 공정하게 적용되어야 한다고 주장한다. 관리자는 개인이나 그룹 사이에 효익(보상)과 비용을 얼마나 공정하게 배분하는가에 따라 그의 의사결정과 행동을 평가받게 된다.

이 접근법에서는 효익과 비용의 배분에 있어서 정당성(equity), 공정성(fairness), 공평성(impartiality)의 원칙을 전제로 한다.

정당성은 인간의 생존권, 즉 최소한의 생계를 보장하는 필요의 원칙이요 사회적 의무의 기본이다. 공정성은 공헌도에 따른 능력주의 분배원칙을 말하는데 분배정의(distributive justice)의 기준이 된다. 직장에서 남녀 종업원 사이에 적용되는 동일노동 동일임금의 원칙은 여기에 해당된다. 다른 예를 들면, 종업원의 채용·해고·승진에 있어서 그들의 인종·종교·국적·성별에 따라 차별적 대우를 해서는 안 된다는 것이다.

공평성은 조직과 종업원 양측의 책임과 의무를 정한 것으로 기회균등 원칙과 상호주의 원칙의 기준이다. 종업원이 자신의 이익을 증진하기 위하여 효익이나 기회를 기꺼이 받아들이고 조직이 공평하다면 종업원은 조직의 규칙을 준수해야 한다. 예를 들면, CCTV가 설치된 가게에서 일하고자 하는 신청자가 채용이 되면 고용조건으로 CCTV를 인정해야 하는 것과 같다.

조직과 종업원이 기꺼이 분명하게 합의한 경우에 상호간 책임과 의무를 수행하는 것은 공평하다고 할 수 있다.

사회적 정의 접근법의 결점은 공리주의 접근법에서처럼 비용과 효익을 정확하게 측정할 수 없다는 것이다. 한편 사회적 정의 접근법에서 효익과 부담의 대부분은 무형의 감성적·심리적 성격을 갖는다는 것이다.

윤리적 접근법의 결합

앞에서 설명한 네 가지 윤리적 의사결정에의 접근법은 강점과 약점을 갖기 때문에 가장 좋은 접근법을 지적할 수는 없다. 한국과 미국의 관리자들은 대부분 경영문제를 해결할 때 공리주의 접근법을 사용한다. 효율성, 생산성, 이윤극대화라는 경제적 목적달성을 위해 공리주의 원칙을 견지하면서 법에 의해 요구되는 정도로 도덕적 기준과 사회정의 기준을 고려한다.

그러나 유럽 여러 나라의 관리자들은 도덕적 권리 접근법과 사회적 정의 접근법에 의한 해를 추구하는 것 같다. 이러한 접근법은 단기적 이익보다도 종업원들의 장기적 복지에 더 큰 무게를 두기 때문이다.

물론 문화적 규범과 가치의 차이로 말미암아 윤리적 결정의 접근법에 차이가 있지만 조직 내의 관리자들 사이에는 조직문화와 관리자 개인의 관점 차이로 인하여 접근법이 서로 다를 수 있다.

4. 윤리적 경영의 실행

기업윤리의 실현에 가장 큰 영향을 미치는 요소는 기업의 경영이념이라

그림 6-12 윤리적 경영에 영향을 미치는 조직적 요소

- 최고경영자의 의지
- 도덕적 분위기
- 조직절차 및 제도
  · 윤리강령
  · 윤리위원회
  · 민원자문관
  · 윤리 핫라인
  · 윤리감사

윤리적 의사결정 ➡ 윤리적 성과

고 할 수 있다. 왜냐하면 최고경영층의 경영이념에 따라 기업문화 또는 풍토가 조성되고 그 환경이 구성원의 의사결정과 행동에 큰 영향을 미치기 때문이다. 그러므로 기업의 경영철학 및 이념을 명문화하고 이의 실천을 통해 의사결정이 이루어지도록 해야 한다.

윤리적 의사결정이 기업윤리의 실행에 있어서 핵심이다. 기업이 윤리적으로 운용되기 위해서는 모든 의사결정이 윤리적으로 행해져야 한다. 그러나 다양한 조직적 및 환경적 요소가 기업의 윤리적 의사결정 질에 영향을 미친다. 윤리적 의사결정 나아가서는 윤리적 경영에 대한 영향요소를 살펴보면 〈그림 6-12〉와 같다.

기업이 윤리적 경영을 실천하기 위해서는 먼저 최고경영자의 몰입이 중요하다. 이러한 최고경영자의 윤리에의 몰입은 조직의 도덕적 분위기 강화와 제도 및 절차로 구체화할 수 있다.

최고경영층의 몰입

최고경영층(top management)은 개인적 행동사례 또는 정책을 통하여 이상적으로 윤리적 역할모델을 구축할 수 있다. 즉 최고경영층으로부터 모든 의사결정에 있어서 윤리적 문제가 깊게 고려되어야 한다. 강력한 메시지는 조직 모든 계층의 구성원들의 의사결정에 영향을 미쳐 조직의 윤리적 성과 증진에 크게 기여할 것이다.

최고경영층은 일반적으로 정책수립 능력뿐만 아니라 권한이 있으므로

조직의 도덕적 분위기를 크게 좌우한다. 최고경영층은 구체적으로 다음과 같은 행동을 통하여 기업윤리를 강화할 수 있다.

- 기업의 사업윤리와 행동에 대한 간결하고 명확한 정책
- 기업의 윤리기준에 맞는 지원자 채용
- 성과와 윤리적 행동 및 신념에 따른 승진
- 윤리 또는 거래에 있어서 법칙을 보고할 의무와 기회제공

도덕적 분위기

조직 구성원이 윤리에 대하여 편하게 느끼지 않는다면 조직에서 윤리가 실천되기는 어려울 것이다. 그러나 기업에서 권리, 정의, 정직, 진실, 공정성 같은 용어가 생소하게 들릴 경우가 많다. 기업에서 윤리에 대한 논의가 저해되는 이유는 〈표 6-3〉에 제시되어 있다.

윤리에 대한 논의는 〈표 6-3〉에서 보는 바와 같은 특성을 지니고 있다고 여겨지기 때문에 부정적 결과를 낳는다고 믿는다.

조직의 윤리적 분위기는 최고경영층의 역할에 의해서 크게 영향을 받는다. 정책기술서에 윤리적 사고를 포함시키는 것, 윤리적 문제를 공공연하게 제기하는 것, 그리고 행동으로서 윤리적 모범을 보이는 것 등의 방식으로 최고경영층은 다른 조직 구성원들에게 윤리적 이슈를 언급하는 것이 허용되며 나아가서는 바람직하다는 신호를 보낼 수 있다.

| 표 6-3 | 경영자들이 윤리에 대하여 논의를 꺼리는 이유

부정적 결과	원 인
• 화합에의 위협	· 윤리적 논의는 주제넘게 공격적이어서 연쇄적인 상호비방을 결과한다.
• 능률에의 위협	· 윤리적 논의는 칭찬, 비난 또는 이상적인 형태로 논의가 진행되도록 하여 단순하고, 비효율적이고, 추상적일 수 있다.
• 효과성 및 추진력에의 위협	· 윤리적 논의는 너무 이상적이어서 열정과 추진력이 상실될 수 있다.

자료: F. Bird & J. A. Waters, The Moral Muteness of Managers, *California Management Review,* 32, 1(1989).

윤리강령

　　최고경영층은 조직 내 모든 경영자와 종업원에게 적용되는 행위기준을 설정하고 의사소통을 할 책임이 있다. 경영자들이 이런 책임을 수행하는 한 방법으로는 윤리강령(codes of ethics) 또는 행동강령(codes of conduct)을 제정하는 것이다.

　　윤리강령이란 조직에서 구성원이 준수해야 할 윤리규범, 즉 조직행동의 기준·지침·규칙·규범을 공식적으로 문서화한 것을 말한다. 경영자들이나 종업원들은 윤리적 딜레마에 당면했을 때 윤리강령에 근거하여 행동할 수 있다.

　　강령에는 통상 기업에 해를 끼치는 이해관계(예를 들어 공급자로부터 선물을 수락 또는 거절하는 지침, 친척의 고용 또는 경쟁회사에 도움을 주는 행위 등)를 다루고 있다. 이 외에도 다양한 법규, 즉 공정거래, 환경 및 소비자 보호 등에 순응할 것들을 포함하고 있다.

윤리위원회

　　많은 조직에 있어서는 윤리적 문제를 다루기 위하여 이사회(board of directors) 산하에 윤리위원회(ethics committee)를 설치하거나 윤리담당임원(ethics officer)을 두기도 한다. 윤리위원회를 둘 경우 의장은 외부인사가 맡을 수 있으며 위원의 3분의 1 이상은 부사장급의 최고경영진으로 구성하는 것이 보통이다. 윤리위원회는 종업원들에게 윤리에 대한 설문조사를 행하고 윤리적 문제에 대하여 이사회에서 조언을 행하며 때때로 윤리훈련프로그램을 감독하기도 한다.

민원자문관

　　경쟁 압력에 시달리는 조직은 때때로 단기적 조직의 이익을 극대화하기 위하여 윤리적 문제를 도외시하고 업무를 추진할 경우가 많다. 이 경우 소비자나 이해관계자로부터 소송이 걸려 기업의 이미지에 먹칠을 하는 수가 있다. 이런 문제에 대응하기 위하여 조직은 민원자문관(ombudsman) 제도를 운용할 수 있다.

민원자문관은 상급자에게 이야기하기를 꺼리는 종업원의 윤리적 불만을 비공식적으로 또는 사적으로 청취한다. 민원자문관은 조직과 개인 또는 상급자와 부하 사이의 매개자로서 조사하고 활동한다.

윤리 핫라인

조직 구성원이 비윤리적 행위를 은폐하는 것은 그들이 의심스러운 행위를 목격했을 때 어떻게 반응해야 할지를 모르기 때문이다. 이런 현상을 방지하기 위하여 조직은 윤리 핫라인(hot lines)을 설치할 수 있다. 윤리위원회 위원 또는 민원자문관이 익명의 전화를 받아 조용히 상황을 내사한다. 전화를 건 사람의 신분을 보호하기 위한 정교한 시스템이 마련되어 있어야 한다.

윤리 핫라인은 내부고발(internal whistle-blowing)을 촉진시킨다.

윤리훈련

경영자 윤리훈련에 대해서는 상당 기간 논쟁이 되어 왔다. 하나는 윤리는 개인적이고 경영자에 내재되어 있는 것으로 변경 또는 교육이 가능하지 않다는 입장이다. 다른 입장은 경영훈련의 한 부분으로서 윤리가 가르쳐질 수 있다는 것이다. 미국에서는 1990년 이래 윤리훈련을 시키는 기업의 수가 증가하는 것으로 보아 후자의 입장이 다수의 입장인 것으로 여겨진다.

윤리감사

윤리감사(ethical audits)는 기업이 윤리적 분위기나 프로그램을 평가하는 메커니즘이다. 즉 윤리감사는 윤리프로그램, 윤리강령, 핫라인 그리고 윤리훈련프로그램 등이 적절히 기능하고 있는지를 신중하게 검토하는 과정이다.

또한 기존의 윤리프로그램 외에 경영의 윤리적 문제에 대한 포괄적 노력, 즉 의사소통, 보상시스템 등을 전반적으로 검토할 필요가 있다. 이러한 윤리감사는 서류분석, 위원회 그리고 종업원 면접 등을 통하여 실시할 수 있다.

E/X/E/R/C/I/S/E
토론문제

01. 경영자의 사회적 책임은 무엇인지 내용을 서술하라.

02. 기업의 사회적 책임은 왜 발생하였는지 생각해 보라.

03. 기업의 사회적 책임에 대한 상이한 견해를 설명하라.

04. 사회적 책임에의 접근법을 설명하라

05. 기업윤리를 정의하라.

06. 기업윤리는 왜 필요한가?

07. 공리주의 접근법의 의의와 장·단점을 설명하라.

08. 이기주의 접근법의 의의와 장·단점을 설명하라.

09. 도덕적 권리 접근법의 장·단점을 설명하라.

10. 사회적 정의 접근법의 장·단점을 설명하라.

11. 윤리경영에 영향을 미치는 조직적 요소를 간단히 설명하라.

제 7 장

글로벌 기업경영

글로벌화(또는 국제화)는 초국가적 인식 및 범세계적 활동을 의미한다. 세계는 하나의 큰 시장으로 변하여 글로벌 경제를 형성하고 있다. 국가를 기본단위로 하는 세계 정치경제질서의 새로운 변화를 의미한다. 기술과 통신수단의 급격한 발전으로 과거에 비해 국가와 국경의 의미가 적어진 새로운 환경인 글로벌화에서는 전 세계를 기반으로 하는 사고방식과 의사결정이 요구된다.

우리나라의 삼성전자, LG전자, 현대자동차, 기아자동차 등 대기업들은 해외로 진출하고 있으며 매출액과 이익의 상당 부분을 국제경영에 의존하고 있다. 이제 국제경영을 생각하지 않고는 기업경영을 생각할 수 없는 환경이 되고 있다. 즉 기업과 사회의 장래는 글로벌 관계에 의해 결정될 것이다. 앞으로는 한국 기업이니 미국 기업이니 구분이 사라지고 다만 성공한 기업과 실패한 기업의 구분만이 있을 것이다.

글로벌 환경에서 기업이 국외로 진출하여 얻을 것은 무엇이고, 잃을 수 있는 것은 무엇일까? 기업은 어떤 절차와 방법에 따라 해외로 진출하고 글로벌화될 수 있을까? 글로벌 환경은 어떻게 변화하고 있는가? 국내기업과 국제기업들은 어떤 경영방법상의 차이가 있을까?

본장에서는 이러한 의문점들을 중심으로 글로벌 기업경영에 대해 공부하기로 한다.

글로벌 기업경영

1. 기업의 글로벌화

글로벌화의 의의

1970년대 이후 진행된 글로벌화(globalization), 세계화, 국제화 등은 전 세계가 하나의 시장 또는 단위로 통합되는 현상을 가리킨다. 국경 및 국가의 개념이 약화되고 사람, 제품, 기술, 자본, 서비스의 국경도 이동이 자유로운 상황이다. 따라서 무역과 투자, 정보, 사회적·문화적 아이디어, 정치적 협조 등이 국경 없이 국가간에 흐르고 있다. 이러한 결과로 국가, 비즈니스, 사람 등이 점차 상호의존되어 가고 있다.

글로벌 경영자에게 전 세계는 아이디어, 자원, 정보, 종업원, 고객 등의 원천이 된다. 글로벌 기업 또는 국제기업은 전 세계 고객을 대상으로 이 나라 저 나라에서 원료와 인력 그리고 기술을 결합하여 생산 및 유통활동을 전개한다. 이로 인해 글로벌화는 기업에 기회의 증가와 동시에 전 세계적 경쟁을 통한 위험의 확대를 의미한다. 이와 같이 오늘의 경영자들에게 전 세계가 기업경영의 위협도 되고 기회도 된다.

오늘날 경영자들은 생존하기 위해서는 국제경쟁, 수출, 해외 공급업자로부터의 자원조달, 이질적인 해외문화 속에서의 경영이라는 국제환경을 반드시 대응해야 할 기회와 위협의 원천으로 받아들여야 한다.

기회(opportunity)란 새로운 시장을 개척하여 더 많은 고객을 확보하고 새로운 원자재원과 저렴한 투입물의 공급자에 쉽게 접근할 수 있음을 의미한다. 이는 막대한 이윤창출의 잠재력을 의미한다. 반면 위협(threat)이란 진입하고자 하는 외국의 새로운 경쟁자를 만나야 하고 정치적, 경제적, 문화적 조건에 순응해야 함을 의미한다. 이 외에도 글로벌 경영자는 많은 국가의 작업자들 사이의 문화적 차이, 국가별 기술수준의 차이, 국가별 법적·정치적 시스템의 차이와 같은 도전에 직면하고 있다.

기업의 글로벌화 동기

기업이 해외시장에 진출하는 등 글로벌화를 적극 추진하는 동기는 국내시장 지향적인 경영에만 안주할 경우 계속기업(going concerns)으로서 유지, 성장, 발전해 가는 것이 어렵다고 인식하기 때문이다.

브루크(M. Z. Brooke)와 렘머스(L. H. Remmers)는 기업이 국제화하는 과정에 대한 광범위한 실증조사를 통해 얻은 결과를 토대로 국제화의 동기를 다음과 같이 세 가지로 나누어 설명하고 있다.[1]

① 방어적 전략으로서의 국제화 동기

- 관세장벽이나 수입규제, 독점금지 또는 무역협정 등과 같은 각종 규제조치로부터 기업을 보호하고자 하는 경우
- 해외시장에서의 민족주의의 고조 등으로 인해 현지생산을 종용받는 경우
- 수송비가 과다하게 소요되거나 수송 자체가 어려운 제품인 경우
- 대리인이나 라이선싱 제휴자와의 관계가 어려워져서 자기 기업이 직접 개입해야 할 필요가 있는 경우
- 해외시장에서 애프터 서비스를 제공하는 데 어려움이 있거나 기타 기술적인 어려움에 봉착하는 경우
- 특허권을 보호하고자 하는 경우
- 원자재 및 부품조달의 어려움을 극복하고자 하는 경우
- 경쟁업체나 공급업체 또는 고객의 국제화에 대응하고자 하는 경우

---

1 M. Z. Brooke and L. H. Remmers, *The Strategy of Multinational Enterprise*(London: Longmann Group, Ltd., 1970), pp. 227~229.

- 경기변동의 위험 등 기업의 제반 위험을 지역분산화와 제품다각화로 회피하고자 하는 경우

　무역제한이라는 정부 규정의 두려움으로 미국의 자동차회사는 유럽, 아시아, 남미에 공장을 세우고 한국, 일본, 독일의 자동차회사는 미국에 공장을 세우고 있다.

② 공격적 전략으로서의 국제화 동기

- 자본이나 설비, 인적자원 및 노하우 등을 보다 적극적으로 활용하여 기업의 수익을 증대시키고자 하는 경우
- 범세계적인 시장전략 및 계획을 수립하여 추진함으로써 자원 및 시장에 대한 각종 기회를 보다 적극적으로 활용하고자 하는 경우
- 외국의 새로운 기술과 노하우를 습득하고자 하는 경우
- 국내시장에서는 더 이상 확장 가능성이 희박하여 기업의 성장을 위해 국제화전략을 택하는 경우

　이러한 공격적 동기 속에는 새로운 고객과 시장의 개척, 시장점유율 증가, 투자수익률 증가, 원자재 등 여러 자원의 획득, 세금혜택, 저임금과 규제완화를 통한 저비용 추구, 규모의 경제 등이 포함된다.

③ 기타의 국제화 동기

- 해외투자에 대한 유리한 환경조성이나 조세 및 금융상의 혜택 등 각국 정부가 제공하는 유리한 정책을 활용하고자 하는 경우
- 다른 기업의 해외진출에 자극을 받는 경우
- 기업 내부에서 국제화하고자 하는 강력한 욕구가 작용하는 경우

　요약하면 기업이 국제화하는 목적과 동기는 해외시장의 확보, 자원의 확보, 인건비의 절감, 노사갈등, 무역마찰의 회피, 기술 및 시장정보의 획득, 수입규제에 대응하기 위해서라고 할 수 있다.

글로벌화의 장·단점

비용에 입각하여 경쟁하기 위하여 기업들은 자원공급을 찾아 세계 곳곳에 영업을 확장하고 있다. 이제 거리 외의 다른 요인들이 입지선정에 중요한 요인이 되고 있다.

글로벌화는 여러 가지 장점을 제공한다.

- 외국시장의 침투이다. 외국으로부터의 수입제품에 대한 수요가 확대되고 있어 이러한 시장은 경쟁의 새로운 무대가 되고 있다. 외국에 생산시설을 입지함으로써 수입품을 구매하는 데 관련된 나쁜 인상을 줄일 수 있다.

  이는 외국기업이 우리나라에서 운영하는 것이나 우리나라 기업이 해외에 공장을 경영하는 것이나 마찬가지이다. 예를 들면, 현대자동차가 미국에 진출하여 미국 노동자들을 고용하는 것은 미국 사람들로 하여금 현대자동차를 구매하는 데에 따른 부정적 태도를 제거하는 데 도움이 된다.
- 무역장벽의 완화이다. 많은 나라에서는 외국제품의 수입을 막기 위하여 수입 쿼터제를 적용하는데, 해외진출은 이러한 무역장벽을 완화하는 데 기여한다.
- 저렴한 노동력의 이용이다. 우리나라의 기업들도 값싼 노동력을 이용하기 위하여 중국이나 동남아 국가로 진출하는 경향이 있다.
- 적시(just-in-time: JIT)제조시스템을 적용하기 위해서이다. 납품업자는 제조회사에 근접하여 적시에 납품하여야 한다. 반대로 제조회사는 납품업자에 근접하기 위하여 이동하기도 한다.

그러나 해외영업을 위해서는 고려해야 할 사항도 많다.

- 서로 상이한 문화의 영향을 고려해야 한다. 가치관, 규범, 윤리, 표준 등이 서로 상이한 문화 때문에 현지에 적응하는 데 오랜 시간이 걸리게 된다.

- 언어의 장벽은 또 다른 문제점이다. 상이한 언어의 사용으로 인하여 작업자들과의 의사소통이 쉽지 않고 작업지시와 토의에 오해를 유발할 소지가 있기 때문에 언어의 장벽을 무너뜨릴 준비가 철저히 진행되어야 한다.
- 국가간 법과 규정의 차이로 관행에 변화를 초래할 수도 있다. 오염에 관한 규정이나 노동관련 법규가 서로 다를 수 있다. 또한 문화의 차이로 인하여 뇌물이 허용되는 나라도 있지만 법으로 금지된 나라도 있다.
- 불안정한 정부를 가진 나라에서는 정치적 위험이 따른다. 정치가 불안정한 기간에는 기업의 기술이 몰수될 수도 있는 것이다.
- 인프라(infrastructure)가 잘 갖추어져 있는가 하는 것이다. 개발도상국은 개발국과 달리 인프라가 부족하여 외국영업하는 데 아주 어려움이 있을 수 있다.

기업의 글로벌화 과정

그렇다면 어떠한 과정을 거쳐서 국제화로 나아가는가? 국제화의 과정은 여러 측면에서 설명할 수 있지만 해외시장의 개입도 측면에서 하나의 점진적 과정으로 볼 수 있다.

즉 기업의 국제화는

- 내수지향
- 수출지향
- 현지시장지향 마케팅
- 현지시장지향 생산
- 세계시장지향

등 다섯 단계 과정을 거치게 된다고 볼 수 있다.

① 내수지향

이 단계에서는 아직 이렇다 할 국제화가 진전되기 이전의 상태로 대부분의 생산과 마케팅활동이 국내에서 국내시장을 목표로 이루어진다. 국내시장이 해당 기업이나 업계 전체의 생산능력에 비해 충분히 클 경우 또는 해외시장 개척에 대한 관심이나 인적, 물적 능력이 부족할 경우에 해당된다고 하겠다.

② 수출지향

해외시장의 상대적 중요성이 증가하고 그에 대한 관심도 늘어남에 따라 국내생산과 함께 몇몇 나라에 수출을 하게 되는 단계이다. 그러나 수출활동은 주로 국내 무역업체나 외국 바이어에 의존하는 등 직접적인 마케팅활동은 거의 없는 편이거나 지극히 초보적인 단계라고 할 수 있다.

우리나라 대부분의 중소기업의 수출활동은 아직 이 단계에 머물고 있다고 볼 수 있다. 아직 이 단계를 벗어나고 있지 못한 주된 이유 중 하나는 고유상표의 개발미흡과 고유상표를 가지고 있다 하더라도 이의 국제적 인지도 제고능력이 부족하기 때문이다. 즉 브랜드의 국제화가 선행되지 못한 것이다.

③ 현지시장지향 마케팅

이 단계에서도 해외시장에 대한 공급은 주로 국내생산 후의 수출에 의존하나 앞 단계와의 차이점은 현지의 마케팅활동에 기업이 적극 개입한다는 것이다. 이 단계에 진입하기 위해서는 우선 OEM상표(original equipment manufacture's brand, 주문자 부착상표)에서 벗어나 자체 브랜드를 개발하는 것이 중요하다.

현지에서의 마케팅활동을 강화한다는 것은 결국 고유상표를 전제로 현지 마케팅법인 등을 설립하여 브랜드관리, 유통, 광고촉진활동 등의 제반 마케팅활동을 독자적으로 수행한다는 것을 의미한다.

④ 현지시장지향 생산

현지시장지향 생산단계는 많은 국가 현지에서의 마케팅활동은 물론 현지시장의 수요충족을 위해 자체적인 현지 생산시설까지도 갖추는 단계를 말한다. 현지 생산시설은 제3국으로의 수출물량까지도 일부 생산할 수 있지만 이 단계에서는 아직 현지시장 공급이 주목적이다.

현지에 생산법인을 설립하는 것은 현지시장의 자사제품에 대한 수요가 규모의 경제를 실현할 정도로 크거나 수입에 대한 규제가 많을 경우 이에 대한 우회의 수단 등의 목적으로 이루어진다.

물론 현지 소비자의 반응을 보다 민첩하게 제품생산에 반영할 수 있는 장점도 있다. 그러나 그만큼 현지에 대한 기업자원의 투입이 많기 때문에 위험이 커지는 것도 사실이다.

⑤ 세계시장지향

국경 없는 국제화가 가장 많이 진전된 단계로서 복수의 생산입지와 복수의 시장국가 사이의 유기적 연결관계를 주요 특징으로 한다. 즉 시장국가도 다수이고 생산시설도 다수 국가에 가지고 있다. 특정 국가의 생산법인은 해당 시장에 대한 공급만을 위한 것이 아니라 제3국에 대한 수출물량까지도 감당한다. 경우에 따라서는 해당 국가의 내수시장에 대한 공급이 없이 전량 수출될 수도 있다.

이 단계에서의 기본목표는 전 세계적 관점에서의 최적화를 추구하는 것이며 생산활동과 마케팅활동 모두에 있어 세계중심주의 혹은 세계적 관점이 요구된다. 즉 글로벌 생산과 마케팅 활동이 필요한 것이다.

예를 들면, 스위스의 네슬레(Nestlé)는 판매액의 대부분을 외국에서 실현하고 28만 명의 종업원, 생산시설, 수백 개의 브랜드 등이 세계 각국에 흩어져 있다.

기업의 글로벌화 방법

외국에서 사업을 시작하기 전에 경영자는 우선 그 나라의 환경을 분석한 후 가장 알맞은 전략을 선택하도록 해야 한다.

일반적으로 국제환경에서 사업을 시작하는 데 취할 수 있는 방법으로는

- 글로벌 아웃소싱
- 수입과 수출   ⎫ 시장진입 전략
- 라이선싱과 프랜차이징 ⎭

- 전략적 제휴   ⎫ 직접투자 전략
- 외국 자회사 설립   ⎭

그림 7-1 국제시장에의 진입전략

높음

해외영업의 소유권

자회사 설립

인수

조인트 벤처

프랜차이징

라이선싱

수출

낮음

낮음 ─────── 진입비용 ─────── 높음

등을 들 수 있다. 이는 〈그림 7-1〉에서 보는 바와 같다.

글로벌 아웃소싱(global outsoursing)이란 글로벌 기업이 되기 위한 첫 단계로서 제품생산에 필요한 일부의 자재, 부품, 노동, 서비스를 외국으로부터 구매하는 것을 말한다. 이는 비용이 가장 저렴한 나라에서 활동이 수행되기 때문에 노동의 국제분업(international division of labor)이라고도 한다.

이는 비용절감을 통한 경쟁력강화를 목적으로 한다. 예를 들면, 장난감, 구두, 전자제품, 가구, 의복 등을 판매하는 기업은 글로벌 아웃소싱을 사용한다. 오늘날 중국은 글로벌 아웃소싱의 목적지가 되어 세계를 위한 공장이 되었다.

수입(importing)과 수출(exporting)은 가장 단순한 방법이다. 외국에 제조시설을 건립하는 것이 아니므로 투자에 따르는 위험부담도 매우 적다. Internet의 보급으로 구매자와 판매자 사이에 쉽게 의사소통이 이루어지고 제품과 서비스에 관한 정보를 온라인으로 쉽게 접할 수 있다.

특히 수출은 외국의 고객을 확보하고 시장을 확대하여 기업의 성장과 국민경제의 발전에 도움이 된다.

외국에서 기업활동을 수행하고자 할 때 그 나라까지의 과중한 수송비, 정부 규제, 국내 생산비 등으로 인하여 외국 기업과 라이선싱(licensing) 협약하에 제품을 생산하고 판매하는 전략을 사용할 수 있다. 외국 기업에 자신의 상표명, 등록상표, 기술, 특허, 저작권 또는 기타 자산의 사용권을 허가하는 대가로 매출액의 일정비율을 사용료로 받는 것이다.

이러한 라이선싱의 이점은 외국에서 기업활동을 수행하는 데 개발비를 부담하지 않는다는 것이다. 개발비는 외국 기업이 부담하기 때문이다. 그러나 이러한 전략에 따르는 단점은 외국 기업에 기술적 노하우에 접근을 허용해야 하기 때문에 비밀에 대한 통제권을 상실할 위험을 감수해야 하는 것이다.

라이선싱은 주로 제조기업에서 사용되지만 프랜차이징(franchising)은 서비스기업에서 선호한다. 프랜차이징은 가맹점이 모기업의 등록상표, 제품, 방식, 사업계획, 자원, 자금지원, 정체성과 이미지 등을 사용하는 대가로 사용료 또는 수익의 일정한 비율을 제공하기로 하고 체결하는 사업상의 계약이다.

이상에서 설명한 글로벌 아웃소싱, 수출과 수입, 라이선싱과 프랜차이징은 과도한 투자나 위험부담 없이 자국의 상품이나 서비스를 외국 시장에 판매하기 때문에 시장진입 전략(market entry strategies)이라고 한다.

전략적 제휴(strategic alliance)란 직접투자(direct investment)의 한 방법으로서 둘 또는 그 이상의 기업들이 각각의 약점을 서로 보완하고 경쟁우위를 강화하기 위하여 상호보완적이고 지속적인 협력관계(partnership)를 서로 맺는 것이다. 이들은 필요한 기술을 함께 개발하고 정보나 지식을 서로 교환하며 마케팅이나 생산을 나누어서 하기도 한다.

즉 이것은 그 동안 특별한 관계를 갖고 있지 않았던 기업들이 각자의 독립성을 유지하면서 특정 분야에 한해서 손을 잡는 것이다. 1990년대 이후 세계의 많은 산업분야에서 광범위하게 전략적 제휴가 이루어지고 있는데 그 까닭은 대체로 다음과 같다.

새로운 기술을 개발하는 데 필요한 비용이 워낙 커졌기 때문에 이제는 어느 회사도 개발비를 혼자 부담하기가 어렵다. 예를 들면, 다음 세대 DRAM기술을 개발하는 데 10억 달러 이상이 들며, 또한 새로운 칩을 만드는 공장을 세우는 데도 그만한 액수의 돈이 든다고 한다.

그런데 이렇게 엄청난 돈을 들여 개발한 제품·기술의 상당수가 곧 일반 상품이 되고 만다(보기: 메모리 칩). 따라서 이러한 일반 상품의 개발을 위해 많은 자원을 혼자서 투입할 유인은 점점 줄어드는 반면에 그러한 투자비용을 다른 회사들과 분담해야 할 필요성은 더 커진다.

전략적 제휴를 통하여 상대방이 갖고 있는 귀중한 기술·정보·지식·경험을 배울 수 있다. 일본의 도요타는 미국의 GM과 5년간 New United Motor Manufacturing Inc.(NUMMI)이라는 회사를 미국에서 같이 경영하면서 미국 노동자를 관리하는 방법과 미국에서의 공급·운송 등에 관하여 많이 배웠다고 한다.

조인트 벤처(joint venture)는 자원과 지식을 상호이익을 위해 공유하는 두 개 이상의 기업이 파트너로서 참여하는 전략적 제휴의 한 형태로서 합작기업이라고도 한다. 이는 프로젝트가 너무 복잡하고 막대한 비용이 소요된다든지 불확실하여 한 기업이 수행하기에는 벅찬 경우에 적용된다. 또는 시장이나 기술적 요인 때문에 공동으로 자원을 이용할 때 참여하는 기업의 경영성과가 증가하므로 널리 선호된다.

전략적 제휴와 조인트 벤처와 관련하여 발생할 수 있는 위험과 문제를 피하기 위해 글로벌화의 마지막 단계에서 선택되는 전략으로서 진입하고자 하는 외국에 독립적인 생산설비 또는 자회사(foreign subsidiary)를 설립하거나 매입하는 방식을 선택할 수 있다. 현대자동차와 삼성전자는 미국에 공장을 설립하여 자회사를 통해 제품을 생산·판매하고 있다.

이러한 전략적 제휴, 조인트 벤처, 자회사 설립 등 직접투자 전략(direct investment strategies) 방식을 통해 해외에 진출하게 되면 막대한 자본금이 소요되지만 소유권과 경영권을 보다 확고히 유지할 수 있고 비용감축을 통한 생산·판매가 가능하다는 이점을 갖는 반면에 외국의 정치적·경제적 환경에 따르는 위험부담을 감수해야 하는 단점을 갖는다.

2. 글로벌 환경

글로벌 환경에서 발생하는 것은 국내에서 발생하는 공통적인 것과 판이하게 다르다. 글로벌 경영자는 전 세계적인 고객, 경쟁자, 공급자, 유통업자들과의 관계를 이해하고 일반환경에서 도전을 유발하는 다양한 요인들을 잘 관리해야 한다.

이러한 요인들로서는 경제적 환경, 법적·정치적 환경, 사회문화적 환경, 무역협정과 장벽의 복잡성, 지역경제제휴의 역할 등이다.

경제적 환경

글로벌 경영자는 다른 국가에서 사업을 할 때 그 나라의 경제적 도전과 이슈를 이해해야 한다. 각 나라마다 경영자가 직면하는 도전은 독특하고 유일하다.

그러나 일반적으로 글로벌 경영자가 직면하는 경제적 환경의 내용에는 시장경제(market economy)냐 통제경제(command economy)냐 하는 경제시스템 외에도 경제개발, 인프라, 자원 및 제품시장, 환율, 인플레이션, 이자율, 정부규제, 경제성장, 국민의 소득수준, 경제의 상호의존성 등이 포함된다.

2008년 미국의 주택시장 붕괴로 시작한 글로벌 금융위기(금융쓰나미)는 몇몇 대형 금융기관의 도산과 합병으로 이어지고 세계경제에 영향을 미침으로써 오늘날 세계경제는 상호의존되어 있음을 보여주고 있다. 1997~1998년에 발생한 아시아의 금융위기도 미국과 유럽의 경제에도 영향을 미쳤다.

한편 2010년에 발생한 Greece의 채무지불 불능은 유로화의 평가절하를 유발하였고 세계 금융시장의 안정을 위협하기도 하였다.

미국은 2008년 발생한 금융쓰나미에 경제를 회복시키기 위하여 그 후 5년간 12조 달러 이상의 시중 통화량을 늘리는 소위 양적 완화 정책을 실시하여 오다가 2014년부터 축소하기 시작한다고 발표하였다. 이러한 미국 연방준비은행의 발표로 각국 특히 신흥개발국의 주가, 환율, 금리 등이 요동을 치는 대혼란이 발생하였다. 이에 따라 영향을 받은 각국의 경영자들은 이에 대처할 방안을 강구하게 되었다.

법적·정치적 환경

글로벌 경영에서 가장 큰 관심은 정치적 위험부담(political risk)이다. 이는 그 나라의 정치적 불안정(instability)과 정치적 변화에 따라 기업의 자산, 구매력, 혹은 경영 통제력의 손실이 발생할 위험을 말한다.

오늘날 정치적 위험이 발생할 위협에는 테러리즘, 민중에 의한 폭력,

소요사태, 군 충돌, 정권교체 및 혁명, 정부의 감독, 법, 규제정책 등이 포함된다. 이러한 사태는 예방할 수는 없어도 정치적 위험분석(political-risk analysis)이라는 기법을 사용하여 외국 투자의 안전을 위협할 사태발생의 가능성은 미리 예측할 수 있다.

사회문화적 환경

한 국가의 문화 속에는 국민들의 행동을 유도하는 공유된 지식, 신념, 도덕, 사회적 가치, 사고방식, 심볼, 언어 등이 포함된다. 그런데 이러한 문화적 요인들은 외국에서 사업하거나 거주할 때에는 정치적, 경제적 요인들보다 더욱 복잡한 것이다.

글로벌 경영자에게 국가적 문화(national culture)가 더 중요한가 또는 조직문화가 더 중요한가? 연구결과에 의하면 국가적 문화가 외국의 근로자들의 사기와 생산성에 미치는 영향은 국가의 조직문화보다 더욱 크다는 것이다. 따라서 글로벌 경영자는 국가적 문화가 경영관행에 미치는 영향을 고려하면서 외국에서 사업을 진행해야 한다.

국제기업에 영향을 미치는 다른 문화적 특성은 커뮤니케이션의 차이와 언어, 종교, 사회적 조직, 교육, 태도 등의 차이이다.

기술적 환경

로봇에서 스마트폰(smart phone)까지 이르는 모든 분야에서 기술적 이노베이션이 일어나는 등 기술적 환경이 급속도로 변화하여 글로벌 경영에 영향을 미치고 있다. 미국, 일본, 한국의 기술기업들은 외국의 시장에서 생존하고 경쟁력을 유지하기 위하여 외국 기업들과 전략적 기술제휴를 하지 않을 수 없다.

Sony와 Samsung은 LCD 패널을 개발하고 제조하기 위하여 합작투자계약을 맺고 있으며 LG와 Philips도 똑같이 합작투자를 구성하였다.

이와 같이 기술적 요인은 경영자와 기업에 깊은 의미를 부여한다. 기술적 변화는 멀쩡한 제품도 진부화시킨다. 예를 들면, LCD TV가 출현하자 CRT TV의 매출액은 급감하고 있다.

| 그림 7-2 | 국제 기업환경의 주요 요인 |

경제적
- 경제개발
- 인프라
- 자원 및 제품 시장
- 1인당 소득
- 환율
- 경제상태

법적-정치적
- 정치적 위험
- 정부 인수
- 관세, 쿼터, 세금
- 테러리즘, 정치적 불안정
- 법, 규정

조직

사회문화적
- 사회적 가치, 신념
- 언어
- 종교
- 혈족관계
- 공식교육
- 시간지향

기술적 진보는 기업에 위협이 되기도 하지만 더 좋은 제품이나 서비스를 설계·제조·유통하는 데 새로운 기회를 창출하기도 한다.

〈그림 7-2〉는 국제환경의 주요한 요인들을 나열하고 있다.

무역협정과 무역장벽

1920~30년대에 많은 국가에서는 자국의 산업을 보호하기 위한 보호무역주의가 팽배하여 높은 관세장벽을 쌓기 시작하였다.

그러나 이러한 무역장벽은 국가간 무역보복을 초래하여 국제수요를 위축시켜 경제성장은커녕 오히려 대량실업을 유발하였다. 1930년대 대공황이 발생하자 제2차 세계대전 이후 선진공업국가들은 경제부흥을 위해서는 무역장벽의 완화를 통한 자유무역주의가 최선이라는 사실에 공감하여 1947년 관세 및 무역에 관한 일반협정(General Agreement on Tariffs and Trade: GATT)을 체결하게 되었다.

이 협정은 회원국간 관세장벽과 수출입 제한을 제거하고 국제무역과 물자교류를 증진하는 데 기여하였고 1995년 세계무역기구(World Trade Organization: WTO)의 출범으로 막을 내렸다.

WTO는 무역장벽의 완화 또는 제거와 시장개방을 통해 국가간의 무역을 자유롭고 원활히 하기 위함과 동시에 세계무역질서의 확립과 무역거래로 인한 국가간 분쟁의 해결을 목적으로 설립되었는데 회원국 수는 153개국에 이른다.

WTO 회원국 간에는 수출·입품에 대해 최혜국대우(most favored nation status)를 하도록 되어 있으나 아직도 자국의 산업과 기업을 경쟁으로부터 보호하기 위해 관세와 보호무역주의(protectionism)에 의한 무역장벽이 상존하고 있는 실정이다.

지역경제제휴

WTO의 국가간 무역장벽의 완화노력에는 한계가 있기 때문에 지역경제제휴(regional economic alliances)와 국가간 자유무역협정(Free Trade Agreement: FTA) 체결이 최근의 추세이다.

이러한 현상은 지역단위별로 또는 해결하는 두 나라간의 보호무역주의적 색채에도 불구하고 FTA가 지속적으로 확대되면 전 세계적 무역장벽이 철폐될 것이라는 이유로 WTO도 인정하고 있다.

지역경제제휴란 각 지역에 따라 자기 지역 내에서의 회원국간 상호협력을 통하여 서로의 권익을 보호하고자 결성하는 지역 블록화 현상이다.

지역경제제휴에는 다음과 같은 기구가 포함된다.

- **북미자유무역협정**(North American Free Trade Agreement: NAFTA): 1994년 미국, 캐나다, 멕시코 3국이 관세와 무역장벽을 폐지하고 자유무역권을 형성한 협정이다. 3국 간에는 상품, 서비스, 노동자, 투자의 자유로운 흐름이 보장되어 있다.
- **유럽연합**(European Union: EU): 1994년 27개국의 유럽 국가들이 장벽을 제거하고 국경을 넘어 제품과 서비스, 근로자, 투자의 자유로운 이동을 통해 상호 경제성장을 지원하기로 한 공동기구이다.
- **동남아시아국가연합**(Association of Southeast Asian Nations: ASEAN):

1995년 10개국의 동남아 국가들이 지역의 경제성장, 사회발전, 문화발전을 촉진시키기 위하여 설립한 기구이다.

- **아시아 태평양 경제협력체**(Asia-Pacific Economic Cooperation: APEC): 아시아 및 태평양 지역 21개국이 지역의 경제협력 증대 및 발전을 도모하기 위하여 1989년에 설립한 기구이다.

두 국가간 자유무역협정은 관세 등 무역장벽을 크게 줄이거나 아예 없애버림으로써 상품이나 서비스의 자유로운 흐름을 보장하기 위하여 체결하는데 우리나라의 협상·추진현황을 보면 다음과 같다.

- **협상타결**: 칠레, 싱가폴, 미국, 인도, EU, 아세안국가, 페루, 콜럼비아
- **협상진행**: 캐나다, 멕시코, 호주, 뉴질랜드, 터키, 사우디 아라비아, 예멘
- **연구 및 협의 중**: 일본, 중국

글로벌 환경의 변화

오늘날 우리는 지구촌이 경제적으로나 문화적으로 글로벌 시장이 되는 글로벌 경제 속에 살고 있다. 경영자들은 글로벌 환경을 이제 기회와 위협의 원천이라고 여기고 있다. 경영자들은 제품이나 서비스를 외국에 판매하고 외국의 공급자로부터 투입물을 구매하는 글로벌 경쟁의 도전에 직면할 뿐만 아니라 문화가 다른 국가에서 경영활동을 해야 하는 도전에 직면하고 있다.

이와 같이 경영자들은 제품과 서비스를 자유롭게 사고 팔고, 고객유치를 위한 경쟁을 하는 열린 글로벌 환경 속에서 경영활동을 수행하고 있다.

그러면 오늘날 글로벌 환경이 더욱 공개적이고 경제적으로 변해가는 이유는 무엇인가?

우리는 그 이유를

- 무역 및 투자 장벽의 완화
- 지리적·문화적 장벽의 완화

덕택이라고 할 수 있다.

우리는 앞절에서 자국의 산업을 보호하기 위한 정책으로 높은 관세장벽을 유지한 결과 대량실업을 유발하고 세계 대공황이 발생하였음을 잘 안다. 이러한 경험을 통하여 제2차 세계대전 이후에 선진공업국가들은 관세장벽의 철폐를 통한 자유무역만이 경제를 살리고 실업률을 낮출 수 있는 유일한 방법임을 공감하게 되었다.

과거에 거리와 문화의 장벽은 글로벌 환경을 폐쇄적으로 만들었다. 오랫동안 국가간에 언어, 문화, 가치관, 규범, 신념 등의 차이로 인하여 글로벌 환경은 폐쇄적이었다.

그러나 제2차 세계대전이 끝나고 통신 및 교통기술의 진보로 인하여 그동안 세계무역의 저해요인이었던 거리 및 문화(distance and culture)의 장벽을 낮추게 되었다.

특히 지난 40여 년에 걸쳐 발전해 온 인공위성, 디지털 기술, 광섬유전화, 팩스기, e-mail, 화상회의 등은 통신혁명을 가져왔다.

한편 제트(jet) 비행기의 출현으로 교통수단이 발전하여 밤샘배송(overnight dispatch) 등을 통한 시장에서의 경쟁이 점점 글로벌화 하고 있다.

통신 및 수송기술의 발전은 지리적 장벽뿐만 아니라 국가간 문화적 장벽도 허물어 가고 있다. Internet과 수백만 개의 웹사이트(web site)들은 글로벌 통신 네트워크와 매스 미디어의 개발을 촉진하고 이들은 각국의 지역문화를 뛰어넘어 범세계적 문화를 창출하는 데 일조하고 있다.

미국의 CNN, ESPN, 영국의 BBC, 중국의 CCTV, 홍콩의 Star TV, 일본의 NHK 같은 국제 TV 채널을 우리의 안방에서 시청할 수 있게 되었다. 따라서 우리는 다른 나라의 문화를 가까이서 접할 기회가 점점 늘어나고 있다. 한편 외국에서 진행하는 문화 및 체육 행사를 우리의 안방에서 실시간으로 시청함으로써 그 나라 문화의 일면을 보게 된다.

3. 다국적기업

다국적기업의 개념

① 다국적기업의 의의

다국적기업(multinational corporation: MNC)의 정의만큼 다양하고 복잡한 성격을 갖는 것은 없을 것이다. 다국적기업을 일반적으로 정의하면 다수국에 생산시설 등 직접투자를 행하는 모회사와 자회사로 구성된 기업집단으로 여러 국가에 직접투자한 관계회사와 기술, 자금, 정보, 신용, 상표 등 기업자원을 공동활용하며 공동전략을 추구하면서 생산활동을 하는 세계 지향적 국제기업이다.

다국적기업의 예는 수없이 많지만 우리가 잘 아는 Samsung, Hyundai, LG, Toyota, BMW, Sony, Wal-Mart 등은 여기에 속한다.

다국적기업은 기업의 구조적인 특성, 기업 경영활동의 성과기준, 행태적인 특성 등 세 가지 기준에 따라 나누어 정의된다.

- 구조적 특성을 강조하는 학자들의 견해를 살펴보면 다음과 같다. 더닝(J. H. Dunning)은 다국적기업을 '2개국 이상에서 생산시설을 소유하거나 경영권을 행사하며 운영하는 기업체'라 하였으며 버논(R. Vernon)은 다국적기업의 개념을 '포춘지의 500대 회사에 연 2회 이상 등재되어 있는 동시에 여섯 개 이상의 국가에서 제조업 투자 영업활동을 벌이고 있는 기업'이라 정의한다.
- 성과기준으로 다국적기업을 정의하는 학자들의 견해를 살펴보면 롤페(S.E. Rolfe)는 다국적기업을 해외부문의 매출액, 투자, 생산, 고용 등이 전체의 25% 이상인 기업으로 정의한다.
- 기업의 형태적 특성을 강조하는 견해로서 기업의 최고경영자가 범세계적인 안목과 사고를 가지고 있느냐에 따라 구분된다. 특히 오늘날 최고경영자의 행동기준을 근거로 특정 기업체가 다국적기업인가 아닌

가를 판단하는 것이 타당한 의견으로 받아들이는 추세인데 그 이유는 해외 운영규모가 큰 기업일수록 범세계적인 관점에서 기업경영의 모든 것을 고찰하고 집행하는 최고경영자가 많기 때문이다.

② 다국적기업의 특성

다국적기업은 무엇보다도 규모 및 활동이 광범위하여 피투자국의 산업구조 및 세계경제에 막대한 영향을 미치는데 그 특성을 살펴보면 다음과 같다.

- 해외사업활동을 수평다각화함으로써 해외 연관회사의 기업 내 수출을 이루게 하는 생산의 다각화를 들 수 있다.
- 내부거래가 있으며 다국적기업에서 내부거래가 차지하는 비중은 총거래의 절반정도를 차지한다. 이것은 본사와 해외 자회사간 또는 자회사 사이에서 거래되는 이전가격이 조작될 많은 유인을 낳는다.
- 다국적기업은 기술우위에 의한 산업독점으로 국제산업조직을 재편성시키는 특성을 지니고 있다.
- 다국적기업은 전 세계를 그들의 시장으로 간주하는 글로벌 비전과 전략에 따라 목적시장이 설정되면 해외생산거점을 설치하여 신속하게 다국적화를 진행하는 특성을 갖고 있다.
- 다국적기업 특성은 고정자산이나 자금원을 보유하고 있는 것이 아니라 관련 기업의 지식을 창조하고 상품화하여 과점적으로 소유하는 데 있다.

③ 다국적기업화의 동기

1960년대 초부터 성장, 등장하기 시작한 다국적기업은 그 무엇보다도 규모의 거대성과 국경을 초월한 제반 경영활동을 전개하고 있다.
이러한 경영활동을 위한 다국적기업화의 동기를 살펴보면

- 이윤의 극대화와 결부된다. ECAT(미국무역긴급위원회) 조사연구에 의하면 다국적기업의 경영활동의 최대동기는 시장유지와 확대를 통한 기업성장과 이윤의 극대화를 추구하는 데 있는 것으로 나타났다.

- 원료자원의 확보도 다국적기업화의 큰 요인으로 지적되고 있다.
- 기술의 우위성, 피투자국의 산업정책 그리고 경영자원의 축적, 시장 개척 및 자금조달 능력 등도 동기가 될 수 있다.

④ 다국적기업이 관련 국가에 미치는 영향

◈ 본국에 미치는 영향

다국적기업이 본국(home country)에 미치는 긍정적인 면과 부정적인 면은 다음과 같다.

- 다국적기업은 현지국(피투자국)으로부터의 과실(이익배당, 이자)송금, 재화의 저가수입 등으로 자본과 기술 등의 자원에 대한 높은 수익성을 실현할 수 있게 되어 국제수지의 개선효과를 가진다.
- 고급화된 전문직, 관리직 등의 수요 증대로 이 분야에 대한 고용의 증대가 이루어지는 반면 생산직의 경우 실업이 늘어나 고용이 감소되는 경향이 나타난다.
- 해외로의 자본, 기술유출로 인한 국제 경쟁력의 저하를 가져올 수 있다.
- 조세 피난처(tax heaven)의 활용 및 이전가격의 조작 등으로 절세 또는 탈세를 함으로써 본국 정부의 조세수입 감소를 가져오게 할 수 있다.

◈ 현지국에 미치는 영향

다국적기업이 현지국(host country)에 미치는 영향은 현지국의 상황 및 그들 경제의 발전 정도에 따라 상이할 수 있는데 그 내용을 살펴보면 다음과 같이 긍정적인 면과 부정적인 면이 있다.

- 다국적기업은 현지국에 자본, 경영 노하우, 기술이전을 전하므로 현지국의 경제발전에 공헌한다. 특히 개도국의 경우 이 이득효과는 매우 크다고 하겠다.
- 단기적으로는 자본유입 등으로 인하여 국제수지가 개선되는 효과를 볼 수 있지만 장기적으로는 원리금 및 이익배당 상환, 현지기업의 외국으로부터의 원자재, 자본재 등의 수입으로 국제수지가 악화된다.

- 다국적기업의 현지국 산업을 지배할 우려가 크며 이에 따라 기술종속, 경제 교란 등의 갈등을 겪게 될 수 있다.

◈ 현지국 정부의 다국적기업에 대한 정책수단과 대처방안

다국적기업의 현지국 내에서의 활동에 대해 현지국은 다음과 같은 정책수단을 쓰고 있으며 그 가운데 하나 내지 그 이상을 동시에 부과하고 있다

투자국을 전적으로 배제하는 극단적인 정책수단이 있을 수 있으며 경우에 따라서 외국인 투자를 선별적으로 허가할 수도 있다. 또한 외국인 직접투자를 지리적으로 제한할 수 있으며 특정 규모 이상의 투자를 하는 외국인 투자의 진출만을 허가할 수도 있다.

외국인 단독투자를 금지하고 합작투자만을 허락할 수 있으며 이익, 이자, 로얄티 수입 등의 해외 상환을 제한할 수 있다.

마지막으로 외국인 기업에 대해 행동요강을 부과할 수 있으며 필요한 경우에는 강제수용 및 국유화를 행할 수도 있다.

◈ 다국적기업의 대처방안

다국적기업은 현지국들이 정책수단을 발동할 가능성을 계속적으로 분석하고 대처방안 강구에 주력해야 한다. 또한 다음과 같은 대처방안을 생각할 수 있다.

- 선량한 시민으로 행세하는 것이다. 즉 현지인의 채용 비율을 높이며 교육, 훈련에 주력하고 현지국 기업의 소유권을 가급적 현지인과 공동소유 한다. 또한 현지국 정부의 정치에 개입하지 않고 정치적 중립을 지킴은 물론 현지국의 지역사회 행사에 적극적으로 참가해야 한다.
- 현지국에 기술이전 및 연구개발을 위한 시설을 마련하며 원자재, 부품 등을 가능한 한 현지국 공급업체로부터 조달하는 방안도 생각할 수 있다.
- 현지국이 기대하는 외국 기업으로서의 신분을 유지할 필요가 있다. 즉 다국적기업이 현지국에 공헌한 가치를 현지국 정부가 인정하게 만들고 다른 외국계 투자기업으로 대체시키지 못하도록 현지국 정부를 인식시킨다. 또한 현지국 정부에 대한 협상력을 계속적으로 강화시킬

필요가 있다.

4. 국제기업의 경영 ▪▪

국제경영

오늘날 우리는 세계경제의 글로벌화 시대에 살고 있다. 세계경제의 글로벌화란 세계경제가 국내·외 경제의 구분이 없이 하나의 거대시장이 됨을 뜻한다. 무역을 중심으로 이루어지기 시작한 각국 경제의 국제화는 곧바로 시장의 국제화와 생산의 국제화를 통해 기업의 국제화를 가져왔다. 즉 높은 수준의 자산적 지식을 보유하고 있던 거대 기업들은 이러한 자산적 지식을 최대한 활용하여 이익을 극대화하기 위해 해외에 진출하기 시작하였고 과학기술 및 운송·통신수단의 급속한 발달은 이들 기업의 해외진출을 용이하게 하였을 뿐만 아니라 해외 여러 지역에 산재해 있는 해외 자회사들을 성공적으로 관리할 수 있게 하였다.

국제경영(international business)에 대한 정의는 시대와 학자에 따라 조금씩 다르지만 국경선을 넘어서거나 2개국 이상에서 동시에 일어나는 경영활동이라고 할 수 있다.

국제기업경영과 국내기업경영을 비교하여 볼 때 양자가 모두 기업의 경영관리라는 점에서 별다른 차이가 없다. 그러나 국제경영 및 관리는 본국과 경제적, 문화적, 사회적, 정치적 제 환경이 상이한 외국에서 전개되는 경영 및 관리이므로 국내경영 또는 일국경영과는 상이한 특징이 존재하게 된다.

그렇다면 국제경영을 국내경영으로부터 구분시켜 주는 중요한 요인은 무엇인가? 이 점에 관해서 로빈슨(R. D. Robinson) 교수는 다음과 같은 여섯 개의 환경변수를 가지고 설명한다.[2]

---

2 R. D. Robinson, *International Business Management,* 2nd ed., p.17.

- 상이한 국가주권(different national sovereignties)
- 이질적인 경제적 조건(disparate national economic condition)
- 상이한 가치관 및 제도하의 인적자원(different national values and institutions)
- 지리적 거리(geographical distance)
- 상이한 국가별 경제발전 단계(difference in timing of national industrial revolution)
- 시장을 구성하는 인구 및 지역의 다양성(different area and population)

이상에 열거한 요인들을 볼 때 상이한 국가주권은 상이한 법률, 화폐 및 정치시스템을 발생시키고, 상이한 법률제도는 상이한 재정법, 조세법, 회사법, 규약법의 체제를 필요로 한다. 이러한 상이한 제도와 법률은 여기에 대처하는 기업에게 새로운 조직관계를 고려하고 신기술을 익혀서 새로운 경영통제기법의 채용을 요구하는 것이다.

이와 같이 국제경영에서는 국내 시장과는 구별되는 환경변수와 그 변수간에서 발생하는 차이점 그리고 여기에 따른 기업의 대책이 강구되어야 한다.

국제경영전략

① 국제경영전략의 개념

국제경영전략이란 국제기업의 장기적인 경영전략목표를 수립하고 목표 달성을 위한 경로를 결정하고 여기에 필요한 자원을 배분, 투입하려는 일련의 선택과정이라 할 수 있다. 국제 기업의 경우 국내 기업보다 복잡하며 이질적인 환경 속에서 기업활동을 하므로 보다 경쟁력 우위를 확보할 수 있는 구체적인 실천방법으로서의 전략계획이 수립되어야 한다.

② 국제경영전략의 수립절차

경영전략의 수립절차를 살펴보면 국내·외 환경요인 분석 및 기업의 통제가능변수를 분석하고 사업의 영역을 선택한 후 경쟁력 확보을 위한 전략개발 및 전술적 계획을 수립하는 것이 일반적이다. 또한 전략수립에 있어 특히 비용(cost)과 편익(benefit)의 분석을 실시하고 그 결과를 고려해야 한다.

③ 국제기업 조직의 형태

기업을 설립, 운영하기 위해서는 다양한 경영활동이 필요하다. 이러한 경영활동을 합리적으로 수행하기 위해서는 일정 기준에 따른 각 부문간의 직무분담이 필수적이다. 이러한 합리적인 기업경영활동을 위한 직무분담의 상호관계를 조직이라 한다. 다음은 국제기업의 몇 가지 조직형태이다.

◈ 국제부조직

국제부조직(international division)은 본사 조직의 일부로서 수출부를 설치하여 수출활동을 수행하고 있는 기업이 해외산업의 규모가 확대됨에 따라 별개의 조직구조로 발전한다. 수출부와 국제부와의 차이점은 수출부는 마케팅조직인데 반하여 국제사업부는 생산, 마케팅, 연구 및 개발, 인사 등의 해외사업분야와 관련된 모든 업무를 포함한다.

이 조직 형태의 장점은 다양한 시장이나 영업기회에 적응할 수 있는 조직능력을 향상시켜 주며 구매, 재고, 투자관리 등에 있어 최선의 방법을 선택하는 데 전사적으로 힘을 모을 수 있다. 그러나 국제부가 주로 제품에 대한 기술 및 정보를 국내부로부터 입수해야 하며, 국내부는 자기의 업적이 국내에서의 실적에 의해 평가받게 되므로 국제부의 활동에 소극적으로 되어 내부갈등의 소지를 갖게 된다.

◈ 지역조직

지역조직(area organization)은 세계의 특정 지역별로 라인 책임자에게 기업활동의 책임을 위양하고 있는 조직형태다. 이런 형태는 국내 시장과 국제 시장을 구분하지 않고 국내 시장도 전체시장의 하나로 보는 시각이다. 또한 마케팅, 생산, 재무 등 모든 직능이 지역단위로 구성되어 있으며 각 지역의 사업부는 본사 스태프부서로부터 각 직능분야에 관한 지원을 받는다.

그 장점으로는 현지정보의 이용을 극대화시킬 수 있으며 일정 지역에 정통한 매니저에게 할당된 지역 내부의 모든 사업활동에 대한 책임을 부여함으로써 책임과 권한의 체계를 확립할 수 있고 또한 표준화 상품에 적합하다. 단점으로는 국제적 통합력이 낮음으로 세계적인 규모로 제품을 다각화하려거나 생산합리화를 추구하려는 기업에는 적합하지 못하다는 것이다.

◈ 상품별 조직

상품별 조직(product line organization)은 상품사업부가 세계 전체의 사업이익을 책임지는 것으로 지역조직의 결함을 보완하는 데 많이 이용된다. 이 조직형태는 전략이나 통제를 본사의 최고경영자가 담당하고 제품에 대한 계획이나 통제를 각 상품사업부의 책임자가 담당한다. 그리고 제품의 책임자는 지역조직의 경우와 마찬가지로 마케팅, 재무, 인사 등의 직능에 대하여 본사 스태프로부터 지원을 받는다.

다양하고 기술 집약적인 상품에 적합한 형태로 현지생산으로 인하여 세금이나 운송비 등 비용을 절감할 수 있는 장점이 있다. 반면에 상품관리자가 국제업무 및 해외 상황에 정보가 부족할 때 협조를 받을 만한 대상이 없으며 한 국가의 생산시설에서 여러 품목을 생산할 경우 의사전달과 통제가 복잡해지는 단점이 있다.

◈ 매트릭스 조직

매트릭스 조직(matrix organization)은 현재로서는 가장 고도로 발전된 조직구조라고 할 수 있으며 국제경영 조직형태의 기준이 되는 기능, 제품, 지역이 다차원적으로 중첩된 형태이다. 이 조직은 두 명 이상의 상사에게 보고하고 최고경영자는 이로 인한 혼란을 조정하고 균형을 유지시킨다.

또한 이 조직은 최고경영자 아래 있는 상위층의 경영자 등이 제품, 지역, 직능을 결합한 모든 문제에 책임을 지게 된다. 이리하여 의견교환이 끊임없이 이루어지며 상위층 위원회활동과 공동의사결정이 가능하며 상호책임이 교차되기 때문에 기업의 조직이 능동적으로 운영된다.

이 조직의 장점은 각 부문과의 조정이 가능하고 급속히 변화하는 시장환경에 적응이 용이하여 대처하기 적합하다는 점이 지적된다. 반면에 단점으로는 조직이 복잡하기 때문에 상호간 갈등의 소지를 가지고 있으며 책임한계가 명료하지 않다는 점이다.

국제마케팅관리

① 국제마케팅의 개념

국제마케팅이란 국제기업이 제품, 서비스, 아이디어를 창출하고 이들의 가격을 결정하고 이들에 관한 정보를 제공하고 배포함으로써 세계시장의 고객을 만족시키고 동시에 국제기업의 목표를 만족시키는 총체적인 일련의 기업활동이다.

또한 국제마케팅관리란 국제기업의 목표를 달성하기 위하여 표적시장의 고객을 만족시키는 마케팅계획 및 마케팅전략을 과학적으로 수립하고 그것을 실행 통제하는 일련의 활동이다.

② 국제마케팅의 전략

먼저 마케팅의 기본전략이라고 할 수 있는 해외 시장세분화와 상품위치 정립에 대해 살펴보고 이것의 실행적 전술로서의 마케팅 믹스에 대해 살펴보자.

◉ 세분화와 포지셔닝

해외시장 세분화란 국가간 또는 개별 국가 내에서 소비자의 이질성에 대응하는 전략을 말한다. 즉 해외시장에 있어서는 어느 곳을 막론하고 현저한 이질성을 나타내게 되므로 이러한 이질집단을 구분하여 각 집단의 특성에 맞는 상이한 제품과 서비스를 제공하려는 것이다. 이와 같이 시장세분화가 이루어지면 차별화전략과 집중화전략에 따른 표적시장의 선택이 이루어진다.

또한 이 표적시장이 결정되면 마케팅 믹스를 수립하기 전에 자사제품이 경쟁사와 다른 고유의 특징이 있다는 점을 고객의 마음속에 심어 주어야 하는데 이를 제품위치 정립(product positioning)이라 한다.

◉ 마케팅 믹스

마케팅 믹스는 앞서 설명한 해외시장 세분화와 상품위치 정립을 기능적으로 수행하기 위한 전술적 개념이라고 볼 수 있다. 마케팅 믹스란 기업이 기업 내·외의 통제가 불가능한 모든 환경의 변화에 대해 창조적으로 적응하기 위하여 기업의 통제가능한 제 요소를 유기적으로 조정, 통합하는 활동을 말한다. 특히 이질적인 국제시장의 환경은 국제기업의 효율적이며 폭넓은 마케팅 전략수립을 요구한다.

◉ 4P's

국제기업의 이런 통제를 위한 요소로서 제품정책(product), 가격정책

(price), 유통정책(place), 광고 및 판매촉진(promotion)의 소위 4P가 있으며 그 각각의 정책에서 요구되는 것은 다음과 같다.

- 제품정책으로 이는 본원적 제품(다양한 욕구충족을 위한 수단을 발견하고 자 하는 소비자의 수요를 해결하여 주는 제품)개념을 실현하기 위하여 계 획되어야 한다,
- 가격정책은 원가중심의 가격결정, 즉 변동비와 간접비, 관리비 및 판 매비의 배분과 이윤폭 등을 가격에 반영시켜야 한다.
- 유통정책으로 시장의 소비자특성, 제품특성, 마케팅 구조, 경쟁적 특 성, 기업 자체의 특성 등을 고려해야 하며 이런 경로선정의 판단기준 은 기업의 장기목표와 부합하도록 조정하여 계획되어야 한다.
- 광고 및 판매촉진 정책은 광고매체와 촉진매체의 선정, 촉진활동의 표준화문제 등이 계획되어야 한다.

국제생산관리

① 국제생산관리의 개념

국제생산관리란 현지에서 생산, 마케팅을 동시에 수행하는 국제기업이 생산요소의 효율적 활용을 목적으로 생산활동을 계획하고 조직하고 통제하 는 일련의 활동을 말한다. 즉 생산입지선정, 원료조달, 생산공정, 운송, 재 고관리, 물류 등 생산과 유통 전반에 관한 기업활동을 가리킨다. 그 중 생 산입지에 관한 것을 살펴보자.

② 국제생산입지의 선택

국제기업의 해외진출이 활발해지면 세계의 여러 지역에 대한 투자가 이 루어지는데 적절한 투자지역을 위하여 여러 후보지역이 발생하게 되며 그 가운데 어느 지역이 가장 좋은가를 선택해야 하는 문제에 봉착하게 된다. 이에 대한 진출 여부를 결정하기 위해 분석적 방법으로써 단일지역분석, 복 수지역분석, 복수지역-제품분석 등이 있다.

◉ 단일지역분석

단일지역분석은 특정 지역에 대해 하나의 중요한 기준으로써 진출 여부를 결정하는 방법으로 간단하며 의사결정의 신속성을 기할 수 있으나 여타 제반 요소를 고려하지 않음으로써 불합리를 노출한다.

여기에는 첫째 위험할증방법으로 위험에 비례한 요구수익률을 산정하여 기준을 정하는 방법이며, 둘째, 위험범위산정방법은 위험부담의 정도를 낙관적 견해(optimisitic view), 일반적 견해(most likely view), 비판적 견해(pessimisitic view)로 구분하고 각각의 경우의 기대수익률을 설정하고 산출한 평균투자수익률로써 투자 여부를 결정한다. 셋째, 위험범위를 여러 개의 변수에 대해 파악하여 연속적 확률분포를 이용하여 평균기대수익률을 계산하는 방법이다.

◉ 복수지역분석

복수지역분석에는 첫째, 가중평균사용방법이 있으며 여러 개의 공통적인 기준을 선택하고 기업의 입장에서 각각의 기준에 가중치를 준 후, 각 기준에 대한 당해지역의 환경을 파악하여 가중평균치를 구함으로써 각 지역의 투자순위를 결정하는 방법이다. 둘째, 국가별 위험표 사용방법은 복합적인 기준을 각 국가에 대하여 국가별로 채점하는 것으로 은행, 신문사, 컨설팅회사에서 주로 사용하는 방법이다.

◉ 복수지역-제품분석

복수지역-제품분석은 복수지역과 복수제품을 동시에 고려하여 진출가능 '지역-제품'을 찾아내는 방법으로 여기에는 수출전선표와 투자전선표가 있다.

E/X/E/R/C/I/S/E
토론문제

01. 기업의 글로벌화의 의의와 동기를 설명하라.

02. 기업이 글로벌화하는 과정 및 방법을 설명하라.

03. 글로벌 환경은 어떻게 변화하고 있는가?

04. 세계는 그동안 무역장벽을 허물기 위하여 어떤 기구를 설립하여 왔으며 어떤 협정을 체결하여 왔는가?

05. 다국적기업이란 무엇인가?

06. 다국적기업이 관련 국가에 미치는 영향은 무엇인가?

07. 국제기업경영과 국내기업경영의 차이점은 무엇인가?

08. 국제마케팅관리에 대해 설명하라.

09. 국제생산관리에 대해 설명하라.

PART IV

PART IV

경영관리과정

경영의사결정

우리는 개인으로서 혹은 조직이나 사회의 일원으로서 항상 크고 작은 의사결정을 하면서 살아가고 있다. 이러한 의사결정의 결과는 의사결정자 자신에게 뿐만 아니라 다른 사람들에게도 영향을 미친다. 따라서 의사결정을 효과적으로 한다는 것은 의사결정을 내리는 사람은 물론 의사결정에 의해 영향을 받는 사람에게도 매우 중요한 일이다.

이러한 의사결정 문제는 첫째, 고려할 수 있는 몇몇 대안 중에서 하나를 선정해야 한다. 둘째, 어떤 결과가 발생할 것인가에 대해서는 불확실한데 이는 의사결정자가 통제할 수 없는 상황에 의존하기 때문이다. 셋째, 불확실하던 상황(상태)이 실제로 발생하기 전에는 그 결정의 정확한 결과는 알 수 없다는 특성을 가지고 있다.

기업은 자원(사람, 돈, 에너지, 자재, 공간, 시간)을 이용하여 어떤 목적을 달성하고자 하는데 이의 성공을 위해서 생산, 재무, 마케팅 등 여러 가지 기능을 수행한다. 이러한 기능을 수행하기 위하여 경영자는 의사결정이라는 계속적인 과정에 몰두한다. 경영의사결정은 경영자가 하는 직무의 핵심이다. 따라서 관리 또는 경영을 의사결정과 동의어로 사용하는 경우가 있다.

기업에 있어서 경영자에게 가장 필요한 능력은 경영문제에 대해 합리적인 의사결정을 적시에 내리는 능력이라고 해도 과언은 아니다. 만약 기업의 효율성이 기업목표를 달성하는 데 필요한 정보와 자원을 획득하고 활용하는 데 달려 있다고 한다면 기업이 필요한 정보와 자원을 어떻게 획득하고 활용하는가 하는 의사결정은 경영자에게 핵심적인 과제가 될 것이다.

본장에서는 기업이 개인 또는 집단적으로 어떻게 의사결정을 내리는가를 이해하고, 나아가서 보다 효과적인 의사결정과정을 개발하는 데 초점을 두고자 한다. 이를 위하여 먼저 의사결정의 본질과 유형을 알아본 후 개인 및 집단의 의사결정과정과 그 개선 방향에 관하여 살펴보기로 한다.

제 8 장

경영의사결정

1. 의사결정의 본질

의사결정의 정의

예를 들어 어느 연쇄점 경영자가 연쇄점의 수를 확장하고자 한다면, 점포의 규모를 어느 정도로 할 것인가? 점포를 신설할 것인가, 아니면 기존의 점포를 인수할 것인가? 기존 점포를 인수한다면 사업이 잘 되고 있는 점포를 인수할 것인가, 아니면 파산위기에 처해 있는 점포를 인수할 것인가? 등에 대한 일련의 의사결정을 해야 한다. 각각의 의사결정 자체도 중요하지만 의사결정의 순서도 매우 중요하다. 그러면 의사결정이란 무엇인가?

의사결정(decision making)이란 경영자가 기업 내·외의 변화하는 환경에 능동적으로 대처하고 기업목표를 효과적으로 달성할 수 있도록 발생하는 문제와 기회를 규명하고 해결하기 위하여 둘 이상의 대안(alternative) 중에서 하나를 선택하는 의식적 과정이라고 정의할 수 있다. 이와 같이 의사결정은 단순히 대안을 선정하는 행위가 아니고 포괄적인 과정이다. 경영자들이 내리는 의사결정은 경영문제를 어떻게 해결하고 자원은 어떻게 배분하며 기업목표는 어떻게 달성하는가를 결정하는 것이기 때문에 올바른 의사결정은 기업성과의 전제조건이 된다. 이러한 정의에 의하면 의사결정은 다음과 같은 세 가지의 특징을 갖는다.

- 의사결정은 사려 깊은 의식적 행동이라는 점이다. 따라서 반사적인 반응이나 무의식적인 행동은 의사결정이라기보다는 습관 또는 반응 행동이라고 볼 수 있다.
- 의사결정은 여러 대안 중에서 하나를 의식적으로 선택해 가는 과정이다. 만약 어떤 문제에 대하여 해결할 수 있는 대안이 하나만 존재한다면 의사결정은 필요하지 않을 것이다. 그러나 실제 상황에서 하나의 대안만 존재하는 경우는 거의 없다.
- 의사결정은 의사결정자가 현실과 바람직한 상태 사이의 차이를 인식함으로써 시작된다. 즉 의사결정에는 현실에 대한 문제의식을 바탕으로 하고 현실을 개선하려는 목적의식이 포함되어 있다.

의사결정의 어려움[1]

기업경영과 관련하여 여러 가지 의사결정을 하게 된다. 문제의 성격에 따라 생산관련 의사결정, 마케팅관련 의사결정, 재무관련 의사결정, 인사관련 의사결정 등 기업은 매일 수많은 의사결정을 해야 한다. 경영자들의 의사결정은 기업의 성과에 직접적인 영향을 미치게 된다. 그러면 경영자들의 올바른 의사결정에 영향을 미치는 요인, 즉 의사결정이 어려운 이유는 무엇일까?

- 문제구조의 복잡성 때문이다. 의사결정과 관련된 문제의 복잡성, 모호성, 가변성 등 때문에 의사결정자가 문제를 정확하게 파악하기 어렵기 때문이다. 한 개의 문제가 다른 문제와 독립적인 경우도 있지만 연계되어 풀어야 할 경우도 많다.
- 불확실성 때문이다. 의사결정과 관련된 기초자료 정확성의 불확실성, 정치 · 경제 · 사회 · 문화 등 주변환경의 불확실성, 관련 사건 발생 여부의 불확실성, 의사결정 후 성과의 불확실성 등 다양한 불확실성이 의사결정과정에 등장한다.
- 다양한 선택기준 때문이다. 대안을 서로 비교할 때에는 항상 하나의 기준이 적용되는 것은 아니다. 기업의 이익, 비용, 규모, 이미지, 위

---

1 김양렬, *Art of Management Decision*(명경사, 2000), pp.5~8.

험, 기술력 등 다양한 요소들이 동시에 고려되기 마련이다. 그 가운데서 무엇을 선택기준으로 삼으며 또 얼마나 중요시 할 것인가 하는 문제는 의사결정을 어렵게 하는 요소 가운데 하나이다.

● 평가자의 가치관, 경험, 개성, 문제에 대한 지식, 분석능력 때문이다. 어떤 사람은 다른 사람보다 불확실성 또는 위험을 가볍게 여긴다. 은행예금보다 증권투자를 선호하거나 복권이나 내기를 즐겨하는 사람이 있는 반면 그렇지 않은 사람들도 있다. 선택기준은 의사결정자의 가치관에 의해 영향을 받고 또한 가치관은 같은 사람의 경우에도 시간과 장소에 따라 변하게 된다.

2. 의사결정과정

흔히 현명한 의사결정이었다라고 함은 결과가 좋은 경우에 사용하는 표현이다. 끝이 좋으면 다 좋다라는 말도 있다. 그러나 불확실성이 내재되어 있는 의사결정문제에 있어서는 의사결정은 잘 했지만 결과가 좋지 않은 경우도 있고, 반대로 의사결정은 잘못 했으나 결과가 좋은 경우도 비일비재하다. 따라서 결과는 운이 좋았다, 혹은 아니다라고 할 기준이지 의사결정 자체의 평가기준이 되기는 곤란하다. 그러므로 의사결정은 결과보다 과정의 문제라고 하겠다.

일반적으로 의사결정은 문제해결(problem solving)과정에 포함되는 개념이다. 문제해결은 의사결정과정 이후에 의사결정의 실행 및 평가 단계를 포함하는 과정이다. 따라서 문제해결과 관련하여 의사결정을 정의한다면 문제해결을 위하여 취해야 할 행동을 결정하는 과정이라고 할 수 있다.

일반적으로 효과적인 문제해결과정은 〈그림 8-1〉과 같이 일곱 단계로 이루어진다.

이 일곱 단계 가운데 처음 다섯 단계, 즉 문제인식, 결정기준의 명시, 대안도출, 대안평가, 대안선정을 의사결정과정이라고 한다. 문제해결과정은 의사결정과정에 대안실행과 평가 및 통제를 포함하는 과정이다.

그림 8-1   문제해결의 과정

문제와 기회의 인식

결정기준의 명시

대안도출

대안평가

대안선정

대안실행

평가 및 통제

의사결정과정

문제해결과정

사후관리

문제와 기회의 인식

의사결정의 첫번째 단계는 명확하게 현재의 기회요인과 위협요인이 발생한 상황(상태)을 인식하고 분석하는 것이다. 기회요인은 경영자가 현재보다 더 나은 상태에 도달할 수 있는 가치를 포착했을 때 발생한다. 한편 위협요인은 경영자가 현재의 상황과 바람직하다고 판단되는 상황의 갭(gap)이 존재하여 다른 회사와의 경쟁에서 뒤질 수 있음을 인식할 때 발생한다.

문제 또는 기회를 정확하게 정의하지 않으면 다음 단계들은 그릇된 출발을 전제하기 때문이다. 그런데 이러한 문제 또는 기회의 인식이 쉽게 이루어질 수만은 없다. 또한 문제의 인식은 주관적이라서 다른 경영자는 이를 문제라고 인식하지 않을 수도 있는 것이다.

경영자가 인식하는 문제는 본질 문제의 증상(symptom)과 혼동해서는 안된다. 예를 들면, 어느 기업의 시장점유율이 감소하고 있다면 그 원인이 제품의 품질 때문인지, 기술적 문제인지, 배송에 문제가 있는지, 또는 판매원이 불충분해서인지 등 본질적인 문제를 파고들어야 한다. 여기서 시장점유율의 감소는 잘못되고 있다는 신호인 증상이고 문제는 조악한 품질일 수 있다.

문제는 현실과 바람직한 상태 사이의 차이이지만 경영자가 이를 해결할 조치를 취할 압력(pressure)을 느껴야 하고 조치를 취하는 데 필요한 자원, 정보, 권한을 가져야만 문제로 인식하게 된다.

결정기준의 명시

목표(objectives)란 조직이 문제를 효과적으로 해결하여 궁극적으로 얻고자 하는 결과물이다. 이러한 목표 또는 기준(criteria)을 설정한다는 것은 의사결정을 함에 있어 취해야 할 행동의 방향을 설정해 준다는 데 의미가 있다.

결정기준(decision criteria)이란 여러 개의 대안 중에서 선정할 표준이나 규칙을 말하는데 합법성, 윤리성, 이익이나 비용의 경제적 타당성, 자원과 능력을 갖출 실현성 등을 갖추어야 한다.

〈그림 8-2〉는 가능한 대안을 평가하는 데에 사용되는 일반적 기준을 나타내고 있다.

그런데 여러 개의 기준이 똑같이 중요하지 않다면 각 기준들에 그들의 중요성에 따라 가중치(weight)를 부여하여야 결정에 정확한 우선순위를 줄

그림 8-2   일반적 결정기준

합법성

윤리성

경제성

실현성

수 있는 것이다.

대안의 도출

대안의 도출단계에서는 창의력과 상상력이 필요하게 되며 목표를 염두에 두고 다수의 가능한 대안을 도출하는 것이 바람직하다. 대안은 혁신성(innovative)과 독특성(unique), 명확성(obvious)과 표준성(standard)을 갖추고 있어야 한다.

표준성이란 대안에 과거의 경험이 포함되어 있어야 함을 의미하며, 대안이 혁신성을 갖추기 위해서는 브레인스토밍(brainstorming) 기법과 델파이 기법(Delphi technique)을 사용할 수 있다.

대안의 평가

도출된 다수의 대안 가운데 어떤 대안이 가장 조직 목표달성과 기준에 적합한가, 자원조달은 가능한가를 평가·분석할 때 각 대안의 상대적 장점과 단점을 비교해 보아야 한다. 이와 같이 각 대안은 사전에 결정된 의사결정 기준(criteria)과 가중치(weight)에 따라 평가하고 이에 가장 알맞은 대안, 즉 가장 높은 점수를 갖는 대안을 선정할 수 있도록 해야 한다.

대안의 선정

마지막 단계인 의사결정의 단계는 의사결정과정에 있어서의 한 프로세스임을 명심해야 한다. 대안의 평가를 통해 그 중에서 가장 좋은(높은 점수) 대안을 선택하는 과정으로서의 의사결정단계에서는 상황의 치밀한 분석, 사용가능한 모든 정보의 활용이 이루어져야 한다.

대안의 실행

대안의 실행단계에서는 선정된 대안이 확실히 수행되도록 경영적, 관리적으로 설득하는 능력을 발휘해야 한다. 선정된 대안의 성공은 조치를 실제로 취하느냐에 달려 있다. 가끔 경영자는 자원이 부족하거나 조치를 취할 의욕이 부족하여 대안을 실행하지 못한다.

실행은 결정으로 영향을 받을 사람들과 대화를 필요로 할지 모른다. 결정이 실행되기 위해서는 경영자의 커뮤니케이션, 모티베이션, 리더십 기술이 필요하다. 왜냐하면 근로자들은 경영자가 그의 결정에 적절한 조치를 취하여 성공으로 가는 것을 보면 더욱 협조적으로 변하기 때문이다.

결정의 평가

의사결정과정의 마지막 단계는 결정이 잘 실행되었으며 의도한 목적이 효과적으로 달성되었는지 결과를 평가하기 위하여 정보를 수집하는 것이다. 평가결과 아직도 문제가 남아 있다면 경영자는 무엇이 잘못되었는지 따져봐야 한다. 경영자는 이러한 통제과정을 통하여 필요한 정보를 피드백하여 적절한 시정조치를 취하도록 한다. 의사결정과정은 계속적인 과정이기 때문에 피드백은 아주 중요하다.

3. 의사결정의 유형

의사결정의 유형은 다양하다. 의사결정은 개인이 혼자 해야 하는 경우도 있고 집단으로 해야하는 경우도 있다. 한편 어떤 결과가 나타날 것인지를 잘 아는 상황하에서 의사결정을 행하는 경우가 있는 반면에 어떤 결과가 나타날지 전혀 모르는 상황하에서 의사결정을 하는 때도 있다.

또 어떤 경우에는 광범위하게 영향력을 미치는 의사결정을 해야 하는 경우도 있고 아주 단순하고 평범한 의사결정을 하는 경우도 있다. 이와 같이 의사결정의 유형은 주체, 상황, 영향력 등을 기준으로 분류할 수 있다.

개인 의사결정

우리는 항상 의사결정을 하면서 살아간다. TV를 볼 것인가 말 것인가와 같은 단순한 의사결정에서부터 집을 살 것인가 말 것인가와 같은 복잡한 의사결정을 하면서 살아간다. 특히 조직생활에서는 업무와 관련된 중요한 의사결정을 하면서 살아간다.

따라서 개인 의사결정(personal decision making)의 특징을 이해하고 조직적인 변수들이 개인 의사결정에 어떠한 영향을 미치는가에 대하여 이해하는 것은 합리적인 의사결정에 큰 도움을 준다. 이에 따라 여기에서는 개인 의사결정에 대한 모델들에 관하여 살펴보고 개인 의사결정의 스타일에 관해서 공부할 것이다.

① 합리적 의사결정 모델

개인이 의사결정을 하는 데 있어서 가장 합리적인 방법은 어떤 것일까? 경제학자들은 모든 면에서 완벽하고 합리적인 선택을 한다고 가정하는 합리적 의사결정 모델을 사용한다. 이 모델에 의하면 합리적인 의사결정자는 문제해결을 위한 최적의 해결안을 체계적으로 찾아내어 자신의 목적을 최대화하는 경제인(economic man)이다.

합리적 의사결정(rational decision making)이 이루어지기 위해서는 의사결정자가

- 완전한 정보를 가지고 있어야 한다.
- 모든 정보에 대하여 정확한 처리를 할 수 있어야 한다.
- 모든 행동대안들을 알고 있다.
- 각 대안에 대하여 정확하고 완벽한 평가를 할 수 있어 결과를 알 수 있다.

고 가정을 한다. 이에 따라 의사결정자는 최적의 결정을 한다는 것이다.

물론 이 고전적 모델(classical model)은 인간들이 전적으로 이 모델에 따라 의사결정을 한다고 말하는 것은 아니다. 고전적 모델은 우리가 실제로

그림 8-3　의사결정의 고전적 모델

| 의사결정 상황에 직면할 때 경영자는 | • 완전하고 정확한 정보를 구하도록 한다.
• 불확실성을 제거해야 한다.
• 모든 것을 합리적이고 논리적으로 평가해야 한다. | 그리하여 조직의 이익에 가장 도움이 되는 의사결정을 내리게 된다. |

경영관리에 관한 의사결정을 하는 과정을 설명해 주고 있다기보다는 우리가 의사결정을 할 때 어떻게 해야만 하는가라는 당위성을 설명해 주는 규범적 모델이라 할 수 있다.

규범적 모델(normative model)은 최적화 모델 또는 분석적 모델이라고 하는데 이는 의사결정자가 주어진 목적을 가장 효율적으로 달성하기 위하여 어떻게 결정을 내려야 하는가를 규정하는 모델이다. 규범적 분석은 최적대안을 결정하기 위하여 반복적 연산절차를 사용하여 최적해(optimal solution)를 구하게 된다. 의사결정의 고전적 모델은 〈그림 8-3〉에서 요약하고 있다.

② 제한된 합리성 모델

규범적 모델에 대립되는 개념이 기술적(서술적) 모델(descriptive model)이다. 기술적 모델은 의사결정이 실제로 어떻게 이루어지고 있는지를 서술하는 모델로서 규범적 모델을 사용할 수 없는 경우에 사용된다.

즉 합리적 모델은 규범적 모델이기 때문에 실제의 의사결정 행동을 제대로 설명하고 있지 못하다. 실제로 조직의 자원이나 의사결정자들의 능력이 제한되어 있기 때문에 해결해야 할 문제에 대하여 제한된 인식을 하고 있으며 대안들도 또한 제한되어 있다.

이에 따라 실질적인 의사결정을 설명하기 위한 시도로써 1978년 노벨상을 수상한 사이몬(H. A. Simon)이 하나의 새로운 모델을 제시하였다. 이 모델은 제한된 합리성 모델(bounded rationality model) 또는 관리인 모델(administrative model)이라고 한다. 이 모델은 실질적으로 의사결정과정에서 작용하는 심리적, 인지적, 동기적 그리고 시간적 제한을 중시하고 있다. 이 모델에 따르면 의사결정자는 합리성을 추구하지만, 실제로는 여러 제한요소들 때문에 합리성은 제한될 수밖에 없게 된다는 것이다.

- 제한된 합리성의 직접적인 영향의 하나는 의사결정자가 문제에 대한 최적안을 찾는 것을 불가능하게 한다는 것이다. 즉 정보처리 능력의 한계로 인하여 의사결정자는 보다 단순한 의사결정전략을 사용하는 경향이 있다. 개인이나 조직은 최적의 대안 선택에 관심을 갖고 있으나, 아주 예외적인 경우에만 최적의 대안을 탐색, 개발하고 평가 및 선택하게 되는 것이 일반적이다. 최적안을 선택하는 의사결정은 만족하는 대안을 선택하는 의사결정보다 복잡한 과정을 필요로 한다. 이 때문에 의사결정자는 투입해야 하는 시간과 노력을 줄이기 위하여 최적해는 아니지만 만족스러운 대안, 즉 만족해(satisficing solution)를 선택하게 된다.
- 제한된 합리성으로 인하여 야기되는 또 하나의 현상은 점진적 조정(incrementalism)이라는 단순화 전략의 선택이다. 의사결정자는 가능하다면 작은 범위에서 문제에 대응하고자 한다. 이러한 전략을 사용하면 의사결정자는 단지 최소한의 추가적인 수정만 하면 된다. 최소한의 추가적인 수정이란 현 상태와 희망하는 미래 상태 사이의 차이를 수용할 수 있는 범위까지만 접근시키는 노력을 하는 것이다.
- 제한된 합리성으로 인하여 야기되는 또 다른 영향은 의사결정자가 당면하고 있는 의사결정 상황에 대한 전체적인 면모를 파악하지 못한다는 것이다. 다시 말하면 실제 의사결정 상황은 보다 복잡한데 의사결정에서 적용하는 상황의 모델은 제한적이고 근시적이며 이에 따라 단순화된 모델을 적용하게 된다. 이러한 단순화된 모델은 보다 양질의 의사결정을 이끌어 낼 수 있는 정보 요소를 포함하지 못한다는 점에서 부적합한 모델이라고 할 수 있다. 〈그림 8-4〉는 의사결정의 관리인 모델을 요약하고 있다.

단순화 전략과 부적합한 모델의 사용은 제한적 합리성으로 인하여 야기되는 결과이다. 이들은 의사결정자로 하여금 상대적으로 적은 양의 정보, 시간 그리고 자원의 투입을 요구한다. 이러한 단순화된 전략은 시간과 자원

그림 8-4 의사결정의 관리인 모델

| 의사결정 상황에 직면할 때 경영자는 실제로 | → | • 불완전하고 부정확한 정보를 사용한다.
• 제한된 합리성으로 제약된다.
• 만족해를 추구한다. | → | 그리하여 조직의 이익에 가장 도움이 되는 또는 도움이 되지 않을지도 모르는 의사결정을 내리게 된다. |

의 제약이 있을 때나 양질의 최적안을 구할 필요성이 없을 때 효율적일 수 있다.

또한 문제해결을 위한 스트레스가 증가할 때 단순화 전략과 부적합한 모델을 사용함으로써 이를 줄이는 경우도 간접적인 영향의 결과로 생각될 수 있다. 그러나 개인의 단순화 전략과 부적합한 모델의 사용은 장기적으로 의사결정의 질적 저하를 초래할 것이다.

③ 개인 의사결정의 스타일

모든 경영자들이 같은 방식으로 의사결정을 하지는 않는다. 의사결정 방식의 차이는 의사결정 스타일(decision-making styles)이라는 개념으로 설명할 수 있다.

경영자의 의사결정은 두 측면에서 상이하다. 한 측면은 개인의 사고방식(way of thinking)인데 어떤 사람은 정보처리에 있어서 합리적이고 논리적임에 반하여 어떤 사람은 창의적이고 직관적이다.

다른 측면은 애매함의 허용정도(tolerance of ambiguity)인데 어떤 사람은 애매함을 최소로 하려고 하는 반면 어떤 사람은 높은 수준의 애매함을 허용하려고 한다.

의사결정 스타일은 〈그림 8-5〉에서 보는 바와 같이 두 측면에 따라 다음 네 가지로 구분할 수 있다.

- **지도적**(directive) **스타일:** 애매함의 허용정도가 낮고 사고방식에서 합리적 스타일이다. 효율적, 논리적, 신속적, 단기적 결정을 추구한다.

그림 8-5 **개인 의사결정 스타일**

<!-- Figure labels: 높음 / 낮음 (y-axis), 애매함 허용정도 (y-axis title), 분석적, 개념적, 지도적, 행동적, 사고방식, 합리적, 직관적 -->

- **분석적(analytic) 스타일:** 지도적 스타일보다 더 많은 정보와 대안을 고려하며 더 높은 수준의 애매함을 허용하는 스타일이다.
- **개념적(conceptual) 스타일:** 폭넓은 많은 대안을 고려하고 사람과 시스템으로부터의 정보에 의존하며 장기적이고 창의적인 문제 해결책을 추구하는 스타일이다.
- **행동적(behavioral) 스타일:** 타인에 대한 관심이 깊어 대면대화를 즐기고 타인으로부터의 제안을 받아들이는 스타일이다. 한편 타인이 그의 목적을 달성하는 데 돕는 의사결정을 선호한다.

집단 의사결정

오늘날 정부, 기업, 산업 그리고 교육분야를 막론하고 집단 의사결정을 하여야 할 다양한 문제들이 있다. 이러한 문제는 매우 복잡하여 사회적, 경제적, 정치적, 기술적 그리고 심리적 문제가 상호 연결되어 나타나는 경우가 대부분이다. 또한 의사결정 결과는 특정 개인에게 국한되기보다는 다수에게 영향을 미치는 것이 보통이다.

따라서 필연적으로 회의나 위원회 같은 집단 의사결정과정이 필요하게 된다. 이러한 상황적인 요인 외에도 집단 의사결정이 갖는 여러 가지 장점들 때문에 집단 의사결정이 많이 이용된다.

① 집단 의사결정의 특징

집단 의사결정(group decision making)은 개인 의사결정과 구별되는 다음과 같은 특징이 있다. 우선 집단 의사결정과정은 개인보다 많은 정보를 갖는다는 것이다. 집단 의사결정에서는

- 개인들이 가지고 있는 정보를 공유함으로써 의사결정에 다양한 정보를 투입할 수 있다.
- 상호작용이 발생하는데 이는 의사결정과정에서 일어나는 구성원 상호 간에 언어적·비언어적 의사소통이나 접촉을 말한다.

이러한 상호작용은 대인관계 행동을 통하여 둘 이상의 사람들이 어떤 방법으로든지 서로 영향을 미치고 있을 때 나타나는 현상이다.

이러한 특징들로 인하여 집단 의사결정은 개인 의사결정에 비해 다음과 같은 장점을 갖는다.

- 개인 의사결정에 비해 보다 정확한 경향이 있다는 것이다. 물론 모든 집단이 개인보다 우수한 결정을 내린다는 것은 아니며, 집단 의사결정이 집단 내의 평균적인 개인들보다 더 우수한 의사결정을 내리고 있다는 것을 의미한다.
- 의사결정의 창의성 측면에서 집단 의사결정이 일반적으로 보다 우수하다. 집단 의사결정의 경우 집단의 구성원간 상호작용으로 인하여 동조 압력과 집단사고의 경향이 일어남에도 불구하고 의사결정 기법에 따라 보다 새롭고 창의적인 아이디어(대안)제안을 자극하는 데 성공적인 경우를 볼 수 있다.
- 의사결정의 수용 정도 측면에서 장점을 갖는다. 의사결정에 의해 영향을 받게 될 인간들이나 그 결정을 실행하는 데 있어서 주역을 담당할 사람들이 의사결정과정에 참여하게 되면 그 결정이 수용될 가능성이 높아지게 된다.

② 집단 의사결정의 문제점

　　회의나 위원회 같은 전통적인 집단 의사결정 기법이 갖는 문제점은 여러 가지의 집단 특성변수에 의해서 달라질 수 있다. 여기에서는 일반적으로 지적되고 있는 문제점을 정리해 보기로 한다.

- 적당한 수준에서 타협이 나타날 가능성이 높다. 어떤 결론에 도달하거나 어떠한 결정을 내려야 할 필요가 있는 경우 그 구성원의 참여강도가 희석되거나 무의미하게 될 위험이 있다.
- 일반적으로 집단의 규모가 일정한 수준 이상으로 증가하면 갈등이 심화되거나 집단 구성원 상호간의 분열 등이 일어날 가능성이 높아 의사결정의 속도가 지연된다.
- 회의진행방법이 구조화되어 있지 못할 경우에 리더의 역할이 증대되고 리더가 회의를 잘못 이끌어갈 때 엉뚱한 아이디어가 나와 효율적인 토의가 이루어지지 않는다.
- 소수의 아이디어를 무시하는 경향이 일어난다. 구성원이 동등한 지위로 구성되지 못한 경우 소수의 의견이 무시되어 창조적인 아이디어의 제시를 제약하거나 구성원 모두가 만족하는 합의가 이루어지지 못하고 표면적인 합의가 이루어질 수 있다.
- 자기 포기현상이 일어날 수 있다. 집단 내에 개성이 강하거나 지위가 높은 인간이 회의를 지배하게 되는 경우 여타의 인간들은 자신의 의견을 포기하고 추종하거나 조언자로 변질해 버릴 가능성이 있다.

대안적 의사결정 기법

　　구성원 상호간 대면을 하면서 토의에 의해 의사결정을 내리게 되는 회의나 위원회는 집단 의사결정의 대표적인 예라고 할 수 있다. 그러나 이러한 전통적인 집단 의사결정 기법들은 집단사고나 경직성, 비효율성, 소수 지배와 같은 단점을 가진다.

　　이와 같은 문제점들을 해결하고 집단 의사결정의 장점을 살려 효율성을 높이기 위한 대안적 기법이 개발되었다. 이들 중에서도 브레인스토밍 기법,

그림 8-6   집단 의사결정 기법

브레인스토밍 기법

각종 전문가 그룹의
자유토론법

명목집단 기법

델파이 기법

창의력

혁신

명목집단 기법, 각종 전문가그룹의 자유토론법, 델파이 기법 등은 일상적인 문제보다는 창의적 아이디어 창출을 위해 개발되었기 때문에 창의적 의사결정기법이라고 한다. 이는 〈그림 8-6〉에서 보는 바와 같다.

① 브레인스토밍 기법

브레인스토밍(brainstorming)은 다음과 같은 절차에 의해 운영된다. 먼저 모든 구성원들이 잘 볼 수 있도록 칠판에 문제를 명확히 제시한다. 그리고 리더가 브레인스토밍 기법의 규칙에 관해 설명한 후 구성원들은 손을 들고 한 가지씩 아이디어를 제시한다. 도출된 모든 아이디어를 칠판에 적고 필요에 따라 읽어 주거나 설명한다. 마지막으로 도출된 아이디어를 정리한다.

이와 같이 브레인스토밍 기법은 일정한 주제에 관하여 회의형식을 채택하고 10명 내·외 구성원들의 자유발언을 통한 아이디어의 제시를 요구하여 창의적인 발상을 찾아내려는 방법이다. 이 기법은 개인의 창조적 사고를 저해하는 구성원 상호간의 동조현상을 극복하기 위한 방법이다. 소수 의견이 무시되지 않으면서 또한 소수 구성원에 의한 지배도 불가능해진다. 그리고 다른 구성원의 아이디어를 알게 됨으로써 학습의 기회와 새로운 시각을 자극받을 수 있다.

② 명목집단 기법

명목집단 기법(nominal group technique)은 브레인스토밍 기법에 토의 및 투표기법의 요소를 조합하여 만들어진 것이다. 명목집단 기법은 아이디어 창출시 구성원의 창의성을 높이기 위해 구성원간 상호작용을 제한하는 특징이 있다. 즉 아이디어 창출단계에서 구성원간 커뮤니케이션이 구두가 아닌 글로 이루어진다.

따라서 명목집단은 실질적인 의미에서 상호간의 의사소통이 이루어지는 집단은 아니라는 의미를 가지고 있다. 이런 형태의 아이디어 도출은 구성원 상호간의 영향을 최소화하고 사회심리학적 관계를 그대로 유지하게 한다.

명목집단 기법은 많은 구성원이 참여하지만 집단 내에서 구성원 각자의 자발적인 노력에 의해 의사결정이 이루어지는 기법이다. 따라서 이 기법은 집단의 장점을 살리면서 개인이 혼자 작업해 나가는 의사결정 기법이라는 특징이다. 명목집단 기법은 운영절차가 고도로 구조화되어 있어 리더의 행동을 일관성 있게 유지할 수 있다.

명목집단 기법은 리더가 의사결정과정에 대한 확실한 지식을 가지고 있어야 하며 구성원 각자가 자신의 의견을 서면으로 정확히 전달할 수 있는 능력이 있어야 한다. 그리고 문제에 대한 사전 지식과 관련 자료의 충분한 준비가 있어야 효과적이다. 명목집단 기법은 의사결정과정이 고도로 구조화되어 있어 융통성이 적고 도중에 문제를 바꾸거나 수정하기가 곤란하며 익숙하지 않은 구성원은 부자연스러움을 느끼기 쉽다.

③ 델파이 기법

델파이 기법(Delphi technique)은 의사결정과정 중에 일체의 대화 없이 반복적인 피드백(feedback)과 통계적 처리에 의하여 아이디어를 하나로 수렴하는 기법이다. 우선 한 문제에 관해 다수의 전문가의 독립적인 아이디어를 우편으로 수집하고 이 제시된 아이디어들을 통계적으로 분석·요약해 응답자들에게 피드백을 제공한다.

그 다음 모아진 아이디어에 대한 전반적 합의가 이루어질 때까지 서로의 논평을 계속하도록 하는 것이다. 이 기법은 일련의 반복된 브레인스토밍 기법이라고도 할 수 있으며, 브레인스토밍 기법의 단점인 구성원 상호간의 심리적 개입을 제거하고 의사결정 패널집단의 아이디어를 수렴하도록 고안된 것이다.

확실성하의 의사결정과 불확실성하의 의사결정

기업성과에 미치는 영향이 장기적이든 단기적이든 기업에서 무엇을 결정할 때에는 거의 항상 미지의 사항을 포함하고 있다. 의사결정은 사전에 완전한 정보를 가지고 하는 경우도 있는데 이러한 경우에는 대안이 무엇이고 각 대안과 관련된 조건은 무엇인지 확실성의 상태(state of certainty)가 존재하게 된다. 즉 각 대안에 대해 어떤 결과가 나타날 것인지 사전에 정확하게 알 수 있기 때문에 유일하고도 확정적인 대안을 선택할 수 있게 된다.

예컨대 점보제트기(jumbo jet)를 구매한다면 미국의 보잉(Boeing)사 또는 프랑스의 애어버스(Airbus)사로부터 가격 등 모든 정보를 입수 가능하기 때문에 나쁜 결정을 내릴 가능성은 낮아진다. 그러나 이러한 확실한 조건하에서의 의사결정이란 기업환경이 복잡하고 가변적이기 때문에 흔한 경우는 아니다.

따라서 대부분의 의사결정은 불완전한 정보를 바탕으로 이루어진다. 특히 미래의 상황에 관한 정보는 완전할 수 없다. 따라서 거의 모든 의사결정에는 어느 정도의 불확실성이 내포되어 있다. 이것은 잘못된 의사결정이 이루어질 위험(risk)의 정도를 나타낸다. 일반적으로 불확실성의 정도는 확률로 평가되고 있다.[2]

예를 들어 재무분석가들이 금리가 떨어지는 시기에는 특정 증권이 상승할 가능성이 80%라고 예측하거나, 텔레비전 일기예보 아나운서가 과거 이러한 기상조건하에서는 50%정도 비가 내리므로 금일 비가 올 확률은 50%라고 예측하는 것 등이 불확실성을 평가하는 것이다.

대부분의 의사결정은 일정한 수준의 위험성과 불확실성을 내포하고 있다. 많은 의사결정은 주관적 확률, 즉 개인적 신념이나 육감에 의해 이루어진다. 예를 들면, 어떤 경마장의 노름꾼이 그의 아이 이름과 유사한 말에 돈을 건다거나 또는 방금 세차를 하였기 때문에 비가 올 것이라고 전전긍긍하는 사람이 있다면 이들은 모두 주관적 확률을 기초로 판단하는 예이다.

---

2 각 대안에 따른 결과와 각 결과가 나타날 가능성을 확률로 나타낼 수 있는 경우는 위험(risk)하의 의사결정이라고 한다.

구조화된 의사결정과 비구조화된 의사결정

구조화된 의사결정(structured decision making)은 이미 설정된 대안을 기준으로 일상적이며 반복적으로 이루어지는 의사결정이다. 이는 정형적 의사결정(programmed decision making)이라고도 한다. 예를 들면, 서류작성 담당자가 워드 프로세서로 작업한 서류를 백업 디스켓에 저장하는 결정을 하는 것이나 햄버거 가게 지배인이 햄버거 재고가 일정한 수준 이하로 내려가면 주문결정을 하는 것은 구조화된 의사결정이라고 할 수 있다.

반면에 비구조화된 의사결정(unstructured decision making)은 사전에 알려진 해결안이 없는 경우에 이루어지는 의사결정이다. 이는 비정형적 의사결정(non-programmed decision making)이라고도 한다. 예를 들면, 희귀병의 치료법을 개발하고자 하는 한 과학자가 있다면 그는 재고가 일정한 수준 이하로 떨어지면 자동적으로 주문결정을 하는 재고담당 직원과는 달리 지금까지 알려지지 않은 창의적인 방법에 의존하지 않으면 안 된다.

구조화된 의사결정과 비구조화된 의사결정은 다음과 같은 차이가 있다.

첫째는 어떤 유형의 과업들이 포함되어 있는가이다. 구조화된 의사결정은 일반적이고 일상적인 과업으로 이루어진 반면 비정형적 의사결정은 독특하고 새로운 과업으로 이루어진다.

둘째는 조직정책에 얼마나 의존하고 있는가이다. 구조화된 의사결정을 할 때 의사결정자는 조직정책이나 규정에 의존할 수 있다. 그러나 비구조화된 의사결정은 해결책을 창조해야 하며 과거의 해결안은 어떤 지침이 되지 못한다.

마지막으로는 누가 의사결정을 하는가이다. 비구조화된 의사결정은 전형적으로 최고경영층에 의하여 이루어지고 있으며, 구조화된 의사결정은 일반적으로 하위계층 담당자가 수행한다.

4. 의사결정에 미치는 환경변수의 영향

의사결정은 진공에서 이루어지는 것이 아니기 때문에 여러 가지 환경적 요인들이 과정에 또는 의사결정자에 영향을 미치고 있다.

확실성의 정도

무엇을 해야 할지, 행동의 결과는 무엇인지에 관해 완전한 지식을 어느 정도 갖느냐에 따라 의사결정은 확실성, 위험, 불확실성의 조건에서 이루어진다. 이들에 관해서는 전절에서 이미 설명한 바와 같다.

확실성의 조건에서 경영자는 의사결정에 필요한 완전한 정보를 가지므로 가장 좋은 결과를 가져오는 대안을 선택하면 된다. 이러한 경우에는 〈그림 8-7〉에서 보는 바와 같이 애매모호함과 실패의 두려움은 존재하지 않는다.

위험의 상황에서 경영자는 무엇이 문제이고 대안은 무엇인지는 알고 있지만 대안의 결과는 확실히 알지 못한다. 따라서 각 대안에 애매모호함과 위험이 따른다.

불확실성의 상황에서 경영자는 모든 가능한 대안을 규명할 수 없고 많은 변수가 있어 대안의 정확한 결과를 결정할 수도 없다. 따라서 이러한 경우에 애매모호함과 실패의 가능성이 가장 높게 된다.

그림 8-7   의사결정에서 모호함과 실패가능성

불완전한 자원

경영자는 완전한 의사결정을 위하여 정보, 시간, 인원, 장비 등 자원을 필요로 한다. 그러나 이러한 자원이 항상 갖추어지는 것은 아니다. 이러한 제한된 자원을 가지고 경영자는 만족해(satisficing solution)를 추구하게 된다.

내적 환경

경영자의 의사결정은 상사, 부하, 조직시스템으로부터 수용이나 지지를 받느냐에 따라 영향을 받는다. 상사는 경영자의 결정이 성공할 것이라는 상호신뢰가 필요하다. 실패에 따른 책임을 두려워하지 않도록 해야 한다.

경영자의 결정이 종업원들로 하여금 언제, 누구와 함께, 어떻게 일을 해야 하는 등 직접적으로 영향을 미치는 경우에는 그들의 지지, 의사반영, 이해가 절대적으로 필요하다.

모든 조직에는 의사결정시 고려해야 할 정책, 절차, 프로그램, 규칙 등이 있기 때문에 필요하면 이러한 조직시스템을 수정한 후 의사결정에 임해야 한다.

외적 환경

경영자는 의사결정시 고객, 경쟁자, 정부기관, 사회에 미치는 영향을 고려해야 한다. 이러한 외적 환경이 경영자의 의사결정에 막대한 영향을 미치기 때문에 이들에 순응하는 길을 찾아야 한다.

예를 들면, 새로운 제품을 도입한다든지, 제품과 서비스의 품질을 향상시킨다든지 등에 관한 결정은 고객의 기대에 부응하기 위한 것이다.

E/X/E/R/C/I/S/E
토론문제

01. 의사결정의 어려움은 어떻게 해결할 수 있는가?

02. 개인 의사결정과 집단 의사결정의 차이는 무엇인가?

03. 대학생들이 접하는 '불확실성하의 의사결정'으로 어떤 것들이 있는가?

04. 합리적 의사결정 모델과 제한된 합리성 모델을 비교 설명하라.

05. 최적해와 만족해를 비교·설명하라.

06. 브레인스토밍 기법의 장·단점을 설명하라.

07. 의사결정의 과정을 설명하라.

08. 환경이 의사결정에 미치는 영향에 관해 설명하라.

계 획 화

우리는 제1장에서 경영의 기본기능은 계획화(planning), 조직화(organizing), 지휘 (leading), 통제(controlling)라고 공부하였다. 이 중에서 계획화가 가장 중요한데 그것은 기 업에서 앞으로 나아갈 방향과 각 활동이 수행되어야 할 방법을 제시하고 자원을 조직화하고 기업을 구조화하고 모든 활동을 통제하는 틀을 제공하기 때문이다.

경영의 각 기능은 서로 연관되어 있으며 다른 모든 기능의 수행에 영향을 미친다. 이와 같이 다양한 기능이 서로 연관되어 있기 때문에 경영은 과정(process) 또는 일련의 활동의 흐름으 로 간주하게 된다.

경영관리 활동은 계획화로부터 시작한다. 계획화를 통해서 경영자들은 기업의 목적이 달성 될 수 있도록 모든 활동을 조정할 수 있다. 따라서 기업의 성공은 기업에서 수행되는 다양한 과업들을 논리적으로 규합할 수 있는 계획을 수립할 능력을 보유하고 있느냐에 크게 의존한다 고 말할 수 있다.

오늘날 모든 조직은 불확실한 환경에서 운영된다. 조직이 성공하기 위해서는 이러한 변화와 불확실성에 잘 순응해야 한다. 계획화는 바로 환경의 변화에 순응하는 데 도움을 주는 도구이 다. 만일 기업이 계획을 수립하지 않는다면 환경의 변화에 수세적 반응에 의존할 뿐 계획된 조 치는 취할 수 없게 된다. 장기적 목표를 달성하기 위해서는 기업의 현행의 압력에 단순히 반응 하기보다 계획을 꼭 수립해야 한다.

일단 계획이 수립되면 기업의 목적을 달성할 수많은 활동을 수행하도록 사람과 다른 자원을 조정해야 한다. 계획화가 기업의 목적을 설정하고 이를 달성할 틀을 제공하는 기능인 반면 조 직화란 이러한 계획을 효과적으로 수행하도록 자원을 확보하고 배분하며 과업을 구조화하는 기능을 말한다.

본장에서는 계획화의 필요성과 혜택, 계획화의 유형과 그의 수립과정 등에 관하여 공부할 것이다.

계 획 화

1. 계획화의 의의와 필요성

계획화의 의의와 목적

계획화(planning) 또는 계획수립은 기업활동을 효율적으로 관리하고 수행하기 위하여 기업의 미래를 예측하고 기업이 앞으로 나아가야 할 방향과 기업의 목적(goals)을 설정하며 그를 달성하는 데 필요한 모든 활동을 윤곽잡는 과정이라고 정의할 수 있다. 이와 같이 계획화는 기업의 목적설정(goal setting)과 이를 달성하기 위한 수단(means)을 의미한다. 계획수립의 결과 관리자들은 자원을 어떻게 배분할 것이며 각 활동을 개인과 작업그룹에 어떻게 할당할 것인가를 결정하는 등 과학적인 경영관리를 하게 된다.

계획화의 결과 기업 목표에 가장 부합되어 선택된 행동대안을 계획(plan)이라고 한다. 계획이란 미래 지향적이고 목표 지향적인 것이며 목적달성을 위해 미래에 수행할 행동을 위한 청사진으로서 기업이 그의 목적을 실현하는 데 필요한 활동들이 무엇이며, 언제, 어디서, 누구에 의해서, 어떻게 행해져야 하는가를 규정하게 된다. 따라서 계획수립은 경영활동의 전제가 된다. 즉 계획수립은 목표를 달성할 수 있도록 조직화 · 충원 · 지휘 및 통제의 출발점이 된다.

계획수립의 목적은

그림 9-1　목적, 계획, 통제의 관계

목　적　↔　계　획　↔　통　제

- 기업과 근로자들이 나아갈 방향을 설정한다. 나아갈 방향과 달성할 목적을 알게 되면 이에 맞게 활동하고 서로 협조하고 활동을 조정하여 효율적으로 목적을 달성할 수 있다.
- 불확실성(uncertainty)을 줄일 수 있다. 경영자들로 하여금 앞을 보고, 변화를 예견하고, 변화의 영향을 고려하고, 적절한 대응책을 강구하게 만듦으로써 불확실성을 감소시키도록 한다.
- 낭비와 여분(redundancy)을 감소시킬 수 있다. 작업활동이 설정된 계획에 맞춰 조정이 되면 여분을 줄일 수 있고 수단과 결과가 분명하면 비효율은 제거할 수 있다.
- 통제에 필요한 목적이나 표준을 설정할 수 있다. 통제활동을 수행할 때 계획이 수행되었는지, 목적이 달성되었는지, 기업이 계획한 대로 옳은 방향으로 나아가고 있는지를 감시할 수 있다. 따라서 계획수립 과정이 성공적이기 위해서는 목적, 계획, 통제의 관계가 〈그림 9-1〉에서처럼 잘 통합되어야 한다.

계획화의 필요성

　계획화는 기업의 목적을 행동으로 옮기도록 만든다. 계획이 언제나 완벽한 것은 아니지만 계획을 수립하지 않으면 기업은 환경, 기술, 고객요구의 변화에 단순히 반응할 뿐이다. 그러나 계획이 수립되면 기업은 미래에 발생할 사건을 미리 예측하고 이에 영향을 미칠 수 있게 된다.

　다음과 같은 현대 조직의 네 가지 특성은 계획의 필요성을 강조한다.[1]

---

1 J. M. Ivancevich, P. Lorenzi, S. J. Skinner & P. B. Crosby, *Management*(Irwin, 1994), p. 170.

① 현재 결정과 미래 결과의 시간간격

어떤 제품의 경우에는 개발하기로 결정한 때부터 시판할 때까지 많은 시간이 흐르게 된다. 예컨대 미국의 보잉(Boeing)사는 초음속 제트기를 개발하는 데 10년이 걸렸다. 계획은 이러한 장기간 동안 자원소비를 통제하고 기업의 목적에 초점을 두도록 만든다.

계획을 수립하면 결정과 결과 사이의 장기간 동안에 발생할 변화를 예상케 함으로써 불확실성을 감소할 수 있다. 계획이 없거나 장기적 목적에 몰두하지 않으면 단기적 조건에 과민반응하는 경우가 있을 수 있다. 이와 같이 계획수립은 미래에 대한 불확실성과 변화에 대처하기 위하여 필요하다.

② 기업의 복잡성 증대

기업과 경제의 규모가 확대되고 복잡할수록 관리자의 임무도 복잡하게 된다. 생산, 마케팅, 재무 등 각 부서에서의 결정은 상호의존되어 있다. 한 기업이 많은 시장에서 경쟁하게 되면 더 많은 제품을 시장에 내놓아야 한다. 시장에서 경쟁이 심화되면 내부의 복잡성은 증대된다.

예컨대 자동차와 PC의 경우에는 수많은 모델이 생산되고 시간에 따라 새로운 모델이 등장한다. 글로벌 경쟁이 심한 경우에는 다양한 제품과 서비스를 생산해야 한다.

이러한 경쟁사회에서 기업이 활동과 자원을 계획하고 조정하는 것은 복잡성을 취급하는 데 도움을 주게 된다.

③ 글로벌 경쟁의 심화

주로 국내 경쟁만 있었던 지나간 시대에는 기업은 좀더 안정된 환경 속에서 신뢰있는 장기계획을 수립할 수 있었다. 이러한 상황에서는 기업은 판매액, 이익, 시장점유율을 예측함에 있어 현재의 추세를 미래까지 연장하면 되었다.

그러나 오늘날 기업은 국경 없는 무한경쟁 속에서 경영을 해야 한다. 새로운 고객, 새로운 시장, 세계의 새로운 부분이 기업에 기회와 위협을 동시에 부여한다. 동유럽국가와 러시아가 글로벌 경제에 진입했고 중국, 인도, 베트남, 남미, 아프리카가 미래에 시장기회와 경쟁위협을 가중시킬 것이다.

글로벌 경쟁이 심화되면 조치를 취할 시간이 짧게 되어 스피드가 중요한 요소가 된다. 따라서 오늘날 기업은 급변하는 환경변화에 맞추어 계획을 수립해 이에 대처해야 한다.

④ 다른 경영기능에의 영향

계획은 기업에서 조직화, 경영, 판매, 훈련, 판촉 등과 같은 중요한 활동을 지휘한다. 따라서 이러한 활동을 착수하기 전에 계획이 수립되어야 한다. 계획되지 않은 활동은 기업으로 하여금 부적절한 방향으로 나아가게 하고 작업자들에게는 불명확한 비전을 제시하게 된다. 따라서 계획은 기업의 모든 활동영역을 포함해서 기업이 표류하지 않도록 해야 한다.

2. 계획화의 장·단점

계획화의 장점

오늘날 동태적인 시대의 기업은 많은 분야로부터 압력을 받고 있다. 기업 외적으로는 정부규제, 복잡한 기술, 글로벌 경제의 불확실성 등에 직면하고 내적으로는 효율성 추구, 새로운 구조와 배열, 노동력의 다양성, 경영상의 도전 등에 직면하고 있다. 이러한 상황에서 계획수립은 경영성과에 있어 많은 혜택과 우위를 제공한다.

계획화와 성과 사이의 관계는 일반적으로 비례적이라고 한다. 즉 공식적인 계획화는 많은 이익을 내는 데 도움을 준다는 것이다.

① 향상된 조정

기업은 기업의 목적을 달성하기 위하여 각자의 업무를 수행하는 개인, 작업반, 하위시스템 등으로 구성되어 있다. 계획화는 이러한 다양한 기업의 활동을 조정하는 기초를 제공한다. 그들은 특정 과업과 목적을 추구한다.

이들의 달성이 기업의 목적에 의미있는 공헌이 되기 위해서는 계획의 수립이 필요하다. 계획의 수립은 기업의 모든 수준(계층)에서 달성하려고 하는 목적들을 수단-목적(means-ends)의 관계로 고리를 맺게 한다. 즉 높은 계층의 목적은 낮은 계층에서 이를 달성하려는 수단으로 이용된다. 이러한 과정을 목표와 수단의 연쇄현상(chain of means and ends)이라고 한다.

② 미래 지향적 사고

계획화는 경영자들로 하여금 앞을 생각하게 하고 기업이 미래에 직면할 위협이나 기회를 고려하게 만든다. 이와 같이 계획은 과거보다 미래에 기업으로 하여금 더욱 효과적이고 효율적으로 업무를 수행할 수 있도록 준비하게 만든다. 특히 제품의 수명주기가 빠른 기업일수록 고객의 요구를 이해하고 이를 반영하는 미래 지향적 사고가 필요하다.

③ 참여적 작업환경

기업이 계획을 수립하고 이를 성공적으로 실행하기 위해서는 폭넓은 조직 구성원의 참여가 요구된다. 이러한 참여적 작업환경은 계획을 수립할 때 다양한 종업원들의 지식과 능력을 이용할 수 있다. 예컨대 품질향상을 위한

그림 9-2   계획과정에의 참여

계획에 종업원들을 참여시키는 것은 이의 성공에 큰 공헌을 한다.

한편 계획수립에 참여한 종업원들은 그렇지 않은 종업원들보다 더욱 열정적으로 이를 달성하고자 하는 노력을 경주하게 된다. 이는 〈그림 9-2〉가 보여주고 있다.

④ 효과적인 통제시스템

기업의 계획은 통제의 기초를 제공한다. 계획에 명시된 활동의 수행이 평가되고 목표달성의 진행과정이 감시되어야 한다. 계획은 기업이 옳은 방향으로 나아가고 그의 목적을 달성하는 데 도움을 주는 역할을 한다.

계획화의 단점

계획화가 이상에서 설명한 여러 가지의 혜택을 제공하지만 한편으로는 그의 대가를 지불해야 한다. 이러한 단점은 경영자로 하여금 계획수립을 단념시킬 수도 있는 것이다.

① 시간의 소요

계획을 수립하는 데는 막대한 시간과 에너지가 요구된다. 경영자들은 현존 자원을 평가하고 작업을 향상시킬 기회를 규명하고 기업의 목적을 설정하는 데 많은 노력을 기울여야 한다.

계획을 수립하는 데는 기업이 생산하는 제품과 그의 가격은 물론 경쟁기업의 전략과 관련된 외부 정보를 입수하고 평가하는 데 많은 시간과 비용이 수반되어야 한다.

특히 세계시장에 참여하는 기업은 다수 국가의 경제, 시장요인, 고객요구 등을 분석해야 하기 때문에 계획은 아주 복잡하고 시간 소비적이다.

② 의사결정의 지연

계획은 경영자들의 의사결정을 지연시킬 단점을 갖는다. 이러한 단점은 기업의 성공이 변화에 어느 정도 빨리 적응하는가에 달려 있는 경우에는 큰 손실을 초래할 수 있다. 계획은 기업이 산업, 시장, 고객요구, 내부 운영의 변화에 빨리 적응하려는 것을 지연시킨다.

21세기의 기업환경에서 적응시간의 속도는 많은 산업에서 성공의 열쇠가 될 것이다. 계획수립 과정에 재빠른 경쟁자는 느린 기업이 놓치는 기회를 쉽게 장악할 수 있다.

③ 동태적 환경에서의 한계

오늘날 대부분의 조직들은 동태적 환경에 직면한다. 계획수립의 기본 가정은 환경이 변화하지 않는다는 것이다. 따라서 오늘날 예측할 수 없고 변화가 심한 환경에서 기업경영을 하기 위해서는 신축성이 요구되고 있다.

④ 경직성 유발

공식적인 계획화 노력은 특정 기간 내에 특정 목적을 달성하도록 강요할 수 있다. 이 기간 동안 환경이 변하게 되면 계획에 얽매인 경영자는 어려움을 겪게 된다.

3. 계획의 수립과정

계획수립과정(planning process)은 기본적으로 의사결정과정이나 전략수립과정과 비슷하다. 이러한 과정은 다음 절에서 공부할 계획의 형태에 따라 다르지만 일반적으로는 〈그림 9-3〉과 같다.

그림 9-3　**계획수립과정**

상황 평가 → 목표 설정 → 실행계획 수립 → 자원 배분

실행 통제 ← 실행 ← 자원 배분

◈ 현재의 상황을 평가한다

기업의 자원, 시장추이, 경제지표, 경쟁요인 등 기업의 현재 상태를 우선 평가한다. 기업의 외적·내적 환경을 개관하고 기회(opportunity)를 이용하고 위협(threat)은 피하고자 추구하는 장기적 목적을 설정한다. 기업의 강점(strength)과 약점(weakness)은 무엇인지 평가한다. 그래서 나타나는 미래의 문제와 기회를 올바르게 인식하는 것이 중요하다.

◈ 목적과 목표를 설정한다

기업의 현황이 파악되면 기업 전체에 대한 목적(goal)과 목표(objective)를 설정하고 이에 따라 부문별 목표를 설정한다.

모든 조직은 그의 비전(vision)과 사명을 가지고 있다. 기업의 비전, 즉 사명(mission)이란 그 기업이 고객을 위하여 제품이나 서비스를 공급하면서 존재하는 근본 목적과 가치관을 나타내고 조직과 그의 구성원이 나아가야 할 전략적 방향을 설정하는 것을 뜻한다. 다시 말하면, 사명이란 기업의 목적(purpose), 즉 존재 이유를 말한다. 사명의 목적은 기업이 추구하는 가치, 욕망, 목적을 구성원들에게 알려줌으로써 그들로 하여금 일관성 있는 의사결정이 이루어지도록 하는 것이다. 사명기술서(mission statement)는 종이쪽지에 씌어 있는 단순한 문장이 아니다. 그것은 조직 구성원에게 정보와 영감을 제공하는 살아 숨쉬는 문서이다. 이러한 문서는 현재의 기업이 앞으로 어떤 기업이 되어야 하는가의 최고경영층의 철학과 비전을 나타내고 한편으로 조직 구성원들로 하여금 공동목적을 추구하도록 이끄는 역할을 한다.

사명기술서는 기업마다 서로 상이하지만 기본적으로 그의 주된 제품 또는 서비스, 사업영역 및 범위, 차별적 경쟁우위, 장기적 성공을 보장할 종합적인 전략 등을 포함해야 한다.

예컨대 미국의 유명한 백스터 인터내셔널(Baxter International)사의 사명은 "우리는 세계 각처의 고객에 가장 좋은 제품과 서비스를 제공하고 우리가 하는 모든 일에 있어서 혁신과 우수성과 고품질을 지속적으로 추구하는 선도적 건강-의료회사가 되겠다"이다. 우리나라 삼성그룹의 사명은 "인재와 기술을 바탕으로 최고의 제품과 서비스를 창출하여 인류사회에 공헌한다"이다.

기업의 사명은 기업이 나아갈 기본방향을 제시하고 의미 있는 장기적 목적으로 더욱 구체적으로 표현되어야 한다.

목적(goal)은 기업의 사명을 달성할 더욱 구체적인 미래의 상태 또는 조건을 말한다. 목적이라는 용어는 목표와 동의어로 사용되기도 하지만 상위 개념으로 구분해 사용하고자 한다. 목적은 기업이 달성하고자 하는 질적인 결과를 의미하지만 이는 계량적으로 표현하지도 않고 완료시한도 없는 장기적인 것이다. 예컨대 "201×년 말까지 전국적으로 대도시에 판매대리점을 개설한다"는 목적이다. 이외에 목적의 예를 들면, 수익성, 효율, 생존, 성장, 복지, 자원의 이용, 사회에의 기여, 기술적 리더, 시장의 리더 등이다.

효과적인 목적은 구체적인 행동과 단기적인 목표로 변형할 수 있어야

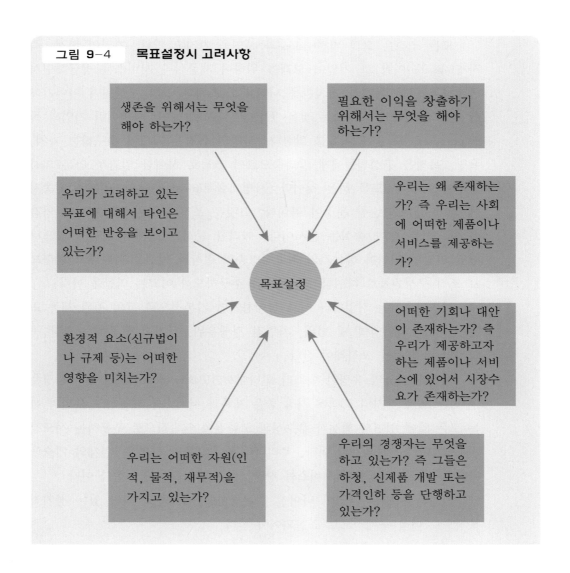

그림 9-4 목표설정시 고려사항

생존을 위해서는 무엇을 해야 하는가?

필요한 이익을 창출하기 위해서는 무엇을 해야 하는가?

우리가 고려하고 있는 목표에 대해서 타인은 어떠한 반응을 보이고 있는가?

우리는 왜 존재하는 가? 즉 우리는 사회에 어떠한 제품이나 서비스를 제공하는 가?

목표설정

환경적 요소(신규법이나 규제 등)는 어떠한 영향을 미치는가?

어떠한 기회나 대안이 존재하는가? 즉 우리가 제공하고자 하는 제품이나 서비스에 있어서 시장수요가 존재하는가?

우리는 어떠한 자원(인적, 물적, 재무적)을 가지고 있는가?

우리의 경쟁자는 무엇을 하고 있는가? 즉 그들은 하청, 신제품 개발 또는 가격인하 등을 단행하고 있는가?

한다. 이러한 목적이 분명하면 종업원들이 그들의 노력을 어디로 결집해야 하는가를 말해 준다. 목적은 나중에 기업의 성과를 측정할 때 표준으로서 역할을 한다.

목표(objective)는 계획된 활동의 최종 양적 결과치이다. 이는 언제까지 무엇이 완수되어야 하는가를 나타내는 단기적 성격 때문에 가능하면 명확하고, 구체적이고 계량적으로 표현되어야 한다. 기업의 목표를 완료한다는 것은 그 기업의 사명을 달성하는 결과로 나타난다. 목표의 한 예를 들면, "주당 연간 수익증가율이 10%"이다.

이와 같이 목적은 사명으로부터, 그리고 목표는 목적으로부터 파생된다. 목표설정시 고려해야 할 사항은 〈그림 9-4〉가 보여 주고 있다.

◈ 실행계획을 수립한다

목표를 달성하는 데 도움이 되는 각 대안을 평가하고 이러한 수단을 통하여 목표를 달성할 자원은 무엇인지, 이러한 과정에서 발생할 장애요인은 무엇인지 규명한 후 실행계획(action plan)을 수립한다.

◈ 자원을 배분한다

조직에 있어서 목표설정은 경영관리에 있어 중요한 부분이다. 목표를 설정함으로써 조직은 어떻게 인적, 물적, 재무적, 그리고 시간적 자원을 활용할 것인가를 결정하게 된다. 목표를 잘못 설정하게 되면 낭비나 비효율을 결과하게 된다. 따라서 경영자는 목표가 조직에 미치는 잠재적 영향을 고려하여 신중하게 설정하여야 한다.

자원의 지출은 예산의 사용에 의하여 통제된다. 예산(budget)이란 각 활동과 연관된 사전에 결정한 자원의 양을 말한다. 예산은 계획수립 기법으로도 기능하지만 통제 기법으로도 기능한다.

◈ 실행을 한다

실행(implementation)이란 계획을 행동으로 실천하기 위하여 자원을 사용하는 것을 말한다. 경영자와 종업원들은 계획을 이해하고, 이를 실행하는 데 필요한 자원을 준비하고, 이를 잘 실행하고자 하는 동기를 가져야 한다. 만일 경영자와 종업원들이 모두 계획수립과정에 참여하고 있다면 실행과정은 더욱 효과적이고 효율적으로 진행될 것이다.

경영자는 계획을 효과적으로 실행하기 위하여 정책, 절차, 규칙 등을 정한다.

정책(policy)이란 의사결정을 내리는 지침으로 따라야 할 일련의 행동과정으로서 조직 운용의 구체적 측면을 다루고 있는 보완적 계획이다. 정책이 조직 운용에서 가지는 주요 이점은 다음과 같다.

- 시간절약: 정책은 발생가능한 미래상황을 다루기 위하여 설계된다. 따라서 지침인 정책이 없다면 종업원들은 개별 상황에 따라 의사결정을 행하는 데 상당한 시간을 소비하게 될 것이다. 대규모 백화점에서 반품에 대한 정책이 없다면 반품을 처리하는 데 소비하여야 할 경영자의 시간을 생각해 보라! 정책은 유사한 상황을 다루는 방법을 제시하고 있으므로 시간을 절약한다.
- 실수 방지: 일반적으로 정책은 잠재적 문제의 장·단기적 파급효과를 심도 있게 취급함으로써 있을 수 있는 실수를 방지하고자 한다.

절차(procedure)는 특정한 상황을 다루기 위한 구체적 계획이다. 절차는 과업을 수행하기 위하여 취하여야 하는 구체적 관계를 의미한다. 병원에서는 수술에 대한 절차가 있으며, 관공서에서는 민원을 해결하는 절차가 있다.

실제로 조직에 있어서 많은 업무가 절차에 의해서 통제되고 있다. 예를 들어 주문서 발부라든가 신규 종업원 오리엔테이션 등과 같은 활동에 대한 절차가 있다. 절차는 조직의 모든 계층과 모든 분야에서 발견된다.

절차는 여러 가지 측면에서 정책과 유사하다. 다만 절차는 특정 상황을 다루는 데 필요한 행동을 보다 구체적으로 기술한 것이다. 절차는 조직 목표, 전략, 정책 등과 같이 동떨어진 것처럼 보이므로 때때로 중요성이 간과되고 있다.

규칙(rule)은 특정 상황에서 하여야 할 행동과 하지 말아야 할 행동을 구체적으로 기술한 것이다. 비행기 여행자들은 '흡연금지 표시등이 나오면 담배를 피워서는 안 된다' 그리고 '모든 휴대 가방은 의자 밑에 두어야 한다'는 두 가지 규칙에 대해서 익숙해 있다. 규칙은 협상 가능한 것이 아니며 경영자에게 자유재량권이 없다.

규칙은 간단하고 명료하게 기술되지만 경영자가 반드시 수행하여야 하는 강제성을 가지므로 신중하게 제정되어야 한다. 과도하거나 불필요한 규칙은 조직의 융통성을 저해하고 경쟁력을 떨어뜨린다. 또한 종업원들은 책임을 회피하기 위하여 규칙에 얽매이기 쉽다.

◈ 실행을 통제한다

기업은 의도하는 목표가 달성될 수 있도록 모든 작업활동을 관리해야 한다. 통제란 실제 결과가 이미 수립한 계획과 일치하도록 모든 경영활동을 관리하는 것을 말한다.

경영자들은 실제 성과를 보고하고 이 성과를 표준과 대비할 수 있는 정보를 제공해야 한다. 이러한 정보는 생산활동이나 판매활동처럼 특정하고 구체적인 결과를 가져오는 활동의 경우에는 쉽게 입수할 수 있다.

실제 결과가 이미 수립한 계획과 일치하지 않을 경우에는 시정조치가 강구되어야 한다.

4. 계획의 유형

모든 효과적인 계획은 고객이나 품질 및 경쟁력 등에 초점을 맞추지만 계획활동은 활동의 범위, 계획기간, 상세한 정도 등에 따라 여러 가지 유형으로 구분할 수 있다.

장기 · 중기 · 단기계획

계획은 그의 기간에 따라 단기계획, 중기계획, 장기계획으로 구분할 수 있다. 보통 1년 이하의 계획을 단기계획이라 하고 1년 이상 2년 이하의 계획을 중기계획이라 하며 2년 이상의 계획을 장기계획이라 한다. 그런데 기간이란 절대적인 개념이 아니므로 계획 자체의 성격에 의해서 구분하는 것이 바람직스럽다.

단기계획은 특정 부서나 개인이 달성해야 할 일상업무와 관련된 운영적 목적을 포함한다. 중기계획은 중간관리층이 달성해야 할 전술적 목적을 포함한다. 한편 장기계획은 최고경영층이 수립하는 조직 전체의 전략적 목적과 방향을 결정하는 계획이다.

단기에 있어서는 기업이 생산시설을 확장 또는 축소할 수 없고 생산능력의 효율성과 생산시설의 가동률을 변경할 수 있는 것이다. 중기에 있어서는 기업이 생산시설을 확장 또는 축소할 수 있으며 장기에 있어서는 경쟁자가 나타나거나 사업을 확장 내지 포기할 수 있는 것이다.

전략적 · 전술적 · 운영적 계획

계획은 그의 조직계층에 따라 전략적 계획, 전술적 계획, 운영적(업무적) 계획으로 구분할 수 있다. 이는 〈그림 9-5〉에서 보는 바와 같다.

계획화 과정은 조직의 기본적인 목적(purpose), 즉 존재이유를 의미하는 공식적인 사명(mission)의 기술로부터 시작한다. 이러한 사명은 전략적 목적과 계획의 기본이 된다. 전략적 계획(strategic plan)이란 기업이 장기적으로 경쟁력을 강화하고 전반적인 경영성과를 증진하는 등의 기업 목적설정과 그

그림 9-5 **목적과 계획의 수준**

의 달성을 위하여 최고경영층이 수립하는 포괄적이고 일반적인 계획이다. 최고경영층은 조직의 효율성과 효과성을 달성하기 위하여 전략적 목적과 계획을 수립할 책임을 갖는다. 전략적 계획은 기업의 사명에 따라 기업이 미래로 나아갈 방향을 설정한다.

예컨대 전략적 계획에는 특정 제품분야에서 세계를 지배하려는 사명을 명시할 수 있고 새로운 시장을 침투하여 그들 시장에서 어떻게 경쟁할 것인가 하는 전략적 목표를 수립할 수 있다.

전략적 계획은 정치적·경제적·사회적·기술적 요인과 같은 간접적인 경영환경뿐만 아니라 경쟁자·고객·제품·시장 등의 직접적인 경영환경요인의 분석을 통하여 변화하는 외부환경에 어떻게 대응할 것인가, 자원을 어떻게 배분할 것인가, 전략적 목적을 달성하기 위한 전사적 노력을 통합하기 위하여 어떤 조치가 필요한 것인가 등에 관한 문제를 취급한다.

전략적 계획을 수립하는 목적은 기업이 현재 있는 곳에서 가고자 하는 곳으로 움직이게 하여 기업이 속한 산업에서 지속적인 경쟁우위를 확보하려는 것이다. 전략적 계획은 제12장에서 공부할 경영전략의 기초가 된다.

전술적 계획(tactical plan)은 전략적 계획과 운영적 계획의 중간형태의 계획으로서 중간관리층이 수립하는 좀더 좁고 구체적인 중기계획이다. 이는 장기적 효과보다는 중기적 효율을 취급한다. 전술적 계획은 전략적 계획을 실행하고 전술적 목적을 달성하기 위한 수단이다.

전술적 계획은 전략적 계획에서 제시된 경영 목표를 효율적으로 달성하기 위하여 특정 사업부 또는 기능단위가 그의 전술적 목적을 달성하기 위하여 취하는 중요한 절차를 요약한다. 부문별 전술적 계획은 생산, 영업, 인사, 연구개발, 총무부서와 같은 주요 기능분야에서 필요로 하며 이때 각 부문별 목표를 설정함에 있어 구체적이고 상세한 조정작업이 필수적이다.

전략적 계획이 외부환경의 변화를 분석하여야 함에 비하여 전술적 계획은 주로 내부환경에 영향을 받는다.

운영적 계획(operational plan)은 전술적 계획의 이행과 운영적 목표의 달성을 지원하는 수단이다. 이러한 계획은 1년 이하의 기간을 고려하지만 1주일 단위의 운영계획을 수립하는 경우도 많다.

운영적 계획은 부서의 하위관리자들이 수립하는 구체적인 계획인데 주로 제품이나 서비스의 생산활동에 관련된 생산계획, 여러 가지 운영에 필요한 자금을 조달하는 재무계획, 과업을 수행하는 데 필요한 시설이나 작업배치에 관련된 시설계획, 제품이나 서비스의 판매 및 유통과 관련된 마케팅계획, 작업자의 채용이나 배치를 취급하는 인적자원계획 등을 포함한다.

운영적 계획에 영향을 미치는 경영환경은 정책·예산·절차·규칙 등의 내부 규제라고 할 수 있다.

운영적 계획은 대상으로 하는 업무의 성격에 따라 상설계획과 임시계획으로 구분할 수 있다.

임시계획(single-use plan)은 사용기간이 확실히 정해져 있을 뿐만 아니라 보다 구체적인 목표의 달성을 위한 계획이다. 예를 들면, 새로운 제품의 개발계획을 수립하기 위하여 프로젝트 팀이 구성될 수 있는데 이러한 임시계획은 제품이 완전히 개발되면 더 이상 존재이유가 소멸된다.

임시계획에는 프로그램(실행계획), 프로젝트, 예산 등 세 가지 유형이 포함된다.

프로그램(program)은 비반복적인 하나의 중요한 목표에 관련된 복잡한 활동들을 조정하기 위한 포괄적인 계획이다. 프로그램은 기업에서 몇 개의 부서가 참여하고 여러 개의 프로젝트로 구성되어 있는데 보통 1년 이상이 소요된다. 예컨대 10억 원을 들여 장충체육관을 수리하는 프로그램을 진행한다면 이는 수많은 활동으로 구성되어 있고 이러한 활동은 일정한 기간 내에 완료하도록 조정된다.

이와 같이 프로그램을 완수하는 데는 수많은 활동이 요구되는데 이들이 완료되면 프로그램도 끝이 난다. 미국 NASA의 아폴로 프로그램은 인간이 달에 착륙하면서 영원히 끝이 난 것이다.

프로젝트(project)는 중요한 비반복적인 목적을 달성하기 위하여 여러 개의 프로젝트로 분리할 필요가 없는 제한된 규모의 활동들을 조정하는 임시계획이다. 프로젝트는 프로그램과 유사하지만 하나의 목표를 갖는 모호하지 않는 계획이라는 점에서, 반복되지 않는다는 점에서, 단기간 내에 완료된다는 점에서 프로그램과 구별된다. 예컨대 어느 회사의 종업원용 주차장 건설은 반복되지 않고 단기간 내에 완성되는 프로젝트이다.

예산(budget)이란 기업의 활동, 프로그램, 프로젝트에 배분되는 재무적 자원의 이용명세서이다. 이는 여러 가지 용도에 자원을 할당하는 강력한 도구이다. 예산은 성과를 감시할 특정한 정보를 제공함으로써 활동들을 조정하게 된다. 예산은 조직의 활동을 통제하고 결과를 추적하며 자원을 효율적으로 배분하도록 하는 기본적 수단이 된다.

　　상설계획(standing–use plan)은 꾸준히 반복되는 목표를 달성하기 위해 상설적으로 사용되는 계획이다. 경영자는 이러한 상설계획을 수립함으로써 특정 상황이 발생할 때마다 새로이 계획을 수립하는 번거로움을 피할 수 있다. 이러한 계획은 반복되는 상황을 꾸준히 다룰 수 있게 해 준다.

　　상설계획은 종업원들의 유연성을 제한하고 고객의 요구에 쉽게 대응할

그림 9-6　계획의 계층

수 없는 단점도 가진다. 종업원 행위에 대한 엄격한 제약은 오히려 경영성과에 부정적 영향을 미칠 수 있다. 따라서 경영자들은 상설계획을 수립하고 집행하기 전에 이들을 여하히 효율적으로 사용할 것인가를 심사숙고해야 한다.

상설계획은 정책, 절차, 규칙의 형태를 취한다. 이들에 대해서는 이미 앞 절에서 설명한 바와 같다.

이상에서 설명한 여러 가지 계획의 계층별 구조는 〈그림 9-6〉에서 보는 바와 같다.

5. 계획수립의 접근법

계획수립과정이란 경영자가 어떻게 계획을 수립하는가를 설명하는 것인데 그러한 계획을 수립하는 책임을 누가 갖는가를 기술하는 접근법에는 중앙집권적 하향식 계획수립법, 지방분권적 상향식 계획수립법, 팀 계획수립법, 비상계획 등이 있다.

중앙집권적 하향식 계획수립법

중앙집권적 하향식 계획수립법(centralized top-down planning)은 중앙집권적 소규모 기업에서 널리 사용되는 방법이다. 전략적 계획이 맨 먼저 최고경영층에 의하여 작성이 되면 전략적 목표를 달성하기 위하여 전술적 계획이 수립되고 다시 이에 따라 운영적 계획이 수립되는 것처럼 계층적 권한이 지배적인 하향식 접근법은 전통적 기법이라고 할 수 있다. 사실 이러한 방법은 1970년대에 널리 이용되었다.

이 접근법은 전략적 계획수립의 책임이 몇 사람의 최고경영자에 귀속하기 때문에 중앙집권적이라고 하고 이를 근거로 차례로 중간관리층과 하위관리층이 전술적 계획과 운영적 계획을 수립하기 때문에 하향식 방법이라고 한다.

지방분권적 상향식 계획수립법

최근의 계획수립은 지방분권적 상향식 접근법(decentralized bottom-up planning)을 이용한다. 이는 계획수립의 권한을 사업본부장이나 부장에게 위임하는 방법이다. 그들은 기업의 전략적 목적을 염두에 두고 계획을 수립한다. 이러한 방법을 사용하는 기업은 중앙집권적 방법에서 보유하는 계획부와 똑같은 일을 하는 계획업무 담당직원을 각 사업부 또는 부에 두고 있다. 이러한 직원은 계획을 수립한다기보다는 이를 조정하는 역할을 수행한다.

지방분권적이라는 말은 독립적인 계획수립을 위한 권한이 기업의 하부 부서로 이양됨을 뜻한다. 상향식이란 하층에서의 계획결정이 상층에서 모두 총괄이 되어 포괄적인 계획을 수립하는 데 이용되는 것을 강조하는 용어이다. 하층에서의 결정은 최고경영층에 의하여 거부될 수도 있지만 보통 검토하고 수정하게 된다.

이러한 방법은 많은 관리자들로 하여금 계획에 참여하게 한다. 그러나 이러한 방법은 기업의 최고경영층이 책임을 공유하고자 하는 철학을 가지고 있으며 조직구조상 사업부나 부가 독립적 기능을 수행할 수 있을 때 효과적인 것이다.

팀 계획수립법

팀 계획수립법(team planning)이란 일선관리자와 계획전문가로 구성되는 프로젝트 팀이 일시적으로 계획을 수립할 권한을 위임받는 참여적 방법이다.

팀 방법은 하향식 방법과 상향식 방법의 절충이 아니라 두 방법의 장점을 통합하는 방법이다. 주요한 하향식 요소는 기업의 전략적 목표를 지원하는 지침과 함께 많은 정보가 하향한다는 것이다. 한편 주요한 상향식 요소는 비록 그들의 계획결정이 높은 계층의 팀과 조정을 해야 함에도 불구하고 계획결정에 상당한 자유를 갖는 부하들이 적극적으로 참여한다는 것이다.

비상계획

계획이란 미래에 발생할 활동을 현재에 수립하는 것이다. 따라서 경영 환경이 불확실하면 할수록 원래의 가정, 추측, 의도가 잘못될 가능성은 높게 된다. 기대하지 못한 문제나 사건이 발생하기 때문에 아무리 조심해서 준비한 미래의 시나리오(scenarios)도 부적절하게 되는 경우가 있다. 이런 때에는 계획을 변경해야 한다. 계획을 수립하는 과정에서 계획이 실행될 환경을 예측한다고 해도 모든 일이 기대한 대로 진행하지 않을 것을 예상해야 한다. 현행계획(원안)이 부적절한 것이 되는 상황이 발생하면 이를 버리고 곧바로 사용할 수 있는 대안을 수립해야 한다.

비상계획(contingency plan)이란 현행계획이 쓸모가 없는 상황변화가 전개되면 실행할 수 있는 대안으로서의 목표와 활동을 결정하는 것을 뜻한다. 비상계획은 여러 가지 상이한 계획전제(planning premises)하에서 수립되고 이러한 전제가 현실화되면 원안을 대신해서 대안이 실행된다.

계획전제란 계획수립의 기본가정 또는 제약조건으로서 계획이 실행될 당시의 기업의 내적·외적 환경을 뜻한다. 이러한 계획전제에는 계획수립의 기초자료인 예측자료, 기본방침, 기존의 계획안 등이 포함되는데 이 중에서 예측자료가 가장 중요하다.

비상계획은 미래에 사건이 발생하리라 예상하거나 예상하지 못할 경우에 대비하여 대안을 수립하는 것을 뜻한다. 어떤 고려사항은 지금에는 황당하게 생각될지라도 이것이 바로 요점이다. 다만 미래에 발생하리라 기대할 수 있는 사건을 전제로 계획을 수립하게 된다면 이는 계획으로서의 희망이 끝난 것과 다름이 없다고 하겠다.

6. 목표관리

전략적·전술적·운영적 목표가 결정되면 경영자들은 그들의 상황에 가장 적절한 계획수립 접근법을 선정하게 된다. 목표설정과 계획화과정을 동시에 효율적으로 관리하기 위하여 널리 이용되는 방법이 목표관리이다.

전통적 목표설정

목표의 전통적 역할은 기업의 최고경영자가 부과하는 통제와 감독을 안내하는 것이다. 최고경영자가 기업의 목표를 설정하고 하위관리자들에게 이를 일방적으로 지시하여 달성하도록 하였다. 이러한 전통적 방법은 최고경영자가 기업의 큰 그림(big picture)을 볼 수 있기 때문에 무엇이 최선인가를 가장 잘 알고 있음을 전제로 한다.

이와 같이 최고경영자들이 결정하여 기업의 각 부문에 차례로 전달하면 하위관리자들과 작업자들은 이를 완성하도록 노력을 해야 했다. 즉 이러한 목표는 각 작업자의 작업행위를 지휘하고 제약하는 역할을 하였다.

조직목표의 계층화는 목적-수단의 고리(ends-means chain)를 형성한다. 높은 부문의 목표(ends)는 낮은 부문의 목표와 연관이 되는데 이는 높은 부문의 목표달성을 위한 수단이 된다. 이러한 관계는 기업의 아래 부문으로 내려가면서 계속된다.

이러한 전통적·중앙집권적 목표설정 방법은 하위관리자들과 작업자들의 참여를 배제함으로써 협조를 얻지 못하고 생산성은 저하하는 결과를 초래하였다. 이에 목표설정시 이들의 참여를 통해 자주성과 창의성을 반영하려는 새로운 기법이 탄생하였다.

목표관리의 의의

목표관리(management by objectives: MBO)의 개념은 드러커(Peter Drucker)와 맥그레거(Douglas McGregor)에 의하여 제창되었다. 드러커는 1954년 그의 저서 「The Practice of Management」에서 계획수립의 한 방법으로 MBO를 제창하였다.[2] 한편 맥그레거는 경영관리의 업적평가를 위한 한 방법으로 MBO를 발전시켰다.[3]

---

2 Peter Drucker, *The Practice of Management* (Harper, 1954).
3 Douglas McGregor, "An Easy Look at Performance Appraisal," *Harvard Business Review,* 35(3)(1957) pp. 87~94.

목표관리는 측정가능한 특정 성과목표를 상급자(상사)와 하급자(부하)가 함께 합의하여 설정하고, 이러한 목표를 달성할 책임부문을 명시하고, 이의 진척상황을 정기적으로 점검하고 평가한 후 보상은 이러한 진도에 따라 배분하는 경영시스템을 말한다.

이와 같이 MBO는 목표를 통제의 수단으로 사용하지 않고 작업자들을 자발적으로 목표설정에 참여시켜 그들의 동기유발을 꾀하고자 한다.

목표관리의 목적은 부하들에게 목표설정과 계획과정에 참여시켜 그들의 목소리를 반영하도록 하는 것이다. 또한 이렇게 함으로써 일정기간 동안 그들이 개인으로서 또는 작업그룹으로서 달성해야 할 일이 무엇인가를 분명히 인식시킴과 동시에 그들의 활동을 기업의 목표달성과 직접적으로 연관시키는 것이다.

Intel, Dupont, Black & Decker 등 회사의 경영자들은 MBO를 사용한 후 이는 효과적인 경영도구임을 인정하고 있다. 또한 그들은 MBO를 사용할 때 더욱 목표달성 지향적이었음을 주장한다.

MBO가 잘못 사용되면 문제를 일으키지만 〈그림 9-7〉에서 보는 바와 같은 여러 가지 혜택도 주기 때문에 아주 효과적인 성과측정시스템으로 인정하고 있다.

그림 9-7 　 **MBO의 혜택**

경영자와 종업원들로 하여금 목적달성에 전념토록 한다.

회사의 모든 수준에서 성과향상을 가져온다.

MBO

종업원 모티베이션을 향상시킨다.

개인이나 부서의 목적을 회사의 목적에 부합하도록 한다.

목표관리의 과정

목표관리를 진행하는 과정은 대체로 다음과 같다.

◈ 목표설정

최고경영층이 주요한 전략적 목표를 분명히 결정한 후 부하들과 함께 다음 단계의 목표를 설정하는 것으로 과정은 시작한다. 이러한 과정은 기업의 아래 부문까지 계속 하향한다. 각 부문에서 상사는 부하들과 함께 윗 부문의 목표와 일관성 있는 목표를 설정하고 업무를 수행할 일정과 업무수행 후 결과를 비교 평가할 표준도 함께 설정한다.

◈ 실행계획의 수립

상사와 부하는 개인이나 작업그룹의 목표를 어떻게 기간 내에 수행할 것인가를 나타내는 실행계획을 수립하고 이를 명문화한다.

◈ 과정검토

실행계획이 제대로 진행하고 있는지 확인하기 위하여 정기적인 진척상황을 점검한다. 이러한 검토는 상사와 부하 사이에 비공식적으로 진행한다.

그림 9-8 목표관리의 과정

1. 목적설정
   - 기업의 전략적 목적
   - 부서의 목적
   - 개인의 목적

2. 실행계획의 수립
   - 실행계획 수립

   - 과정검토

3. 과정검토
   - 시정조치

4. 성과의 평가
   - 성과의 평가

이러한 점검은 시정조치가 필요한가를 알려준다. MBO의 목적은 수립된 목표를 제대로 달성하는 것이므로 필요하면 언제든지 실행계획을 수정할 수 있다.

● 성과의 평가

구성원 개인, 작업그룹, 부서의 연간 목표가 달성되었는지 면밀히 평가한다. 목표달성의 성패는 임금인상의 기준이 된다. MBO 사이클이 완료되면 다음 기간의 MBO를 추진하기 위하여 다시 목표를 설정하게 된다. 목표관리과정은 〈그림 9-8〉이 요약하고 있다.

목표관리의 효과 및 한계

MBO는 조직의 전략적 변화를 계획하고, 실행하고, 평가하고, 통제하는 데 효과적인 방법이 될 수 있다. MBO는 조직 목표를 더욱 효과적으로 달성할 수 있도록 개인들의 노력이 조정되고 상호간의 협력을 증대시킬 수 있다.

MBO는 기업의 모든 부문에서 성과를 증진시킨다. 이러한 과정은 각 관리자의 목표와 위·아래 관리자의 목표를 서로 묶게 해 줌으로써 MBO는 기업에서 팀워크를 조장하고, 커뮤니케이션을 증진하고, 참여를 권장하며, 작업자들로 하여금 책임감을 공유하게 하여 동기부여하는 조정시스템으로서 기능하게 된다. MBO는 직무만족을 가져오고 개인의 성장을 증진시킨다.

물론 MBO가 효과적이려면 참여하는 모든 사람들이 특히 최고경영층이 적극적으로 헌신해야 한다. 이 프로그램은 하위 조직 구성원들의 참여가 필요하기 때문에 최고경영자는 모든 조직 구성원들의 협조와 참여를 유도하고 지원해야 한다. 또한 MBO가 효과적이기 위해서는 많은 시간이 필요하다. 보통은 3년에서 5년의 시간이 필요하다. 따라서 단기적인 효과를 기대하는 회사들한테 이 기법은 적절하지 않을 수도 있다.

MBO는 목표설정 자체에 문제가 있다. 목표는 너무 높게 또는 너무 낮게 설정될 수 있으며 신축성을 결여할 수 있다. 목표는 종업원 사기와 같은 계량화할 수 없는 분야에서는 설정하기가 쉽지 않다. MBO는 역사적으로 볼 때 환경의 변화가 완만한 경우에 효과적이었다. 따라서 이의 변화가 빠른 기업에서의 MBO는 효과적인 결과를 가져오지 못한다.

　　그럼에도 불구하고 최근 들어 MBO는 조직변화를 위해 가장 광범위하게 사용되는 기법 중의 하나이다.

E/X/E/R/C/I/S/E
토론문제

01. 계획수립의 의의, 필요성, 장·단점을 설명하라.

02. 계획의 수립과정을 열거하라.

03. 계획의 유형을 설명하라.

04. 임시계획과 상설계획의 차이점을 설명하라.

05. 계획수립의 접근법을 설명하라.

06. 비상계획을 정의하라.

07. 목표관리에 대하여 설명하라.

경영전략

오늘날 성공하는 기업들은 효과적인 전략계획을 수립하여 실행하고 있다. 특히 21세기 디지털 시대에 급변하는 글로벌 환경에서 장기적이고 지속적인 경쟁우위를 확보하는 데는 효과적인 전략수립이 절대적으로 요구된다는 사실을 누구나 인정하고 있다.

전략수립이란 오늘날 기업성공에 꼭 필요한 요소이지만 사실 1970년대 초까지만 해도 장기계획은 과거에 해 왔던 대로 수립하는 정도이었다. 그러나 에너지 위기, 산업의 규제완화, 기술향상, 치열한 글로벌 경쟁 등 게임의 룰이 바뀜에 따라 기업은 환경을 분석하고 기업의 강점과 약점을 평가하고 경쟁우위를 제공할 기회를 규명하는 데 체계적 방법을 사용하지 않으면 안 되었다. 이렇게 하여 전략적 사고의 가치를 인식하게 되었다.

본장에서는 경영전략의 개념, 중요성과 이의 수립과정 및 여러 가지 형태의 기업전략에 관해서 공부할 것이다.

경영전략

1. 전략의 개념

모든 기업은 급격하게 변화하는 환경에서 살아남기 위해 여러 형태의 계획을 수립한다. 특히 기업은 장기적 목표를 설정하고 이를 효과적으로 달성할 계획을 수립해야 하는데 만일 이러한 장기적, 전략적 계획이 없다면 그 조직은 지도와 나침반은 물론 방향타도 없는 배에 있는 선원들과 같다고 비유할 수 있다.

따라서 경영자들은 조직과 경쟁환경의 큰 그림을 장기적 관점에서 보는 전략적 사고(strategic thinking)가 필요하다.

오늘날 모든 기업은 명시적이건 암묵적이건 전략을 수립한다. 조직의 전략(strategy)이란 바로 배의 지도, 나침반, 방향타와 같이 조직의 구성원들에게 조직이 어디로 어떻게 가야 할 것인가를 말해 주고 이 조직을 조종하는 메커니즘이라고 할 수 있다. 조직의 구성원들은 배의 엔진이요 선원이다. 즉 그들은 배를 움직일 힘을 제공하고 방향타를 통제한다고 할 수 있다. 그러나 전략이 없으면 아무리 훌륭한 종업원들이라고 해도 조직의 목표를 달성할 수단을 찾을 수 없게 된다.

원래 전략이란 군사용어로서 희랍어의 strategos에서 어원을 찾을 수 있다. 이는 장군이 갖추어야 하는 기술 또는 과학을 의미한다. 효과적인 장군이 전쟁에서 승리하기 위해서는 군을 이끄는 목적을 정의하고, 영토를 확보 유지하고, 적의 침입으로부터 도시를 보호하고, 적을 섬멸하기 위해서는 자

그림 10-1 지속적 경쟁우위의 조건

가치있는
자원

희소한
자원

지속적인
경쟁우위

모방할 수
없는 자원

대체할 수
없는 자원

원, 즉 프로그램을 적절히 사용할 능력을 갖추어야 함을 강조한 것이다.

전략을 수립할 때는 다음과 같은 간단한 질문에 답을 할 수 있어야 한다.

- 우리는 어디로 가고 있는가?: 목적(ends)
- 우리는 거기에 어떻게 도달할 것인가?: 수단(means)
- 행동을 위한 청사진은 무엇인가?: 실행계획(action plans)
- 우리가 정상궤도를 가고 있음을 어떻게 아는가?: 통제(control)

사업은 어떤 점에 있어서는 전쟁과 같다고 할 수 있다. 그래서 전략이란 개념이 기업경영에 도입되어 경영전략(management strategy)이라든가 전략경영(strategic management)이라는 용어가 널리 사용되고 있다.

전략이란 한 조직이 나아가야 할 장기적인 방향을 제시하고 그 조직의 사명과 목표를 지속적 경쟁우위(sustainable competitive advantage)를 유지하면서 달성하고자 가치있고, 희소해야 하고, 모방할 수 없고, 대체할 수 없는 자원을 활용토록 하는 종합적인 행동방안이라고 정의할 수 있다. 이는 〈그림 10-1〉에서 보는 바와 같다. 전략은 전략적 계획수립의 결과물이다. 따라서 전략을 수립하면 기업은 자원을 합리적으로 배분하게 되고 경쟁자에 비교한 상대적 강점을 이용하고, 반면 약점은 완화하게 하며 환경을 이용하고 경쟁자의 가능한 조치에 맞설 수 있게 된다. 이와 같이 전략을 제대로 수립하면 기업은 다음과 같은 능력을 갖게 된다.

- 분명한 방향을 설정한다.
- 경쟁자와 비교한 강점과 약점의 내용을 알게 된다.
- 기업이 보유하는 주요 기능과 핵심역량(core competencies)을 이용하는 프로젝트에 희소한 자원을 배분한다.
- 급격하게 변하는 정치적 · 사회적 환경의 요소를 규명한다.
- 어떤 경쟁자의 행동을 지켜보아야 할 것인가를 인식한다.

2. 경영전략

경영전략의 개념

경영전략은 기업의 사명과 목표를 달성하고 환경과의 관계를 관리하고 경쟁우위를 확보하기 위하여 전략을 수립하고 실행하는 과정(process)이라고 정의한다. 따라서 전략경영은 장기계획 또는 전략계획(strategic planning)보다 넓은 의미이다. 전략경영은 단순한 계획은 물론 실행과 통제(관리)를 포함할 뿐만 아니라 전략계획보다 폭넓게 환경분석을 실시하는 것이다. 환경은 꾸준히 변하는 것이므로 전략경영이 중요하고 복잡한 것이다.

전략경영은 지속적이고 반복적인 작업이다. 전략수립과정은 결코 중단하거나 일회성으로 끝나는 작업이 아니다. 또한 이러한 과정은 첫 단계로부터 시작하여 마지막 단계까지 진행하고 다시 첫 단계로부터 시작하게 된다.

전략경영은 일련의 절차를 거치는 과정이다. 전략수립의 과정은 다음 절에서 자세히 설명할 것이다.

경영전략은 마케팅, 생산, 재무와 같은 주요 기능부서로부터 자원과 전문기술을 지원받아 수립된다. 이러한 교차기능 접근법(cross-functional approach)은 어떤 한 부서가 경영전략수립에서 주도적 역할을 할 수 없도록 하고 동시에 모두 참여토록 하기 위함이다.

환경은 언제나 변하므로 이에 따라 기업은 사명과 목적을 달성할 전략을 계속해서 수정해야 한다. 예를 들면, 새로운 법령이 제정된다든지 노동시장에 변화가 있다든지 경쟁자가 새로운 주도권을 행사하게 되면 최고경영층은 여기에 주의를 기울여야 한다.

경영전략의 중요성

대부분의 조직은 오늘날 장기적 성장과 성공에 있어서 전략경영의 중요성을 인식하고 있다. 최고경영층은 그들 조직의 사명을 보다 정확하게 정의함으로써 조직이 나아가야 할 방향을 뚜렷하게 제시할 수 있게 되었고 조직의 목적을 달성할 계획과 활동을 더욱 효과적으로 집중할 수 있게 되었음을 인정한다.

전략경영이 경영자들에 중요한 또 다른 이유는 기업경영에 영향을 미치는 불확실한 환경의 급속한 변화에 준비하고 대처할 능력을 부여한다는 것이다. 사실 변화의 속도가 완만한 경우에는 단순히 과거의 경험에 입각하여 목적과 계획을 수립하면 된다. 그러나 오늘날에는 과거의 경험은 믿을만한 길잡이가 될 수 없으므로 미래에 발생할 고유한 문제와 기회에 합당한 전략을 개발해야 한다.

전략경영은 조직성과에 차이를 가져온다. 조직성과에 기여하는 요인들을 연구한 결과 전략계획과 성과 사이에는 비례적 관계가 있음이 밝혀졌다. 즉 전략경영을 사용하는 조직은 그렇지 않은 기업보다 월등히 높은 수준의 성과를 나타내고 있다.

전략경영은 조직의 성격 때문에 중요하다. 모든 조직은 다양한 사업부, 부, 과, 기능, 작업활동(예: 마케팅활동, 생산활동, 재무활동 등)으로 구성되어 있다. 그런데 이런 부문에 종사하는 근로자들의 업무를 조정하고 조직의 목적달성에 전념토록 하는 역할은 전략경영이 한다.

전략경영이 언제나 장점만을 갖는 것은 아니다. 전략경영의 가장 큰 결점은 기업의 제품과 고객들과의 접촉이 없는 전략수립가들이 관료주의(bureaucracy)로 흐를 위험을 내포하고 있다는 것이다. 「비즈니스 위크」(Business Week)의 조사에 의하면 기업들이 효과적인 경영전략시스템을 개발하기 위하여 외부의 전문가와 정교한 모델 및 계획프로그램 등에 막대한 투자

를 하는 것으로 나타났다.[1]

이러한 외부 전문가들은 기업 내의 운영관리자들의 주도권과 힘을 도외시하고 기업의 실제적 필요성과는 동떨어진 추상적 개념에 입각하여 결정할 가능성이 있는 것이다.

경영전략수립에는 막대한 시간, 돈, 인력의 투자가 소요되는데 이의 결과는 수 년이 걸린다. 경영전략과정이 원만하게 기능을 수행할 때까지는 조직은 중요한 결정에 조심스럽게 그리고 불확실하게 접근하게 된다. 따라서 기회를 상실할 가능성도 있다.

전략경영의 또 다른 결점은 가장 합리적이고 위험부담이 없는 대안에 국한시킴으로써 좀 불확실하고 분석하기 힘들지만 좋은 성과를 초래할 기회를 놓치고 말게 된다는 것이다.

경영전략의 혜택

많은 학자들의 연구결과 조직이 대기업이든 소기업이든 간에 경영전략을 공식적으로 수립하는 기업은 그렇지 않는 기업에 비하여 높은 이익과 같

그림 10-2 경영전략의 혜택

경영전략

결과:
높은 성과
품질
경쟁력

---

[1] The New Breed of Strategic Planner, *Business Week*(September 17, 1984), pp. 62~68.

은 성과를 초래하고 있음이 발견되었다.[2]

기업이 경영전략을 수립하고 실행하면 금전적 혜택 외에도 조직 구성원으로 하여금 장기적 목표를 달성하는 데 몰입하도록 하는 이점을 제공하기도 한다. 이러한 몰입은 필연적으로 목표를 달성할 전략수립에 참여토록 유도하게 된다.

기업의 경영전략의 또 다른 혜택은 혼돈(chaos)으로부터 탈피하여 높은 성과, 품질, 경쟁력의 확보를 가능케 하여 준다는 것이다. 오늘날 작업장이 복잡함에 따라 기대치 못했던 사건, 무작위성(randomness), 혼돈이 발생하게 된다. 전략경영은 혼돈과 복잡성으로부터 탈피하여 질서를 유지케 하고 좋은 성과를 초래하게 해 준다. 이는 〈그림 10-2〉에서 보는 바와 같다.

3. 경영전략의 수립 ▪▪▪

경영전략은 기업의 사명과 목표를 달성하고 경쟁우위를 확보하기 위하여 전략을 수립하고 실행하는 과정이다.

그런데 전략을 수립하기 위하여 사용하는 과정은 기업마다 서로 다르다. 본서에서 전략수립의 과정은 〈그림 10-3〉에서 보는 바와 같이 전략분석, 전략수립, 전략실행, 전략통제로 구성되어 있다.

전략분석단계는 그 기업의 현재 위치는 무엇인가? 라는 질문에 답을 하기 위한 단계이다. 따라서 이 단계에서는 기업이 직면한 현재의 내적, 외적 상황이나 위치가 분석된다. 이 전략적 분석단계에서 입수한 정보를 이용하여 전략을 수립하게 된다.

전략수립단계에서는 그 기업이 어디로 가고자 원하는가? 라는 질문에 대한 답을 한다. 전략수립단계의 내용은 기업의 사명과 목적 그리고 그 기업이 나아가야 할 전반적인 방향을 설정하는 것이다. 이 단계에서는 기업의 현재 위치와 미래 위치 사이의 간격에 다리를 놓기 위하여 기업전략과 사업

2 J. Scott Armstrong, "The Value of Formal Planning for Strategic Decisions: Review of Empirial Research," *Strategic Management Journal,* no. 3(July–September 1982), pp. 197~211.

그림 10-3 **전략수립의 절차**

전략을 수립하게 된다.

전략실행단계에서는 기업이 가고자 하는 곳에 어떻게 도달할 수 있는 가?라는 질문에 답을 한다. 따라서 이 단계에서는 전략을 효과적으로 실행하기 위해서 필요한 것은 모두 하게 된다. 따라서 이 단계에서 기능전략이 수립된다. 기업의 시스템도 전략의 실행을 위해서는 필요하다면 수정되어야 한다.

경영전략의 마지막 단계는 전략통제인데 이 단계에서는 기업이 목표지점에 도착하였음을 어떻게 알 수 있는가? 라는 질문에 답을 하게 된다. 따라서 이 단계에서는 경영전략을 효과적으로 실행하여 목적을 제대로 달성하기 위하여 모든 일이 잘 진행되어 왔는가를 검토하게 된다. 만일 원하는 결과와 실제 결과 사이에 괴리가 있게 되면 필요한 조정을 가하여 장기적 목적이 달성될 수 있도록 해야 한다.

전략수립의 절차를 더욱 자세히 단계별로 설명하면 다음과 같다.

🔘 단계 1 : 외부환경의 분석

전략적 분석은 내적 기업분석과 외적 환경분석으로 구분한다.

우리는 제 5 장에서 외부환경(external environment)은 관리자가 행동하는 데 영향을 미치는 주요한 제약조건이라고 하였다. 전략수립하는 과정에서 환경정사(環境精査: environmental scanning)가 중요한 이유는 환경이 기업의 목적을 달성하는 데 영향을 미치고 관리자의 의사결정에 영향을 미치기 때문이다. 따라서 성공적인 전략은 환경변화의 내용을 정확하고 철저하게 평가하여 이를 바탕으로 수립되어야 한다.

외부환경의 변화에는 고객, 경쟁자, 기술혁신의 변화가 포함된다.

오늘날 교육과 소득수준의 향상, 통신 및 교통수단의 발달 등으로 인하여 소비자들의 욕구는 다양화되고 개성화되고 있다. 모든 사업영역에서 유사제품이나 대체제품 등 경쟁제품이 출현하여 경쟁을 가속화시키고 있다. 끊임없는 기술혁신의 결과 새로운 제품의 출시가 가능하고 기존 제품의 재설계에 의한 성능강화가 이루어지고 있다.

외부환경을 분석하는 목적은 기업에 기회(opportunities: O)를 주는 요인은 무엇이고 위협(threats: T)을 주는 요인은 무엇인가를 밝히기 위함이다. 기회와 위협은 개별 기업의 힘으로는 통제할 수 없는 성격을 갖는다. 이와 같이 기회와 위협이 밝혀지면 전략수립시 기회는 적극 활용하고 위협은 피하든지 또는 그것의 영향을 감소시키는 조치를 강구해야 한다.

그림 10-4 SWOT 분석

외부환경 분석

기회는 무엇인가?
• 가능한 새로운 시장
• 호경기
• 경쟁자의 약화
• 기술의 출현
• 현존 시장의 팽창

위협은 무엇인가?
• 새로운 경쟁자
• 자원의 고갈
• 시장 취향의 변화
• 새로운 법적 규제
• 대체재의 출현

SWOT 분석

강점은 무엇인가?
• 생산효율
• 기술을 갖춘 노동력
• 상당한 시장 점유율
• 자금력
• 명성

약점은 무엇인가?
• 노후한 시설
• 불충분한 R&D
• 진부한 기술
• 관리능력 부족
• 과거 계획의 실패

내적 기업분석

〈그림 10-4〉에서 보는 바와 같이 환경분석에서 고려해야 할 요인들은 많다. 기회는 기업이 경쟁적 위치를 이용하거나 향상시킬 수 있는 환경적 추세를 말하는데 가능한 새로운 시장, 호경기, 경쟁자의 약화, 무역장벽의 완화, 새로운 기술의 출현과 같은 분야에서 찾을 수 있다. 한편 위협은 기업이 누릴 장기적 번영을 해치는 조건을 말하는데 새로운 경쟁자의 출현, 자원의 고갈, 고객 취향의 변화, 세법의 개정, 새로운 정부규제, 이자율의 인상 등의 분야에서 찾을 수 있다.

● 단계 2: 내적자원과 능력의 분석

전략적 분석은 기업의 내적 운영상태를 철저하게 평가하는 것을 포함한다. 내적 기업분석의 목적은 기업에 강점(strengths: S)이나 약점(weakness: W)이 될 수 있는 자산, 자원, 기술, 공정, 능력 등을 규명하고자 하는 것이다.

강점은 잠재적 경쟁우위 또는 차별적 능력(distinctive competencies)을 나타낼 기업의 운영적 측면을 말하고 약점이란 개선의 여지가 있는 분야를 말한다. 이러한 강점과 약점은 경쟁자와 비교하여 평가한다. 기업의 운영적 측면이란 마케팅, 재무, 연구·개발, 생산·운영, 관리능력 등을 의미한다. 이러한 분야가 기업의 경쟁우위를 얼마나 잘 지원하는지 평가해야 한다.

기업의 강점은 자원을 얼마나 확보하고 있느냐로 결정된다. 자원

그림 10-5 자원과 핵심역량

(resource)은 생산의 투입물을 말한다. 자원은 부동산, 생산시설, 원자재 같은 유형자산과 회사의 명성, 문화, 기술, 특허, 경험 같은 무형자산으로 구분된다. 그런데 기업이 산업에서 경쟁우위를 구가할 능력을 결정하는 것은 인적자원이다.

〈그림 10-5〉가 보여 주는 바와 같이 자원이 값지고, 희소하고, 모방할 수 없고, 조직될 때 이는 기업의 핵심역량으로 인정된다.

기업의 내적환경의 분석은 차별적 능력과 핵심역량(core competencies, core capabilities)의 평가로부터 시작한다. 차별적 능력이란 고유한 자원과 강점 등 우수한 특성 등을 보유하여 경쟁자보다 더 우수한 제품을 생산할 수 있음을 의미한다. 차별적 능력을 갖게 되면 경쟁우위가 가능하기 때문에 성공적인 기업이 되기 위해서는 이를 개발하고 보호해야 한다.

차별적 능력은 여러 가지 형태를 취할 수 있다. 이러한 능력은 가장 저렴한 비용/가격, 최고급의 품질, 가장 빠른 납품, 가장 빠른 유연성, 잘 훈련된 노동력, 위치가 좋고 생산량을 쉽게 변경할 수 있는 시설 등으로 경쟁자와 차별화할 수 있는 것이다.

차별적 능력은 예컨대 제품이 싸고 좋다는 등 유형이지만 이러한 차별적 능력을 만들어 내는 핵심역량은 무형이고 투입물을 산출물로 효율적으로 변형시키는 조직의 문화요 문제해결과정이다. 차별적 능력은 우수한 핵심역

그림 10-6 **SWOT분석과 전략수립**

SWOT 분석

기업전략
기업의 장기적 가치창조 능력을 최대화하는 성장과 개발을 관리할 실행계획

사업전략
산업에서 효과적으로 경쟁하기 위해 기회를 이용하고 위협에 대처할 실행계획

기능전략
조직 부서의 가치창조 능력을 향상할 실행 계획

량이 없으면 오랫동안 지속할 수 없다. 미국의 사우스 웨스트(Southwest) 항공사는 고객만족, 짐취급, 수속 등에서 차별적 능력을 인정받고 있는데 이를 달성하는 핵심역량으로 기업문화(corporate culture)가 한몫 하고 있다.

외부환경과 내적자원의 분석이 끝나면 여러 가지 형태의 전략을 수립하는 데 필요한 정보를 얻게 된다. 〈그림 10-4〉에서 보는 바와 같이 SWOT분석 또는 상황분석(situational analysis)이란 강점, 약점, 기회, 위협 등을 비교하는 것을 말한다. 전략은 SWOT분석에 입각하여 수립된다. 전략은 기회를 이용하고, 위협에 맞서고, 약점을 완화하기 위하여 강점을 활용하는 방향으로 수립된다.

〈그림 10-6〉은 기업전략, 사업전략, 기능전략의 수립시에 어떻게 SWOT분석이 이용되는지 기술하고 있다.

◉ 단계 3: 기업의 사명과 목적설정

전략적 분석이 끝나고 기업의 현재 위치가 평가되면 구체적 전략의 수립단계로 진입한다. 이 단계에서는 사명과 목적설정, 전략 대안의 규명, 전략 대안의 평가와 최적 전략의 선정 등이 이루어진다.

◉ 단계 4: 전략의 수립

전략수립과정의 다음 단계는 전략 대안을 수립하는 것이다. 이러한 대안은 조직이 직면한 강점, 약점, 기회, 위협 그리고 그의 사명과 전략적 목적 등에 입각하여 수립되어야 한다. 전략 대안은 조직의 장기적 성과를 최적화하는 데 초점을 맞추어야 한다.

전략 대안은 기본전략(grand strategy), 본원전략(generic strategy), 글로벌전략(global strategy)의 세 가지 방식으로 작성된다. 기본전략은 조직의 전략적 목적을 달성하기 위한 포괄적이고 일반적인 접근법이다. 기업에 적용되는 기본전략은 성장전략, 안정전략, 축소전략으로 나눈다.

본원전략은 사업단위가 시장에서 경쟁하는 방식을 반영하는데 원가우위(저가)전략, 차별화전략, 집중화전략으로 구분할 수 있다. 기본전략과 본원전략에 대해서는 다음 절에서 자세히 설명할 것이다.

오늘날 기업들은 여러 가지 이유로 국제시장에서 경쟁하려고 한다. 대부분의 기업은 저임금 또는 원자재의 접근을 활용하여 생산능률을 향상시키기 위하여 국제시장에 진입하지만 어떤 기업은 새로운 시장기회를 추구하기 위하여 진입하기도 한다.

◆ 단계 5: 전략의 실행

아무리 좋은 전략이 수립되더라도 이를 효과적으로 실행하지 않으면 아무런 가치가 없게 된다. 사실 전략수립은 쉽지만 전략의 집행은 어렵다는 것이 전략 전문가들의 주장이다. 기업이 전략을 실행하여 좋은 결과를 얻고자 한다면 전략과 방침을 실행에 옮길 조치가 필요하다. 효과적으로 전략을 실행하기 위해서는 조직의 모든 부분이 전략과 조화를 이루어야 하고 모든 개인, 작업자 그룹, 부, 사업부의 노력이 전략적 목적을 달성토록 조정되어야 한다.

전략실행단계에서는 기업이 가고자 하는 곳에 어떻게 도달할 수 있는가에 대한 대답을 하게 된다. 첫째는 기능전략이 수립되어야 하고, 둘째는 프로그램, 예산, 절차 등 매일매일 자원배분의 결정에 필요한 운영계획을 수립하고, 셋째는 기업의 문화, 구조, 리더십의 변화가 필요하다.

기능전략(functional strategy)은 기업전략과 사업전략을 부서나 작업자 그룹 또는 개인이 실행할 때 적용할 행동계획을 제공한다

프로그램(program)은 전략을 행동 지향적으로 만들기 위하여 사용되는 활동과 단계의 설명서이다. 예를 들면, 어떤 기업이 성장을 위한 전략으로 다른 기업을 인수한다고 하면 구조조정을 위한 프로그램, 광고를 위한 프로그램, 새로운 관리자를 위한 교육프로그램을 작성해야 한다.

프로그램이 작성되면 이를 수행하는 데 필요한 예산을 편성해야 한다. 예산은 프로그램을 실제행동으로 옮기는 데 필요한 금융자원을 수입과 지출 항목으로 구분하여 작성된다.

절차(procedure)란 프로그램과 예산이 통과되면 여러 가지 프로그램을 완료하기 위하여 수행하는 모든 활동의 순서와 기법을 말한다. 이러한 절차는 전략은 물론 기술에 있어 변화가 있으면 이를 반영하기 위하여 갱신되어야 한다.

기업의 전략이 모든 구성원, 작업자 그룹, 부서, 사업부 등의 적극적인 계획과 행동으로 지원받을 수 있도록 관행화되어야 한다. 이를 위해서는 기업의 전략과 기업의 구조, 문화, 리더십 사이에 적합(fit)이 있어야 한다. 전략의 변화는 조직구조의 변화를 수반한다.

● 단계 6: 전략적 통제

전략수립과정의 마지막 단계는 전략적 통제이다. 전략통제(strategic control)란 전략의 실행과정을 감시하여 성과측정의 결과, 품질과 효율성, 경쟁우위를 조장하도록 하는 과정을 말한다. 전략통제과정은 전략이 계획대로 실행되고 있는가?와 전략은 의도된 결과를 달성하는가?에 대한 답을 제공한다. 효과적인 통제시스템은 문제를 규명하고 변화가 필요함을 신호해 준다.

국제시장에 깊이 관여하는 기업의 통제시스템은 매우 복잡하다. 영업단위가 지리적으로 분산되어 있으면 시간, 언어, 문화의 차이는 통제과정을 매우 복잡하게 만든다. 따라서 이러한 기업은 매우 정교한 통제시스템을 유지해야 한다.

기업들이 다른 목적을 설정하고 다른 전략을 추구하듯 기업의 특수한 전략 필요성에 맞는 통제시스템을 구축해야 한다. 전략의 형태에 따라 통제시스템의 강조점도 다르다. 성장전략을 추구하는 기업의 통제시스템은 수요예측, 판매액 성장률, 시장점유율의 증가, 상표인식도 등과 같은 변수를 감시한다. 한편 축소전략을 추구하는 기업의 통제시스템은 공급비용, 생산성, 종업원당 판매액, 판매액/자산, 마진 등 능률과 채산성 같은 변수를 감시한다.

4. 전략의 수준

만일 어떤 조직이 하나의 제품이나 서비스만을 제공한다면 그 조직은 하나의 전략을 수립하면 된다. 그러나 대부분의 조직은 다양한 제품라인을 생산함으로써 여러 가지 사업에 종사하고 있다. 예를 들면, 삼성그룹은 전자, 중공업, 건설, 금융 등 많은 사업에서 다양한 제품과 서비스를 제공한다. 이러한 각 사업은 서로 독립된 전략을 요구한다. 더욱이 이러한 다종사업(multi-business)회사는 생산(운영), 재무, 마케팅 등 다양한 기능부서를 보유하기 때문에 각 부서별 기능전략도 수립해야 한다.

이와 같이 조직은 계층구조에 따라 여러 가지 형태의 전략을 수립하게 되는데 기업전략, 사업전략, 기능전략 등을 구분할 필요가 있다. 〈그림 10-

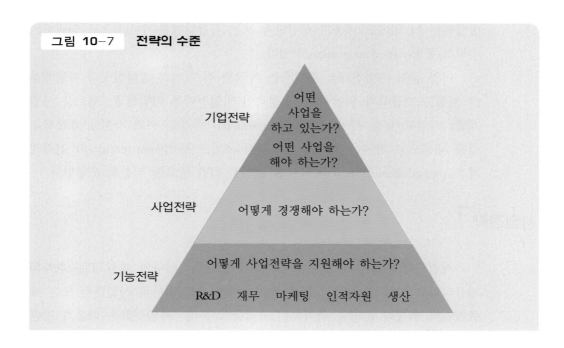

그림 10-7   전략의 수준

기업전략

어떤
사업을
하고 있는가?
어떤 사업을
해야 하는가?

사업전략   어떻게 경쟁해야 하는가?

기능전략   어떻게 사업전략을 지원해야 하는가?

R&D   재무   마케팅   인적자원   생산

7)은 전략의 수준을 나타내고 있다.

기업전략⌐

한 조직이 두 개 이상의 사업을 영위하면 기업전략(corporate strategy)을 수립한다. 기업전략은 최고경영층이 수립하는데 이는 전체로서의 한 기업이 지속적 경쟁우위를 확보하기 위하여 그 조직이 나아가야 할 방향을 설정하기 위하여 수립된다.

기업전략은 다음과 같은 전략적 질문에 대한 대답을 제공함으로써 사업의 범위(영역)를 결정한다. 어떤 산업(또는 사업)과 시장에서 경쟁할 것인가? 각 사업간에 자원배분은 어떻게 해야 할 것인가? 이러한 질문에 대답을 하기 위해서는 더 나아가 어떤 사업을 새로 시작해야 하고 어떤 사업에서 손을 떼야 하는가? 어떤 고객을 상대로 해야 하는가? 어떤 새로운 기술을 사용해야 하는가? 추구하고자 하는 활동에 필요한 자원의 확보 및 배분은 어떻게 할 것인가? 등을 심사숙고해야 한다.

기업이 새로운 제품이나 서비스의 시장을 개발하여 사업영역을 확장해가는 전략을 다각화전략(diversification strategy)이라고 한다. 사업영역의 확대

방법에는 이 외에도 제품의 생산단계 또는 유통단계를 수직적으로 연결하는 수직적 통합(vertical integration)이 있다.

이와 같이 기업전략을 수립하는 목적은 전 기업의 방향설정과 자원배분의 지침을 제공하기 위함이다. 전형적인 기업전략은 기업합병, 새로운 사업개발, 사업포기 등 사업 포트폴리오(portfolio) 변경을 위해 자원을 배분하는 것을 내용으로 하지만 최근에는 국제적 조인트 벤처(joint venture)와 전략적 제휴(strategic alliance)와 같은 글로벌 운영을 위한 중요한 역할도 포함한다.

사업전략

사업전략(business strategy)은 하나의 사업단위, 하나의 제품 또는 하나의 제품라인을 위한 전략이다. 이와 같이 사업전략은 하나의 사업단위 또는 제품라인의 관심과 운영을 관리하는 목적을 갖는다. 사업전략은 다음과 같은 질문을 취급한다. 각 사업이 그의 산업과 시장에서 어떻게 경쟁할 것인가? 어떤 제품/서비스를 제공해야 할 것인가? 어떤 고객을 상대할 것인가? 시장 목적을 달성하기 위하여 제조, 마케팅, 재무 등 여러 기능을 어떻게 관리할 것인가? 사업 내에서 자원은 어떻게 배분되어야 하는가?

삼성이나 미국의 제너럴 일렉트릭(General Electric) 같은 큰 기업집단은 서로 상이한 사명을 가지고 운영되는 많은 전략적 사업단위(strategic business unit: SBU)를 보유하고 있다. 따라서 각 사업단위는 그의 고유한 사명과 경쟁자를 갖고 있으므로 기업전략의 가이드라인(guideline) 속에서 그 사업전략을 독립적으로 수립해야 한다. 전형적인 사업전략은 제품/서비스 믹스, 시설입지, 새로운 기술의 도입 등에 관한 선택을 포함한다.

대부분의 기업은 두 개 이상의 사업단위 또는 제품라인을 갖는 것이 일반적이지만 경우에 따라서는 하나의 사업만을 영위하는 기업도 있다. 예를 들면, 이동전화서비스만 취급하는 SK텔레콤이다. 이러한 경우에는 사업전략이 바로 기업전략이 된다.

기능전략

기능전략은 사업전략의 실행을 지원하기 위하여 주요 기능부서에서 수립하는 행동계획이다. 기업의 주요 기능부서는 마케팅, 생산, 재무, 인적자원, R&D이다. 이러한 기능부서의 관리자들은 기업의 전략적 목적을 달성하기 위하여 사업전략에 부합하는 전략을 수립해야 한다. 즉 사업전략이 무엇이냐에 따라 기능전략도 달리 수립된다.

예를 들어 기업이 차별화 전략을 추구하고 한편 빠른 성장이 기대되는 신제품을 도입한다고 하자. 그러면 인적자원부에서는 새로운 직위에 맞는 중간관리자, 하위관리자, 일반 근로자를 채용하고 훈련시킬 전략을 수립해야 한다.

한편 재무부에서는 새로운 시설의 건축에 필요한 자금을 확보할 전략을 수립하고 R&D부에서는 그 신제품 개발에 필요한 설계를 준비하는 전략을 수립해야 한다.

그러나 성숙한 제품에 대해 저가전략을 구사하는 회사의 경우 인적자원부에서는 안정적 작업자관리를 위한 전략을 수립하고 생산부에서는 비용절감을 위한 대량생산시스템 전략을 수립하고 재무부에서는 순현금흐름과 정의 현금잔고에 초점을 맞추는 전략을 수립해야 한다.

5. 기업전략 수립의 접근법

우리는 앞절에서 기업전략은 어떤 사업(들)을 수행할 것인가에 대한 대답을 주기 위해서 수립한다고 하였다. 그런데 이러한 질문에 대답을 하기 위해 사용하는 접근법으로서 기본전략의 틀과 사업 포트폴리오 매트릭스(matrix)가 사용된다.

기본전략

모든 기업은 기본전략(grand strategy, master strategy)을 갖는다. 기본전략은 조직의 목표를 달성하기 위해 전체 조직 차원에서 수립하는 행동계획이다. 기본전략은 모든 다른 전략이나 계획이 이로부터 유발되는 전략을 말한

그림 10-8 **기본전략**

강점
↑
기업
↓
약점

| 성장전략 | 안정전략 |
| 안정전략 | 축소전략 |

기회 ⬅ 환경 ➡ 위협

다. 이는 조직의 원동력이다. 기본전략은 항상 기업전략이거나 사업전략이 되지만 경우에 따라서는 기능전략이 될 수도 있다.

기업들이 성공적이고 이익을 많이 내더라도 그들이 나아가는 방향은 서로 다른 경우가 많다. 아침식사용 시리얼을 생산하는 켈로그(Kellogg)는 현상유지를 선호하는가 하면, 소매업을 주로 하는 월마트(Wal-Mart)는 새로운 사업을 확장하고 심지어는 외국의 소매업자와 제휴를 통해 글로벌 기회를 추구하는 전략을 구사하고 있다.

이와 같이 기업이 축소전략, 현상유지전략, 성장전략을 구사함으로써 나아가는 방향이 서로 다른 것은 서로 다른 기본전략을 선택하기 때문이다. 〈그림 10-8〉은 다음 절에서 설명할 SWOT 분석과 결부한 기본전략의 형태를 보여 주고 있다.

① 성장전략

성장전략(growth strategy)은 기업의 규모를 증대시키고 현재의 영업범위를 확대하는 공격적 전략(aggressive strategy)을 의미한다. 이러한 성장전략은 어떤 산업에 있어서는 장기적 생존을 위해서 필요한 전략이다. 기업이 성장전략을 추구하기 위해서는 기업이 보유하는 자원분석을 통한 강점을 더욱 효과적으로 이용할 수 있는 환경적 기회가 도래해야 한다.

기업이 성장전략을 추구하면 판매수익과 시장점유율이 확대되고 종업원의 수가 증가하게 된다. 성장을 추구하기 위해 기업이 사용하는 수단은 공격적인 직접 확장(내부개발), 새로운 제품이나 서비스의 개발을 통한 다각화, 합병과 인수(mergers and acquisition: M&A), 조인트 벤처(joint venture), 글로벌 시장에의 침투 등이다.

기업이 현존 사업으로부터 얻은 자본과 능력, 자원을 이용하여 새로이 진출하고자 하는 사업의 생산시설, 유통채널 등을 확장하고 작업자와 판매원을 증대시키는 전략이 직접확장전략 또는 내부개발전략(internal develop-ment)이다.

기업은 관련이 있는 사업이건 관련이 없는 사업이건 현재 기업의 영업범위 내에서 수행할 수 있는 새로운 사업을 창출함으로써 직접 성장할 수 있다.

기업은 유통경로나 제품의 생산에 투입되는 투입물의 공급원에 대한 수직적 결합(vertical integration)을 통한 사업의 직접확장을 꾀할 수 있다. 특히 유통경로의 소유나 지배를 위한 결합을 전방 수직적 결합이라 하는데 안정적 생산을 추구하고자 할 때 사용한다. 원자재와 부품 같은 생산투입물의 안정적 확보를 기하고자 할 때는 후방 수직적 결합을 추구한다. 만일 항공회사가 기내 음식을 외부에서 구입하지 않고 자체 내의 공장에서 공급받는다면 이는 후방 수직적 결합에 해당한다.

기업이 성장전략으로 추구하는 가장 공격적인 전략은 기존 사업과 관련이 있는 또는 관련이 없는 기업을 합병하거나 인수함으로써 다각화를 꾀하는 것이다. 합병은 크기가 비교적 같은 두 개 이상의 회사가 경쟁에 효과적으로 대응하기 위하여 주식의 교환을 통해 하나의 기업으로 결합하는 것을 말한다. 인수는 한 회사가 현금이나 주식의 지불을 통해 다른 회사를 구입하는 경우이다.

기업이 내부개발이나 인수·합병을 통해 새로운 사업에 진출하는 것이 여의치 않은 경우에 고려할 수 있는 대안이 전략적 제휴이다. 전략적 제휴(strategic alliance)란 둘 이상의 기업이 상호이익을 도모하기 위하여 동반자 관계를 맺는 것을 말한다.

② 안정전략

안정전략(stability strategy)은 큰 변화를 추구하지 않고 현상유지를 꾀하는 전략이다. 즉 기업이 동일한 제품이나 서비스를 공급하고 시장점유율을 유지함으로써 다른 사업을 확장하는 데 따르는 위험부담을 기피하려는 전략이다.

기업이 안정전략을 추구하는 경우는 〈그림 10-8〉에서 보는 바와 같이 기업이 강점을 가지고 있으나 환경의 위협요소가 예상되는 때라든지 결정적 약점을 가지고 있지만 환경의 기회요소가 예상되는 때이다.

안정전략은 기업이 현존 사업에 만족하고 환경의 변화가 예상되지 않는 경우에 선호된다. 안정전략은 성장이나 축소가 진행된 이후 일정기간 강점을 공고히 할 시간이 필요할 때 추구한다. 안정전략은 변화를 추구하는 데 따르는 위험을 회피하고자 할 때 자주 사용된다.

③ 축소전략

축소전략(retrenchment strategy)은 방어전략(defensive strategy)이라고도 하는데 경제여건이 불리하게 진행되거나 환경의 불확실성이 지속되는 경우에는 비용감축을 통해 능률을 확보하고 성과를 높이기 위하여 경영의 규모나 다양성을 축소하게 된다.

축소전략은 여러 가지 형태를 취한다. 우회전략(turnaround)은 비용절감을 위한 다운사이징(downsizing)과 효율증진을 위한 구조조정(restructuring)을 포함한다. 영업양도전략(divestiture)은 핵심능력(core competence)에 전념하고 비용을 절감하고 경영능률을 증진하기 위하여 사업의 일부분을 매각하는 전략이다. 한편 청산전략(liquidation)은 사업의 전부를 매각하거나 파산선고를 통해 사업에서 완전히 손을 떼는 경우에 사용된다.

④ 혼합전략

혼합전략(combination strategy)이란 이상에서 설명한 여러 가지 전략 중에서 두 개 이상의 전략을 동시에 추구하는 것을 말한다. 예를 들면, 한 SBU는 성장전략을 추구하고 다른 SBU는 축소전략을 추구하는 경우이다.

기업의 규모가 크면 클수록 혼합전략을 선호하게 된다. 또한 경쟁이 심화되고 환경의 변화가 빈번한 경우에는 혼합전략이 추구된다.

사업 포트폴리오 매트릭스

오늘날 기업은 다양한 제품과 서비스를 공급하는 것이 일반적이다. 또한 기업은 다양한 영업행위를 하는 전략적 사업단위(strategic business unit: SBU)로 구성되어 있어 기업의 목표를 달성하기 위한 사업단위의 구조와 이의 평가·분석이 필요하다.

일단 조직이 모든 SBU를 규명하고 분류하면 조직의 자원을 이들 SBU 사이에 배분하는 방법을 강구해야 한다. 이는 개인이 주식, 채권, 부동산 등으로 투자 포트폴리오를 구성하는 것과 같다. 포트폴리오 전략(portfolio strategy)의 목적은 조직의 목적을 가장 효과적으로 달성하기 위한 제품라인과 SBU의 믹스(mix)를 규명하는 것이다.

기업전략을 수립하는 데 이용되는 한 방법이 사업 포트폴리오 매트릭스(business portfolio matrix)를 이용하는 것인데 이는 보스톤 컨설팅 그룹(Boston Consulting Group: BCG)이 고안한 방법이라고 해서 BCG 매트릭스라고 한다. 이 기법은 특정 사업단위의 매출액, 그 사업이 속한 시장의 성장률, 그리고 그 사업의 추진에 따른 현금 유입 또는 유출이라는 세 가지 측면에서 사업기회를 분석한다. 기업은 BCG 매트릭스를 사용하여 모든 SBU들을 분류하고 어떤 사업에 집중투자를 해야 할 것인가 하는 투자의 우선순위를 결정하게 된다.

그림 10-9   BCG 매트릭스

〈그림 10-9〉는 X축에 상대적 시장점유율을, Y축에 시장성장률을 나타내어 각 사업단위의 경쟁적 지위를 알아 볼 수 있게 하는 BCG 매트릭스이다. 조직의 모든 SBU들은 그의 시장점유율과 성장률에 따라 매트릭스의 한 칸(cell)에 해당하게 된다. 상대적 시장점유율이란 같은 시장에서 가장 성공적인 경쟁자의 매출액에 비교한 한 SBU의 매출액의 비율로 측정하는데 이는 사업단위가 전체 시장에서 점하는 경쟁적 지위를 나타낸다. 상대적 점유율은 1을 기준으로 하여 고·저로 구분한다. 한편 시장성장률이란 한 SBU가 속한 시장의 연간 성장률을 말하는데 10%를 기준으로 고·저로 분류한다. 성장률이 10% 이상인 시장은 성장기회가 매력적인 시장이며 반대로 10% 이하인 시장은 성장기회가 쇠퇴하는 시장이다.

● 별

별(stars)이란 성장속도가 빠른 시장에서 시장 리더로서 높은 점유율을 차지하는 사업을 말한다. 팽창하는 시장에서 깊숙이 침투해 있으므로 상당한 이익을 올리고 있어 현금유입이 기대되지만 급속한 성장기회를 활용하고 시장점유율을 유지하기 위해서는 생산시설의 확충에 막대한 자원의 투자가 요구되어 현금유출이 불가피하다.

이러한 사업은 제품수명주기로 볼 때 성장기에 해당하므로 성장전략을 추구하는 것이 바람직스럽다. 그런데 장기적으로 시장의 성장가능성이 약화되면 별은 젖소가 된다.

● 젖   소

현금젖소(cash cows)란 시장의 성장률이 낮지만 시장 리더로서 높은 점유율을 차지하여 높은 이익과 현금유입을 초래하는 사업을 말한다. 시장의 성장가능성이 낮기 때문에 시장지위를 유지하기 위한 성장과 팽창을 위해 새로운 투자재원이 필요치 않다. 오히려 우유를 생산하는 젖소와 같이 현금수익을 많이 내기 때문에 이러한 사업이 창출하는 현금유입은 부채를 갚는 데 사용하거나, 새로운 기업인수자금으로 사용되거나, 현금을 필요로 하는 별이나, 곧 설명할 의문표에 해당하는 사업을 지원하는 데 사용된다.

제품수명주기로 볼 때 이러한 사업은 성숙기에 해당하므로 현재의 시장지위를 유지하고 강화하는 전략을 구사해야 한다. 만약 시장지위가 낮아져 점유율이 축소되면 젖소는 결국 개로 전락하고 만다.

개

개(dogs)란 성장률이 낮은 시장에서 점유율 또한 낮은 사업을 말한다. 이러한 사업은 현금을 창출하지만 이익을 올리지도 못하고 현금을 유출하기도 하므로 바람직하지 않은 사업이다. 이러한 사업은 제품수명주기로 볼 때 쇠퇴기에 해당하므로 사업철수를 위한 영업양도전략을 추구함이 요구된다.

의 문 표

의문표(question marks)는 시장점유율은 낮지만 성장속도가 매우 빠른 시장에서 영업을 하는 사업을 말한다. 이러한 사업은 별로 이익을 올리지도 못하고 부(負)의 현금흐름만 초래하지만 팽창하는 시장에서 다른 경쟁자에 비해 점유율을 증대시키기 의해서는 새로운 제품개발에 막대한 투자를 요구한다. 시장이 급속히 신장하므로 이익을 높일 수 있는 투자기회는 매력적이라고 할 수 있지만 심한 경쟁에서 이겨야 하므로 투자가 꼭 시장점유율의 확대를 결과하지 않을 불확실성과 위험을 내포한다.

따라서 장래에 경쟁우위를 가질 수 있다고 판단되는 아주 전망이 좋은 의문표는 공격적인 성장전략과 과감한 투자를 통해 육성시키고 그렇지 않은 의문표는 축소시켜야 한다. 제품수명주기로 볼 때 의문표는 도입기에 해당한다고 할 수 있다.

BCG 매트릭스는 기업에서 여러 가지 사업단위를 보유할 때 자금 획득과 사용 면에서 균형된 사업 포트폴리오를 유지할 수 있도록 각 사업단위들에 알맞은 전략이 사용되어야 함을 강조한다. 우리는 앞에서 이 기법을 공부하면서 가장 바람직스런 기업전략은 현금젖소가 창출하는 여유자금을 가지고 성장잠재력과 이익발생의 가능성이 높은 별과 의문표를 집중 지원하는 것임을 알았다. 이렇게 하여 의문표를 미래의 별로 만드는 것이다.

SBU들은 BCG 매트릭스에서 그의 위치를 변경할 수 있다. 시간이 흐르면 의문표는 별이 되고 별은 젖소가 되며 젖소는 다시 개가 될 수 있다. 각 SBU는 시장의 성장률이 변함에 따라 그의 위치가 변한다. 시장성장률의 변화는 산업의 기술과 경쟁력에 따라 영향을 받는다.

〈그림 10-10〉은 사업단위들이 위치변경을 할 때 성공적 순환을 하는 경우와 실패의 순환을 하는 경우를 나타낸다.

BCG 매트릭스는 현금흐름의 관점에서 건전한 사업 포트폴리오 구성에

그림 10-10 **사업단위의 순환**

성공의 순환

별 ← 의문표

현금젖소 개

실패의 순환

별 → 의문표

현금젖소 → 개

알맞은 전략적 지침을 제공하기 때문에 많은 산업의 관리자들은 이 기법을 활용하고 있음에도 불구하고 몇 가지 점에서 비판을 받고 있다.

- BCG 매트릭스는 수익성의 지표로서 다만 상대적 시장점유율과 시장 성장률만을 고려한다는 것이다. 또한 고·저의 이분법적 분류를 사용함으로써 사업단위의 유형을 너무 단순화한다는 것이다.
- 수익성의 지표로서 다른 요인들을 무시하고 있다는 것이다. 예를 들면, 수요증가율이 높더라도 공급증가율이 더욱 높으면 이익의 보장이 어려운 것이다.
- 각 사업단위의 투자재원이 주로 기업 내에서 조달된다는 전제를 하고 있다는 것이다.

6. 사업전략 수립의 접근법

포터(Michael Porter)는 앞절에서 설명한 포트폴리오 접근법은 기업전략

수립가들을 보증되지 않는 다각화의 방향으로 오도한다고 비판한다. 그는 BCG 매트릭스에서 강조하는 것과 같은 판매액, 시장, 현금창출이 아니라 특정 사업이나 산업이 성공하는 데는 현행 또는 잠재적인 경쟁적 환경이 영향을 미친다는 점을 강조한다.

사업분석

포터는 모든 조직은 주어진 시장에서 경쟁하기 위해 경제적, 기술적 자원을 보유하고 있는데 사업전략을 수립할 때 이러한 자원은 물론 산업경쟁(industrial competition)에 영향을 미치는 다섯 개의 경쟁적 요인도 고려해야 한다는 점을 강조한다. 이러한 다섯 개의 요인은 한 기업이 부과하는 가격, 비용구조, 자본투자요구액 등에 직접적으로 영향을 행사하기 때문에 산업의 장기적 수익성을 결정하는 것이다.

따라서 이러한 요인이 강하면 강할수록 기업이 이익을 내기 어려우므로 이 산업은 투자자들에게는 매력적이 되지 못한다. 최근 포터는 사업전략에

그림 10-11 산업경쟁에 영향을 미치는 요소

미치는 Internet의 영향을 연구하였다. Internet 기술은 산업에 긍정적 또는 부정적 영향을 미치는 것으로 나타났다. 〈그림 10-11〉은 산업경쟁에 영향을 미치는 다섯 개의 전략적 요소를 나타내고 있다.

● 산업 내 경쟁업체들의 경쟁

조직이 동일한 고객을 상대로 경쟁하고 경쟁업체의 희생하에 시장점유율을 확대하고자 할 때 경쟁업체의 조치를 예상하고 이에 반응해야 한다.

경쟁적 환경을 이해하기 위하여 조직은 같은 산업 내의 경쟁업체를 규명해야 한다. 경쟁업체는 국·내외 기업은 물론 인터넷 쇼핑도 포함된다.

경쟁업체가 규명되면 어떻게 서로 경쟁하는지 분석해야 한다. 기업은 경쟁업체에 비해 경쟁우위를 확보하기 위하여 가격인하, 새로운 제품 출하, 광고캠페인 등을 실시한다. 직접적인 경쟁자가 많거나 산업성장률이 낮거나 제품이나 서비스를 차별화할 수 없는 경우에 경쟁은 치열하다.

정보기술의 발달로 경쟁업체와 차별화하려는 방법을 찾기는 무척 어렵게 되고 있다.

● 시장진입의 장벽

새로운 업체가 시장에 진입하면 기존 업체와 경쟁하게 된다. 새롭게 시장에 진입하지 못하게 막는 요인들이 존재하면 기존 업체에 대한 위협은 심각하지 않다. 새롭게 시장에 진입하고자 할 때 이를 어렵게 하는 요소는 다음과 같이 여섯 가지이다.

- **규모의 경제**(economies of scale): 규모가 크지 않으면 단위당 비용이 증가하여 경쟁할 수 없다.
- **제품차별화**(product differentiation): 고유한 상표가 없으면 광고, 고객서비스, 제품차별에 어려움이 있다.
- **자본소요액**(capital requirements): 막대한 자본이 소요되는 사업은 진입하기 어렵다.
- **규모와 관계없는 비용의 불리:** 고유한 원자재와 기술을 갖는 기업에 비하여 그렇지 않은 진입자는 규모의 경제를 갖더라도 비용상의 불리를 감수해야 한다.
- **유통채널에의 접근:** 유통채널을 확보하기 위해서는 가격할인, 판매촉

진 등의 노력이 필요하다.

- **정부정책:** 허가를 요구하거나 원자재에의 접근을 제한하는 경우 진입이 어렵다.

일반적으로 Internet 기술은 기업으로 하여금 훌륭한 판매원, 빌딩이나 기계 같은 실물자산, 현존 공급업자와 판매망에의 접근과 같은 요인들에 대한 필요성을 낮춤으로써 새롭게 시장 진입하기 상당히 쉽게 만든다.

고객의 교섭력(bargaining power)

새로운 기업이 시장에 진입하여 소비자들에게 제품을 생산하여 공급하게 되면 소비자들은 그 회사의 제품을 구매할 수도 있고 다른 회사의 제품을 구매할 수도 있어 소비자들의 구매선택권은 확대된다. 그런데 소비자들의 교섭력이 증가할수록 기업의 제품에 대한 지속적인 구매력이 감소하거나 가격이 낮아지므로 산업의 수익률은 저하된다.

Internet을 통하여 고객은 제품, 서비스, 경쟁제품에 대한 정보를 쉽게 얻을 수 있으므로 고객의 교섭력은 점차 증가한다.

공급자의 교섭력

기업이 제품이나 서비스를 생산하기 위해서는 공급자로부터 자원(사람, 원자재, 정보, 금융자본)을 지원받아야 한다. 공급자들은 값을 인상할 수도 있고 질 나쁜 제품이나 서비스를 공급할 수도 있다. 공급자의 교섭력이 강하면 기업의 이윤은 감소한다. 특히 공급자의 가격인상을 고객에 전가시킬 수 없는 기업의 경우에는 더욱 그렇다.

공급업자는 수많은 고객에 접근할 수 있기 때문에 Internet 기술은 공급자에 높은 교섭력을 제공한다.

대체품의 압력

기술향상과 경제효율이 확보되면 기업은 기존 제품에 대한 대체품을 내놓을 수 있다. 한 산업에서 대체품이 많아지면 기업은 교섭력을 상실하여 값을 올릴 수 없게 된다. 따라서 이러한 산업에 속한 기업은 어려움을 극복하기 위하여 품질을 향상하거나 공격적인 판매캠페인을 실시해야 한다.

Ineternet은 고객욕구를 충족시키는 새로운 대체제의 출현을 가능케 하여 큰 위협을 유발한다. 예를 들면, Internet을 통한 저가의 비행기표 구매는 기존 여행사에 위협이 되고 있다.

경쟁전략의 유형

산업경쟁에 영향을 미치는 요인분석이 끝나면 경쟁으로부터 기업을 보호할 전략을 수립해야 한다. 한 기업의 개별 사업단위들이 해당 사업에서 지속적인 경쟁우위를 확보할 수 있도록 하는 전략이 포터가 말하는 본원적 경쟁전략(generic competitive strategy)이다. 이러한 전략에는 〈그림 10-12〉에서 보는 바와 같이 원가우위(저가)전략, 차별화전략, 집중화전략의 세 가지가 있다. 이러한 전략은 개별 사업단위가 어떤 시장을 상대로 어떤 경쟁우위를 확보하는 데 목표를 두느냐 하는 기준에서 분류된다.

포터는 경쟁우위와 경쟁범위라는 차원에서 본원적 전략을 정의한다. 경쟁우위는 고객에게 아주 저렴한 값의 제품을 판매하거나 값은 높지만 차별적인 제품을 판매함으로써 확보할 수 있다. 경쟁범위란 기업이 목표로 하고 있는 시장의 넓이를 말한다. 어떤 기업은 매우 폭넓은 시장을 겨냥하지만 어떤 기업은 상대적으로 좁은 시장의 일부분을 겨냥한다.

◉ 원가우위(저가)전략

원가우위전략(cost leadership strategy)을 추구하는 기업은 가격에 입각하여 경쟁하려 한다. 이러기 위하여 기업은 생산이나 마케팅에 있어 극도의 효율

그림 10-12 본원적 경쟁전략

	비용 효율	선호되는 제품/서비스
넓은 범위	원가 우위	차별화
좁은 범위	원가 중심 집중화	차별화 중심 집중화

경쟁우위

성을 강조함으로써 산업에서 원가우위를 확보하고자 한다. 기업은 시설 이용률을 최대화하고, 규모의 경제를 실현하고, 기술향상을 애용하고, 경험 많은 작업자들을 채용함으로써 원가를 최소화할 수 있다.

기업은 경쟁자보다 저렴한 값으로 품질 좋은 제품이나 서비스를 판매하여 시장점유율을 높이고 판매량을 증가시킴으로써 단위당 이익마진은 낮더라도 평균 이상의 이윤을 기대할 수 있다.

원가우위기업은 제품차별화는 막대한 비용을 수반하므로 이를 선호할 수 없다. 또한 원가우위기업은 일반 고객을 상대로 하기 때문에 시장의 특정 부분을 무시한다.

◈ 차별화전략

차별화전략(differentiation strategy)의 목적은 경쟁제품에 비해 아주 독특하다는 인식을 고객에 심어 줄 제품이나 서비스를 제공함으로써 경쟁우위를 확보하려는 것이다. 기업이 제공할 수 있는 차별화의 특성은 고품질, 월등한 고객서비스, 시장에의 제품출하속도, 혁신적인 디자인, 기술적 성능, 선풍적인 상표 이미지 등이다.

이러한 차별적 특성의 제품을 공급하여 고객의 욕구를 만족시키는 기업은 산업의 평균가격보다 높은 프리미엄 가격을 부과하여 수입을 증가시켜 평균 이상의 이익을 올릴 수 있으며 경쟁자를 물리칠 수 있는 것이다. 따라서 차별화전략을 프리미엄 전략(premium strategy)이라고 하는 이유가 바로 여기에 있다.

차별화전략을 구사하는 기업은 고객의 일부 그룹을 대상으로 하지만 고객의 충성도가 매우 높아 단위당 이익 마진이 높더라도 경쟁우위를 유지할 수 있다. 예를 들면, 로렉스(Rolex) 시계와 벤츠(Mercedes-Benz)는 여기에 해당한다.

전통적으로 차별화는 높은 원가를 지불하여야 가능하였다. 이것은 여러 시장을 목표로 서로 다른 모델을 소량으로 생산하여야 했으므로 제조원가가 높았기 때문이다. 또 차별화기업은 많은 시장 부분을 목표로 하기 때문에 높은 마케팅 비용을 지불하여야 했기 때문이다. 따라서 표준화제품을 대량으로 생산하는 원가우위기업에 비하여 높은 원가를 초래할 수밖에 없었다.

그러나 최근에는 로봇(robot)이라든가 유연생산시스템(flexible

manufacturing system)[3] 같은 생산기술의 향상으로 차별화기업도 이제는 원가우위기업에 못지 않은 낮은 원가로 여러 가지 모델의 제품을 생산할 수 있게 되었다.

따라서 오늘날 기업은 원가우위전략과 차별화전략의 이점을 동시에 향유할 수 있는 것이다. 즉 차별화기업이 낮은 원가를 실현하여 저렴한 가격으로 고객을 봉사할 수 있게 되었다.[4]

◉ 집중화전략

집중화전략(focus strategy)이란 특정 지역이나 시장의 한 부분에 있는 제한된 고객들에게 독특한 제품이나 서비스를 제공하는 것을 말한다. 따라서 집중화기업은 넓은 시장을 목표로 하는 업체와의 경쟁은 피하게 된다. 시장의 세분화는 지리적으로, 고객의 형태별로, 또는 제품라인의 분야별로 이루어진다.

예를 들어 지역으로 세분한다고 할 때 경월소주는 강원도에서만 판매된다. 제품라인별로 세분한다면 야채음식, 디자이너가 만든 옷, 선글래스 등의 예를 들 수 있다.

시장의 범위를 결정하면 기업은 차별화 또는 원가우위를 통해 집중화전략을 구사할 수 있다. 만일 어떤 기업이 시장의 한 부분에서 원가우위전략을 구사한다면 그 부분에서 원가우위기업과 경쟁하여 조금도 원가면에서 불리를 느끼지 않는다. 예컨대 시골의 목재 또는 시멘트 시장에서 집중화기업은 수송비에서 유리하기 때문에 전국적인 원가우위기업과 경쟁할 수 있는 것이다.

집중화기업이 차별화전략을 구사한다면 앞에서 설명한 차별화의 특성을 이용할 수 있다. 집중화기업이 차별화전략을 사용하여 시장의 한 부분에서 경쟁하는 예를 들면, 폴쉐(Porsche)라는 집중화기업이 자동차시장의 스포츠자동차 부문에서 GM과 치열하게 경쟁하는 것이다.

집중화기업의 경쟁우위는 효율, 품질, 혁신, 고객 서비스 같은 차별적 능력을 구사하는 데서 나온다. 따라서 집중화기업은 평균 이상의 투자수익을 올릴 수 있다. 한편 집중화기업은 고객과 가까이 위치하기 때문에 고객의 욕구변화에 빨리 대응할 수 있는 이점을 갖는다.

---

[3] 중앙컴퓨터의 통제하에 기계그룹을 연결하고 자재흐름도 자동화시켜 유사공정을 가지고 있는 다양한 부품을 생산하며, 수요의 변화에 따른 공정의 변경과 장비들의 조합을 신속하게 할 수 있는 생산형태이다.

[4] Charles Hill & Gareth Jones, *Strategic Management*(Houghton Mifflin Co., 1998), pp. 194~196.

그러나 집중화기업의 생산량은 소량이기 때문에 그의 생산원가가 원가우위기업보다 높아 수익성을 저해할 가능성이 있다. 한편 기술향상이나 고객취향의 변화로 말미암아 집중화기업의 시장이 갑자기 소멸할 수도 있다.

E/X/E/R/C/I/S/E
토론문제

01. 전략과 경영전략의 개념을 설명하라.

02. 경영전략의 수립은 왜 기업의 성공에 절대적으로 필요한가?

03. 경영전략의 혜택은 무엇인가?

04. 경영전략을 수립할 때 환경분석을 실시하는 이유는 무엇인가?

05. 경영전략 수립의 절차를 간단히 설명하라.

06. 기본전략, 본원전략, 글로벌 전략을 비교 설명하라.

07. 전략의 수준을 설명하라.

08. 기업전략, 사업전략, 기능전략을 비교 설명하라.

09. 기업전략 수립의 접근법을 설명하라.

10. BCG 매트릭스를 설명하라.

11. 사업전략 수립의 접근법을 설명하라.

12. 포터가 말하는 산업경쟁에 영향을 미치는 전략적 요소는 무엇인가?

13. 경쟁전략의 유형을 설명하라.

조 직 화

경영자의 두 번째 기능이 조직화이다. 조직화는 조직편성이라고도 한다. 모든 기업은 새로운 전략을 추구하기 위해서, 변화하는 시장조건에 부응하기 위하여, 또는 고객들의 기대에 성공적으로 부응하기 위하여 꾸준히 조직하고 재조직하는 문제에 직면한다.

우리가 제 9 장에서 공부한 계획화는 조직화의 시작이다. 조직화는 계획화의 결과 얻는 계획(plans)을 현실로 변형시킨다. 계획 및 목표는 조직이 어디로 나아가고 무엇을 할 것인가를 정의하고 조직화는 그것을 어떻게 할 것인가를 정의한다. 조직화과정의 최종결과가 공식조직(formal organization)이다. 공식조직은 그냥 발생하는 것이 아니라 경영자가 경영의 조직화기능을 통하여 만들게 된다.

본장에서는 조직화의 개념, 조직화과정, 분화의 형태, 권한, 위양, 감독범위, 집권화 및 분권화, 조직구조의 형태 등에 관해서 공부할 것이다.

제 11 장

조 직 화

1. 조직화의 의의 및 혜택

조직화의 의의

조직(organization)이란 제1장에서 공부한 바와 같이 두 사람 이상이 공동목표를 달성하기 위하여 구성한 단체를 말한다. 조직은 계획에 의하여 설정된 조직 목표를 달성하기 위하여 구성원에 직무를 할당하고 일정한 책임과 권한을 부여하는데 이렇게 조직을 구성해 가는 과정을 조직화라고 한다.

즉 조직화(organizing)란 계획화 과정에서 설정한 조직 목표를 구성원들이 효과적인 최상의 방법으로 실현할 수 있도록 각자의 직무와 상호간의 관계를 규정하고 조직구조의 틀을 형성하는 과정을 말한다. 조직 목표를 효과적으로 실현하기 위하여는 인적자원, 물적자원, 그리고 자금 등 경영자원이 필요한데 이러한 자원을 조정하고 배분하여 계획을 실행하여 목표를 달성하게 된다.

이와 같이 조직화는 조직이 실현해야 할 모든 업무와 활동을 우선 규명하고, 누가 무엇을 하고, 누가 누구에게 보고하고, 그 업무수행에 필요한 권한, 직위 및 책임을 부여하고, 이것들을 조정하고 통합하는 과정이라고 정의할 수 있다.

계획화와 조직화의 경영기능은 상호연관되어 있다. 조직화는 계획으로부터 시작하고 이에 영향을 받는다. 계획을 실현하기 위해서 조직은 자원을 구성원들에게 할당하고 조정해야 한다.

조직구조(organizational structure)는 계획을 달성하기 위한 도구이다. 즉 계획을 위해 수행해야 할 직무나 과업을 할당하고 그룹화하고 조정하는 공식적 틀이다. 종업원들이 직무나 과업을 효과적·효율적으로 수행할 수 있도록 조직구조를 설계해야 한다. 따라서 조직화 과정을 거쳐 조직구조가 형성되어 체계를 갖춘 결과가 조직이다. 조직구조에 대해서는 다음 절에서 자세히 공부할 것이다.

조직화의 목적과 혜택

경영자는 기업의 목적과 계획을 효과적으로 달성하기 위하여 조직을 합리적으로 편성하고 운영하는 능력과 관리기술을 가져야 한다. 그러면 근대경영의 조직편성 목적은 무엇인가?

- 권한계통의 확립: 그룹 내에서 질서를 유지하고 각 구성원의 책임체제를 확립한다.
- 작업의 효율성과 품질의 향상: 노동의 분업과 향상된 조정을 통해 각 구성원간의 협력관계를 확립한다.
- 커뮤니케이션의 증진: 조직 구성원간 커뮤니케이션의 채널을 넓힌다.

경영자는 효과적인 조직편성을 통하여 보다 높은 조직 효율성을 얻게 된다.

- **작업환경의 명확화:** 각 구성원은 무엇을 해야 할 지 분명하게 된다. 각 구성원과 부서의 과업과 책임이 명확해진다. 또한 각 구성원의 활동을 조직 목표에 연관시킴으로써 직무수행 성과를 증대시킨다.
- **조정환경의 조성:** 업무 사이의 관계 및 구성원 사이의 관계를 분명히 함으로써 업무의 흐름을 명확히 하고 직무의 중복과 과업에 대한 갈등을 제거해 준다.
- **방향일원화원칙의 확립:** 각 과업과 관련된 모든 계획을 조정할 권한을 한 사람에게 부여하는 방향일원화원칙(principle of unity of direction)이 수립된다.

- **명령계통의 확립:** 기업에서 말단 직원으로부터 최고경영층에 이르는 보고관계를 나타내는 명령계통(chain of command)이 수립된다. 이와 같이 커뮤니케이션과 의사결정을 위한 경로를 수립한다.

2. 조직화 과정

조직화가 잘 진행되어 조직화의 효과가 계속적으로 유지되며 효과적인 경영성과를 실현하기 위해서는 〈그림 11-1〉과 같은 조직화 과정을 거친다.

그림 11-1 **조직화 과정**

단계 1: 조직의 사명과 목표를 설정한다.

단계 2: 조직의 사명과 목표를 달성하기 위한 작업활동들을 과업들로 세분화한다(분화).

단계 3: 과업들을 유사한 것끼리 그룹화한다(직무설계와 부서화).

단계 4: 직무를 개인에게 할당한다(권한과 책임의 위임).

단계 5: 조직구조가 생성되면 개인과 부문의 직무를 조정한다.(통제와 조정)

피드백

목표달성

이러한 조직화 과정을 통하여 조직구조가 생성된다.

그림 11-2 **조직화 과정의 예**

단계 1
사명과 목적의 검토

> Excelsior Table Saw Corporation
> 투자수익률 10%로
> Table Saw를 생산·판매한다.

단계 2
작업활동의 결정

고 용	훈 련	조 립	판 매
그라인딩	배 송	급료지불	수 금
장부정리	검 사	모 집	보 상
머신닝	가격책정	광 고	포 장

단계 3
활동의 분류 및 그룹핑

마케팅	재무	인적자원	생산
판매	가격책정	모집	머신닝
광고	급료지불	고용	그라인딩
포장	장부정리	훈련	조립
배송	수금	보상	검사

단계 4
작업할당과 권한위임

박×× 판매	김×× 장부정리	문×× 급료지불
조×× 고용	김×× 수금	원×× 광고
최×× 조립	이×× 모집	곽×× 머신닝
고×× 훈련	정×× 배송	두×× 그라인딩

단계 5
관계들의 계층 설계

조 직
부 — 부
과 과 과 과
직무 직무 직무 직무 직무 직무 직무 직무
과업 과업 과업 과업 과업 과업 과업 과업 과업 과업 과업 과업 과업 과업 과업 과업

자료: G. S. Allen, W. R. Plunkett & R. F. Attner, *Management*, 10th ed.(South-Western, 2013), p.191.

단계 1은 조직의 사명(mission)을 설정하는 단계로서 기업은 나아갈 미래상(비전)을 가지고 있는데 이를 추구하기 위한 거시적인 임무설정이 사명이라고 할 수 있다. 사명에는 기업이 추구해야 할 제품(what), 목표로 삼아야 할 고객 혹은 시장(whom), 그리고 제품을 만들어 내는 과정(how)을 제시하게 된다. 이런 사명에 맞추어 기업은 목적, 목표, 계획을 도출하게 된다.

〈그림 11-2〉는 Table Saw를 생산·판매하는 회사의 경우 조직화 과정을 예시하고 있다.

단계 2는 조직의 목표와 계획을 달성하기 위해서 수행되어야 하는 전체 작업활동(work activities)들을 구체적으로 규명하는 단계라고 할 수 있다. 기업은 제품이나 서비스를 고객에 제공하는 데에 필요한 모든 작업활동을 과업(task)들로 세분화한다.

이와 같이 조직이 수행해야 할 전체의 작업을 과업(최소단위 활동)으로 세분화하는 과정을 과업의 분화(differentiation)라고 한다.

분화는 〈그림 11-3〉에서 보는 바와 같이 조직을 더욱 분산시키는 힘을 갖는다.

그림 11-3   분화와 통합

분화(분산)   통합(조정)

분화 메커니즘: 통합 메커니즘
• 노동의 분업   • 공식적 계층(명령계통) • 기능간 팀과 위원회
• 직무의 전문화   • 표준정책, 규칙, 절차   • 대인간 충돌방지를
                        • 부문화   위한 인간관계
                        • 컴퓨터 네트워크   • 전문가 사이의 갭을
                                                    연결할 연락원

자료: R. Kreitner, *Management*, 9th. ed.(Houghton Mifflin, Co., 2004), p. 323.

단계 3은 기능적으로 동일하거나 유사한 과업들을 어떤 기준에 따라 각 구성원에게 할당할 직무(업무: job)로 묶은 후에 다시 유사하거나 상호연관된 직무들을 한 곳에서 수행할 수 있도록 그룹화(집단화)시키는 과정이다.[1]

〈그림 11-2〉에서 예를 들면, 판매, 광고, 포장, 배송은 마케팅 관련 활동으로 그룹화할 수 있다.

이때 각 구성원이 담당할 몇 개의 과업, 즉 직무를 어떻게 구성할 것인가를 고려하게 되는데 이를 직무설계(job design)라고 한다. 조직화의 핵심은 직무의 규정과 직무 상호관계의 편성이라고 할 수 있다.

직무를 설계할 출발점은 노동의 분업(division of labor)을 통한 작업 전문화(work specialization)의 원하는 수준을 결정하는 것이다. 노동의 분업이란 조직의 전체 과업을 명확하게 규명하고 세분화된 과업 중에서 각 구성원이 수행할 수 있는 제한된 범위의 유사하거나 상호관련된 과업들을 골라 직무들로 묶는 활동을 말한다. 한편 작업전문화란 한 작업자 또는 그룹이 세분화된 한 과업의 특정 부분만을 수행토록 하는 것을 말한다. 이러한 분화와 전문화를 통하여 조직 구성원들의 전문성과 숙련도를 높이고 궁극적으로 조직의 효율성을 높인다.

각 구성원들이 수행할 직무를 설계한 다음에는 업무의 목표를 효율적으로 달성하기 위하여 업무의 기능적 유사성(functional similarity)에 따라 유사하거나 연관된 직무들이 한 곳에서 이루어지도록 직무들을 그룹화하는 것을 부문화, 즉 부서화(departmentalization)라고 한다. 부서화는 업무의 계층에 의한 분화, 즉 수직적 분화(vertical differentiation)와 업무의 종류에 의한 분화, 즉 수평적 분화(horizontal differentiation)로 구분할 수 있다.

단계 4는 업무를 개인에게 할당하고 이를 수행할 권한과 책임을 위임하는 과정으로서 개개 조직단위(부서)에 할당된 업무들을 정해진 기간 내에 효과적으로 진행하기 위하여 업무를 단위화하여 개인에게 할당하는 것이다.

이 과정에서 우수한 자질을 갖춘 구성원들을 적재적소에 배치하는 인적자원관리(human resource management)가 이루어진다.

단계 5에서는 과·부·팀과 같은 부서가 형성되고 직위의 상·하관계가

---

[1] 업무 또는 직무란 한 작업자가 효과적으로 수행하기 위해 몇 개의 과업들을 결합하는 것을 말하는데 개인이 담당할 수 있는 일정분량의 과업들을 단위로 하여 결정한다. 예를 들어 비서가 하는 일을 직무라 하면 전화받기, 서류작성, 일정관리, 서류정리 등은 각각 과업이라고 할 수 있다.

규정되어 조직구조(organizational structure)가 생성된다. 조직표(organizational chart)는 이러한 조직구조를 눈으로 볼 수 있게 만든 것이다.

〈그림 11-2〉는 지금까지의 과정을 거쳐 얻는 조직표의 한 예이다. 조직구조가 생성되면 부서들 간의 업무진행에 있어 필요한 통제와 업무간 조율이 요구되거나 비상사태 혹은 부서간 갈등이 발생하는 경우 내부적인 조정기구를 필요로 한다. 기업 내에서 행해지는 조정절차에는 규칙, 프로그램, 계획, 위계화, 그리고 위임 등이 있다.

조직은 그의 구조를 분업화와 부문화에 따라 분화하기 때문에 부서간 작업활동들은 상호조정되어야 한다. 모든 전문화된 과업이 완전히 독립적으로 수행될 수는 없다. 여러 부서들은 큰 조직의 한 부분이기 때문에 부서 사이에 커뮤니케이션과 협조가 필요하다. 만일 그렇지 못하면 개인이나 부서는 자기의 목표에만 집착하여 조직 전체의 목표를 저해할 가능성이 있기 때문이다.

통합(integration)과 그와 관련된 조정(coordination)이란 조직의 목표를 효과적으로 달성하기 위하여 조직의 여러 부서간 활동을 연계시키는 절차를 말한다. 이러한 조정과 커뮤니케이션은 부서 사이뿐만 아니라 개인간, 집단간, 기능간 흐르는 정보, 자원, 과업을 통제하고 통합하기 위하여 필요하다. 통합은 〈그림 11-3〉에서 보는 바와 같이 조직을 결합하고 조정하는 힘을 갖는다.

3. 조직구조

조직구조의 의의

조직화는 조직의 구조를 생성하는 과정이라고 할 수 있다. 경영자는 종업원들이 효율적, 효과적으로 그들의 일을 할 수 있도록 조직구조를 설계해야 한다.

조직구조란 조직에서 그의 목표를 달성하기 위하여 개인과 집단의 행동을 이끌어갈 직무와 부서의 공식적 배열을 의미한다. 조직구조는 어떤 조직의 구성단위와 직위들의 배치상황, 업무의 수행방법, 여러 기능과 활동의 상호관계를 보여준다. 즉 조직구조는 조직의 계층 수, 권한구조, 의사결정 책임, 감독범위, 보고관계 등을 나타내 준다. 공식적 과업과 보고관계의 설정은 조직에서 수직적 통제의 틀을 제공한다. 수직적 구조의 성격은 조직표에 나타난다.

모든 상황의 요구를 만족시키는 최선의 구조란 있을 수 없다. 조직구조는 환경이나 상황변화에 따라 부응해야 한다.

조직설계(organization design)란 경영자가 조직구조를 개발 또는 변경할 때

- 작업전문화
- 부서화
- 명령계통
- 감독범위
- 집권화와 분권화
- 공식화(formalization)

등 여섯 개의 요소에 대한 결정을 해 가는 과정이라고 할 수 있다.

조직구조의 결정요인

경영자가 선택하는 조직구조 또는 조직화 방법의 유형에 영향을 미치는 결정요인은

- 환   경
- 전   략
- 기   술
- 인적자원
- 조직규모

등이다. 〈그림 11-4〉는 조직구조의 결정요인과 조직구조의 형태와의 관계

그림 11-4 조직구조의 결정요인과 형태

환 경
전 략
기 술
사 람
규 모

관리자의 판단

를 나타내고 있다.

① 환　　경

　　외부환경이 안정적이고 자원획득이 용이하고 불확실성이 낮은 경우에는 자원획득을 위해 구성원과 기능 사이에 조정과 커뮤니케이션의 필요성이 낮아 조직구조에 안정성과 공식성이 요구된다. 안정된 환경에서는 똑같은 과업을 계속 수행하므로 전문화가 요구되고 다양한 기술을 습득할 필요가 없다.

　　관리자들은 분명히 정의된 권한의 계층 속에서 넓은 감독범위를 갖고 집권적으로 의사결정하고 표준화된 절차와 규칙을 사용하려고 한다.

그림 11-5 기계적 구조와 유기적 구조

기계적 구조		유기적 구조
집 권 화	권한의 위임	분 권 화
명　　확	분　　업	불 명 확
좁　　다	감독의 범위	넓　　다
다　　수	규칙 및 절차	소　　수
정형적·비개인적	조　　정	비정형적·개인적

안정된 환경에 대응하는 조직구조는 공식적, 수직적 통제를 강조하는 기계적 구조(mechanistic structure)이다.

이에 반하여 급속히 변화하는 환경에서는 자원을 획득하는 문제가 불확실하므로 의사결정과 커뮤니케이션을 신속히 하기 위하여 조직구조에 유연성이 요구된다. 변화하는 환경에 대응하는 조직구조는 수평적이고 분권화된 유기적 구조(organic structure)이다. 환경의 변화에 신속히 대응하기 위하여 낮은 계층의 종업원들이 문제해결을 위한 많은 책임과 권한을 갖는다.

기계적 구조와 유기적 구조를 비교하면 〈그림 11-5〉와 같다.

② 전　략

일단 기업의 전략이 수립되면 이에 맞는 조직구조가 설계되어야 한다. 예를 들어 시장에 고유한 혁신적인 제품을 개발하고자 하는 차별화전략은 유연한 수평적 구조(flexible horizontal structure)에서 성공적이다. 경영자들은 기능이나 부서의 돈독한 협조를 통해 새롭고 혁신적인 제품을 환경의 변화에 맞춰 신속히 개발할 수 있기 때문에 유연성은 차별화전략을 촉진한다.

반면 모든 기능에서 비용을 낮추고 효율성을 추구하려는 저가전략은 경영자에게 비용지출과 여러 부서의 결정에 많은 통제력을 주는 공식적 구조(formal structure)에 알맞는 전략이다. 수직적 기능별 구조는 자원을 효율적으로 사용하기 위하여 과업의 전문화와 엄격한 명령계통을 요구한다.

③ 기　술

기술(technology)이란 제품과 서비스의 설계, 생산, 유통에 사용되는 기능, 지식, 도구, 기계, 컴퓨터, 장비 등을 일컫는다. 기업이 사용하는 기술이 복잡할수록 경영자의 계층과 수가 늘어날 뿐만 아니라 경영자와 작업자들이 기술에 제어를 가할 수 없기 때문에 예상치 못한 상황에 부응할 능력을 높이기 위하여 유연한 구조의 필요성이 증대된다.

반면 기술이 복잡하지 않는 경우에는 과업이 단순하여 업무를 반복적으로 처리하고 제품생산 과정이 이미 결정된 대로 따르기 때문에 공식적 구조가 알맞은 구조라 할 수 있다.

④ 인적자원

조직의 구조선택은 기업이 고용하는 인적자원의 성격에 의해서도 영향을 받는다. 일반적으로 작업자들이 고도의 기능을 보유하고 있으며 작업을 수행하기 위하여 작업자들이 그룹을 이루면 조직은 유연하고 분권화된 구조를 선호한다.

고급기술자라든지 전문적인 작업자들은 자유와 자율성을 요구하고 감독을 받기 싫어한다. 또한 작업자들이 팀을 이루어 작업할 때에도 자율성을 요구하기 때문에 유연한 구조가 알맞다고 할 수 있다.

⑤ 조직규모

조직의 전체적인 규모와 하위단위의 규모가 조직구조에 영향을 미친다. 여기서 규모는 조직의 범위(scope)나 크기(magnitude)인데 보통 종업원의 수로 측정된다.

업무량이 증가하여 조직의 규모가 클수록 직무의 전문화가 필요하고 다양한 업무의 효과적 처리를 위한 절차, 규칙, 규율 등이 표준화된다. 또한 권한의 위양에 의한 분권화가 촉진되어 그들의 활동을 조정할 다양한 공식기구가 필요하게 된다.

공식조직과 비공식조직

공식조직(formal organization)이란 기업 목표를 합리적으로 달성하기 위하여 인위적·의식적으로 형성한 유기체로서 기업의 규정이나 직제에 의하여 공식화된 조직을 의미한다.

비공식조직(informal organization)은 조직 내에서 일부 구성원들의 개인적 욕구와 집단적 욕구를 충족시키기 위하여 자연발생적으로 형성된 자생적 조직을 뜻한다. 〈그림 11-6〉에서 볼 수 있는 것처럼 낚시회·산악회·축구회 등과 같이 구성원들의 취미와 기호에 의해 조직을 형성할 수도 있고 향우회·동문회와 같이 회원의 친목을 도모하기 위하여 조직을 형성할 수도 있다.

비공식조직은 유동적이고 조직의 목표나 구성원들의 관계가 공식적으로

그림 11-6 **공식조직과 비공식조직**

사 장

공식조직

이사

부장

과장

비공식조직
(조기축구회)

비공식조직
(낚시회)

비공식조직
(향우회)

잘 나타나지 않는 특성을 갖는다.

　　공식조직은 효율성의 논리나 비용절감의 논리에 바탕을 두고 있지만 비
공식조직은 친목이나 감정의 논리에 따라 움직이는 조직이다.

4. 수직적 구조

계　층

　　수직적 분화는 조직구조의 깊이, 즉 조직의 계층 수를 의미하는데 계층
수가 많으면 많을수록 수직적 분화의 정도가 높다는 것을 의미한다. 여기서
계층(hierachy)이란 수준(level) 사이의 관계를 나타내는 피라미드(pyramid)를
말한다. 즉 계층이란 상사와 부하의 역할이 상·하의 계층에 따라 차례로
배열되는 역할체제를 말한다.

대규모 기업에서는 조직의 계층 수가 8~12개 정도로서 많은 편이고 중소기업의 경우 계층 수가 대기업에 비해 적은데 계층 수가 많을수록 환경변화에 적절하게 대응하기 위한 의사결정의 속도가 지연되는 단점이 있다.

각 계층은 그 역할에 따라 세 가지 계층으로 구분할 수 있으며 이들은 최고경영층, 중간관리층, 그리고 하위관리층이다. 계층이 높아질수록 일상적 업무에서 전체적 업무로의 비중이 높아지는 경향을 보인다.

명령계통

명령계통(chain of command)이란 조직의 모든 구성원들을 연계시키고 보고관계를 나타내는 권한의 일관된 연쇄관계를 말한다. 명령계통은 명령일원화의 원칙과 계층연결의 원칙을 포함한다.

명령일원화의 원칙(principle of unity of command)이란 한 사람의 부하는 항상 같은 계통에 소속된 한 사람의 직속 상사로부터만 명령과 지시를 받고 보고를 해야 한다는 원칙이다. 이러한 원칙의 목적은 조직질서를 유지하기 위해 명령계통의 단일화를 통하여 명령과 보고의 연속성과 명확성을 유지하고자 하는 것이다.

만일 한 부하가 여러 명의 상사로부터 명령을 받는다면 명령의 중복은 물론 권한·책임·보고의무라는 원칙이 존립할 수 없게 되고 조직 내 갈등 문제가 발생할 수 있다.

그러나 매트릭스 조직구조에서는 명령일원화의 원칙이 지켜지지 않는다. 즉 매트릭스 조직의 부하는 기능별 상사와 프로젝트 책임자의 두 상사에게 책임을 지게 된다.

계층연결의 원칙(scalar principle)이란 상부 계층으로부터 하부 계층까지 서로 다른 업무에 따라 권한과 책임이 단절 없이 연결되어야 한다는 원칙이다.

이 원칙의 목적은 명령의 일원화와 책임소재의 명확화를 확보하기 위한 것이다.

권한, 책임 및 보고의무

명령계통은 조직의 권한구조를 나타낸다. 모든 경영자들은 그가 속한 수준에 따라 정도의 차이는 있지만 권한을 갖는다.

권한(authority)이란 경영자가 의사결정을 하고 명령을 내리고 자원을 배분할 공식적이고 합법적인 권리를 말한다. 권한은 직무수행 권리의 근거이다.

권한은 다음과 같은 특징을 갖는다.[2]

- 권한은 조직의 직책(position)에 부여된다. 경영자들은 그들이 맡고 있는 직책에 의해 권한을 갖는 것이다. 따라서 동일한 직책에 있는 다른 사람도 동일한 권한을 갖는다
- 권한은 부하에 의해서 수용된다. 권한은 조직계통을 통하여 위로부터 아래로 행사되지만 경영자들은 명령을 하달할 합법적 권리를 가진다고 인정하기 때문에 부하들은 이에 따른다. 권한의 수용이론(acceptance theory of authority)에 의하면 부하들이 경영자의 명령을 수용할 때만 경영자들이 권한을 갖게 된다. 따라서 부하들이 상사의 권한을 거부하고 불복종하게 되면 경영자의 권한행사는 불가능하게 된다.
- 권한은 수직적 계층을 따라 아래로 행사한다. 조직의 상층에 있는 직책은 하층에 있는 직책보다 더욱 많은 권한을 부여받는다.

책임(responsibility)은 권한이라는 동전의 뒷면과 같다. 책임이란 작업자가 할당받은 과업이나 활동을 수행해야 할 의무이다. 작업자에게 할당된 직무에는 반드시 직무수행의 권한이 부여되어야 하고 권한행사의 결과에 대해서는 책임이 수반되어야 한다. 일반적으로 경영자들은 책임에 비례하여 권한을 위임받는다.

그러나 경영자들이 권한에 비하여 더 무거운 책임을 갖게 되면 직무수행은 가능하나 좀 어려움이 있게 된다. 그들은 설득과 행운에 의존하게 된다. 한편 책임에 비하여 큰 권한을 갖게 되면 하찮은 결과에 권한을 행사하려는 독재자가 되기 쉽다.

따라서 권한과 책임이 서로 적절히 일치할 때 조직활동이 원활해질 수 있는 것이다.

보고의무(accountability)는 권한과 책임이 안정된 균형상태를 유지하기

---

2 R.L. Daft, *The New Era of Management,* International Edition(South-West Thompson, 2006), p. 352.

위한 메커니즘이다. 즉 보고의무는 조직의 구성원들이 위양된 권한을 행사하여 성실하게 직무를 수행한 후 작업결과의 정당성을 상사에게 보고해야 하는 의무이다.

조직이 안정되기 위해서는 권한·책임·보고의무가 균형을 이루어야 한다. 이를 권한·책임·보고의무의 3면 등가의 원칙이라고 한다.

권한의 위양

권한위양의 원칙(principle of delegation of authority)이란 조직의 규모가 너무 확대되거나 또는 보다 중요한 일에 전념하기 위하여 상사가 부하에게 직무의 일부를 위임하는 경우에는 그 직무수행에 필요한 권한과 책임도 함께 부여해야 한다는 원칙이다.

이때 부하는 상사의 지시나 명령을 받지 않고 자신의 자유재량에 따라 직무를 수행할 수 있고 창의력을 발휘할 수 있으며 어떤 문제가 발생할 때 신속한 의사결정을 통해 문제를 해결할 수 있다. 한편 상사는 지나치게 집중된 일상적이고 반복적인 직무를 부하에게 분산시키고 중요한 예외적인 업무에 전념할 수 있게 된다.

이와 같이 부하는 상사로부터 직무수행의 권한과 책임을 위양받는 대신 직무수행의 결과를 상사에게 보고할 의무를 갖는다(〈그림 11-7〉 참조). 이때 작업결과에 대한 최종 책임은 상사가 져야 한다.

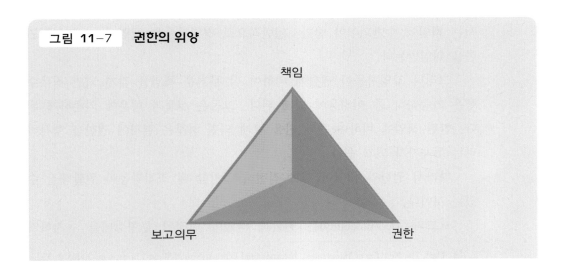

그림 11-7　권한의 위양

책임

보고의무　　　　　　　권한

부서화가 성공하기 위해서는 조직의 상위로부터 하위에 이르기까지 명령의 연쇄원칙(scalar command principle)이 잘 지켜져야 한다.

감독의 범위

통제의 폭, 즉 감독의 범위(span of control, span of management)란 조직의 효율적인 관리를 위해서 한 명의 경영자가 직접 지휘·감독·통제하는 부하의 수 또는 부문의 수를 말한다.

일단 작업이 세분화·차별화가 되면 다시 세분화된 과업을 유사한 부문에 그룹화하는 부문화가 이루어지는데 이때 누가 누구에게 보고할 것인지의 명령계통이 수립된다. 일반적으로 조직표는 명령계통에 따른 보고라인을 규정한다. 감독의 범위는 조직계통의 수를 결정하는 요인이 된다.

감독의 범위가 너무 넓으면 〈그림 11-8〉에서 보는 바와 같이 최고경영

그림 11-8 조직구조

수평적 조직구조

CEO

수직적 조직구조

CEO

층과 하위관리층 사이에 조직 계층의 수가 적은 수평적 구조(flat organization)를 갖게 된다. 이런 경우에는 경영자의 직무가 너무 확대되어 커뮤니케이션, 감독, 조정이 곤란해져 경영능률이 저하하기 쉽다.

반면 직접 보고하는 부하의 수가 너무 적으면 여러 개의 계층을 갖는 수직적 구조(tall organization)를 갖게 된다. 이런 경우에는 감독이나 지휘는 용이하게 할 수 있으나 조직은 관료화되고 부하의 창의력과 자주성의 발휘가 방해를 받으며 명령계통이 길기 때문에 의사결정의 속도가 느려 급속하게 변화하는 환경에서는 불리하게 된다.

일반적으로 감독자가 부하와 밀접한 관계를 가질 때 감독의 범위는 좁아지지만 밀접한 관계를 가질 필요가 없을 때에는 넓어진다고 할 수 있다.

감독의 범위는 경영자와 부하들의 능력, 직무내용, 커뮤니케이션의 난이도 등에 따라 결정된다. 전통적인 조직이론에서는 경영자 1명당 7명의 부하가 적정수준이라고 주장하지만 오늘날 많은 조직에서는 급변하는 환경에 즉각적으로 대응할 수 있도록 수평적 구조로 바뀌면서 감독하는 부하의 수도 30~40명으로 증가하는 추세에 있다.

집권화와 분권화

집권화(centralization)와 분권화(decentralization)란 조직의 하위 계층수준에 대한 의사결정 권한의 위양정도로서 상대적인 개념이다. 권한·책임·의무의 대부분을 조직 전체에 걸쳐 체계적으로 하위 수준에 위양하면 분권화라 하고 그 대부분이 최고경영층에 집중되어 있으면 집권화라고 한다.

완전한 집권화가 없듯이 완전한 분권도 불가능하다. 분권화의 정도는 그것이 조직 목표의 효율적 달성에 기여하는 정도에 따라 평가할 수 있기 때문에 기업의 전략과 환경의 영향, 의사결정의 성격, 조직의 규모와 성장률, 조직의 특성, 하위관리자의 능력 등의 요인을 동시에 고려하여 결정해야 한다.

그러나 오늘날 조직의 분권화가 일반적인 추세이다. 분권화를 하면 최고경영층의 부담을 완화하고 종업원들의 기술과 능력을 이용할 수 있으며 외부환경의 변화에 신속히 대응할 수 있기 때문이다.

분권화는 권한위양과 같은 의미이지만 개념상 약간의 차이가 있다. 권한위양은 단순히 의사결정 권한을 부하에게 넘겨주는 재량권(empowerment)을 의미하지만 분권화란 어떤 권한을 부하에게 위임할 것인가를 결정하고 그 권한을 행사할 부하가 따라야 할 규칙과 정책을 수립하여 성과를 규제할 통제수단을 마련하는 등 일련의 과정을 의미한다.

의사결정의 집권화 또는 분권화는 중·하위관리층의 감독의 범위에 영향을 미치고 계층수준의 수에도 영향을 미친다. 집권화 조직에서는 감독의 범위가 좁고 계층의 수가 많게 된다. 이에 따라 최고경영층이 권한이양을 하지 않고 자신에 보고하는 사람들을 밀접하게 감독하려 한다.

집권화 조직에서는 수직적 구조를 갖게 되지만 분권화 조직에서는 수평적 구조를 갖게 된다.

5. 수평적 구조

수평적 부서화

앞절에서 고찰한 수직적 구조는 관리자와 종업원들이 각 계층수준에서 어떻게 서로 관련되어 있는가를 설명한다. 그런데 수직적 구조와 수평적 구조를 구분하는 것은 요소들이 양쪽에 작용하기 때문에 어느 정도 인위적이라고 할 수 있다.

수평적 구조는 수행하여야 할 업무를 비교적 유사한 활동단위부서로 그룹화하는데 있어서 수평적으로 형성되는 조직구조를 말한다. 수평적 구조는 구성원간 커뮤니케이션과 협력을 강조하기 때문에 공식적, 수직적 계층구조보다 더욱 효과적이라고 할 수 있다. 조직은 일반적으로 기능(function), 제품(product), 고객(customer) 그리고 지역(geographic)을 근거로 하여 수평적 부문화를 행한다.

① 기능별 부서화

기능별 부서화(departmentalization by function)란 조직 목표를 달성하기 위

그림 11-9 기본 기능별 분화

사 장

생 산   마 케 팅   재 무

그림 11-10 기본 기능과 하위 기능에 의한 분화

사 장

기 획

업 무

인사 및 총무

생 산
- 인사 및 총무
- 전장설계
- 조 립
- 품질관리

마 케 팅
- 영업관리
- 광 고
- PR
- 유통/배송

재 무
- 재무기획
- 원가회계
- 재무회계
- 예 산

해 과업의 기본적 기능을 근거로 하여 조직을 단위화하는 것이다. 여기서 기능(function)이란 직무를 수행함에 있어 비슷한 재능을 보유하거나 비슷한 종류의 지식, 도구, 기법을 사용하면서 함께 일하는 작업자들의 그룹을 말한다. 〈그림 11-9〉는 세 가지 기본 기능에 의한 분화를 제시하고 있다. 〈그림 11-10〉은 사장과 세 기능간 보고관계를 나타내는 기능별 구조를 나타낸다.

기능별 부서화에 의한 조직구조의 장점은 기능별 전문화(functional specialization)에 의해 동일한 또는 유사한 기능을 종류별로 그룹화함으로써 전문지식 또는 기술을 충분히 활용할 수 있다는 것이다. 또한 기능별 조직구조는 관리자가 동일한 직무를 수행하는 종업원들의 성과를 감시하고 평가하기가 용이하다는 장점을 갖는다.

반면 조직의 복잡성이 증가함에 따라 조직 구성원간에 커뮤니케이션이 어렵게 되고 관리자의 구성원 활동조정이 어렵게 된다는 단점을 갖는다. 따라서 기능별 조직구조는 단일제품이나 서비스를 생산·판매하는 소규모 기업에서 선호된다.

② 사업별 부서화

사업별 부서화(divisional departmentalization)는 기업의 경영활동을 제품별·고객별·지역별로 부서화한 후 각 사업부의 책임자(예컨대 사업본부장)에게 해당부문의 모든 책임과 권한을 위양함으로써 독립적인 운영이 이루어지도록 하는 형태를 말한다. 이는 권한위양의 원칙과 독립채산제도를 기초로 한 분권적 조직이다.

제품계열이 확장되고 고객이 증가하고 경영활동이 지역적으로 확장됨에 따라 조직의 규모가 커지면 기능별 조직구조는 효과적인 구조가 될 수 없다. 이러한 경우에는 제품, 고객, 지역적 위치와 같은 산출물을 집단화하며 각 산출물은 생산, 재무, 판매, 회계, 연구개발과 같은 기능으로 구성된 독

그림 11-11 사업부제 조직

립된 조직단위를 갖는 사업부제 구조가 효과적이라고 할 수 있다.

〈그림 11-11〉은 사업별 부서화의 예를 보여주고 있다.

사업별 부서화를 형성하는 방법에는 지역별, 고객별, 제품별 등이 있다.

● 지역별 부서화

지역별 부서화(departmentalization by area)는 지역별로 업무를 단위화하여 하나의 경영자에 귀속시키는 것을 의미한다. 지역별 분화의 대표적 조직으로서 정부 조직을 들 수 있다. 우리나라의 경우 중앙정부 외에 도시는 시, 구, 동 그리고 지방은 도, 군, 면 등 지역적으로 나누어 관리하고 있다. 〈그림 11-12〉는 기능과 지역에 의해서 분화된 조직을 예시하고 있다.

지역별로 부문화된 경우에는 기본적 조직 기능 — 생산, 마케팅 및 재무 — 의 수행 권한은 궁극적으로 본사에 있다. 그러나 이들 기능이 지역별 상황에 맞추어 지역조직에 위양되어 있다.

그림 11-12 기본기능과 지역에 의한 부문화

● 고객별 부서화

고객별 부서화(departmentalization by customer)는 특정 시장 세그먼트(market segment)의 욕구를 충족시키기 위한 활동을 기초로 업무를 집단화하는 것이다. 이 조직구조는 다양한 고객요구와 구매력에 맞추어 서비스를 함으로써 고객에게 최상의 서비스를 제공할 수 있다는 이점을 갖는다. 〈그림 11-13〉은 기능과 고객에 의해 부서화된 조직을 예시하고 있다.

그림 11-13　기본 기능과 고객에 의한 분화

● 제품별 부서화

　　조직에서 생산 또는 판매하는 특정 제품이나 생산라인에 근거하여 부문
화를 할 경우에는 제품 또는 제품라인에 따라 활동들을 집단화한다. 〈그림
11-14〉는 제품별 부서화(departmentalization by product)를 예시하고 있다.

　　제품별 부서화는 다양한 제품에 관한 전문적 지식과 기능을 활용할 수
있고 제품 특성에 맞는 경영을 행할 수 있으며 제품의 수익을 평가할 수 있

그림 11-14　제품별 부문화

다는 장점이 있다. 그러나 기능이 중복될 수 있으며 조정이 어렵다는 단점이 있다.

프로젝트 조직

프로젝트 조직(project organization)은 기술개발, 신제품개발, 신시장개척, 경영혁신사업 등 특별한 프로젝트를 수행하기 위하여 관련 부서로부터 특별한 기술, 능력, 경험을 갖춘 전문가들이 파견되어 구성되는 임시조직이다. 그런데 그 프로젝트가 끝나면 다른 프로젝트로 이동하든지 또는 원래 소속되었던 부서로 복귀하게 된다. 이는 태스크 포스(task force) 조직, 또는 프로젝트 팀 조직이라고도 한다.

프로젝트는 여러 기능부문의 전문가를 필요로 하므로 고정적인 기능조직으로서는 신속한 완료를 기대할 수 없다. 오늘날의 경영은 기업환경이 동태적으로 변동하고 기술혁신이 급격하게 진행됨에 따라 프로젝트를 중심으로 행하여진다.

프로젝트 조직은 수직적 명령계통, 기능적 분화, 감독의 범위에 구애받지 않기 때문에 〈그림 11-15〉에서 보는 바와 같이 상당한 유연성을 갖는다.

그림 11-15　프로젝트 조직

매트릭스 조직

　　매트릭스 조직(matrix organization)은 기능별 조직과 프로젝트 조직이 결합된 형태이다. 기능별 조직의 효율성(전문성)과 사업부제 조직과 프로젝트 조직의 유연성을 동시에 추구하려는 목적으로 조직 구성원이 기능부서에 속하면서 동시에 프로젝트 팀에도 소속되는 조직이다.

　　매트릭스 조직에서 각 구성원들은 자기가 속한 기능부서의 상사에게 보고함과 동시에 자기의 프로젝트 관리자에게도 보고하고 명령을 받게 된다. 따라서 전통적인 조직운영의 원리인 명령일원화의 원칙을 파기하게 된다.

　　이 조직은 일시적·잠정적으로 구성되는 프로젝트 조직과는 달리 프로젝트 및 제품이 비교적 오랜 기간 동안 존속한다는 의미에서 영구적 조직형태라 할 수 있다.

　　매트릭스 조직은 시장이나 고객요구의 급격한 변화에 신속하게 대응하

그림 11-16　매트릭스 조직

고 조직의 기능적 효율성과 구성원의 만족 및 성과를 동시에 제고할 수 있을 뿐만 아니라 서로 충돌하는 부서 및 프로젝트의 목적을 조화시킴으로써 조직의 유연성을 높일 수 있는 장점을 갖는다. 반면 매트릭스 조직은 이중지휘체계에 따라 역할갈등, 역할모호성, 권한갈등으로 혼선이 야기될 수 있는 단점을 갖는다.

〈그림 11-16〉은 매트릭스 조직의 예를 보여주고 있다.

6. 통　합

조정의 필요성

우리는 앞에서 공부한 바와 같이 직무의 전문화와 노동의 분업으로 직무를 과업으로 세분화하고 부문화를 통해서 이러한 직무들을 부서로 그룹화하게 된다. 그런 다음에는 조직의 목적을 달성하기 위하여 각 부서의 활동을 체계적으로 연계시킬 필요가 발생한다.

기업의 과업들이 세분화·전문화되고 관련 과업들을 하나의 단위부서에 일임하는 분화의 정도가 높고, 작업집단·개인·기능 사이에 상호관련성이 높고, 경영환경요인의 변화가 심할수록 다른 부서 사이의 통합의 필요성은 더욱 크게 된다.

일반적으로 개인이나 부서는 능률증진을 통해 자신들의 목표달성에만 관심을 가지기 때문에 조직 전체의 목표달성을 우선시키기 위해서는 조정이 필요하다. 예를 들면, 기능별 조직에서 생산, 재무, 마케팅 부서는 상호의 존성이 강하다. 생산 및 재무 부서는 제조원가의 절감을 위해 적정재고를 희망하지만 마케팅 부서의 입장에서는 매출극대화를 위해 최대한의 재고확보를 추구하려 한다. 이와 같이 조직의 하위부문간에는 상충과 마찰이 존재할 수 있는데 이는 조직 전체의 목표에 맞추어 조정되어야 한다.

조정의 방법

조정을 효과적으로 하기 위해 사용하는 메커니즘으로는 어떤 방법들이 있는가? 〈그림 11-2〉에서 보는 바와 같이 여러 가지 방법이 사용되지만 여기서는 중요한 것만 간단히 설명하고자 한다.

① 관리계층

경영계층의 상·하간의 활동을 상호연결시키기 위하여 이미 앞에서 설명한 여러 가지 원칙들을 사용하게 된다. 이는 수직적 조정화라고 한다. 수직적 조정화는 목표·권한·책임은 계층구조를 갖는다는 가정에 근거하고 있다.

계통을 통하여 상·하간의 커뮤니케이션이 이루어지고 권한의 위임과 책임관계의 명확화로 계층간의 조정을 원활히 할 수 있다.

② 규칙과 프로그램

규칙과 프로그램은 각 단위 또는 부서활동이나 과제수행방식에 있어서 공식적인 절차나 규칙을 두는 것이다. 즉 업무처리의 매뉴얼화하여 이것에 의해 거의 자동적으로 업무들이 처리되도록 한다. 이것은 가장 표준화된 (standard) 조정방식으로서 반복적이고 안정된 상황에 적합하나 업무가 유동적이고 환경이 급변하는 경우에는 비효율적일 수 있다.

③ 계획수립과 목표설정

계획과 목표를 설정하여 관련 부서들이 이를 지향하도록 함으로써 조직활동을 조정할 수 있다.

계획은 여러 활동이 동일장소에서 이루어지거나 과제들간에 순차적 상호의존성이 있는 경우에 대표적으로 사용하는 조정방식이다. 계획의 가장 큰 특징은 과제수행과 관련하여 무엇을 어떻게 실행할 것인가 외에 '언제'라는 시간적 변수가 고려된다는 점이다. 계획은 과제가 시작하기 전에 미리 세워지며 예측되는 변화에 대해서는 사전에 수정행동을 세워두기도 한다. 계획에 의한 조정은 표준화된 절차나 규정에 의한 경우보다는 조직의 기술이나 과업환경이 다소 동적인 상황에 적용될 수 있다.

④ 수평적 연결망의 확대

조직활동의 복잡성과 불확실성이 매우 큰 경우 좀더 획기적으로 정보처리능력을 증대시키는 조정방법이 필요하게 된다. 조직에서 정보처리능력을 증대시키는 조정방법은 구성원들 사이의 수평적 연결망을 확대시키는 것이다.

수직적 위계구조에서는 정보가 주로 수직적으로만 흐르는 경향이 있기 때문에 전체 조직 차원에서 정보흐름의 순발력이 떨어지고 조직 상부에서의 의사처리부담이 과다해지는 문제가 나타난다. 이러한 문제를 완화하고 조직 전체의 정보흐름을 신속하게 하기 위해 관련 업무자들 사이에 직접 정보교환이나 상호조정이 이루어질 수 있도록 수평적 연결망을 확대시키는 것이다.

즉 부서화가 낳는 단점을 보완할 수 있는 연결고리를 제도적으로 만들어 놓는 것을 말하며 조직에서 수평적 연결을 확대시키는 데는 다음과 같은 방법들이 있다. 최근 IT(information technology)의 발달은 e-mail과 인트라넷(Intranet)을 통하여 아래와 같은 제도를 형성해놓지 않더라도 전사적 경영차원에서 연결망이 확대되고 있는 추세를 보이고 있다.

● 직접접촉

수평적 창구를 다양하게 개방하여 관련 부서 구성원들 사이의 대면접촉을 통하여 직접적인 상호작용을 확대시키는 것이다. 이를 상호조정(mutual adjustment)이라고 한다.

● 연 락 관

직접접촉에서와 같이 수평적 창구를 완전히 개방하는 대신 그러한 연결을 전문으로 담당하는 전담역을 두는 것이다. 즉 기본적인 위계구조는 유지하면서 부서별로 연락관(liaison)을 두어 부서들 사이의 연락이나 조정을 돕는 것이다.

7. 현대 조직의 추세

최근 20여 년간 많은 조직들은 그들의 조직을 더욱 경쟁적·효율적으로 운영하기 위해 새로운 구조를 개발해 왔다. 팀제와 가상조직이 바로 그 대표적인 새로운 구조라고 볼 수 있다.

팀　제

팀제(team structure)란 작업활동을 조직화하는 하나의 수단으로서 부서간 장벽을 허물고 의사결정을 팀 자체적으로 결정하는 권한을 가지고 업무를 팀 내에서 완성되도록 하는 책임을 전적으로 팀이 지는 체계이다. 즉 팀제란 상호보완적인 기술 혹은 지식을 가진 둘 이상의 조직원이 서로 신뢰하고 협조하며 헌신함으로써 공동의 목적을 달성하기 위하여 자율권을 가지는 조직단위라고 말할 수 있다.

팀제는 신속성, 유연성, 창의성을 추구하고자 하는 조직단위이므로 고객중심, 빠른 변화, 다양화하는 최근의 기업환경에 부응하고 있다고 할 수 있다. 효율적으로 팀이 유지되기 위해서는 팀 구성원들이 상호보완적 기능과 능력을 갖추는 것이 필요하고, 공동의 참여적 목표를 설정하고 팀 구성원들이 이를 모두 긍정적으로 수용하고 있어야 하며, 업무에 따른 결과에 대한 책임감을 공유하는 것이 중요하다. 이러한 팀이 효율적으로 운용되기 위해서는 팀 구성원들이 전문가뿐만 아니라 제너럴리스트(generalist)가 되는 것을 필요로 한다.

팀제가 가져다 주는 긍정적인 면으로는 권한의 위임에 따라 기업의 의사결정 기간이 단축되었으며, 상황대처 능력이 강화되었고, 팀평가보상이 도입됨에 따라 팀 리더들의 경영자적 의식과 감각이 높아졌으며, 팀 구성원들 사이에는 경제적 마인드가 확립되는 장점들을 보이고 있다.

최근 한국적 상황에서는 이런 팀제를 도입함으로써 관료제에서 고질화된 문제로 지속되어 왔던 인사적체의 문제를 직책과 직위의 분리를 통해 해소할 수 있게 되었으며 이를 통해 기업은 실무자를 많이 확보할 수 있는 이득을 누리고 있다. 최근 기업 내에는 경영자나 상사의 지시 없이 팀 구성원들이 팀을 스스로 운영하는 경우가 증가하고 있다.

즉 팀제의 취지와 부합하게 팀 구성원들이 스스로 목표를 설정하는 데 참여하고, 팀 구성원들의 의사를 반영하여 역할을 설정하고, 또한 결과에 대해서도 자율적으로 피드백을 구하는 자율관리팀(self-managed team)으로 발전해 가는 추세를 보이고 있다.

팀제는 자율관리팀 외에도 교차기능팀(cross-functional team)이 있다. 이는 조직의 여러 기능부서로부터 요원이 파견되어 구성된다. 신제품 개발과 같은 프로젝트를 수행하기 위하여 조직된다.

네트워크 조직

네트워크 조직(network organization)은 전통적 조직 내부에서 수행하던 여러 기능을 계약을 통해 외부의 독립적이고 단일기능을 수행하는 기업으로 아웃소싱(outsourcing)한 결과로 나타나는 조직이라고 할 수 있다. 〈그림 11-17〉에서 보는 바와 같이 네트워크 조직은 하나의 관계를 망으로 나타낸 것이다.

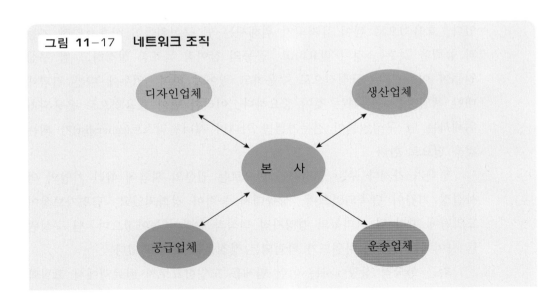

그림 11-17 네트워크 조직

이러한 네트워크로 연결된 기업들은 차별적 능력(distinctive competence)을 가진 부문만 담당하고 다른 차별적 능력을 가진 기업들과 Internet과 e-mail 등 정보기술을 이용하여 서로 연결되고 정보를 교환하여 고객의 수요에 신속히 대응한다.

예컨대 과거에는 한 기업이 제품의 개발·디자인·생산·홍보·판매활동을 모두 수행하였지만 네트워크 기업에서는 이러한 활동을 서로 다른 전문업체가 담당한다.

전통적인 조직구조로는 급변하는 경쟁환경을 극복하기 어렵기 때문에 네트워크 조직은 조직을 슬림화(slim)시켜 환경변화에 유연하게 대처할 수 있는 무경계(boundaryless) 조직구조라고 할 수 있다.

네트워크 조직에서 본사는 예컨대 디자인, 핵심기술, 판매 등 핵심영역만을 담당하고 전문성과 경쟁력이 없다고 생각하는 그 밖의 부문은 외주업체에 일임함으로써 비용을 절감할 수 있다. 그러나 외주업체의 파업 등에 의해서 영향을 받게 되는 약점도 있다.

네트워크 조직의 예를 들면, 미국의 나이키(Nike)사이다. 이 회사는 운동화와 의류의 디자인, 핵심기술, 판매 등을 담당하고 다른 부문은 전세계 외주업체에 맡기고 있다.

가상조직

한 회사가 큰 프로젝트를 완성하기 위하여 막대한 자원이 필요한데 이러한 자원을 구매할 자금과 시간이 없을 때 가능한 답은 가상조직(virtual organization)을 구성하는 것이다. 가상조직은 네트워크 조직의 극단적인 형태이다.

가상조직이란 각자 고유한 차별적 능력(예컨대 전문적 기술이나 저비용)을 보유하고 있는 여러 독립적인 기업들이 정보기술에 의해 서로 연계되어 하나의 조직처럼 동일한 목표를 갖고 제품이나 서비스의 제공을 위해 기술, 비용, 시장 등을 공유하는 임시적인 네트워크를 말한다. 가상조직은 물리적으로 존재하지 않는다. 즉 전통적인 핵심은 보유하고 있으나 전통적인 경계와 구조는 없는 것이다.

전통적인 조직에서는 모든 자원을 조직 내에 보유하지만 가상조직에서는 차별적 능력을 가진 부문만 담당하고 다른 부문은 모두 조직 외에 네트워크를 형성하여 아웃소싱(outsourcing)하게 된다.

가상조직에서 본사는 예컨대 디자인, 핵심기술, 판매 등 핵심영역을 담당하고 전문성과 경쟁력이 없다고 생각하는 그 밖의 부문은 아웃소싱함으로써 비용을 절감할 수 있다. 한편 가상조직은 급변하는 환경변화에 유연하게 대처할 수 있는 장점을 갖는다.

가상조직의 예를 들면, 사장과 전화받는 몇 사람의 직원으로 구성된 대리운전회사이다. 자가용 운전자들과 네트워크를 유지시킨 채 이들의 요청이 들어오면 대리운전자와 연결시켜 주고 수수료만 받으면 된다. 가상조직은 특정 기회를 추구하기 위하여 모이는 제휴자(외주업체)들의 네트워크이다. 일단 기회가 실현되면 제휴자들은 해산하고 다른 기회를 위하여 새로운 제휴자들로 네트워크를 형성한다. 따라서 〈그림 11-18〉에서 보는 바와 같이 가상조직은 유동적이고 유연하고 항상 변하는 특성을 갖는다.

정보통신기술은 가상조직에서 제휴자들을 연결시키는 핵심적인 역할을 수행한다. e-mail, 회상회의, 그룹웨어(groupware), 전자문서교환같은 온라인 서비스나 Internet으로 제휴자들 사이에 커뮤니케이션, 정보교환, 공동작업

그림 11-18 가상조직

등을 수행할 수 있다.

오늘날 급속하게 변화하는 경영환경에서 가상조직과 같이 신축적이고 적응력이 뛰어난 조직형태의 확산이 전망된다.

E/X/E/R/C/I/S/E
토론문제

01. 조직화의 의의, 목적, 혜택을 설명하라.

02. 조직화 과정을 설명하라.

03. 분화와 통합의 목적은 어떻게 다른가?

04. 조직구조란 무엇이며 이의 결정요인은 무엇인가?

05. 공식조직과 비공식조직의 차이점을 설명하라.

06. 집권화와 분권화의 차이점을 설명하라.

07. 프로젝트 조직과 매트릭스 조직을 설명하라.

08. 조정의 필요성을 설명하라.

09. 현대 조직의 추세를 설명하라.

10. 다음 용어를 설명하라.

① 명령계통   ② 명령일원화의 원칙
③ 권한   ④ 계층연결의 원칙
⑤ 책임   ⑥ 보고의무
⑦ 권한위양의 원칙   ⑧ 감독의 범위

제 12 장

조직변화와 경영혁신

조직의 변화는 불가피한 현상이다. 조직은 개방시스템으로서 외부환경과 꾸준히 상호작용을 하고 있다. 외부환경의 변화는 우리가 제5장에서 공부한 바와 같이 경제적, 기술적, 정치적 · 법적, 사회적 · 문화적, 생태학적 측면에서 끊임없이 진행하고 있다. 이러한 환경의 변화와 불확실성으로 말미암아 조직의 변화도 이에 따라 진행되어야 한다.

사실 미래의 환경이 확실하여 예측가능하든지 또는 변화하지 않는다면 조직변화는 불필요하고 조직경영도 훨씬 쉬워질 것이다.

그러나 환경의 불확실성과 변화는 너무도 당연한 것이기 때문에 경영자들에게 변화는 큰 도전이며 해결해야 할 과제이기도 하다. 변화무쌍한 환경에서 기업은 조직구조, 제품, 제조공정, 업무절차, 고객 서비스 등 다양한 분야에서 혁신이 이루어져야 한다. 사실 혁신적인 제품 · 전략 · 방식으로 공격하는 회사만이 장기적으로 살아남는다. 이런 의미에서 경영혁신은 이제 기업경영의 필수가 되었다.

그러나 모든 회사들이 이렇게 적극적으로 혁신을 추진하거나 또 경영혁신에 성공하는 것은 아니다. 오히려 그런 회사들은 예외에 속한다. 왜냐하면 슘페터(Schumpeter)의 말대로 혁신이란 현재 있는 것을 창조적으로 파괴하는 것이므로 그것에는 늘 저항이 따르기 때문이다.

실제로 대부분의 기업에는 혁신으로 인한 변화를 그리 달가워하지 않는 사람들이 꽤 있다. 그러나 모든 것이 급격히 변하고 있는 이 시대에 현실에 안주하고 오늘의 성공에 만족하는 회사는 반드시 쇠퇴하게 마련이다.

본장에서는 조직변화의 의의와 요인, 조직변화 과정, 변화에 대한 저항, 조직변화의 영역, 경영혁신의 개념과 대상, 주요 경영혁신 기법에 대하여 공부할 것이다.

제 12 장

조직변화와 경영혁신

1. 조직변화의 의의와 요인

조직변화의 의의

현대 산업사회에서 조직은 개방시스템으로서 내·외적 환경의 부단한 변화에 직면하고 있다. 이러한 변화에 잘 부응하여 변화하면 생존하고 성장하지만 그렇지 못하면 쇠퇴의 길로 접어들게 된다.

조직변화(organizational change)란 새로운 아이디어나 행동을 채택함으로써 발생하는 조직을 구성하고 있는 사람(people), 구조(structure), 기술(technology) 등의 변경을 의미한다. 이러한 조직변화는 조직의 문화, 전략, 통제시스템, 그룹과 팀, 인적자원관리 시스템, 커뮤니케이션, 모티베이션, 리더십 등 조직기능의 모든 면에 영향을 미친다. 조직변화는 경영자들이 수행하는 경영기능(계획화, 조직화, 지휘, 통제)과 역할에도 영향을 미친다. 특히 조직변화는 변화가 이루어지는 영역 외에까지 영향을 미친다는 사실에 주목할 필요가 있다. 예를 들면, 생산공장에 자동화 시스템을 도입하게 되면 이 시스템을 운영할 종업원의 훈련이 필요하고, 새로운 종업원 채용기준에 변화가 오며, 보상제도의 조정이 필요하고, 감독자의 관리의 폭에 변화가 오게 된다. 이와 같이 조직의 변화는 관련 부문에 동시적으로 발생하게 된다.

현실적으로 조직변화가 민첩하게 계획적으로 수행되는 경우는 찾기 쉽지 않다. 환경이 변화하고 전략의 변화가 있은 후 별수 없을 때 변화를 시

그림 12-1   균형에 영향을 미치는 요인

균형
(현상 유지)

변화를 추구하는 요인   변화에 저항하는 요인

도하는 경우가 많기 때문이다. 다시 말하면 경영자는 변화하는 환경을 제때 예측하지 못하고 적절히 대응하지 못하는 문제에 직면하는 경우가 많다. 모든 조직에는 〈그림 12-1〉에서 보는 바와 같이 균형을 깨고 변화를 가져오게 하는 요인(driving forces)과 이에 맞서서 안정을 추구하기 위하여 변화에 저항하려는 요인(restraining forces to change)이 병존한다. 따라서 경영자는 어떠한 요인이 변화를 강요하며 이들 요인이 어떤 영역에 어떤 영향을 미칠 것인지 예측하여 효과적인 변화관리를 할 수 있도록 해야 하고 한편으로는 조직구성원들의 저항관리에도 신경을 써야 한다.

사실 조직을 어떻게 변화시킬 것인가를 결정하는 것은 복잡한 일이다. 왜냐하면 변화란 현상유지를 깨고 종업원들로 하여금 작업관계와 절차를 변경하려는 시도에 저항토록 하는 위험을 수반하기 때문이다.

조직변화의 요인

조직변화를 강요하는 요인은 조직의 외부요인과 내부요인으로 구분할 수 있다.

① 외부요인

우리는 제5장에서 기업의 일반환경으로는 경제적 요인, 기술적 요인,

정치적 · 법적 요인, 사회적 · 문화적 요인, 국제적 요인을 들 수 있다고 공부하였다. 이러한 일반환경의 변화 외에 과업환경이 조직변화를 야기한다.

기업들간 경쟁의 심화, 가격상승, 이자율상승, 물가상승과 환율변동, 우리나라와 칠레 · 싱가폴 · 미국 · 인도 · EU와의 FTA 체결에 따른 국내 · 외 기업환경 변화, 비정규직 등 노동시장변화에 따른 노동력의 구성변화, 천연자원의 고갈, 기술혁신의 가속화와 신기술의 개발, 정보기술의 발전, 기업활동에 대한 정부의 규제와 법의 제정 그리고 법원의 판결, 소비자 운동, 고객들의 다양한 욕구변화, 유류파동, IMF 외환위기, 세계적 금융위기, 유로존의 재정위기와 정국불안으로 인한 세계금융시장의 요동 등 그 예는 수없이 많다.

이러한 외부요인들은 조직으로 하여금 조직 목표, 조직구조, 전략, 조직관리/운영 방법의 수정을 강요한다고 할 수 있다.

② 내부요인

조직활동을 수행하는 데 영향을 미치는 내부환경의 예를 들면, 조직목표의 변화, 새로운 전략계획, 노동력의 변화, 작업기술과 설비의 변화, 구성원의 태도 및 행동변화 등이다.

이러한 내부요인은 내부에서의 활동과 의사결정, 외부 변화의 영향으로부터 유발한다.

만일 최고경영층이 기업의 성장전략을 채택한다면 새로운 부서가 설립되고 새로운 기술이 도입될 수 있다. 한편 이에 알맞은 종업원을 신규로 채용할 계획을 수립할 수 있다.

또 다른 예를 들면, 직무불만족같은 종업원의 태도는 결근, 사퇴, 심지어는 노동분쟁을 유발할 수 있기 때문에 기업은 정책과 관행에 변화를 추구할 수 있다.

2. 변화과정의 관점

조직변화는 복잡한 현상이다. 단순히 계획된 변화를 실행에 옮길 수 없다. 조직변화도 논리적이고 체계적으로 접근해야 한다. 경영자들은 변화과정(change process)의 단계를 이해할 필요가 있다.

본절에서는 변화과정의 두 관점을 소개하고 변화과정의 단계에 대해서는 다음 절에서 공부할 것이다.

레윈의 관점

레윈(Kurt Lewin)은 조직변화의 과정을 "고요한 바다"(calm water)로 비유한다. 이러한 비유는 조직을 고요한 바다를 항해하는 대형 선박으로 여긴다. 이 배의 선장과 선원은 과거에 경험하였기 때문에 어디로 가고 있는지 정확하게 알고 있다. 이 경우 변화란 이따금 만나는 태풍에 해당한다고 보는 것이다.

이러한 관점은 은행, 전기·가스·수도와 같은 공익사업, 정유, 출판 등에서 보는 비교적 변화가 적었던 환경에 적합한 비유이다.

레윈에 의하면 성공적 변화는 계획적 변화(planned change)로서 다음과 같이 세 단계를 거친다고 한다.

계획적 변화란 변화담당자의 특정한 노력의 결과로 이루어지는 변화로서 해결해야 할 문제와 이용해야 할 기회가 있는 경우이다. 반면 비계획적 변화는 변화담당자의 도움 없이 자연발생적으로 이루어지는 변화인데 예를 들면, 노사분규로 공장을 바로 폐쇄하는 경우이다.

① 해빙단계

변화의 힘과 변화에 저항하는 힘의 균형상태라 할 수 있는 현상유지(status quo)를 해빙하는(unfreezing) 단계로서 구성원들이 바라는 성과의 부진으로 인한 태도와 행동의 변화의 필요성을 인식하고 기존의 조직특성이나 고정관념에서 벗어나기 위한 준비를 해야 한다. 변화과정을 책임질 변화담당자(change agent)는 조직을 체계적으로 진단하면서 자료를 수집하고 분석하여 문제의 근원을 찾아낸다.

즉 변화의 추진세력(driving force)은 강화하고 변화에 저항하는 견제세력(restraining force)은 약화시키도록 해야 한다.

② 변화단계

다음은 실제로 변화하는(changing) 단계이다. 이는 숙련된 변화담당자가 동일화(identification)와 내면화(internalization)의 과정을 통해서 변화시키고자 의도하는 방향으로 조직구조, 기술, 그리고 구성원의 가치·태도·행동양식을 형성시키는 것이다. 이러한 과정에서 변화담당자는 경영자들과 근로자들

그림 12-2 **계획적 변화의 과정**

단계1 해빙단계	변화의 필요성을 인식하다
	해야 할 일
	• 영향을 받는 사람들과 좋은 관계를 유지한다. • 현재의 상황은 비효과적이라는 사실을 인식시킨다. • 변화에 대한 저항을 최소화한다.

단계2 변화단계	변화를 실행한다
	해야 할 일
	• 새롭고 더욱 효과적인 행동방식을 명시한다. • 과업, 사람, 문화, 기술, 구조에서 적절한 변화를 선택한다. • 이러한 변화를 실제 행동으로 옮긴다.

단계3 재동결단계	변화를 안정화시킨다
	해야 할 일
	• 새로운 행위를 받아들이고 계속 진행한다. • 필요한 자원의 지원을 제공한다. • 성과-보상의 관계를 더욱 강화한다.

을 훈련시킬 특별계획을 실행하게 된다. 이러한 과정에서 경영자들은 새로운 조직변화가 구성원들에게 유리하다는 확신을 심어주어야 한다.

③ 재동결단계

새롭게 형성된 가치관과 행동양상이 계속 반복되고 정착이 될 수 있도록 변화를 지원하고 재동결(refreezing) 또는 강화하는(reinforcing) 단계이다. 이러한 재동결 노력이 없으면 새로운 행동은 사라지고 옛날의 상태로 되돌아갈 위험성이 크게 된다. 따라서 경영자는 집단 구성원과의 상호관계나 보상제도 등 새로운 환경조건을 조성하는 데 필요한 지원을 적극 뒷받침해야 한다.

레윈의 3단계 변화과정은 변화를 조직의 균형상태의 파괴라고 생각한다. 이러한 견해는 20세기 대부분의 조직이 직면한 비교적 안정적 환경에서는 알맞지만 오늘날과 같이 역동적이고 변화무쌍한 환경에서는 진부한 견해라고 볼 수 있겠다.

〈그림 12-2〉는 이상에서 설명한 계획적 변화의 과정을 요약하고 있다.

민츠버그의 관점

조직을 "물보라치는 여울"(white-water rapids)에서 급류를 따라 내려가는 조그만 래프트(raft)로 비유하는 관점이다. 전에 손발을 맞추어 본적도 없는 여섯 명이 강도 생소하고 최종 목적지도 모른채 밤에 떠내려가는 래프트로 비유한다. 이는 불확실하고 동태적인 환경에 의해 끊임 없이 방해를 받는 경영자 직무를 관찰한 민츠버그(Mintzberg)의 관점과 일치한다.

물보라치는 여울의 비유는 제5장에서 공부한 불확실하고 동태적인 환경과 일치한다. 이는 정보, 아이디어, 지식이 점차 지배하는 세계와도 일치한다.

오늘날 컴퓨터 소프트웨어, 텔레콤, 제약 등 첨단산업에서 혼란에 가까운 동태적인 환경을 경험하지만 비첨단산업에서도 변화가 끊임 없이 나타나는 상황에 직면하고 있다. 안정적이고 예측가능한 환경의 시대는 이미 지나간 지 오래 되었다.

계획된 변화의 추진과정

기업에서 효율성과 효과성을 증진하기 위하여 경영자들은 변화를 효과적으로 관리하는 기술을 개발할 필요가 있다. 현재의 상태에서 미래의 바람직한 상태로의 진전을 위해 변화를 성공적으로 실행할 변화의 모델이 제시되었다. 〈그림 12-3〉은 변화과정의 단계를 요약하고 있다.

① 변화 필요성의 규명

조직의 성과가 부진할 때 변화의 필요성을 인식하는 것은 별로 어려움이 없다. 그러나 이러한 부진이 장기적, 점진적으로 진행되는 경우에는 인식하기가 쉽지 않다.

성과의 부진은 시장점유율 저하, 이익 감소, 비용 증가, 종업원들의 목표달성 실패 등으로 측정할 수 있다.

한편 변화의 필요성이 기업 내·외의 환경변화에서 오는지도 밝혀야 한다.

② 변화할 내용의 결정

문제가 무엇이고 어디서 나오는지를 규명하면 기업의 미래상을 생각해봐야 한다. 다시 말하면, 어떤 제품과 서비스를 만들 것인가?, 사업전략은 어떻게 짜야 하는가?, 조직구조는 어떻게 구성해야 할 것인가? 등을 결정해

그림 12-3 조직변화과정의 단계

변화 필요성의 규명
· 문제의 인식
· 문제의 원천 규명

변화의 내용 결정
· 조직의 미래상 결정
· 변화의 장애물 규명

변화의 실행
· 변화의 관리
· 변화방식의 결정

변화의 평가
· 전과 후의 성과비교
· 벤처마킹 사용

야 한다.

이 단계에서 변화에 저항하는 힘이 어디서 나오는지를 규명해야 한다. 미래의 이상적인 상태로 나아가지 못하게 하는 요인들은 조직의 모든 수준에서 발견할 수 있다.

조직의 구성원들이 변화의 필요성과 그의 성격을 커뮤니케이션을 통해 공유한다든지 변화계획에 참여하게 되면 어떤 저항은 극복할 수 있다.

③ 변화의 실행

아무리 새롭고 창의적인 아이디어도 완전히 실천에 옮기기 전에는 도움이 될 수 없다. 효과적으로 변화를 실행에 옮기기 위해서는 종업원들이 저항하는 이유와 그들의 협조를 얻어내는 기법을 사용해야 한다.

변화를 실행하는 접근법으로는 하향식과 상향식이 있다. 하향식 변화 (top-down change)는 최고경영층이 변화의 필요성을 인식하고 무엇을 할 것인가를 결정하고 조직하부로 변화를 실행하는 방식이다.

예를 들면, 최고경영층이 구조조정과 다운사이징하기로 결정하고 사업부와 부서의 관리자들에게 이를 달성토록 하는 것이다. 이러한 방식은 문제가 발생하는 대로 변화를 빨리 진행하기 때문에 성격상 혁명적 변화 (revolutionary change)라고 할 수 있다.

상향식 변화(bottom-up change)는 최고경영층이 중간관리자들과 하위관리자들과 함께 변화의 필요성을 논의하고 모든 수준의 관리자들이 상세한 변화계획을 수립하게 된다. 따라서 성격상 점진적이고 진화적 변화 (evolutionary change)라고 할 수 있다. 이 방식에서는 구성원들이 진행과정에 참여하기 때문에 저항이 최소화되는 장점이 따른다.

④ 변화의 평가

마지막 단계는 변화노력이 조직성과를 향상시키는 데 얼마나 성공적인지 평가하는 것이다. 전과 후의 성과비교는 시장점유율, 이익, 비용 등을 통할 수 있다. 한편 경영자들은 자기 회사의 특정 분야의 성과를 다른 우수기업의 것과 비교하는 벤치마킹(benchmarking)을 통해 성공의 여부를 평가하기도 한다.

3. 조직변화의 영역

경영자가 조직을 변화시킬 때 고려할 수 있는 영역은 〈그림 12-4〉에서 보는 바와 같이 조직구조, 기술, 사람이다.

① 구조의 변화

경영자의 조직화 책임은 조직의 구조설계, 권한의 배분, 조직의 공식화 같은 활동을 포함한다. 조직구조가 형성되더라도 조건이나 전략이 변경되면 구조적 변화의 필요성이 발생한다.

구조적 변화의 내용은 작업전문화, 부문화, 권한관계, 조정 메커니즘, 직무설계, 명령계통, 관리의 폭, 집권화와 분권화, 공식화 등이다.

경영자는 이러한 구성요인의 하나 또는 둘 이상을 변화시킬 수 있다. 예를 들면, 부서의 책임을 결합시키고자 한다면 조직의 수준을 제거하여 수평적 조직으로 만들고 관리의 폭을 넓힐 수 있다.

그림 12-4 **조직변화의 영역과 내용**

변화영역 / 변화내용

- 구 조 → ・직무전문화 ・관리의 폭 / ・부 문 화 ・집 권 화 / ・명령계통 ・공 식 화 / ・직무재설계
- 기 술 → ・작업공정 / ・작업방법 / ・장 비
- 사 람 → ・태 도 ・인 식 / ・기 대 ・행 동

② 기술의 변화

경영자는 투입물을 산출물로 변환시키는 기술을 변경할 수 있다. 테일러의 과학적 관리법에서는 시간연구와 동작연구에 의해 생산효율을 향상시키고자 기술적 변화를 실천하였다.

그러나 오늘날의 기술적 변화는 새로운 장비·도구의 사용방법, 작업방법, 생산공정, 자동화, 전산화 등의 영역을 포함한다. 예를 들면, 식품점에서 제품의 가격을 읽도록 스캐너(scanner)를 설치하는 경우이다.

자동화는 사람이 할 수 있는 일을 기계가 할 수 있도록 해준다. 예를 들면, 로봇(robot)은 자동차 조립라인에서 작업자 대신 힘든 일을 수행한다.

최근 많은 기업들이 경영정보시스템(management information system: MIS)을 구축하여 생산, 재고, 판매, 재무, 회계 등 모든 기능을 연계시켜 빠르고 정확한 의사결정을 할 수 있게 되었다.

③ 사람의 변화

사람의 변화란 태도, 기대, 인식, 그리고 행동을 변화시키는 것을 말한다. 그런데 이는 쉬운 일이 아니다. 지속적인 품질향상을 위해서는 근로자들에 대한 교육과 훈련이 필요하고 이를 지원할 성과평가 및 보상시스템이 있어야 한다.

사람을 변화시키고 사람간 작업관계의 성격과 질을 변화시킬 기법이나 프로그램으로 조직개발이라는 기법을 사용한다.

조직개발(organizational development)이란 환경에의 적응능력을 통해 조직의 건강과 유효성을 증진하고, 내적 관계를 증진하고, 문제해결 능력을 향상시키기 위해 행동과학적 지식과 기법을 사용하는 계획적이고 체계적인 변화과정을 뜻한다. 조직개발은 조직의 인간적, 사회적 측면에 초점을 두고 조직의 적응능력과 갱신(renewal)능력을 강화하기 위하여 사람의 태도와 사람간 관계를 변화시키려고 한다.

일반적으로 사용되는 조직개발 기법으로는 감수성 훈련(sensitivity training), 팀 구축(team building), 과정자문(process consultation), 설문조사 피드백(survey feedback) 등을 들 수 있다.

4. 조직변화의 저항관리

환경의 변화에 적응하고 조직의 유효성을 증진하기 위하여 새로운 정책·목표·운영방법 등에 대한 조직의 변화는 조직 구성원 모두에게 안정된 직무와 지위 및 환경을 위협하는 요소로 여겨지므로 그의 실행과정에서 그들로부터 저항을 받는 것이 일반적이다.

따라서 변화를 효과적으로 진행하기 위해서는 먼저 변화에 대한 저항의 이유를 이해하고 이를 적절히 극복할 방안을 강구할 필요가 있다.

저항이유

- 사람이 변화에 대해 저항하는 가장 대표적인 이유는 변화의 원인과 결과에 대한 불확실성 때문이다. 변화가 실행되면 자신의 업무와 생활이 어떻게 영향을 받을 것인가, 자신의 능력으로 새로운 절차와 기술이 요구하는 바를 수행할 수 있을 것인가, 일자리는 안정적일까 등 두려움과 걱정 때문에 저항하게 된다.
- 자기이익(self-interest)이 침해될 것을 두려워 해 저항하게 된다. 지금까지 유지해 온 권력, 직위, 안정, 명망, 봉급, 우정, 복지혜택 등 자기이익의 상실을 두려워할 수 있다.
- 새로운 기술과 작업방법의 도입으로 지금까지 안정되었던 작업방법에 변화를 가져오게 되어 많은 교육훈련이나 노력을 요구하게 되어 불편을 느끼는 구성원은 저항을 나타낸다.
- 경영자와 구성원이 상황에 대해 서로 다르게 평가할 때 저항이 나타날 수 있다. 즉 변화가 조직의 목적 또는 이익과 양립할 수 있는가에 대한 인식 차이로부터 저항이 있을 수 있다. 예를 들면, 새로운 변화가 제품의 품질이나 생산성을 오히려 떨어뜨릴 것이라고 생각하게 되면 저항하게 된다.

극복방안

조직에서 변화를 추진할 때는 지지요인과 반대요인이 공존하게 된다. 따라서 경영자는 변화를 촉진하는 요인들을 강화하고 저항하는 요인들은 제거시키거나 감소시키는 노력을 해야 한다.

경영자들이 변화의 저항관리를 위해 사용할 수 있는 방법으로는 교육과 커뮤니케이션, 참여, 촉진과 지원, 협상, 조작과 매수, 명시적·묵시적 강

| 표 12-1 | 저항의 극복방안

극복방법	사용되는 일반적인 상황	장 점	단 점
1. 교육+의사소통	변화대상자가 부정확한 정보와 분석결과를 갖고 오해하고 있을 때	변화대상자가 이해하고 오해를 해소하면 실행에 협조적이다.	변화대상자가 많으면 시간이 많이 걸린다.
2. 참 여	변화담당자가 변화를 설계하는 데 필요한 모든 정보를 갖고 있지 못하고 변화대상자가 저항할 상당한 힘을 가지고 있을 때	참여한 변화에 대해서는 변화의 필요성을 이해하고 책임을 진다.	참여자가 부적절한 변화를 설계한다면 헛되이 많은 시간을 소모할 수 있다.
3. 촉진+지원	변화에 의한 조정문제 때문에 구성원들이 저항할 때	상담과 치료, 새로운 기능훈련, 단기유급휴가 같은 지원으로 저항이 감소한다.	많은 시간과 비용이 소요되며 실패할 수도 있다.
4. 협 상	노조와 같은 상당한 힘을 가진 몇몇 구성원 혹은 집단이 변화를 거부할 때	때때로 주요한 저항을 피할 수 있는 상대적으로 쉬운 방법이다.	일부 구성원이 승낙교섭을 경계한다면 많은 비용이 소요될 수도 있다.
5. 조작+매수	다른 방법은 사용하기 어렵거나 많은 비용이 소요될 때	저항문제에 대해서 상대적으로 빠르고 비용이 적게 드는 방법이다.	구성원들이 조작되고 있고 지도자가 매수되고 있다고 느낀다면 나중에 문제를 초래할 수 있다.
6. 명시적+묵시적 강압	변화속도가 중요하고 변화담당자가 상당한 힘을 가지고 있을 때	빠르고 어떤 저항도 극복할 수 있다.	변화담당자를 변화대상자들이 거부할 경우 위험부담이 있다.

자료: John P. Kotler and Leonard A. Schlesinger, "Choosing Strategies for Change," *Harvard Business Review*, vol. 57(March–April 1979), pp. 109–112.

압 등이 있다. 이는 〈표 12-1〉이 요약하고 있다.

5. 경영혁신의 개념

경영혁신의 정의

그동안 여러 분야에서 경영혁신을 연구해 왔기 때문인지 이 말에 대한 통일된 정의는 아직 없다. 그래서 여기서는 먼저 몇몇 학자들의 정의를 열거한 다음 그것들을 바탕으로 우리 나름대로의 정의를 제시하기로 한다.

- 경영혁신은 기업가 특유의 도구로서 기업가가 환경변화를 사업이나 서비스를 위한 변화로 이용하기 위한 수단이다(Drucker, 1985).
- 경영혁신이란 조직 내의 독창적인 아이디어와 창의성의 성공적인 수행, 즉 이들을 제품이나 서비스의 창출에 응용하는 것이다(Amabile, 1988).
- 경영혁신은 개인이나 집단, 또는 그보다 범위가 넓은 사회에 꽤 도움을 주는 아이디어, 과정(process), 제품, 또는 절차(procedure) 가운데 새로운 것을 도입하고 적용하는 것이다(West and Farr).
- 경영혁신이란 새로운 제품이나 서비스, 새로운 생산공정기술, 새로운 조직구조나 관리시스템, 조직 구성원을 변화시키는 새로운 계획이나 프로그램을 의도적으로 실행함으로써 기업의 중요한 부분을 본질적으로 변화시키는 것이다(조동성 · 신철호, 1996).
- 경영혁신은 기업 내의 잘못된 부분을 바로 잡아 닥쳐올 위기를 극복하고 건강한 조직체질을 유지하며 사회에 지속적으로 이바지하려는 기업변신의 노력이다(김승일, 1995).

이러한 여러 정의들을 참고하여 우리는 경영혁신이란 개념을 다음과 같이 정의하기로 한다.

"경영혁신(management innovation)이란 시대의 변화에 맞춰 기업을 과감하게 변신시킴으로써 기업의 지속적인 번창을 꾀하려는 기업 구성원들의 의도적인 노력이다."

기업이 신상품이나 서비스를 고객에 제공하지 못하면 경쟁자에게 뒤떨어지기 때문에 혁신노력을 계속하지 않으면 안된다.

경영혁신의 대상

경영혁신은 회사 전체 차원에서 변화를 일으키는 것이다. 따라서 경영혁신의 대상은 회사 내의 어떤 특정 부서가 아니라 〈그림 12-5〉에서 보는 바와 같이 기업경영의 3대 요소인 제품/서비스(product/service), 관리프로세스(managerial process) 및 조직구조(organizational structure), 그리고 조직의 구성원(people)이 모두 대상이다.

이 세 가지 요소 가운데 어느 하나만 약해도 기업의 경쟁력은 떨어지게 마련이다. 따라서 이 세 요인이 모두 바람직한 방향으로 바뀔 때 기업은 혁신의 목적을 달성할 수 있다. 현실적으로 특히 다음과 같은 회사나 사업부는 과감히 혁신을 할 필요가 있다.

• 지나치게 빚이 많거나 하는 등의 이유로 만성적인 유동성(liquidity) 부

그림 12-5 **경영혁신의 대상**

제품 / 서비스

관리프로세스 및 조직구조

임직원

족에 시달리는 회사/사업부

- 지속적으로 적자를 내는 회사/사업부
- 제품이나 서비스에 문제가 있어 고객의 욕구를 충족시키지 못하는 회사/사업부
- 우수 인력이 빠져 나가고 조직이 관료화되고 안일한 분위기가 퍼지는 등 조직이 건강하지 않은 모습을 보이는 회사/사업부
- 경비가 지나치게 지출되고 내부에서나 또는 외부와의 관계에 있어 부정행위를 저지르고 있는 회사/사업부

경영혁신이 필요한 상황

기업이 특히 참신한 혁신기법을 도입해서라도 변신해야 하는 상황은 대체로 다음과 같다.

● 목표를 달성하고 있지 못한 경우

만약 시장점유율 1위를 목표로 하는 회사가 계속 2·3위에 머무른다면 무언가 획기적인 조치가 필요할지도 모른다.

● 새로운 목표를 추구하는 경우

예를 들어 시장점유율 1위를 목표로 하던 회사가 그것을 달성하면 이익을 더 많이 내는 쪽으로 방향을 바꿀 수 있다.

이렇게 목표가 성장에서 수익성으로 바뀌면 참신한 이익 지향적인 경영기법을 도입해야 할지도 모른다.

● 기업환경이 급변할 때

시장에서 독점적인 지위를 누리다가 경쟁자들이 진입하여 독점이 깨진다든가, 기술이 아주 빨리 발달한다든가, 소비자들의 취향이 급속히 달라진다든가 하는 등의 이유로 기업환경이 급변할 때에는 기존의 경영방식으로 대처하기 어려울 수 있다. 이럴 때 대대적으로 경영혁신을 하는 것은 위기극복을 위한 한 방안이 될 수 있다.

6. 경영혁신의 유형

기업이 개발하고자 하는 창조적 아이디어는 여러 가지 기준에 따라 분류할 수 있다.

급진적 혁신과 점진적 혁신

급진적 혁신(radical innovation)은 지금까지 유지하여 왔던 제품, 서비스, 기술 등을 버리고 완전히 새로운 제품, 서비스, 기술 등을 개발하는 것을 말한다. 예를 들면, DVD는 비디오 카세트를 대체하고 있다.

점진적 혁신(incremental innovation)은 기존 제품이나 서비스를 개선하는 새로운 제품이나 공정을 말한다. 예를 들면, 우리가 사용하는 휴대폰은 기능의 개선을 통해서 계속하여 새로운 제품이 출하되고 있다.

급진적 혁신을 꾀하는 기업은 산업에서 완전히 새로운 경쟁상태로 바뀌지만 점진적 혁신을 꾀하는 기업은 경쟁상태가 조금 바뀔 뿐이다.

기술혁신과 경영혁신

기술혁신(technical innovation)은 제품이나 서비스의 외관과 성능 또는 이들이 제조되는 공정에 변화를 추구하는 것을 말한다. 과거에 진행된 혁신은 주로 기술혁신이었다. 예를 들면, 흑백 TV대신에 칼라 TV가 생산되고 있다.

경영혁신(management innovation)은 제품이나 서비스가 개발·제조·유통되는 경영과정에 변화를 추구하는 것을 말한다. 이는 제품의 외관이나 성능에 영향을 미치지는 않는다. 뒤에서 설명할 기업 공정변화 또는 리엔지니어링은 한 예이다.

제품혁신과 공정혁신

기술혁신의 두 가지 형태는 제품혁신과 공정혁신이다. 제품혁신(product innovation)은 기존 제품이나 서비스의 외관 또는 성과에 변화를 가져온다든지 완전히 새로운 제품이나 서비스를 창출하는 것을 말한다.

공정혁신(process innovation)은 제품이나 서비스의 제조방식과 유통방식에 변화를 추구하는 것을 말한다. 생산과정에 로봇을 사용하는 것은 이 예에 해당한다. 오늘날 일본의 굴뚝산업이 세계에서 제일 으뜸이라고 평가하는 이유는 바로 공정혁신에서 성공하였기 때문이다.

7. 경영혁신의 자극변수

기업에서 혁신이 성공하기 위해서는 창의적인 종업원들이 혁신적인 공정을 거쳐 원하는 혁신적인 제품이나 작업방법을 창출해야 한다. 이러한 혁신적 환경을 조장하고 자극하는 변수로서는 〈그림 12-6〉에서 보는 바와 같이

- 조직구조적 변수
- 문화적 변수
- 인적자원 변수

등이다.

① 조직구조적 변수

혁신에 미치는 구조적 변수(structural variable)의 영향은 다음과 같이 다섯 가지이다.

- 공식화, 중앙집권화, 작업전문화의 수준이 낮은 유기적 구조(organic

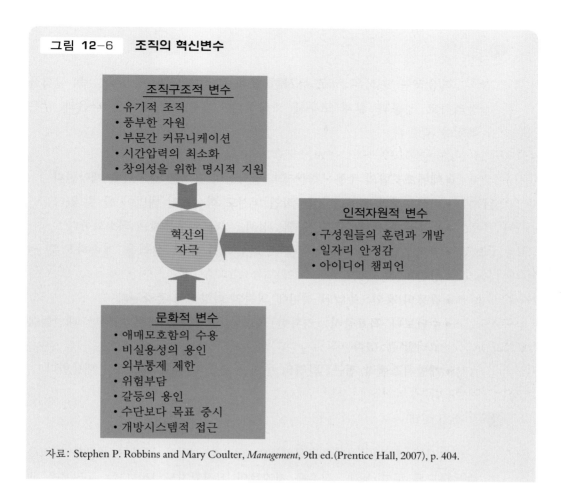

그림 12-6 조직의 혁신변수

조직구조적 변수
- 유기적 조직
- 풍부한 자원
- 부문간 커뮤니케이션
- 시간압력의 최소화
- 창의성을 위한 명시적 지원

혁신의 자극

인적자원적 변수
- 구성원들의 훈련과 개발
- 일자리 안정감
- 아이디어 챔피언

문화적 변수
- 애매모호함의 수용
- 비실용성의 용인
- 외부통제 제한
- 위험부담
- 갈등의 용인
- 수단보다 목표 중시
- 개방시스템적 접근

자료: Stephen P. Robbins and Mary Coulter, *Management*, 9th ed.(Prentice Hall, 2007), p. 404.

structure)는 혁신에 필요한 유연성, 적응력, 협동적 교류를 용이하게 한다.

- 풍부한 자원을 갖게 되면 혁신을 외부로부터 구매하거나 직접 혁신을 실행할 수 있다.

- 교차기능팀(cross-functional team), 태스크 포스 같은 조직형태는 부문 간 커뮤니케이션을 가능케 하여 혁신에 대한 장애요인을 극복하기가 용이하다.

- 창의적 활동을 수행하는 데 따르는 시간압력은 오히려 비창의적으로 만들기 때문에 혁신적 조직에서는 시간압력을 줄이고자 한다.

- 창의력을 발휘토록 조직이 종업원들의 용기를 북돋고, 커뮤니케이션과 경청을 하게 되면 창의적인 성과는 향상된다.

② 문화적 변수

　　혁신적인 조직은 서로 유사한 문화를 갖는 경향이 있다. 즉 실험을 장려하고 성공과 실패 모두를 보상한다. 혁신적인 조직은 다음과 같은 특징을 갖는다.

- **애매모호함의 수용**: 객관성과 명확성의 강조는 창의력을 제약한다.
- **비실용성의 용인**: 비실용적인 의견도 혁신적인 해법이 될 수 있다.
- **외부통제 제한**: 규칙, 규제, 정책, 기타 외부통제를 최소화한다.
- **위험부담**: 실패의 위험을 두려워하지 않고 실험을 계속하도록 권장한다.
- **갈등의 용인**: 종업원 사이에 의견의 다양성이 존중된다.
- **수단보다 목표중시**: 명확한 목표를 달성하는 데는 다양한 대안들을 고려할 수 있다.
- **개방시스템적 접근**: 환경의 변화를 면밀히 감시하고 즉시 대응한다.

③ 인적자원적 변수

　　혁신적 조직은 첫째, 구성원들의 훈련과 개발을 통하여 새로운 지식을 습득하도록 하고 둘째, 실수를 저지르면 실직할지도 모른다는 두려움을 씻도록 일자리 안정감을 부여하고 셋째, 구성원들로 하여금 아이디어 챔피언이 되도록 권장한다.

　　아이디어 챔피언(idea champion)은 새로운 아이디어를 적극적으로 지지하고 저항을 물리치면서 혁신이 실행될 수 있도록 조직 내에서 주도적 역할을 수행하는 사람을 말한다.

　　이러한 챔피언들의 공통적인 특성은 자신감, 정력, 지구력, 모험정신 등이다.

8. 주요 경영혁신 기법

경영학은 참으로 빨리 발전하고 변하는 분야다. 그것은 연구의 대상이 기업이고 그 기업을 둘러싼 경영환경이 늘 급변하기 때문이다. 그래서 경영학에서는 하루가 멀다 하고 새로운 개념·기법·접근방법 등이 쏟아져 나온다. 경영혁신분야도 물론 예외가 아니다. 리엔지니어링, 벤치마킹, 아웃소싱, 다운사이징 등 최근 몇 년 동안 우리 귀에 익숙해진 혁신기법만 해도 한두 가지가 아니다.

여기서는 그 가운데서 대표적인 것만을 몇 개 골라 각각의 내용을 간략히 소개하기로 한다.

종합적 품질경영

급변하고 있는 기업환경 속에서 기업이 장기적으로 살아남으려면 반드시 고객의 욕구를 만족시킬 수 있어야 한다. 종합적 품질경영(total quality management: TQM)은 지속적이고 점진적인 품질혁신을 통해 고객들의 욕구를 충족시킴으로써 기업의 생존과 번영을 확보하려는 활동이다.

이것은 최고경영자서부터 말단종업원에 이르기까지 기업의 모든 구성원이 참여하여 제품의 품질뿐만 아니라 서비스, 고객관리, 납품 등 경영의 모든 부문의 수준의 향상을 꾀하는 것이다.

TQM은 그 성격상 단순히 선진제도나 기법을 도입하는 것이 아니라 임직원 모두가 의식개혁을 통해 품질에 대한 생각을 바꾸고 고객 지향적인 기업문화를 창조하고자 하는 회사 전체 차원에서의 기업활동이 되어야 한다.

시간경쟁

1980년대와 1990년대에 걸쳐 시간을 전략의 초점으로 하여 성공을 거두고 있는 기업의 예가 늘어나고 그에 따라 경쟁의 무기로서의 시간의 중요성이 크게 부각된 바 있다.

시간경쟁(time-based competition: TBC)이라는 개념은 특히 보스턴 컨설팅 그룹(Boston Consulting Group)의 조지 스톡(George Stalk, Jr.)의 저서가 나오면서 매우 유명해졌다.[1]

이 책의 내용은 간단히 말해 "시장이 빨리 변할수록 경쟁사와의 시간경쟁이 더욱 중요해지므로 기업은 사업상의 모든 면에서 시간을 줄이려고 피나는 노력을 해야 한다는 것"이다. 즉 기업은 신제품 개발기간, 주문을 받고 나서 매출대금을 받기까지의 시간, 기타 생산·판매·유통 등에 소요되는 시간을 과감하게 줄임으로써 경쟁우위를 창출할 수 있다는 것이 이 개념을 주창한 사람들의 기본 아이디어이다.

그런데 이 개념은 나중에 제품개발부터 시장장악까지의 시간을 최소화하려는 이른바 스피드 경영과 연결된다고 볼 수 있다.

스피드 경영(speed management)이란 시간과 시점을 중시하는 현대 고객의 특성을 고려하여 현재와 미래의 고객이 원하는 상품과 서비스를 가장 빨리 그리고 고객이 바라는 가장 적당한 시점에 제공하려고 하는 경영활동이다. 스피드 경영이 중시하는 개념은 먼저(기회선점)·빨리(시간단축)·제때(적당한 시점)·자주(유연성)의 네 가지며 각각의 핵심내용은 다음과 같다.

- **기회선점**: 경쟁자보다 신제품을 먼저 내놓는다.
- **시간단축**: 신제품 개발시간을 최대한 줄인다.
- **적당한 시점**: 필요한 시점에 적절한 제품을 공급한다.
- **유연성**: 다품종 소량생산으로 고객들의 욕구를 최대한 만족시킨다.

벤치마킹

벤치마킹(benchmarking)이란 제품이나 업무수행과정 등 경영의 어느 특정 부문에서 최고의 성과를 올리고 있는 회사를 선정하고 그 부문에서의 우리 회사와 그 회사의 차이를 면밀히 비교·검토한 다음 (그 부문에서) 개선을 통해 그 회사만큼의 성과를 올리려는 지속적인 노력이다.

---

[1] George Stalk, Jr. and Thomas M. Hout, *Competing Against Time*(N.Y.: The Free Press, 1990).

벤치마킹은 일본 회사들과의 경쟁에 시달리던 미국의 제록스(Xerox)사가 1970년대 말에 개발한 기법이며 이것은 제록스가 그 후 경쟁력을 회복하는 데 큰 도움을 준 것으로 알려져 있다. 기업경영에서 관측되고 측정될 수 있는 모든 것도 벤치마킹의 대상이 될 수 있다.

즉 기업은 특정 제품의 품질, 고객 서비스수준, 생산공정, 인사 · 교육 등 각종 지원기능(support function)의 수준 등을 모두 벤치마킹의 대상으로 삼을 수 있다.

다른 많은 혁신기법과 마찬가지로 벤치마킹도 최고경영자가 적극적으로 밀어주고 참여해야 성공확률이 높아진다. 또한 이것은 기본적으로 남에게서 배우는 과정이므로 회사 임직원들이 겸허하게 배우려는 자세를 갖추는 것이 무엇보다도 중요하다고 하겠다.

리엔지니어링

리엔지니어링(reengineering)은 기업의 비용, 품질, 서비스 및 스피드와 같은 성과를 획기적으로 올리기 위해 업무프로세스(business processes)를 근본적으로 새롭게 재설계하는 것이며 특히 현대의 정보통신기술을 적극적으로 활용한다. 즉 이는 혁신적인 도구와 과감한 업무프로세스의 재설계를 통해 기업의 경영성과를 급격히 올리려는 혁신활동이다.

리엔지니어링은 현존하는 프로세스의 개선을 추구하는 것이 아니고 이를 버리고 완전히 새로운 프로세스로 설계함으로써 획기적인 개선을 추구하려는 것이다.

따라서 리엔지니어링은 과거의 통념과 타성에서 벗어나는 것을 강조하며 정보통신기술을 이용하여 단순한 업무자동화가 아닌 업무흐름의 근본적인 혁신을 꾀한다.

리엔지니어링은 전통적으로 일을 전문작업자에게 할당하는 과업 중심의 사고를 프로세스 중심으로 변화시켜야 한다는 것이다. 과거 기능 중심으로 설계되었던 조직구조를 전체 업무가 흘러가는 프로세스 중심으로 조직구조를 근본적으로 재설계하려는 것이다.

종전에 기업들이 해오던 이른바 경영개선과 리엔지니어링을 비교해 보면 우리는 이것의 본질을 더 잘 이해할 수 있을 것이다. 〈표 12-2〉는 경영

| 표 12-2 | 경영개선과 리엔지니어링의 차이점

내용＼구분	경영개선	리엔지니어링
1. 변화의 정도	부가적	근본적
2. 출발점	현재의 관리과정	과감한 재설계
3. 변화의 횟수	한 번 그리고 지속적	한 번
4. 걸리는 시간	짧다	길다
5. 참여	아래에서 위로	위에서 아래로
6. 범위	기능 내의 좁은 범위	기능과 기능간의 넓은 범위
7. 위험도	보통	높다
8. 기본도구	통계	정보통신기술
9. 무엇이 바뀌는가?	문화	문화 및 구조
10. 동기	경쟁에서 뒤지지 않기 위해 점차적인 개선을 추구	차별화된 경쟁우위를 추구
11. 고객의 정의	업무과정사슬의 바로 다음 사람	업무과정의 최종결과를 접하는 사람
12. 프로젝트팀	업무과정에 관여하고 있는 사람들	업무과정에 관여하고 있는 사람들과 외부 컨설턴트
13. 개선목표	매년 10~20%	9~12개월 안에 50%
14. 조직 내 영향	조직의 역할을 강화한다	조직의 역할을 바꾼다

개선과 리엔지니어링의 차이점을 보여 주고 있다.

다운사이징

다운사이징(downsizing)은 흔히 "의도적인 기구축소와 인력의 감축"의 뜻으로 쓰이는데 넓은 의미로는 조직의 효율, 생산성, 경쟁력을 높이기 위해 비용구조나 업무흐름을 개선하는 일련의 조치들을 가리킨다. 즉 이것은 기구축소·감원 등의 말을 모두 아우르는 개념이라 하겠다. 이것은 기업이 의도적으로 실시하는 것이므로 조직이 쇠퇴하면서 규모가 작아지는 것과는 다르다.

다운사이징은 보통 인력의 감축을 수반하지만 어떤 특정 부문에서는 신제품이 추가되거나 새로운 수익원이 창출되거나 하면서 인원이 늘어날 수도 있다. 또 이것은 기업이 위기에서 벗어나기 위한 방어적인 수단으로뿐만 아

| 표 12-3 | 다운사이징의 유형

	인원감축을 통한	업무재편성을 통한
초 점	인력규모	직무, 계층, 조직단위
줄이는 것	사람	업무
실행기간	단기	중기
효 과	단기	중기
방 법	해고, 명예퇴직	부서통합, 직무재설계, 계층제거, 조직단위합병

나라 큰 문제가 없는 조직이 성과를 더욱 높이기 위해 전향적이고 공격적인 수단으로 쓸 수 있다.

다운사이징은 그것의 의도와는 상관없이 결국 업무의 흐름에 영향을 미치게 된다. 예를 들어 다운사이징의 결과 인원이 줄어들면 적은 수의 사람들이 이전과 같은 양의 일을 해야 하므로 업무의 수행과정이 바뀌게 마련이다.

그 밖에 다운사이징은 조직구조개편·기능부서의 제거, 부서의 통합, 업무의 재편성 등을 수반할 수 있는데 이럴 때도 업무의 내용이나 흐름이 달라지는 것은 말할 것도 없다.

다운사이징은 크게 인원감축을 통한 것과 업무 재편성(work redesign)을 통한 것으로 나눌 수 있는데, 그 내용은 〈표 12-3〉에 있는 바와 같다.

그런데 사람을 갑자기 줄이면 반발이 심하고 또 떠나는 사람이 귀중한 경험과 노하우를 함께 갖고 떠나므로 눈에 보이지 않는 손실이 매우 클 수 있다. 그래서 요즘에는 이러한 요인을 감안하여 다운사이징이 아닌 라이트 사이징(rightsizing)이라는 말을 쓰기도 한다.

전사적 자원관리

전사적 자원관리(enterprise resources planning: ERP)란 회계, 인사, 판매, 수송, 배송, 제조, 물류 등 기업운영에 필요한 각 부문의 핵심정보를 처리해 줄 수 있는 응용소프트웨어들을 유연하게 통합하고 결합하여 기업 내의 모든 자원에 대한 정보를 통합적으로 관리하는 것을 말한다.

이러한 시스템의 목적은 기업의 목표를 달성하기 위한 일련의 활동을 한정된 자원을 이용하여 효율적으로 수행하려는 것이다. 따라서 ERP시스템은 재무·회계·생산·판매·재고·인사 등 회사 내의 각 부문의 모든 데이터를 일원화하여 관리함으로써 경영자원을 계획적이고 효율적으로 운영하도록 해 주는 시스템이라고 말할 수 있다.

이는 판매, 생산, 재고관리 등의 시스템들이 서로 연동하여 쓰는 사람이 요청하는 작업을 제시간에 수행할 수 있도록 도와주는 통합시스템이다.

기업 전반적으로 통합된 데이터베이스를 이용할 수 있어 회사경영에 필요한 데이터를 빨리 찾아서 그것을 그래픽으로 만들거나 더 자세한 데이터를 조회하기가 쉽다. 이것은 업무 및 자료의 표준화에 의한 시스템통합이므로 회사 전체 차원에서 통합된 데이터베이스를 구축함으로써 정보의 일관성을 유지하고 관리의 중복을 피할 수 있다.

ERP시스템을 만드는 과정에서 업무수행과정을 재설계할 수 있고 리엔지니어링으로 도출된 업무과정(process)에도 이 시스템이 운용될 수 있다. 따라서 기업은 리엔지니어링과 병행하여 ERP시스템을 도입할 수도 있다.

특정 하드웨어 및 소프트웨어 업체에 의존하지 않고 다양한 업체의 컴퓨터와 소프트웨어를 조합하여 쓸 수 있기 때문에 정보시스템을 쉽게 확장하여 쓸 수 있다. ERP시스템의 구축을 주로 외부 전문업체가 맡아서 하기 때문에 개선의 한계에 부딪칠 낡은 시스템에 얽매여 있는 회사에게는 이것이 특히 매력적이다. ERP시스템을 도입할 때 새로운 컴퓨터나 정보시스템이 필요한 경우에는 많은 자금이 소요된다.

핵심역량

핵심역량(core competence)이란 경쟁자에 비해 훨씬 뛰어난 힘을 발휘할 수 있게 해주는 기업 특유의 총체적인 능력, 기술, 지식, 문화를 의미한다. 그리고 핵심역량 경영은 기업이 스스로의 핵심역량을 발견하여 그것을 활용·육성하거나 또는 기존의 핵심역량에 새로운 기술·제품·서비스 등을 접목시켜 새 성장분야로 다각화하는 등 핵심역량을 기업경영의 초점으로 하는 경영방식이다.

기업이 장기적으로 살아남고 번영하려면 반드시 하나 이상의 핵심역량을 갖추어야 하는데 이 개념에 관해 알아두어야 하는 주요 내용은 다음과 같다.

- 핵심역량은 제품이나 기능이 아닌 능력이나 지식의 집합이다.
- 핵심역량은 최종제품에 대해 고객들이 느끼는 편익을 늘려야 한다.
- 핵심역량은 경쟁자들이 흉내내기가 어려워야 한다.
- 기업은 지나치게 여러 종류의 핵심역량을 갖추려고 하면 안 된다. 즉 힘을 분산하지 말고 소수의 정선된 핵심역량만을 확보하는 것이 좋다.
- 기업은 핵심역량을 갖춘 분야에서 경쟁자들을 압도할 수 있어야 한다.
- 기업의 핵심역량은 조직 내부에 뿌리를 내려야 한다. 즉 핵심역량이 어느 한 두 사람만의 전유물이 되어서는 곤란하고 다른 사람들도 공유할 수 있어야 한다. 또한 몇몇 사람이 회사를 떠난다고 해서 그들과 함께 핵심역량도 잃어버리는 일이 있어서는 안 되며 반드시 핵심역량을 조직 내에 이식해야 한다.
- 현대의 핵심역량은 앞으로 새로운 분야에 진출할 수 있는 가능성을 제공해 줄 수 있다.
- 기업은 정상적인 사업활동을 하는 과정에서 핵심역량을 확보하게 되는데 한번 얻은 핵심역량은 시간이 지나면서 지속적으로 축적된다. 축적된 핵심역량이 다음 사업 프로젝트를 수행하는 데 기초가 됨은 말할 것도 없다.

지식경영

21세기는 20세기와는 달리 지식 및 정보가 경영의 핵심자원으로 떠오를 것으로 생각되며 따라서 지식의 활용이 기업의 생존 여부에 큰 영향을 미칠 것이다.

이것은 기업환경의 변화속도가 더 빨라짐에 따라 새로운 지식을 생산하고 그것을 활용·공유하는 것이 기업발전의 중요한 요소가 되고 있기 때문이다.

지식경영(knowledge management)이란 이러한 시대를 맞아 개인 및 조직이 지닌 지적자산을 체계적으로 발굴하여 이것을 조직 내부의 공통적인 지식으로 공유하고 또 이를 적극적·효과적으로 활용하여 기업의 경쟁력을 높이려는 경영활동을 말한다.

지식경영과 관련하여 우리가 알아두어야 할 주요 요점은 아래와 같다.

- 부가가치의 새로운 원천이 되는 지식을 창출하고 조직화하는 것이 기업의 핵심기능으로 떠오르고 있다.
- 앞으로는 기술의 우위와 함께 조직 내의 지식을 활용하는 능력이 기업 경쟁력의 매우 중요한 원천이 될 것이다.
- 조직 내의 지식이 더 잘 공유될 수 있도록 조직구조를 분권화해야 한다.
- 지식경영을 하는 기업에서는 그것이 접하는 모든 집단들(보기: 고객, 협력회사, 경쟁자, 은행, 외부전문가, 언론 등)이 무언가 우리에게 가르쳐 줄 것이 있다는 겸허한 마음을 갖고 그들과의 접촉을 적극적인 학습의 기회로 삼아야 한다.

9. 경영혁신의 성공조건

앞에서 이야기한 대로 혁신에는 늘 저항이 따르게 마련이다. 경영혁신도 마찬가지다. 기업 내·외에 수많은 혁신의 걸림돌이 있기 때문이다. 그래서 경영혁신은 생각보다 성공하기가 무척 힘들다. 잘 알려져 있다시피 GE의 잭 웰치는 그야말로 경영혁신의 화신이다. 그런데 그는 언젠가 한 인터뷰에서 다음과 같은 요지의 말을 한 적이 있다.

변화를 따르려는 사람은 없거나 아주 적다. 사람들은 대체로 현상태를 고수하려고 한다. 그들은 그들이 잘 아는 지금까지의 생활양식을 좋아한다. 따라서 그들은 누군가가 현상태를 바꾸려고 하면 과거를 더욱 미화하며 변화를 거부한다. 옛날이 좋았다는 것이다. 그래서 누구든지 심각한 변화를 일으키려고 하면 대단한 저항에 부딪칠 각오를 단단히 해야 한다.

크게 바꿔야 할 필요가 있을 때 점진적·단계적으로 변화를 일으키려고 하면 실패하게 마련이다. 그러한 때의 시행조치가 혁신적이거나 혁명적이지 않으면 관료화된 보수세력의 힘에 꺾이고 만다. 특히 경영진이 적극적으로 필요한 조치를 취하고 과감히 개혁의 선두에 나서지 않으면 아무런 변화도 일어나지 않는다.

변화를 가져오려면 어느 정도 인심을 잃을 각오를 해야 한다. 심각하게 변화를 추진하는 사람은 중상모략과 비방에 익숙해져야 한다. 그러려면 용기와 내적인 독립심이 필요하다. 그러나 결국 사람들은 이 얘기 저 얘기에 흔들리는 귀가 얇은 사람을 존경하지는 않는다. 그들은 오히려 강인함과 추진력을 더 높이 평가한다.

변화를 일으키는 데 있어서 커뮤니케이션의 중요성은 아무리 강조해도 지나치지 않다. 끊임없이 그리고 되풀이해서 변화의 메시지를 전해야 한다. 경영자가 아무리 같은 말을 많이 해도 듣는 사람은 어쩌다 한번 듣는 것이다. 그러나 무엇보다도 경영자는 일관성 있는 행동으로 변화의 모범을 보임으로써 종업원들에게 확신을 주어야 한다.

E/X/E/R/C/I/S/E
토론문제

01. 조직변화의 의의와 요인을 설명하라.

02. 조직변화 과정에 대한 상이한 관점을 설명하라.

03. 조직변화에 따르는 저항의 이유와 극복방안을 설명하라.

04. 경영혁신의 개념을 설명하라.

05. 경영혁신의 유형을 설명하라.

06. 경영혁신을 자극하는 변수는 무엇인가?

07. 최근 우리나라에서 성공적으로 경영혁신을 한 회사의 예를 들고 그 회사의 경영혁신 성공요인을 논의하라.

08. 우리나라 기업들이 경영혁신을 해야 한다고 생각되는 분야를 쓰고 혁신의 필요성을 논의하라(지배구조, 신입사원 채용, 직원교육, 경영승계, 마케팅 능력 등).

09. 요즘 우리나라의 많은 기업들이 외부조달(outsourcing)을 활발히 행하고 있는데 그 까닭은 무엇이고 어떤 부작용이 있을 수 있는가를 논의하라.

10. 다음 경영혁신기법에 대하여 간단히 설명하라.
① TQM   ② TBC   ③ 벤치마킹
④ 리엔지니어링   ⑤ 다운사이징   ⑥ 전사적 자원관리
⑦ 핵심역량경영   ⑧ 지식경영

제 **13** 장

지   휘

기업이 목표를 세워 세부적인 추진계획을 완성하고 이를 수행하기 위하여 업무를 조직화하면 이를 효과적으로 수행할 수 있는 지휘활동이 요구된다.

지휘활동(directing)이란 기업의 목표를 달성하기 위하여 또는 조직의 전략을 효과적으로 수행하기 위하여 조직 구성원을 모티베이트 시키고 실제의 성과를 달성하도록 하는 활동을 말한다. 아무리 계획을 짜임새 있게 수립하고 효과적으로 업무를 조직화하였더라도 실제 조직 구성원이 움직이지 않는다면 조직은 소기의 성과를 달성할 수 없을 것이다. 이 점이 바로 경영과정상 리더의 지휘활동이 중요시되는 이유이다. 명장 밑에 약졸 없고 현명한 경영자는 그의 기업을 세계적 일류기업으로 만들고 훌륭한 지도자가 국운이 융성하도록 만든 예는 수없이 많다.

조직의 성과는 경영자들이 발휘하는 지휘기능의 질과 밀접한 관련성을 갖는다. 조직의 각 구성원이 조직목표 달성을 위해 신명나게 일할 의욕을 북돋는 역활을 경영자는 해야 한다.

본장에서는 지휘기능을 원활하게 발휘하기 위하여 경영자들이 꼭 알고 있어야 할 모티베이션에 관련된 이론들, 리더십 이론들, 그리고 이들을 매개할 커뮤니케이션 과정을 소개하고자 한다.

지　휘

1.　모티베이션의 개념

의의와 결정변수

　　사람의 능력에는 분명 한계가 있다. 그러나 신명나게 일할 수 있는 자극이 있게 되면 최대한 능력을 발휘할 수 있다. 경영자는 조직 구성원에게 자극을 줌으로써 목적달성에 기여하도록 해야 한다. 이러한 자극을 모티베이션(동기유발)이라고 한다. 모티베이션(motivation)이란 구성원들에게 적극적으로 일을 하고자 하는 의욕을 북돋는 것으로 목적달성을 위하여 특정 방향으로 노력과 행동을 일으키고, 유도하고, 지속시키는 일련의 힘을 말한다. 이러한 힘은 사람의 내면적인 힘일 수도 있고 사람을 둘러싸고 있는 환경같은 외면적인 힘일 수도 있다. 따라서 모티베이션의 문제를 해결하고자 할 때에는 한쪽으로 치우침이 없이 두 힘을 폭넓게 고려해야 한다.

　　작업장에서 모티베이션을 결정하는 중요한 변수들은 〈표 13-1〉에서 보는 바와 같이

- 개인의 특성
- 직무의 특성
- 작업환경의 특성

| 표 13-1 | 모티베이션의 영향변수

내적 미는 힘	외적 끄는 힘	
개인의 특성(예)	직무의 특성(예)	작업환경의 특성(예)
• 욕 구 　· 안정 　· 자존 　· 성취 　· 권력 • 태 도 　· 자신에 대한 　· 직무에 대한 　· 감독자에 대한 　· 조직에 대한 • 목 적 　· 과업완성 　· 성과수준 　· 진급	• 피드백 　· 양 　· 시기 • 작업량 • 과 업 　· 다양성 　· 범위 • 재량권 　· 직무의 수행방법	• 직접적, 사회적 환경 　· 감독자 　· 작업그룹 　· 부하 • 조직의 조치 　· 보상 　· 훈련 　· 높은 성과의 압력

자료: Michael A. Hitt, J. Stewart Black and Lyman W. Porter, *Management*, 9th ed.(Prentice Hall, 2005), p. 413.

등이다.

　　개인의 특성은 모티베이션을 일으키는 내적 미는(push) 힘의 원천이다. 여기에는 욕구, 태도, 목적이 포함된다.

　　직무의 특성과 작업환경의 특성은 외적 끄는(pull) 힘의 원천이다. 직무의 특성은 작업장에서 무엇을 하는가에 초점을 둔다. 여기에는 작업자가 과업을 수행하면서 받는 직접적인 피드백, 작업부하, 직무의 양과 범위, 직무수행의 재량권이 포함된다.

　　작업환경의 특성은 작업자에게 무엇이 발생하는가를 의미하는데 여기에는 사회환경과 여러 가지 형태의 조직의 조치가 포함된다.

중 요 성

　　개인의 성과는 일반적으로

- 직무수행 능력(ability)
- 직무수행 모티베이션
- 직무수행에 필요한 자원을 공급하는 작업환경

등이 결정한다.

작업자의 능력이 부족하면 훈련을 시킨다든지, 또는 능력 있는 작업자로 교체하면 된다. 자원이 문제라면 시정하면 된다. 그러나 모티베이션이 문제라면 경영자가 해결해야 한다. 개인의 행동은 복잡한 현상이기 때문에 문제의 성격을 파악하고 해결하기가 쉽지 않다. 따라서 모티베이션은 성과의 결정요인으로 아주 중요시된다.

하버드대학교의 윌리엄 제임스(William James)는 1800년대 말 모티베이션에 대한 연구에서 종업원은 보통 일을 할 때 자기 능력의 20~30%만 발휘하지만 강력한 모티베이트가 되었을 경우에는 80~90%의 능력을 발휘한다는 사실을 발견하였다. 모티베이션은 개인의 노력의 크기 또는 강도를 결정하는 중요한 변수이다. 이와 같이 높게 모티베이트된 종업원은 상당한 성과의 향상을 가져오고 결근, 퇴직, 태업, 분규 등에 있어서는 상당한 감소를 가져오는 것이다.

유발과정

모티베이션 과정은 충족되지 않은 욕구 또는 결핍으로부터 시작한다. 사람은 예컨대 의·식·주, 달성, 금전획득과 같은 기본적인 욕구를 갖고 있다. 욕구는 이를 만족시키고자 하는 목표 지향적 행동을 일으키는 자극, 즉 욕구는 동기를 야기한다. 이러한 욕구는 물질적, 심리적 결핍(deficiency)으로부터 발생한다. 충족되지 않은 욕구는 개인의 추진력을 자극시키는 압력으로 작용하는데 욕구를 충족시키고 압력을 경감하기 위하여 여러 가지 방법을 고려한다. 그 중에서 쉽고 결과가 좋은 방법을 선택하여 행동으로 옮긴다.

다음에는 욕구만족의 평가가 이루어진다. 예측된 목적이 달성되면 불균형의 내적 심리상태가 균형을 회복한다. 즉 가졌던 긴장상태가 완화되고 만족감을 느끼면서 선택하였던 행동을 지속한다. 그러나 예측했던대로 목적이

그림 13-1 모티베이션 과정

욕구 또는 결핍(부족) → 욕구만족의 방법 탐색 → 욕구만족의 행동 선택

미래 욕구의 결정 및 욕구만족 방법과 행동 ← 욕구만족의 평가

자료: Ricky W. Griffin., *Management*. 8th ed.(Houghton Mifflin, Co., 2005), p. 513.

달성되지 않으면 다른 선택을 강구하게 된다.

이러한 모티베이션의 과정은 〈그림 13-1〉에서 보는 바와 같다.

2. 모티베이션 이론

기본적 모티베이션 이론

일반적으로 모티베이션 이론(motivation theory)은 어떻게 하여 인간들을 원하는 대로 움직일 수 있을까를 연구하는 이론으로서 이는

- 내용이론
- 과정이론
- 강화이론

으로 나눌 수 있다.

내용이론(content theory)은 무엇이(어떤 요인이) 인간으로 하여금 모티베이

션을 시키는가에 초점을 맞추고 있는 데 반해 과정이론(process theory)은 인간이 모티베이트되는 과정에 초점을 맞추고 있다.

강화이론(reinforcement theory)은 개인의 행동을 그의 결과로 설명하는 이론이다. 만족스러운 결과를 가져오는 행동은 반복할 필요가 있고 만족스럽지 못한 결과를 가져오는 행동은 반복할 필요가 없는 것이다.

내용이론

사람들은 욕구(needs)를 충족시키기 위하여 동기를 유발한다. 욕구가 충족되지 않으면 긴장상태가 발생하고 이러한 긴장상태는 행동이나 태도에 영향을 미쳐 목표 지향적인 충동을 유발한다. 이와 같은 충동은 행동으로 이어지며 이러한 행동을 통하여 목표가 이루어지면 욕구가 충족되어 긴장상태가 해소된다. 〈그림 13-2〉에서 보듯이 사람은 그의 욕구가 만족되는 방향으로 행동을 취하게 된다.

사람들의 동기를 이해하기 위해서는 먼저 사람들이 가지고 있는 욕구와 이러한 욕구를 어떻게 충족시키는가에 대한 이해가 필요하다. 내용이론 (content theory)은 '무엇이' 행동에 대한 동기를 유발하고, 방향을 설정 및 유지케 하고, 행동을 그치게 하는가에 관심을 둔 이론이다.

이와 같이 욕구를 중심으로 모티베이션 요인을 연구하는 대표적인 내용이론에는

그림 13-2   내용이론의 모티베이션 모델

- 욕구단계이론
- ERG이론
- 성취동기이론
- 동기-위생요인이론

등이 있다.

① 욕구단계이론

인간 욕구나 모티베이션에 대해서 가장 잘 알려진 이론은 1950년대 매슬로(A.H. Maslow)가 제안한 욕구단계이론(needs hierarchy theory)이다.[1] 이 이론에 의하면 사람은 다섯 가지의 욕구가 있으며 이 욕구들은 계층을 이루기 때문에 사람을 모티베이트 시킬 수 있는 욕구는 하위계층의 욕구로부터 단계적으로 나타난다.

매슬로가 제시하고 있는 다섯 가지의 욕구를 구체적으로 살펴보면 다음과 같다.

- **생리적 욕구**(physiological needs): 생명을 유지하기 위해 육체적이고 본능적인 활동을 하는 데에 필요한 최하위 단계의 욕구이다. 여기에는 의·식·주, 굶주림, 갈증, 성, 수면, 활동성, 감각적 만족 등 신체기관의 모든 생리적 욕구가 포함된다.
- **안전 및 안정 욕구**(safety and security needs): 신체적, 심리적으로 불안의 원인이 되는 위협으로부터 안전 및 안정을 얻으려고 하는 욕구이다.
- **사회적 욕구**(social needs): 소속감, 정서적 애정, 우정 등 다른 사람과의 관계욕구이다.
- **자존 및 존경 욕구**(ego and esteem needs): 자신을 존중하며 자존심을 지니며 타인으로부터 존경받기 바라는 욕구이다. 이 욕구에는 신뢰, 독립, 자유, 위신, 주위의 인정, 평판, 관심 그리고 존중에 대한 욕망이 포함되어 있다.

---

1 A. H. Maslow, "A theory of human motivation," *Psychological Bulletin,* 50(1943), pp. 370~396.

- **자아실현 욕구**(self‑actualization needs): 매슬로의 욕구단계 중에서 최고 수준의 욕구다. 이 욕구는 자기완성에 대한 갈망을 뜻하며 인간이 자신의 잠재력을 발휘하고 실현하고자 하는 경향을 말한다. 이 욕구는 완전히 충족시킬 수 없다는 특징을 갖는다.

욕구단계이론에 의하면 사람의 행동을 유발하는 요인이 욕구불만족이며 한 시점에서 한 욕구가 충족되지 않으면 다른 욕구는 발생하지 않는다. 일단 한 욕구가 충족되고 나면 그 욕구는 더 이상 행동을 유발하는 힘을 잃게 되며 그 다음 계층의 욕구가 지배적인 욕구로 나타난다. 결국 사람의 욕구충족은 〈그림 13-3〉에서 보듯이 하위 계층의 욕구에서 상위 계층의 욕구로 올라간다는 것이다.

욕구단계이론의 중요 원리는 사람은 자신이 현재 만족하지 못하고 있는 최저 수준의 욕구를 충족시키는 데 주요 관심과 노력의 초점을 맞춘다는 것이다. 또한 사람에 따라서 동기화 되는 욕구단계가 다르며, 시간의 흐름에 따라 개인의 욕구상태는 달라질 수 있다는 것이다.

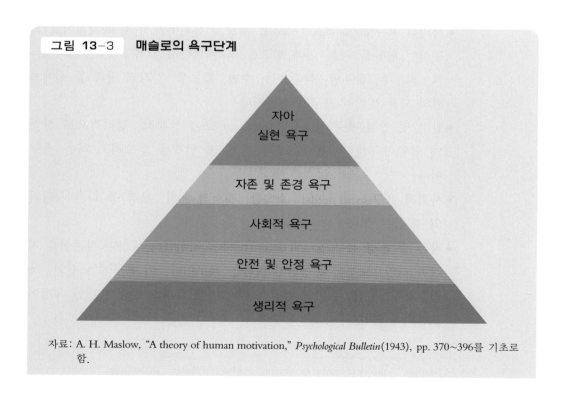

그림 13-3   매슬로의 욕구단계

자료: A. H. Maslow, "A theory of human motivation," *Psychological Bulletin*(1943), pp. 370~396를 기초로 함.

또한 장기간에 걸친 욕구불만족은 좌절·갈등·스트레스(stress) 등을 유발하기 때문에 경영자들은 조직 구성원들의 욕구에 대한 모티베이션이 어느 단계에서 이루어지고 있는가를 우선 판단하고 이에 따라 어떤 보상과 기회를 제공하는 것이 가장 바람직한가를 평가할 필요가 있다는 것이다.

② ERG이론

매슬로의 욕구단계이론은 각 단계의 욕구를 보다 명확하게 정의하고 구체적인 개념을 강조한 반면, 알더퍼(C.P. Alderfer)는 1969년 매슬로의 욕구단계이론을 보다 단순화하여 포괄적이고 추상적인 세 수준의 욕구단계를 제시하는 ERG이론을 개발하였다. **ERG이론**은 매슬로가 주장하는 욕구의 만족-진행(satisfaction-progression) 과정뿐만 아니라 좌절-퇴행(frustration-regression) 과정도 일어난다고 주장하였다. 전자는 하위계층의 욕구가 만족되면 상위계층의 욕구충족으로 진행되어 가는 과정을 말하고 후자는 상위계층의 욕구가 만족되지 않을 경우에는 좌절을 느껴 하위계층의 욕구가 커져가는 과정을 말한다.

따라서 사람의 욕구는 한 시점에 둘 이상의 욕구가 동시에 발생할 수 있다고 주장한다는 점에서 매슬로의 이론과 차이점을 보이고 있다. 이 이론에 의하면 사람은 존재, 관계 그리고 성장에 관한 세 단계의 욕구를 갖는다.[2] 알더퍼의 ERG이론에서 제시하고 있는 세 가지 수준의 욕구는 다음과 같다.

- **존재욕구**(E: existence needs): 인간이 존재하기 위하여 필요한 모든 다양한 형태의 물질적·생리적 욕구들이 포함된다. 존재욕구는 매슬로가 언급한 생리적 욕구와 물리적 안전욕구가 포함된다. 조직에서의 봉급, 복지후생 및 육체적 작업조건 등이 이 범주에 속한다.
- **관계욕구**(R: relatedness needs): 모든 사회 지향적인 욕구를 통합한 것이다. 이 욕구는 매슬로 이론에서 다른 사람과 관련된 안전욕구, 사회적 욕구와 존경욕구가 포함된다. 조직에서는 하위 종업원, 동료, 감독자, 친구 등과 같이 타인과의 관계와 관련되는 욕구를 포함한다.

---

2 C. P. Alderfer, *Existence, Relatedness and Growth: Human Needs in Organizational Settings*(New York: Free Press, 1972).

- **성장욕구**(G: growth needs): 자신의 잠재력 개발과 관련된 욕구이다. 이는 매슬로의 자아실현욕구 및 자기존중욕구에 해당된다. 조직에서는 새로운 능력개발을 필요로 하는 일을 조직 구성원이 담당하게 함으로써 성장욕구의 충족이 가능하다.

③ 성취동기이론

매슬로가 그의 이론을 개발하고 있었던 거의 같은 시기에 머레이(H. Murray)는 표출욕구이론(manifest need theory)으로 알려진 모델을 제시했다.[3] 머레이는 인간의 욕구가 학습(learning)을 통해 형성되며, 일단 형성된 욕구는 잠재해 있다가 주위 환경이나 상황이 적합하게 되면 표면으로 표출된다고 주장하였다.

이러한 견해는 인간이 선천적 욕구, 즉 특정의 욕구군을 가지고 태어난다고 믿는 매슬로나 알더퍼의 이론과는 기본적으로 다르다. 또한 매슬로와 달리 머레이는 어떤 시간에 어떤 욕구라도 작동한다고 주장하기 때문에 그의 욕구이론에는 욕구단계가 없다. 매슬로는 한 시점에 한 욕구가 지배적으로 나타난다고 주장한 반면, 머레이는 동시에 많은 욕구가 활성화될 수 있다고 하였다.

머레이의 연구에 뒤이어 몇몇 실증 연구자들이 조직경영과 관련되는 소수의 중요한 욕구에 대하여 연구를 수행했다. 맥클리랜드(David McClelland)는 조직행위에서 특히 중요한 성취욕구, 친화욕구 그리고 권력욕구를 집중적으로 연구하였다.

- **성취욕구**(need for achievement): 탁월한 기준과 경쟁하려는 욕구(behavior toward competition with a standard of excellence)로 정의할 수 있다. 성취욕구가 높은 사람은 다음과 같은 특징을 가지고 있다. 첫째, 성취감을 주는 수준의 합리적인 도전을 선택한다. 둘째, 목표를 달성하기 위하여 추구하고 있는 상황에 대하여 즉각적인 피드백을 원한다. 셋째, 목표가 달성되었을 때 금전적 수입과 관계 없이 내재적인 보상을 원한다. 마지막으로 과업이 성공적으로 완료될 때까지 그 과

---

3 H. A. Murray, *Exploration in Personality*(New York: Oxford University Press, 1938).

업에 몰두하는 경향이 있다.

- **친화욕구**(need for affiliation)：타인과 친교관계를 맺고 타인과 다정하고 따뜻한 관계를 갖고 싶어하는 욕구를 의미한다. 친화욕구는 여러 가지 면에서 알더퍼의 관계욕구와 유사하다. 친화욕구가 강한 사람은 첫째, 다른 사람으로부터 인정과 재확인을 받으려 하고 둘째, 쉽게 타인에 의해 영향을 받으며 셋째, 타인의 흥미와 감정에 대하여 순수하게 관심을 갖는다.

- **권력욕구**(need for power)：다른 사람을 통제하고 싶어하고 그들의 행위에 영향을 미치고 다른 사람들을 위하여 책임을 지고 싶어하는 욕구를 의미한다. 권력욕구가 높은 사람은 두 가지 방법으로 이 욕구를 충족시키려고 하는데 하나는 개인중심적 권력(personalized power)에 의해서이고 다른 하나는 사회중심적 권력(socialized power)에 의해서이다.

결론적으로 맥클리랜드의 성취동기이론(achievement motive theory)은 첫째, 기업가정신(entrepreneurship)을 정립하였고 둘째, 인간 개개인의 차이를 사람들로 하여금 인정하도록 하였으며 셋째, 동기이론을 거시경제 분야로 확대하는 데 기여하였다.

④ 동기 – 위생이론

동기–위생이론(motivation – hygiene theory)은 허즈버그(F. Herzberg)에 의해 개발된 이론으로 2요인이론(two-factor theory)이라고 불리기도 한다.[4] 허즈버그에 의하면 인간에게는 성장하고자 하는 욕구와 고통을 회피하고자 하는 욕구 등 두 종류가 있다.

- **위생요인**(hygiene factor)：고통을 피하려고 하는 욕구이며 일 그 자체보다는 직무환경요소, 즉 봉급, 작업조건, 지위, 개인 상호간의 관계, 조직의 방침·관리·감독, 그리고 안정 등과 직접 관련되어 있다. 허즈버그는 이 요인들을 불만족요인(dissatisfier)이라고 부르기도 했는데 그 이유는 이 요인들은 주로 직무불만족에 영향을 미치기 때문이다.

---

4 F. Herzberg, B. Mausner & B. Snyderman, *The Motivation to Work*(New York: Wiley, 1959).

이러한 요인들의 특성은 요인의 충족이 불만족의 감소만 초래할 뿐 만족에는 직접적 영향을 미치지 않는다는 것이다.

- **동기요인**(motivator factor): 심리적 성장을 추구하는 요인이다. 동기요인은 직무내용, 즉 성취, 인정 그리고 직무 그 자체와 관련되어 있다. 또한 이 요인들은 조직 구성원들에게 만족을 주기 때문에 허즈버그는 만족요인(satisfier)이라고 말하고 있다. 그는 성취감, 인정, 도전, 책임감, 성장과 발전, 자아실현 등의 요인이 만족될 때 조직 구성원들은 만족을 경험하게 되므로 조직 구성원을 동기화시킬 수 있다고 주장한다.

허즈버그의 이론은 첫째, 경영을 염두에 두고 개발된 조직 구성원의 모티베이션에 관한 이론이란 것이다. 따라서 보다 경영학적인 이론이라 할 수 있고 경영자가 쉽게 응용할 수 있는 이론이다.

둘째, 허즈버그의 이론에 의하면 위생요인(급여, 작업조건 등)은 조직 구성원을 동기화하는 잠재력이 낮으며 위생욕구가 충족되었을 때 조직의 유일한 이익은 단지 불만족상태를 피할 수 있다는 것이다. 따라서 조직은 조직 구성원들이 불만족하지 않을 정도로 위생요인을 충족시킨 후에는 동기요인의 충족으로 만족을 증대시키는 방향으로 모티베이션이 이루어지도록 해야 한다.

그림 13-4 **내용이론들의 비교**

이상에서 설명한 내용이론들을 비교하면 〈그림 13-4〉와 같다.

과정이론

과정이론(process theory)은 개인이 어떠한 과정을 통해 모티베이트되는가를 설명하는 이론이다. 앞서 살펴본 내용이론은 개인을 모티베이션 시키는 요인이 무엇인지에 초점을 맞추고 있는 반면 과정이론은 인지적 과정(cognitive process)에 초점을 두고 욕구충족이 무엇에 의하여 어떻게 이루어지고 있으며 개인의 행동이 어떻게 유발되는지 그 과정을 설명하고 있다.

과정이론은 개인의 행동을 보다 풍부하게 설명하고 예측 가능하게 한다는 점에서 실제 조직에서도 광범위하게 활용되고 있는 중요한 이론이다. 대표적인 과정이론으로는

- 공정성이론
- 목표설정이론
- 기대이론

등이 있다.

① 공정성이론

아담스(J. S. Adams)가 개발한 공정성이론(equity theory)은 개인의 욕구에 초점을 두기보다는 '사회적 교환(social exchange)' 관계에서 얻어진 결과에 의한 정서적(affective) 및 행동반응(behavioral response)에 관심을 갖는다.[5] 공정성이론에 의하면 개인이 동일한 조건에서 자신의 투입(노력, 공헌)에 대한 산출(결과, 보상, 임금)의 비율을 다른 사람들의 투입에 대한 산출의 비율과 상대적으로 비교하여 이 두 비율이 같다고 인식할 때 공정성(equity)이 존재한다고 하고 두 비율이 동등하다고 생각하지 않을 때에는 불공정성(inequity)이 존재하게 된다는 것이다.

예컨대 임금의 경우 자신의 임금-노력 비율과 타인의 '임금-노력 비

---

5 J. S. Adams, "Toward an Understanding of Inequity," *Journal of Abnormal and Social Psychology,* 67 (1963), pp. 422~426.

그림 13-5 **공정성이론과 사회적 비교**

| 자신의 투입에 비례한 보상 | ← 비교 → | 타인의 투입에 비례한 보상 |

그의 결과

| 공정성 인식 | 불공정성 인식 |
| 개인은 만족하여 행동을 변경하지 않는다. | 개인은 불쾌를 느껴 불공정성을 제거하려는 행동을 취한다. |

율'을 비교했을 때 자신이 느끼는 공정성 등에 의해 개인의 행동반응은 영향을 받는다.

즉 공정하다고 인식할 때는 개인의 행동에 아무런 변화가 발생하지 않지만 불공정성을 느끼게 되면 개인의 긴장과 갈등이 초래되기 때문에 공정성을 수정 또는 회복하려는 방향으로 행동을 취하게 된다. 이는 〈그림 13-5〉에서 보는 바와 같다.

공정성의 결여는 사기와 생산성에 상당한 영향을 미치기 때문에 경영자는 작업자들에게 공정한 보상을 제공하도록 노력해야 할 것이며 공정성의 평가는 특정 개인을 기준으로 하지 말고 조직 내·외의 동일한 또는 유사한 직무를 수행하고 있는 다른 사람들과 비교하여 실시해야 한다.

② 목표설정이론

목표설정이론(goal-setting theory)은 개인의 행동유발과정을 설명하는 데 있어서 목표의 성과에 미치는 영향에 초점을 맞추고 있는 이론이다. 목표달성을 위한 의지가 모티베이션의 중요한 요인이라는 것이다. 즉 목표설정이론에서는 개인의 행동을 유발하는 목표의 다양한 속성과 행동유발과정을 설명하고 있다. '젊은이여, 야망을 가져라'라는 격언은 인생에 있어서 높은 목표를 설정하여 달성하도록 노력하라는 뜻으로 해석할 수 있다.

이와 같이 우리는 일상 생활에서 이상, 야망, 포부, 열망 등과 같이 목표의 뜻이 스며들어 있는 말들은 사람을 동기화시키기 위하여 사용되고 있다. 이런 점에서 볼 때 목표설정이론은 동기이론 중에서 가장 오래되고 친숙한 이론이다.

목표설정이론은 명확하고 도전적이고 달성하기 어려운(difficult) 목표가 부하들에 의하여 받아들여진다면 달성하기 쉬운 목표보다 더 높은 성과를 가져온다는 이론이다. 예를 들면, "이번 학기 평점 3.5 이상을 받고 싶다"라는 명확한 목표를 설정하는 경우에는 목표가 없다든지 또는 "최선을 다한다"라는 일반화된 목표를 설정하는 경우보다 훨씬 큰 성과를 결과한다는 것이다.

목표설정이론의 기본적인 구성요소는 다음과 같이 네 개이다.

- **목표 구체성**(goal specificity): 구체적 목표는 일반적 목표보다 성과 증진이 크다.
- **목표 난이도**(goal difficulty): 평점 3.9 획득이라는 어려운 목표는 2.0 획득이라는 쉬운 목표보다 높은 성과를 초래한다.
- **목표 수용도**(goal acceptance): 목표설정과정에 참여하면 달성하기 어려운 목표라 할지라도 수용할 가능성이 더욱 높아진다.
- **성과 피드백**(performance feedback): 목표달성의 진척상황을 나타내는 정보이다.

목표설정이론은 테일러의 과학적 관리법에 근원을 두고 있다.[6] 테일러는 종업원에게 적절한 목표를 부여함으로써(실제로 테일러는 목표라는 용어는 사용하지 않았다) 성과를 강화하고자 하였다. 1930년대 레윈(K. Lewin)과 그의 동료들은 포부수준(level of aspiration)에 관한 연구에 관심을 가졌다.

이들에 따르면 포부수준은 직무수행 과정에서 달성하고자 하는 성과수준을 의미하므로 이는 목표와 유사한 기능을 한다는 것이다. 1950년대에는 드러커(P. Drucker)와 맥그레거(D. McGregor)가 목표관리(management by objective: MBO)를 개발·적용하면서 다수의 목표설정이론의 원리를 활용하였다. 현재 우리가 이해하고 있는 목표설정이론은 1960년대에 들어와서야 형성되기 시작했다.

---

6 E. A. Locke & G. P. Latham, *A Theory of Goal Setting & Test Performance*(N. J.: Prentice–Hall, 1990).

③ 기대이론

　기대이론(expectancy theory)은 개인이 다양한 행동대안 가운데 자신의 효용을 극대화하는 행동대안을 선택하는 과정을 설명한 이론이다. 기대이론은 지금까지 소개한 동기이론 가운데서 가장 논리적이고 널리 알려진 이론이다. 기대이론은 사람들이 어떻게 느끼고 행동하는가 뿐만 아니라, 왜 그들이 특정한 방식으로 행동하는가를 설명하고 있다.

　더욱이 기대이론은 욕구이론, 목표설정이론, 공정성이론 등 다양한 동기이론을 통합할 수 있는 이론적 틀을 제공하는 중요한 이론이다.

　기대이론은 브룸(V. H. Vroom)에 의해 정립되었으며,[7] 여러 대안들 중에서 하나를 선택해야 할 때 사람들은 가장 매력적인 대안을 선택한다고 주장한다. 그리고 선택된 대안의 매력도가 클수록 그 대안을 추구하려는 동기력이 커진다. 브룸은 〈그림 13-6〉에서 보는 바와 같이 세 가지 변수들을 통해 대안평가과정을 설명하고 있다. 무엇을 하고자 하는 노력의 모티베이션은 다음과 같은 세 가지 인식에 의해 결정된다.

- 노력을 하면 성과가 꼭 따른다는 인식
- 성과에는 보상(reward)이 수반된다는 인식
- 보상(결과)은 개인에 가치가 있다는 인식

그림 13-6 **대안평가과정의 변수**

---

7 V. H. Vroom, *Work and Motivation*(New York: Wiley, John & Sons, 1964).

간단히 말하면 개인은 여러 행동대안 중에서 하나를 선택할 때 가장 큰 가치를 부여하고 또 취득할 확률이 가장 높은 결과(보상)를 가져다 줄 대안을 선택하게 된다.

- **기대감**(expectancy): 기대감(E → P)이란 행위 또는 노력이 성과를 가져올 것이라는 가능성 또는 확률로 정의할 수 있다. 따라서 기대감은 노력 대 성과의 관계를 설명하는 개념으로, 확신이 전혀 없는 0에서 완벽한 확실성인 1로 나타나게 된다.
- **수단성**(instrumentality): 수단성(P → R)이란 성과가 보상이나 결과에 연결되는 주관적 확률이다. 즉 수단성은 성과와 보상간의 관계로 0에서 +1까지 다양하게 나타낼 수 있다.
- **유의성**(valence): 유의성이란 개인에게 있어서 결과의 중요성 또는 가치의 정도를 말하는 것이다. 보상 또는 결과는 성과에 대한 반대급부로서 외재적 보상(extrinsic reward)인 승진, 보너스, 휴가와 내재적 보상(intrinsic reward)인 성취감, 만족감 등이 포함된다. 유의성은 보상에 대한 개인의 선호를 반영하는 것으로 −1에서 +1까지의 범위를 갖는다.

기대이론에서는 개인은 과정에서 동기력(motivation force)의 값이 가장 큰 대안을 선택한다고 설명하고 있다.

브룸의 모델에서 동기력은 기대감, 수단성 그리고 유의성의 곱의 합으로 다음의 계산식에 의해 산출된다.

동기력 = 기대감 × 수단성 × 유의성

기대이론은 기대감과 수단성뿐만 아니라 개인의 특성 및 보상체계 등에 의해 영향을 받는다는 점과 조직 구성원의 행동의 방향을 설명해 주고 있다. 그러나 이 이론은 너무 복잡하여 변수 측정에 문제가 있다는 점, 이론의 인식과정을 사람이 그대로 따를 수 있느냐는 점, 3대 구성요소의 관계가 무엇이냐는 점 등의 비판이 따르고 있다.

강화이론

강화이론(reinforcement theory)은 사람의 행동은 그의 결과의 함수라고 주장한다. 목표설정이론은 개인의 목표가 그의 행동을 이끈다고 주장하는 반면 강화이론은 외적 요인에 의하여 행동이 발생한다고 주장한다. 즉 강화이론은 효과의 법칙(law of effect)에 따라 긍정적인 결과를 가져오는 행동은 강화하고 계속 반복할 필요가 있지만 부정적인 결과를 가져오는 행동은 근절해야 한다는 이론이다. 강화란 행동의 결과를 변화시키기 위하여 보상을 제공하여 인간행동 자체에 영향력을 행사하는 과정이다.

그러므로 경영자들은 작업자들의 행위에 영향력을 행사하여 행위를 유지 또는 변경시키도록 보상을 이용한다. 바람직스런 행동은 강화하고 바람직스럽지 못한 행동에 대해서는 질책하기보다는 무시해야 한다. 이때 보상이 성과와 관련 없이 시행되거나 우연히 잘못된 행위에 대해 이루어지게 되면 보상의 실효성이 상실된다.

강화이론은 기대, 목표, 욕구와 같은 요소들은 무시하고 다만 작업자들이 취한 행동의 결과에만 주목한다. 스킨너(B. F. Skinner)에 따르면 사람은 행동의 결과에 따라 보상이 이루어질 경우 요구하는 행동을 기꺼이 수행하며 보상은 즉각 이루어질 때 가장 효과적이라고 한다.

강화의 유형은 대체로

- 긍정적 강화
- 부정적 강화
- 소멸
- 처벌

등이다.

긍정적 강화(positive reinforcement)란 즐겁고 바람직한 결과를 가져오는 행동을 계속하도록 칭찬, 금전, 애정, 승급, 상패, 근로시간 단축 등을 제공하는 것을 말한다.

이러한 강화의 효과는 개인 차에 따라서 다를 수 있다. 예를 들면, 금전적 보상도 개인의 욕구에 따라 모티베이션 요인이 될 수 있고 안 될 수도 있다. 또한 똑같은 강화요인일 경우에도 개인의 욕구만족도의 수준에 따라 다르게 작용할 수 있다.

부정적 강화(negative reinforcement)란 긍정적 강화에서처럼 보상을 사용하여 요구되는 행동을 이끌어내려는 것이 아니고 불쾌한 자극을 제거해 줌으로써 행동을 강화시켜 주는 것이다. 예를 들면, 집에서 아이들이 부모님의 잔소리와 꾸중을 듣지 않기 위하여, 즉 부정적 조건을 제거하기 위하여 요구되는 행동을 하게 된다.

부정적 강화에는 도피학습과 회피학습의 두 가지 형태가 있다.

도피학습(escape learning)이란 성과를 올림으로써 현재 불편한 자극을 받는 상태, 예컨대 벌칙을 벗어날 수 있는 것을 말한다. 예를 들면, 질책을 받는 불편한 상태를 피하기 위하여 작업자가 게으름을 피우지 않고 열심히 작업하는 것이다.

회피학습(avoidance learning)이란 과거의 학습된 행동으로 미루어 어떤 행동의 결과가 불편한 자극을 주게 될 것에 미리 대비하여 그 행위를 피하는 것을 말한다. 예를 들면, 기상시간이 늦다고 꾸중을 들어온 아이들은 또 꾸중을 듣지 않기 위하여 일찍 기상하려는 노력을 기울이게 된다.

소멸(extinction)이란 어떤 행위가 보상을 받지 못하면 결국 그 행위는 중

그림 13-7 강화를 통한 행동의 변화 유형

단된다는 것을 말한다. 뒤에서 설명할 처벌은 질책과 같은 불쾌한 결과를 강요하지만 소멸은 칭찬, 봉급인상과 같은 긍정적인 결과를 철회하는 것이다. 예를 들면, 떼를 쓰는 아이에 요구를 들어주면 계속 떼를 써서 요구사항을 만족시키려 한다. 이때 아무리 떼를 써도 듣는 척도 하지 않으면(아무런 반응도 보이지 않으면) 더 이상 떼를 쓰지 않게 된다.

처벌(punishment)이란 요구되지 않는 행위의 빈도를 줄이기 위하여 싫거나 부정적 결과를 제시하거나 또는 긍정적 결과를 제거하는 것을 말한다. 처벌은 개인이 요구되지 않는 행동을 저지른 후에 적용된다.

〈그림 13-7〉은 이상에서 설명한 강화를 통한 행동의 변화 유형을 나타내고 있다.

3. 리더십

리딩(leading)은 조직 구성원들이 자발적으로 조화스럽게 목표를 달성하도록 행동을 유도하고 영향을 미치는 과정이다. 다른 사람들을 움직이도록 리드할 수 있는 능력, 즉 리더십(leadership)은 현대사회에 있어서는 사람들을 일하도록 또는 협조하도록 강제하기가 어려우므로 특히 중요하다.

리더십은 조직 구성원의 만족, 모티베이션 및 성과에 영향을 미치며 조직의 목적을 효과적으로 달성하는 데 중요한 역할을 하고 있다. 리더는 집단 및 조직의 성과에 상당한 영향을 미친다.

따라서 리더십을 이해하고 리더십의 유효성(효과성)을 증진시키는 것이 중요하다. 리더십은 조직 구성원의 불분명한 임무나 활동을 상황에 따라 유연하게 규정하며 조정하는 등 불완전한 조직구조나 과정을 보충하는 기능을 한다. 또한 리더십에 대한 연구는 경영자들로 하여금 자신의 리더십의 유효성을 개선할 수 있는 방법을 제시한다.

리더십의 개요

① 리더십의 정의

어떤 면에서 리더십은 사랑이란 용어와 비슷하다. 모든 사람들이 느낄 수는 있지만 정의하기가 어렵기 때문이다. 여러 학자들의 정의를 통해 리더십의 특징을 정리해 보면

- 리더십은 집단 목표달성을 위해 자발적으로 노력하도록 개인들에게 영향력을 행사하는 활동이며
- 리더십은 구체적인 목표를 달성하기 위하여 의사전달과정을 통해 개인에게 영향력을 행사하는 과정이고
- 리더십은 집단 목표를 달성하기 위하여 집단 구성원의 활동을 지도 · 조정하는 데 비강제적인 영향력을 행사하는 것이다.

따라서 리더십은 집단 목표를 효율적으로 달성하기 위하여 리더가 개인 또는 집단의 활동에 의도적으로 영향력을 행사하는 과정으로 정의할 수 있다.[8]

② 리더십의 기능

리더십은 다음과 같은 기능을 수행한다.

- 모든 조직 구성원들의 활동을 고려할 수 있는 완벽한 조직을 설계하는 것은 불가능하기 때문에 조직 구성원들의 바람직한 행위를 형성하고 이를 과업 지향적으로 통합하는 기능을 수행한다.
- 조직으로 하여금 변화하는 환경조건에 신속히 적응하게 함으로써 급변하는 환경 속에서 조직의 안정성을 유지하는 데 도움을 준다.
- 조직이 성장하거나 변화하는 시기에 다양한 조직단위를 내부적으로 통합하는 등의 완충 기능을 수행한다.

---

8 E. D. Hollender, "Leadership and power," in G. Lindzey & E. Aronson, eds., *The Handbook of Social Psychology,* 3rd eds.(New York: Random House, 1981), pp. 485~537.

• 개인들이 욕구를 충족하고 목표를 획득하는 것을 촉진시킴으로써 노동력의 안정성을 유지시키는 데 중요한 역할을 한다.[9]

경영자와 리더

우리는 제1장에서 경영자는 조직 구성원들을 도와서 그들의 일을 더욱 잘 하도록 하는 사람이라고 공부하였다. 이에 비하여 리더십은 그룹이나 조직의 목적을 달성하도록 조직 구성원들에게 영향력을 행사하는 과정이다.

리더와 경영(관리)자의 기본적인 차이는 〈그림 13-8〉에 요약되어 있다.

• 경영자는 일을 옳게 하는 데에 관심이 있기 때문에 "우리가 이미 하고 있는 일을 어떻게 하면 더 잘 할 수 있는가?"를 항상 생각한다. 즉 생산성과 효율성에 집중한다. 리더는 옳은 일을 하는 데에 관심이 있기 때문에 "우리는 무엇을 할 것인가?"를 생각한다, 즉 비전, 사명, 목적, 목표에 집중한다.
• 경영자는 안정과 질서를 강조하는 현상유지(status quo)에 만족하지만 리더는 변화와 도전을 추구하여 창의력과 위험감수를 조장한다.
• 경영자는 단기적 이익추구에 집중하지만 리더는 장기적 안목에서 경

그림 13-8 리더와 경영자의 차이

경영자

리더

• 합리성
• 분석적
• 직위권력

• 비전
• 혁신적
• 개인권력

---

9 D. Katz & R. Kahn, *The Social Psychology of Organizations*, 2nd ed.(New York: Wiley, 1978).

영성과를 추구한다.

- 경영자는 일을 어떻게 수행할 것인가라는 수단(means)에 관심이 있고 리더는 무엇을 하였는가라는 결과(ends)에 관심이 있다.
- 경영자는 통제와 다른 사람들의 선택을 제한하는 데 관심이 있는 반면 리더는 다른 사람들의 선택과 옵션의 확대에 관심이 있다.
- 경영자는 조직 구성원이 일하는 과정에서 발생하는 문제를 해결하려고 하지만 리더는 그들 스스로 해결책을 찾도록 고무하고 동기부여한다.

리더는 경영자와 차이가 있지만 조직에서는 이들이 서로 보완적이기 때문에 이들 모두가 필요하다. 리더십이 경영보다 우위의 개념도 아니고 대체할 수도 없다. 경영자는 매일매일의 일을 수행하는 데에 필요하며 리더는 종업원들을 격려하고 기업의 장기적 방향을 설정하는 데에 필요하다.

기업에서 문제가 되는 것은 기업이 적절하게 리드되지 않을 뿐만 아니라 관리자는 넘치는데 반하여 리더는 좀 부족하다는 것이다. 옳은 일을 하는 데는 주의를 덜 기울이고 일을 옳게 하는 데에 신경을 너무 쓴다는 것이다.

권력, 권한과 리더십

개인의 리더십 스탈일이 어떻든지 간에 효과적인 리더십의 중요한 구성요소는 리더가 다른 사람들의 행위에 영향을 미치고 어떤 방식으로 행동하도록 하는 권력(power)에서 찾을 수 있다. 이러한 권력을 행사하는 사람은 리더십을 갖게 되고 그룹이나 조직의 목적달성을 위해 그의 구성원들의 행동변화에 영향력을 미친다.

리더는 그가 차지하는 지위와 개인적 능력으로부터 권력을 획득한다. 전자를 직위권력(position power)이라고 하고 후자를 개인권력(personal power)이라고 한다. 기업에서 지위가 높을수록 다른 사람에게 더 많은 영향력을 행사할 수 있다. 다른 사람들로 하여금 일을 하게 하는 것은 직위권력에서 나온다고 할 수 있다. 개인권력은 리더의 개인 행동에 근거하여 추종자(follower)로부터 나온다. 카리스마적 리더는 개인권력을 가진다.

직위권력에는 합법적 권력, 보상권력, 강제권력이 있고 개인권력에는 전문가권력과 존경권력이 있다.

① 직위권력

- **합법적 권력**(legitimate power): 조직에서 차지하는 지위와 권한을 통하여 부하 직원들에게 통제력을 행사할 권리이다.
- **보상권력**(reward power): 부하 직원들의 행동에 영향을 미칠 수단으로 보상을 사용할 능력이다. 보상에는 봉급인상, 보너스, 승진, 휴가, 업무할당 등이 포함된다.
- **강제권력**(coercive power): 부하 직원들의 행동에 영향을 미칠 수단으로 두려움과 처벌을 사용할 능력이다. 처벌에는 감봉, 좌천, 강등, 경고서한 등이 포함된다.

② 개인권력

- **전문가권력**(expert power): 지식과 기술 같은 전문성을 통하여 부하 직원의 행동에 영향력을 행사할 능력이다.
- **존경권력**(referent power): 리더의 개인 성품, 카리스마, 명망 등 부하 직원들의 개인적인 인정을 통하여 그들의 행동에 영향력을 행사하는 능력이다.

권한(authority)은 명령을 내리고 자원을 사용할 권리를 말하는데 권력보다는 좁은 개념이다. 경영자가 가지는 권한의 양은 조직 계층에서 차지하는 지위의 함수이다. 높은 지위에 있을수록 더 많은 지위권력을 갖는다.

개인은 공식적인 권한을 갖지 않고서도 개인권력을 가질 수 있다. 경영자의 권한은 지위에서 강제권력과 보상권력이 감소하면 따라서 감소할 수 있다.

리더십이란 지도를 기꺼이 추종하고 결정에 따르도록 다른 사람들에 영향력을 행사할 능력을 말한다. 리더는 그룹의 행동에 영향을 미치기 위하여 권력을 사용한다. 예를 들면, 정치적 리더는 종종 존경권력을 사용한다. 조직에서 비공식적 리더는 존경권력과 전문가권력을 결합하여 사용한다. 어떤 경영자는 단지 권한에만 의존하지만 다른 경영자는 권력들을 사용한다.

4. 리더십 이론

리더십 이론(leadership theory)에 관한 연구는 연구자의 관점과 연구방법에 따라 매우 다양하다. 그런데 리더십 이론은 〈그림 13-9〉에서 보는 바와 같이 특성이론, 행동이론, 상황이론의 순서로 발전되어 왔다. 대다수 리더십 이론은 〈그림 13-10〉과 같이 네 가지 유형 중에서 한 유형에 속한다. 세로 축의 특성이론(trait theory)은 육체적, 기술적, 성격적 혹은 사회적으로 어떤 타고난 특성(다른 사람과 구별되는 성향)을 가진 리더가 보다 효과적인 리더가 될 수 있다고 가정하면서 이러한 공통적인 특성들을 찾아내려는 데 초점을 두는 데 반해, 행동이론(behavioral theory)은 리더의 유효성을 결정하는 요인으로 리더가 무엇을 하며, 어떻게 행동하느냐에 연구의 초점을 맞추는 접근법이다.

가로 축의 보편적 이론(universal theory)은 "리더십이 처한 상황여건에 관계 없이 어떤 상황에서도 최선의 보편적 특성이나 리더십 행동이 한 가지 있다"라고 주장하는 반면 상황이론(contingency theory or situational theory)은 모든 상황여건에 부합하는 유일의 리더십 특성이나 행동 유형은 발견할 수 없고 가장 효과적인 리더의 특성·행동은 상황에 따라 달라진다고 주장한다. 즉 특정의 상황에 가장 어울리는 리더십이 발휘될 때 그 집단의 성과와

그림 13-9   리더십 이론의 발전과정

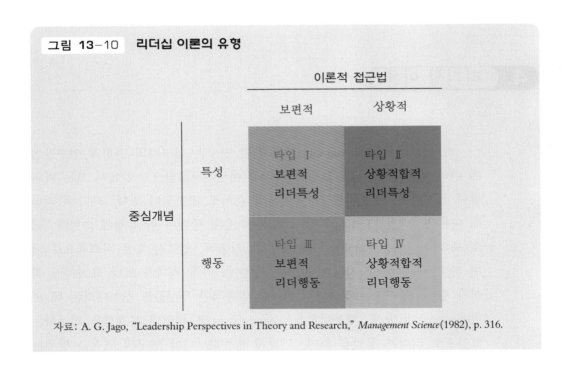

그림 13-10 리더십 이론의 유형

이론적 접근법

	보편적	상황적
특성	타입 Ⅰ 보편적 리더특성	타입 Ⅱ 상황적합적 리더특성
행동	타입 Ⅲ 보편적 리더행동	타입 Ⅳ 상황적합적 리더행동

중심개념

자료: A. G. Jago, "Leadership Perspectives in Theory and Research," *Management Science*(1982), p. 316.

구성원들의 만족감이 증대될 수 있다는 것이다. 이와 같이 행동이론이 리더의 행동양식 그 자체를 연구한 반면 상황이론은 조직이 처한 상황과 리더의 행동양식을 연계한다는 점에서 차이가 있다.

세로 축과 가로 축의 이론들을 조합하면 유형Ⅰ은 보편적 리더십 특성이론, 유형Ⅱ는 상황적합적 리더십 특성이론, 유형Ⅲ은 보편적 리더십 행동이론, 유형Ⅳ는 상황적합적 리더십 행동이론으로 분류할 수 있다.

보편적 리더십 특성이론

리더십에 대한 이론과 연구들은 대부분 성공적인 리더의 개인적인 특성을 찾는 데 주력해 왔다. 이와 같은 연구는 효과적인 리더가 갖고 있는 타고난 특성들을 찾아 낼 수 있다는 기대에서 비롯된 것이다. 이러한 특성들을 찾아낸다는 것은 리더의 식별과 선발에 있어 중요한 의미를 지닌다. 특성 중심의 접근법에서는 리더에게 필요한 특성들을 가진 사람은 어떠한 상황에 관계 없이 효과적이라고 가정한다.

리더의 특성은 다양하게 분류할 수 있다. 리더의 특성에는 신체적 특성

(키, 외모, 연령, 몸무게), 사회적 배경(좋은 학교 졸업, 높은 신분), 지성(지능, 지식), 개성(상상력, 결단력, 창의성, 민첩성, 성실성, 자신감, 지각력), 과업관련 감독능력 그리고 사회적 특성(협상, 문제해결, 의사소통) 등 광범위한 특성들이 포함된다.

그러나 이 연구는 특성들과 리더십 유효성 사이의 관계 정도가 너무 낮고 실무적으로 사용하기에는 너무 많은 예외가 있으며 적절한 리더십 특성이 상황이나 환경에 따라 다를 수 있다는 한계를 가지고 있다. 따라서 리더의 공통적인 특성을 일반화하려는 시도는 리더십의 복잡성과 측정상의 어려움으로 이 이론에 대한 불신이 나타나게 되었다. 즉 모든 사람에 공통적으로 적용할 수 있는 특성은 현실적으로 없기 때문에 리더십 능력은 개인의 특성으로 설명할 수 없다는 주장이 제기되었다.

상황적합적 리더십 특성이론

보편적 리더십 특성이론은 모든 상황에 보편적으로 적용될 수 있는 리더의 특성에 대한 연구인 데 반해, 피들러(F. E. Fiedler)의 상황적합적 리더십 특성이론은 리더의 특성을 중심으로 한 연구이기는 하지만 지금까지 모든 상황여건에 부합하는 유일 최선의 특성은 발견되지 않았기 때문에 상황의 개념을 새롭게 도입하여 리더십 유효성(leadership effectiveness)은 리더가 가지고 있는 주요 특성과 상황의 적합도 정도에 달려 있다는 연구결과를 도출하였다.[10]

① 리더의 핵심특성

중요한 리더의 특성을 평가하기 위하여 피들러는 리더에게 그가 가장 싫어하는 동료작업자를 어떻게 평가하는가에 대한 점수로 리더십 스타일을 파악할 수 있다는 가정하에 LPC(least preferred co-worker) 설문을 개발하였다.[11] 〈그림 13-11〉은 LPC 척도의 예이다. **LPC** 점수가 높은 리더는 자기가 가장 싫어하는 동료작업자에게 높은 점수를 주기 때문에 관계 지향적

---

10 F. E. Fiedler, *A Theory of Leadership Effectiveness*(New York: McGraw-Hill, 1967); F. E. Fiedler, "The leadership game: Matching the man to the sutuation," *Organizational Dynamics*(1976), pp. 6~16.

11 F. E. Fiedler & M. M. Chemers, *Leadership and Effective Management*(Glenview, Ill: Scott, Foresman., 1974).

그림 13-11 LPC 척도의 예

우호적	8 7 6 5 6 3 2 1	비우호적
협동적	8 7 6 5 6 3 2 1	비협동적
개방적	8 7 6 5 6 3 2 1	방어적
근면한	8 7 6 5 6 3 2 1	나태한
명랑한	8 7 6 5 6 3 2 1	침울한

(relationship-oriented) 리더라고 할 수 있는데, 그는 동료를 존경할 정도는 아닐지라도 어느 정도 받아들이고 관심을 보일 만한 특성을 가지고 있는 사람으로서 동료를 배려하고 좋은 관계를 유지하기 위하여 노력하는 인간중심적 대인관계를 중시한다.

반면에 LPC 점수가 낮은 과업 지향적(task-oriented) 리더는 함께 일할 수 없는 동료들에 대하여 부정적인 정서적 반응을 강하게 보인다. 이 유형의 리더는 인간관계보다는 과업(생산, 업무)에 대한 관심을 우선하기 때문에 업무수행, 성과달성 등 과업의 성취로 만족을 얻으려고 한다.

② 상황의 호의성

피들러는 상황의 호의성(favorable situation)을 중요한 상황요인으로 파악하였다. 여기서 리더에 대한 상황의 호의성이란 상황이 리더로 하여금 자기 그룹의 통제력과 영향력을 행사할 수 있게 하는 정도 그리고 이에 따라 리더가 그룹의 상호작용 결과에 영향을 미칠 수 있다고 느끼는 정도를 말한다. 이는 다음의 세 가지 상황변수의 조합이 결정한다. 이러한 세 변수의 결합이 리더에 대한 상황의 유리성을 결정한다. 〈그림 13-12〉는 리더 스타일과 8개 상황과의 관계를 보여주고 있다.

리더-구성원 관계(leader-member relations)가 돈독하여 그룹 구성원들이 리더를 신뢰하고 존경하고 좋아하며 리더의 지시에 협력적이고 지원적일

그림 13-12 리더 스타일과 상황과의 관계

	매우 호의적		중간 정도				매우 비호의적	
리더-구성원 관계	좋음	좋음	좋음	좋음	나쁨	나쁨	나쁨	나쁨
과업구조	명확		불명확		명확		불명확	
리더 직위권력	강함	약함	강함	약함	강함	약함	강함	약함
	1	2	3	4	5	6	7	8

자료: Fred E. Fiedler, "The Effects of Leadership Training and Experience: A Contingency Model Interpretation," *Administrative Science Quarterly* 17(1972), p. 455.

때, 과업구조(task structure)가 명확하여 부하가 무엇(과업수행)을 어떻게 하는 가에 대한 절차나 지시 등이 주어질 때, 그리고 리더의 구성원에 대한 지시·평가·보상·진급(승진) 및 처벌 등 공식적인 직위권력(position power)이 높을 때 통제가능성이 높아 상황의 호의성은 증가하여 리더십 유효성은 높아지게 된다. 이는 〈그림 13-12〉에서 상황 1에 해당한다.

③ 리더-상황 적합

피들러에 의하면 과업 지향적인 리더(낮은 LPC 점수)는 관계 지향적인 리더(높은 LPC 점수)에 비하여 상황이 매우 호의적이거나 매우 비호의적인 경우, 즉 상황의 통제가능성이 아주 높거나 낮은 경우에 보다 효과적이다. 관계 지향적인 리더는 반면에 상황의 호의성이 중간 정도일 때, 즉 중간 수준의 통제가능성이 있을 경우에 보다 효과적이다. 이는 〈그림 13-12〉에서 보는 바와 같다. LPC 점수가 중간인 리더는 어떤 상황에서 가장 적합한가가 명확하지 않다.

한편 피들러에 의하면 리더십의 유효성은 상황의 호의성에도 의존하기 때문에 리더십의 유효성을 변화시키기 위해서는 리더의 개성, 리더의 상황, 그리고 상황의 호의성을 변화시켜야 한다는 것이다.

리더의 유형과 상황의 적절한 조화가 리더십 유효성을 높일 수 있기 때문에 리더는 이를 위해 자기 리더십 유형에 맞는 리더십 상황을 찾아야 하며 리더-구성원 관계, 과업구조, 지위권력 등 상황변수들을 자신의 리더십 유형에 맞도록 변화시켜야 한다는 것이다.

④ 피들러 모델의 시사점

피들러의 모델이 주는 시사점은 다음의 세 가지로 요약할 수 있다.

- 피들러에 의해 개발된 도구 즉, LPC 척도를 사용함으로써 상황에 따라 적절한 리더십이 차별적으로 발휘될 필요가 있다.
- LPC 점수를 이용하여 장차 리더가 될 사람을 평가함으로써 리더의 역할수행에 필요한 자질을 검증할 수 있다.
- 어떤 리더가 다른 리더의 직위를 맡고자 하는 경우 리더의 LPC 점수 내용을 고려하여 선발할 필요가 있다.

보편적 리더십 행동이론

1940년대 후반부터 리더의 특성보다는 관측할 수 있는 리더의 행위에 초점을 맞춘 리더십 연구가 본격화되기 시작하였다. 이러한 연구는 효과적인 리더는 특정 유형의 리더십을 발휘함으로써 목표달성과 높은 생산성 및 만족을 가져온다는 가정에 입각하고 있다.

① 오하이오 주립대학(Ohio State University: OSU)의 연구

리더의 중요한 행동을 다음과 같은 두 가지 유형으로 분류하였다.

- 구조주도 행동(과업에 대한 관심)
- 인간배려 행동(인간에 대한 관심)

구조주도(initiating structure) 행동이란 리더가 그룹간 상호관계를 설정하고 이에 따라 커뮤니케이션의 경로와 형태를 분명히 하고, 한편 직무수행 방법과 절차를 확립하려는 행위를 말한다.

인간배려(consideration) 행동이란 리더와 구성원들 사이의 관계, 즉 우의·상호신뢰·존경·친밀감 등을 표시하는 행동을 말한다. 리더의 행동을 리더와 부하의 상호작용 측면에서 파악한 오하이오 주립대학의 연구는 다음의 특징으로 요약할 수 있다.

먼저 구조주도 행동과 인간배려 행동을 상대적으로 독립된 리더십 요소로 설명하는 것이다. 따라서 리더의 행동 유형은 두 가지 유형이 혼재되어 나타날 수도 있다. 즉 리더가 구조중심과 인간배려를 어떻게 배합하느냐에 따라서 리더십 유형이 네 가지로 달라진다는 것이다.

다른 하나는 비록 높은 수준의 구조주도 행동 및 인간배려 행동이 나타나는 리더의 행동 유형이 생산성과 만족을 높이기 때문에 가장 바람직스러운 리더십 유형이지만 효과적인 유형은 상황에 따라 그의 배합이 달라진다는 점이다.

② 리더십 관리격자모델

블레이크(R. Blake)와 무튼(J. Mouton)은 오하이오 주립대학의 연구결과를 바탕으로 다양한 리더의 행동 유형을 과업(생산)에 대한 관심(구조주도 행동) 및 인간에 대한 관심(인간배려 행동)의 독립적인 두 가지 차원으로 분류 구분하고[12] 각 차원에 대해 리더의 관심의 정도를 9등급으로 나누어 〈그림 13-13〉처럼 총 81개의 격자를 구성하는 관리격자모델(managerial grid model)을 제시하였다. 격자개념에 따라 현재 리더의 리더십 유형을 측정하고 팀형으로 개선하기 위하여 리더행동개발 프로그램이 널리 활용되고 있다.

블레이크와 모튼에 따르면 효과적인 리더는 (9,9)의 유형으로 인간과 과업에 대해 모두 높은 관심을 갖는 리더이다. 이에 반해 (1,1)의 유형은 인간과 과업에 대해 모두 관심이 낮은 리더이다.

그러나 왜 (9,9)의 유형이 최선의 리더십 스타일인가에 대한 반론에는 명확한 해답을 제시하지 못하고 있다. 실제로 관리격자모델을 연구한 블레이크와 모튼조차도 특정한 리더십 유형의 유효성은 리더의 행동뿐만 아니라 리더십이 발휘되는 상황의 특성에 의해 영향을 받는다는 점을 시인하였다.

그 이후 대부분의 리더십 연구자와 실무자들은 어떤 상황에서나 보편적

---

12 R. R. Blake & J. S. Mouton, "A Comparative Analysis of Situationalism and 9,9 Management by Principle," *Organizational Dynamics*(1982).

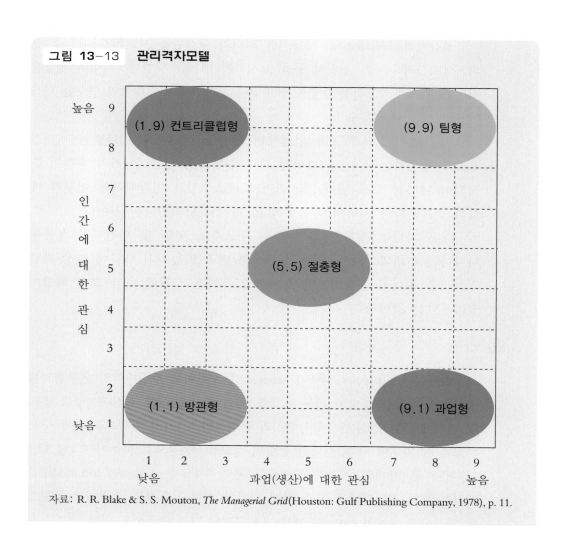

그림 13-13 관리격자모델

(세로축) 인간에 대한 관심 / 높음 9 ... 낮음 1

(1.9) 컨트리클럽형

(9.9) 팀형

(5.5) 절충형

(1.1) 방관형

(9.1) 과업형

(가로축) 낮음 1 2 3 4 5 6 7 8 9 높음 / 과업(생산)에 대한 관심

자료: R. R. Blake & S. S. Mouton, *The Managerial Grid*(Houston: Gulf Publishing Company, 1978), p. 11.

으로 효과적인 리더십 유형을 찾고자 하는 노력을 포기하였다.

상황적합적 리더십 행동이론

보편적 리더십 행동이론에 따르면 리더의 행동 유형과 부하의 만족 및 성과와의 관계는 보편적이고 일관된 결과가 나타나지 않고 있다.[13] 이러한 결과는 모든 상황에서 성공적인 최선의 리더의 행동 유형(one best style)을 찾

---

[13] R. B. Dunham, *Organizational Behavior: People and Processes in Management*(Richard D. Irwin, Inc., 1984), p. 371.

는 것이 불가능하다는 것을 시사하는 것이다. 이에 따라 리더십의 유효성은 리더의 행동과 상황과의 적합성에 따라 결정된다는 상황적합적 리더십 행동이론이 대두되었다.

① 경로-목표이론

하우스에 의해 연구된 경로-목표이론(path-goal theory)은 리더가 부하들이 수행하는 작업의 내용과 방법을 분명하게 제시하고 또한 목표달성을 위한 경로를 명확하게 제시하거나 이에 방해가 되는 요소를 제거해 줌으로써 부하들이 목표달성의 가능성과 보상에 대한 높은 기대감을 가져 모티베이션이 나타나고 작업의욕의 증가 및 직무에 대한 성취감·만족감을 취할 수 있다는 이론이다.[14] 즉 리더는 목표달성에 대한 경로를 분명히 도와줌으로써 구성원들의 행위에 영향을 미칠 수 있다는 것이다.

이 이론에 따르면 모티베이션의 기대이론(expectancy theory)에 입각하여 리더는 부하들이 노력하면 성과를 달성할 수 있다는 기대(expectancy)와 성과를 달성했을 때 보상을 받을 수 있다는 수단성(instrumentality) 그리고 보상을 통해 자신의 욕구가 충족될 것이라는 유의성(valence)을 증대시킬 때 부하를 모티베이트 시킬 수 있다는 것이다.

리더가 부하들에게 영향을 주는 행위는 다음과 같이 네 가지 유형으로 분류된다.[15]

- **지시적**(directive) **리더 행동**(구조주도적 리더 행동): 부하의 과업을 계획·통제·지시하는 행동으로서 부하에게 기대하고 있는 것이 무엇인가를 알리고 구체적 작업지도를 실시하며 표준규칙과 절차를 따르도록 부하에게 요구하는 리더 유형을 말한다.
- **지원적**(supportive) **리더 행동**(배려적 리더 행동): 부하의 욕구충족에 대하여 배려하고 부하의 복지와 안녕에 대한 관심을 표명하며 온정적이고 친밀한 집단분위기 조성에 많은 관심을 보이는 리더 유형을 말한다.

---

14 R. J. House, "A path-goal theory of leader effectiveness," *Administrative Science Quarterly*(1971), pp. 321~338.

15 R. J. House & T. R. Mitchell, "path-goal theory of Leadership," *Journal of Contemporary Business* (1974), pp. 83~84.

- **참여적**(participative) **리더 행동**: 부하와 정보자료를 상호교환하고 활용하며 부하의 의견이나 제안을 의사결정과정에 반영하는 리더 유형을 말한다.
- **성취지향적**(achivement oriented) **리더 행동**: 부하에게 도전적인 목표를 설정하고 목표달성 행동을 강조하면서 부하의 능력을 믿고 그들로부터 의욕적인 성취동기 행동을 기대하는 리더 유형을 말한다.

경로–목표이론은 리더의 행동이 상황의 요건과 적합할 때 부하들은 이러한 리더의 행동이 자신의 목표달성에 기여한다고 인식하고 모티베이트된다는 점을 강조한다. 따라서 첫째, 리더는 상황이 모호할 때에는 구조주도 행동을 그리고 고도로 구조화되어 있을 때에는 인간배려 행동을 해야 한다.

둘째, 만약 상황이 불명확하거나 비구조화되어 있다면 리더는 상당한 정도의 구조주도 행동을 해야 하지만 이와 함께 구조화를 부하가 수용할 수 있도록 인간배려 행동을 병행해야 한다. 마지막으로 효과적인 리더십을 발휘하기 위해 리더는 여러 가지 리더 행동 중에서 그 상황에 가장 적합한 리더 행동으로 유연하게 변화시켜야 한다는 것이다.

② 규범적 의사결정이론

리더십 상황이론은 브룸, 예튼, 야고 등에 의해 리더 참여 모델(leader participation model)로 발전되었다. 이 모델은 의사결정에 리더십 행동과 참여수준을 관련지은 모델로서 작업관련 의사결정시 구성원들의 참여수준을 어느 정도로 할 것인가를 리더들이 결정하는 데에 도움을 주고 있다.

다른 상황이론처럼 리더 참여 모델도 리더는 상황을 평가한 후에 어떻게 행동할 것인가를 결정해야 한다고 주장한다. 그러나 지금까지 공부해 온 다른 모든 이론들이 리더가 구성원들에 대해 일반적으로 행동하는 방식, 다시 말하면 리더십 스타일을 취급하였지만 리더 참여 모델은 의사결정의 방식, 즉 의사결정 스타일을 취급하고 있다.

〈표 13–2〉에서 보는 바와 같이 리더 참여 모델에서는 의사결정에 대한 구성원들의 참여수준에 따라 리더십 스타일과 의사결정 스타일을 다섯 가지로 분류하고 있다. 유형 Ⅰ과 Ⅱ는 독단적 결정(autocratic decisions)으로서 리더 스스로 의사결정을 하는 경우이고, 유형 Ⅲ과 Ⅳ는 협의적 결정(consul-

| 표 13-2 | 의사결정 내용에 따른 리더십 유형과 의사결정 스타일

리더십 유형	의사결정 스타일	내 용
Ⅰ	독단적(고)	리더 자신이 정보를 수집하고 분석하여 독단적으로 의사결정을 하고 문제를 해결한다.
Ⅱ	독단적(저)	리더는 구성원들로부터 필요한 정보를 입수하지만 의사결정과 문제해결은 리더 스스로 담당한다.
Ⅲ	협의적(저)	리더는 구성원들로부터 필요한 정보와 아이디어를 입수하여 문제를 공유한다. 리더가 의사결정을 하면서 그들의 의견을 반영할 수 있다.
Ⅳ	협의적(고)	리더가 구성원들로부터 아이디어와 제안을 집단적으로 입수하여 문제를 공유한다. 의사결정을 내릴 때는 구성원들과 협의한다.
Ⅴ	집단적	리더가 구성원들과 집단적으로 문제를 공유한다. 리더는 집단 의사결정기법을 사용하여 구성원들과 합의하에 최적대안을 결정한다.

tative decisions)으로서 구성원들과 문제는 공유하지만 의사결정은 리더가 스스로 하는 경우이며, 유형 Ⅴ는 집단 의사결정(group decisions)으로서 리더가 구성원들과 함께 문제를 공유하고 집단적으로 의사결정을 하는 경우이다. 리더의 극단적인 유형은 Ⅰ과 Ⅴ이다. 유형 Ⅰ은 구성원들의 의사결정과정에 참여가 허용되지 않고 리더가 스스로 의사결정과 문제해결을 담당한다. 유형 Ⅴ는 구성원들의 참여를 허용하여 합의하에 의사결정에 이르게 된다.

이와 같이 구성원들의 의사결정에의 참여수준은 리더가 처한 상황에 따라 결정된다. 만일 의사결정에 필요한 정보를 리더가 보유하고 있으면 유형 Ⅰ의 선택이 바람직스럽지만 그렇지 않은 경우에는 유형 Ⅴ가 적합하다고 하겠다. 특히 의사결정 결과에 대한 구성원들의 수용이 꼭 필요하다면 유형 Ⅴ의 선택이 바람직스럽다고 하겠다.

의사결정과정에 있어 구성원들의 최적 참여수준은 의사결정의 질(quality)과 구성원들의 의사결정의 수용도(degree of acceptance)를 결정하기 때문에 아주 중요하다. 리더 참여 모델은 의사결정의 질을 향상시키기 위하여 다섯 개의 규칙(규범)을, 그리고 의사결정의 수용도를 향상시키기 위하여 세 개의 규칙을 제시하고 있다.

이러한 규칙을 지키게 되면 리더가 직면한 결정상황에 맞지 않는 의사결정 스타일을 제거함으로써 위의 목적을 달성할 수 있는 것이다. 리더가 의사결정과정에서 구성원들의 최적 참여수준을 결정할 때 이러한 규범을 지켜야 하기 때문에 이 모델을 규범적 의사결정이론(normative decision theory)이라고 한다.

규범적 의사결정이론은 예/아니오 질문의 형태로 의사결정나무(decision tree)에 이러한 의사결정 규칙을 적용해 나감으로써 효과적인 성과를 얻게 된다.

5. 커뮤니케이션

의사소통(communication)이란 사람들 사이에 정보를 공유하는 과정이다. 커뮤니케이션은 다분히 기예(art)적인 측면이 있다. 자신을 표현하고 아이디어를 교환하는 방식들이 경영자마다 상당한 차이가 있다. 커뮤니케이션은 계획을 논의하고, 작업을 지시하며, 결과를 설명하는 등 조직 내의 정보를 전파하는 과정이다.

커뮤니케이션은 두 가지 이유에서 어렵다. 첫째는 사람들은 자신의 생각이나 원하는 바를 정확히 표현하는 것-말, 문자, 심볼 또는 몸짓 등을 통하여-을 어려워하고 있다. 커뮤니케이션은 기예이므로 아무도 완전하게 표현할 수는 없다. 종업원들이 자신이 해야 할 일을 정확히 이해하지 못하거나 또는 상급자로부터 모호한 지시를 받을 때 문제가 발생하게 된다.

둘째는 커뮤니케이션에는 상당한 주의집중이 요구되므로 많은 문제가 발생한다. 기계소음, 전화벨 그리고 타인의 움직임 등 주의집중을 흩뜨리는 요소들은 경영자들 자신이 원하는 것을 표현하는 것을 어렵게 만든다.

조직은 커뮤니케이션을 통하여 정보를 교환하고 의사결정을 하며 집단의 목표를 추구하게 된다. 따라서 커뮤니케이션이 원활하게 이루어지지 않으면 조직의 효율성에 직접적인 영향을 미친다. 커뮤니케이션 과정에 잡음이 개입되거나 왜곡현상이 발생하면 개인이나 집단간에 오해나 갈등을 유발하고 집단이나 조직에는 마비나 정체현상을 유발하게 된다.

먼저 커뮤니케이션의 일반적인 개념 및 유형에 대해서 살펴보고 조직 내에서 나타날 수 있는 커뮤니케이션 유형들을 알아본다. 그리고 커뮤니케이션에서 발생할 수 있는 장애요인과 그에 대한 극복방안을 알아보기로 한다.

커뮤니케이션의 개념과 기능

① 커뮤니케이션의 개념

커뮤니케이션이란 송신자와 수신자가 어떤 유형의 정보(메시지)를 교환하고 공유하려는 과정이다.[16] 즉 커뮤니케이션은 사람들간에 정보, 아이디어, 이해 또는 느낌을 전달하고 교환하는 것이다. 커뮤니케이션은 송신자(개인, 집단, 조직)가 수신자(개인, 집단, 조직)에게 어떤 유형의 정보를 전달할 뿐만 아니라 정보나 아이디어, 감정 등 어떤 의미를 송신자와 수신자간에 피드백을 통하여 교환하거나 공유하는 것이다.[17]

② 커뮤니케이션의 기능

커뮤니케이션은 조직을 관리하는 데 중요한 요소로 작용한다. 조직 내에서의 커뮤니케이션은 다양한 기능을 하지만 그 중에서 커뮤니케이션의 핵심적인 기능으로는

- 정보전달 기능
- 동기유발 기능
- 통제기능
- 정서기능

의 네 가지가 있다.[18]

- **정보전달 기능:** 커뮤니케이션은 개인과 집단 또는 조직에 정보를 전달해 주는 기능을 함으로써 의사결정의 촉매제 역할을 한다. 커뮤니

---

16 J. Greenberg & R. A. Baron, "*Behavior in Organizations,* 4th ed.(Allyn & Bacon), p. 489.

17 A. J. DuBrin & R. D. Ireland, "*Management & Organization,*" 2nd eds.(South-Western), p. 321.

18 R. B. Dunham, *Organizational Behavior: People and Process in Management*(Richard D. Irwin, Inc., 1984), p. 276.

케이션은 여러 가지 대안을 파악하고 평가하는 데 필요한 정보를 제
공해 줌으로써 의사결정을 원활히 이루어지게 한다.

- **모티베이션 기능:** 커뮤니케이션은 조직 구성원들의 동기유발
(motivation)을 촉진시키는 데 사용된다. 조직 구성원이 해야 할 일, 직
무성과를 개선하고 달성하기 위해서 어떻게 해야 하는지, 다른 구성
원들과 어떻게 협동해야 하는지 등을 구체적으로 알려 주는 매개체
역할을 하는 것이 커뮤니케이션이다.
- **통제기능:** 커뮤니케이션은 조직 구성원의 행동을 조정·통제하는 기
능을 한다. 즉 커뮤니케이션은 조직 구성원들의 행동이 특정한 방향
으로 움직이도록 통제하는 기능을 한다.
- **정서기능:** 커뮤니케이션은 조직 구성원들이 자신의 감정(emotion)을
표현하고 사회적 욕구를 충족시켜 주는 역할을 한다. 구성원들은 자
신이 속한 집단이나 조직에서 이루어지는 자신의 고충이나 기쁨, 만
족감이나 불쾌감 등을 토로하게 된다. 커뮤니케이션을 통하여 자신의
심정을 표출하고 다른 사람들과의 교류를 넓혀 나가는 것이다.

조직 내의 커뮤니케이션

조직 내의 커뮤니케이션 기본과정은 개인간 커뮤니케이션을 기본으로
한다. 조직 내의 커뮤니케이션은 조직 내의 공식적인 구조 혹은 명령계통을
통하여 이루어지는 공식 커뮤니케이션과 구성원들 사이에 자연발생적인 형
태로 이루어지는 비공식 커뮤니케이션으로 분류된다(〈그림 13-14 참조〉).

① 공식 커뮤니케이션

공식 커뮤니케이션(formal communication)은 하향적, 상향적 그리고 수평
적 방향 등 세 가지 방향으로 이루어진다.[19]

- **하향적 커뮤니케이션**(downward communication): 조직의 위계(hierarchy)
또는 명령계통에 따라 상위 계층으로부터 하위 계층으로 조직의 방

---

19 Ibid., pp. 278~284.

그림 13-14 커뮤니케이션 네트워크 유형

쇠사슬형(chain)　　　Y형(Y)　　　수레바퀴형(wheel)

원형(circle)　　리더가 없는 스타형(star)　　리더가 있는 연결형(com-con)

자료: R. B. Dunham, *Organizational Behavior: People and Processes in Management*(Richard D. Irwin, Inc., 1984), p. 279.

침, 명령, 지시 등의 커뮤니케이션이 이루어지는 것을 말한다.

- **상향적 커뮤니케이션**(upward communication): 하위 계층으로부터 상위 계층으로 의견이나 정보는 물론 성과보고 등의 커뮤니케이션이 이루어지는 것을 말한다. 상향적 커뮤니케이션은 개인 고충의 토로로부터 조직의 발전을 위한 제안까지 매우 광범위하게 이루어진다.
- **수평적 커뮤니케이션**(horizontal communication): 조직 계층상 동일한 수준의 지위에 있는 구성원이나 부서간에 이루어지는 커뮤니케이션을 의미하는 것으로 이를 상호작용 커뮤니케이션(interactive communication)이라고도 한다. 수평적 커뮤니케이션의 주요 기능으로는 조직 내의 부서간의 활동의 조정, 부서 활동에 관한 정보교환, 조직 구성원의 설득, 동료들과의 정서(affect) 표현 등이 있다.

② 비공식 커뮤니케이션

 사전에 결정된 통로로만 커뮤니케이션을 흐르게 할 수는 없다. 조직 구성원들은 여러 가지 필요에 의해 직종과 계층을 넘어 인간적인 관계를 갖고 커뮤니케이션을 하려고 한다. 조직에서는 공식적인 커뮤니케이션 체계 외에 자연발생적으로 형성된 비공식 커뮤니케이션(informal communication) 체계가 형성된다.

 이러한 비공식 커뮤니케이션 체계를 그레이프 바인(grape vine)이라고 부르기도 한다. 그레이프 바인이라는 말의 유래는 미국 남북전쟁 당시 나무들 사이에 걸쳐 있는 전신줄 모양이 포도넝쿨처럼 복잡하게 엉켜 있다고 해서 붙여진 말이다.

 그런데 조직 내에서 동료나 가까운 사람들과 비공식적 커뮤니케이션은 자연스러운 현상이며 필연적인 현상이다. 그러므로 조직의 관리자는 그레이프 바인은 자연스런 현상이라는 것을 인정하고 순기능을 발휘할 수 있도록 활용하는 방안을 모색할 필요가 있다.

커뮤니케이션의 장애요인

 커뮤니케이션 과정에 잡음이 개입되는 것을 커뮤니케이션의 장애라고 한다. 커뮤니케이션 과정에서 장애가 발생하면 조직 내부의 갈등이 유발되거나 정체나 마비현상이 일어나서 유효성에 영향을 미치게 된다. 커뮤니케이션 과정에서 발생하는 장애를 극복하기 위해서는 장애요인의 원천을 밝히는 것이 중요하다.

 커뮤니케이션 과정에서 발생하는 장애요인은 크게 네 가지 요인 — 송신자요인, 수신자요인, 상황요인 그리고 매체요인 — 으로 구분할 수 있다.

- **송신자에 의한 장애**(sender barriers): 커뮤니케이션 과정에 송신자에 의해서 잡음이 개입되어 나타나는 장애현상을 말한다. 여기에는 송신자의 커뮤니케이션 목표의 결여, 커뮤니케이션 기술의 결여, 특수 용어 또는 집단언어 사용, 상호모순된 표현, 대인감수성 결여·여과 등이 해당된다.

- **수신자에 의한 장애:** 송신자가 보내는 정보의 내용을 수신자가 왜곡하여 발생하는 현상이다. 수신자에 의한 장애로는 신뢰도 결여, 선택적 경청, 상동적 태도, 현혹효과, 투사, 반응피드백 결여 등이 있다.
- **상황에 의한 장애:** 커뮤니케이션 상황 혹은 여건에 의하여 장애가 유발되는 경우이다. 상황에 의한 장애요인으로는 어의상의 문제, 지위의 차이, 준거체계의 차이, 시간부족, 정보과중, 메시지 내용의 복잡성, 메시지의 경쟁, 조직분위기, 커뮤니케이션 구조상의 한계 등이 있다.
- **매체에 의한 장애:** 물리적 요인에 의한 장애는 메시지를 전달하는 매체상의 결함이나 한계 때문에 장애가 발생하는 것이다. 여기에는 부적절한 매체의 선택이나 통신장비의 결함 등이 있다.

조직 내의 커뮤니케이션 장애의 극복방안

커뮤니케이션의 장애는 조직 구성원간 원활한 상호작용을 어렵게 하고 조직 분위기는 물론 조직성과를 저해할 수 있다. 따라서 커뮤니케이션의 장애를 어떻게 극복할 것인가는 송신자와 수신자의 관계뿐만 아니라 조직 전체의 유효성을 결정짓는 중요한 문제이다. 이하에서는 커뮤니케이션의 장애를 극복하기 위한 방안을 송신자 및 수신자 그리고 조직 전체 차원에서 살펴본다.

- **송신자의 노력:** 송신자가 자신의 의도와 정보를 수신자에게 명확하게 전달하고자 할 때는 감정이입적 커뮤니케이션, 적절한 언어사용, 사후검토와 피드백 이용, 중복성, 효과적 시기의 선택 등을 고려하여 왜곡이나 누락현상을 줄여야 한다.
- **수신자의 노력:** 수신자는 송신자의 의도와 동기를 고려하고 송신자의 입장에서 메시지를 수용하고 정확하게 이해하도록 노력하는 자세가 필요하다.
- **조직 분위기 개선과 제도의 보완:** 조직 내에서 송신자나 수신자의 노력만으로 커뮤니케이션에서 발생되는 장애를 극복하는 데는 한계가 있다. 따라서 조직 차원에서 커뮤니케이션이 원활하도록 신뢰분위기를 조성하고 정보흐름의 조정 및 정보처리 능력의 향상이 필요하다.

E/X/E/R/C/I/S/E
토론문제

01. 동기유발의 개념, 원천, 중요성을 설명하라.

02. 알더퍼의 ERG이론과 매슬로의 욕구단계이론과의 유사성과 차이점을 설명하라.

03. 허즈버그의 2요인이론 가운데 동기요인이 조직에서 중요한 이유를 설명하라.

04. 높은 임금을 받는 사람이 자신의 임금에 불만족할 수 있는 이유를 공정성이론을 이용하여 설명하라.

05. 조직 내에서 개인의 행동과 태도를 관리하는 데 있어서 공정성이론이 기여한 점 두 가지를 기술하라.

06. 조직이 조직 구성원에게 적절한 목표를 부여하는 방법을 기술하라.

07. 리더십에 관하여 설명하라.

08. 만약 리더의 특성이 리더의 유효성을 결정한다고 하면 효과적인 리더가 되기 위해 갖추어야 할 요건을 설명하라.

09. 리더십 특성이론과 리더십 행동이론을 설명하라.

10. 리더십 상황적합이론을 설명하라.

11. 규범적 의사결정이론을 간단히 설명하라.

12. 커뮤니케이션의 개념과 기능을 설명하라.

통   제

경영활동에 있어서 통제(control)란 계획화, 조직화, 지휘 다음에 오는 마지막 단계이며 피드백의 의의를 가진다. 통제활동이란 경영자가 계획된 여러 가지 활동들이 바람직한 방향으로 진행되는지 또는 조직이 의도했던 결과를 달성할 수 있는지를 확인하고, 문제가 있을 때에는 수정조치를 취하여 미래의 계획에 반영시키는 과정이다. 예를 들면, 약속시간에 늦지 않도록 시계를 보면서 뛰어가는 경우 이러한 행동은 통제에 해당한다. 이러한 통제과정은 모든 조직에서 필요하며 조직 내의 모든 활동 — 즉 자금조달과 사용, 제품 및 서비스 생산 그리고 종업원 성과 등 — 이 통제의 대상이 되는 것이다.

조직이 효율적으로 운용되기 위해서는 통제가 필요하다. 계획, 조직화, 충원, 지휘 등이 의도했던 대로 실행되는지를 확인하는 시스템은 모든 유형의 조직을 관리하는 데 있어서 핵심적이다. 예를 들어 의료활동에서 적절한 통제가 없다면 많은 사람들이 의료사고로 목숨을 잃을 것이다.

통제는 경영자에게 "우리는 얼마나 잘 하고 있는가?"라는 중요한 질문에 대답할 수 있도록 한다. 통제는 경영자들이 기준 이하의 성과를 개선하기 위한 방법을 고안하는데 도움이 된다.

본장에서는 통제와 관련하여 통제의 유형과 과정, 마지막으로 통제를 통해 실현하려는 수정활동의 절차를 소개하고자 한다.

제 14 장

통　제

1. 통제의 의미와 목적

통제의 의미

우리는 지금까지 계획화, 조직화, 지휘 등에 관하여 공부하였다. 이러한 과정에서 설정한 기업의 목표나 계획이 자동적으로 달성되는 것은 아니다. 예상치 못한 환경의 변화, 종업원의 실수, 또는 노력의 부족 등으로 인하여 목표와 실제 성과 사이에 간격이 벌어질 수 있기 때문에 통제활동이 필요하다. 예를 들면, 재고관리, 품질관리, 원가관리 등을 잘못하면 고객을 잃고 수익성에 문제가 발생하고, 심지어는 기업의 문을 닫아야 하는 경우가 발생할 수 있다.

통제(control)란 계획, 목표, 성과의 표준이 설정된 기대에 부응하도록 조직활동을 규제하는 체계적 과정이라고 정의할 수 있다. 이러한 규제가 없으면 조직이 그의 목표대로 진행되고 있는지 알 수 없다. 통제는 배의 방향타와 같이 조직을 옳은 방향으로 진행하게 만든다. 방향타처럼 통제는 성과가 받아들일 수 있는 범위를 벗어날 때 방향을 조정시켜 주는 메커니즘을 제공한다.

통제의 핵심은 사전에 정한 기준 또는 표준에 맞도록 경영활동을 조정해 주는 조치이고 이를 위해서는 관리자가 필요한 정보를 가지고 있어야 한다. 이와 같이 조직을 효과적으로 통제하기 위해서는 성과표준과 실제 성과에 관한 자료가 있어야 하고 성과가 표준으로부터 벗어나면 이러한 편차 (deviation)를 시정할 조치가 필요하다.

관리자는 어떠한 정보를 어떻게 수집하고 이용할 것인가를 결정하고 감시하고 통제할 표준과 측정방법 등을 결정해야 한다.

통제의 목적

통제가 필요 없는 조직이란 있을 수 없다. 통제는 조직이 설정한 목표를 달성하는 데 반드시 필요한 과정으로서 통제 없는 계획이란 무의미한 결과를 초래한다고 할 수 있다. 오늘날 조직은 급변하는 경영환경에서 그리고 글로벌 경영을 수행하는 과정에서 통제의 필요성을 증가시키는 여러 요인을 내포하고 있다.

① 환경의 변화와 불확실성에의 대처

시장이 바뀐다. 고객의 취향이 변한다. 신제품과 새로운 경쟁자가 출현한다. 기술이 개발되고 새로운 자재가 발명된다. 정부의 규정이 바뀐다. 통제시스템은 이러한 환경의 변화와 불확실성을 예상하고, 감시하고, 대처하도록 도와준다.

② 오류와 실수의 발견

종업원들은 복잡하고 예측 불가능한 환경에서 작업하므로 실수를 저지를 때가 있다. 지나친 비용발생, 불량품 제조, 장부기록 실수 등이 장기적으로 쌓이게 되면 조직에 나쁜 영향을 미친다. 따라서 이러한 오류와 실수들이 심각한 문제로 발전하기 전에 통제시스템을 통하여 발견해야 한다.

③ 비용감소와 생산성향상

통제시스템은 노임을 감소시키고, 폐기물을 제거하고, 산출물을 증가시켜 부가가치를 증가시킴으로써 결국 고객에 대한 판매량이 증대된다.

④ 기회의 발견

통제시스템은 새로운 해외시장, 인구의 변동추이, 자재의 경쟁가격, 잘 팔리는 제품 등에 대한 새로운 기회의 발견에 도움을 준다.

⑤ 규모의 확대와 복잡성

기업의 규모가 커지고 판매하는 제품이 다양해지고 조직이 복잡해짐에 따라 다양한 조직활동을 조정하고 통합시키기 위해서는 적절한 통제가 필요하다.

⑥ 권한위임의 필요성

의사결정의 책임과 권한을 하급관리자에게 위임하는 분권화시스템에서는 하급관리자의 작업과정을 확인하기 위해서는 통제시스템이 필수적이다.

2. 통제의 유형

통제활동은 통제시기나 내용에 따라 몇 가지 형태로 분류할 수 있다. 우선 언제 통제하느냐에 따라 사전통제, 스크리닝통제, 동시통제, 그리고 사후통제로 구분할 수 있다. 통제 대상에 의해서는 업무통제와 관리통제로 분류할 수 있다.

사전통제

사전통제(feedforward control, precontrol) 또는 조종통제(steering control)는 실제 활동이 이루어지기 전이나 문제가 발생하기 전에 실시되는 통제활동을 말한다. 이는 적절한 방향이 설정되어 있는지, 목표달성을 위해 적절한 자원이 활용가능한지를 계획단계에서 검토하여 기준을 설정하는 것이다.

신제품개발의 경우에 사전에 시장의 수요를 예측하고 소비자 기호에 맞는 제품을 설계하고 그리고 생산일정계획을 세우는 일 등이 사전통제에 해당된다. 간단히 말해서 사전통제는 상황을 예측하여 이에 맞는 계획과 성과기준을 설정하는 것을 의미한다.

사전통제는 현재의 상황을 파악하여 미래를 예측하여야 하기 때문에 환경의 불확실성이 크거나 현재의 상황이 바뀌는 경우에는 적용하기가 힘들다. 따라서 대부분의 조직은 사전통제와 더불어 동시통제, 스크리닝통제, 사후통제도 병행하여 활용한다.

그러나 사전통제는 계획화 과정의 핵심이며 이는 전략, 정책 또는 규칙 등의 형태로 나타난다. 조직이 지속적으로 성장하기 위해서는 사전통제가 필수불가결하다.

스크리닝통제

여러 단계로 구성된 어떤 활동이나 프로젝트를 계속 수행하기 위해서는 각 단계로 넘어 가기 전에 승인을 받아야 하거나 특정 조건을 만족해야 하는 경우가 있다. 이때의 통제활동은 어떤 활동이나 프로젝트를 가·부에 따라 계속 진행시키거나 수정행동을 취하거나 중단시킨다. 항공기 설계에서와 같이 안전이 결정적인 요소이거나 건설 프로그램에서와 같이 거대한 지출이 따르는 경우에 스크리닝통제(screening control), 즉 가부통제(yes/no control)는 보다 안전하고 확실한 계획달성을 보장한다.

진행통제

진행통제(concurrent control)란 문자 그대로 활동이 진행 중에 통제가 이루어지는 경우를 말한다. 활동이나 작업이 수행 중에 성과기준과 일치하도록 통제가 진행한다면 경영자는 문제를 바로 시정할 수 있으므로 비용발생을 미리 막을 수 있게 된다.

진행통제의 가장 잘 알려진 형태는 직접감독(direct supervision)이다. 관리자가 작업자들의 작업활동을 직접 볼 수 있으면 문제가 발생할 때 바로 이를 고칠 수 있는 것이다.

진행통제의 예는 우리 주위에서 많이 볼 수 있는 현상이다. 예를 들면, 주방에서 요리를 할 때 오븐이나 토스터로 생선이나 빵을 구울 때 너무 타지 않도록 계속 신경을 쓰게 된다. 또 다른 예는 두 살 먹은 아기를 돌볼 때 위험한 상황에 처하지 않도록 계속 주의를 기울이고 해서는 안되는 행동을 하게 되면 바로 이를 중지시키고 다시는 하지 않도록 주의를 환기시킨다.

사후통제

사후통제(feedback control, post-action)란 어떤 활동의 결과를 측정하고 계획과 결과의 편차 원인을 규명하여 수정조치를 취하는 통제활동이다. 이러한 사후통제는 계획이 합리적이었는지 여부를 확인하여 실적과 계획 사이에 차이가 있다면 원인을 분석하여 다음 계획을 수립할 때 기초자료로 이용하게 된다.

통제의 네 가지 유형, 즉 사전통제, 스크리닝통제, 진행통제, 사후통제는 서로 배타적인 방법이 아니며 대부분의 조직들은 적절히 조합하여 사용한다. 이미 언급한 바와 같이 사전통제는 계획화 과정의 핵심이며 조직의 성장과 합리적 경영의 원동력이 된다.

그러나 모든 환경을 완전하게 예측할 수 없으므로 모든 계획은 불완전하다. 따라서 계획의 불완전성을 스크리닝통제나 사후통제를 통하여 보완할 필요가 있는 것이다. 〈그림 14-1〉은 지금까지 설명한 통제의 유형을 요약하고 있다.

그림 14-1   통제의 유형

사전통제	진행통제	사후통제
• 계획화의 핵심 • 성과기준 • 전략, 정책 또는 규칙	• 진행 중인 활동 또는 작업의 성과기준과 비교 • 수정 조치	• 실적과 계획 비교 • 수정 조치

피드백

3. 내부통제와 외부통제

경영자는 통제시스템에 있어 두 가지 선택을 할 수 있다. 첫째는 내부통제(internal control), 즉 자율통제(self-control)로서 종업원들로 하여금 자신들의 행동을 통제하도록 하는 것이고 둘째는 외부통제(external control)로서 관료적 통제, 클랜통제, 시장통제처럼 모든 것이 계획대로 진행되도록 상황을 구조화하는 것이다.

자율통제

자율통제란 경영자가 종업원들이 일을 수행할 때 자기수련을 발휘하도록 참여, 임파워먼트, 연루 등을 강조하는 통제방법이다. 이는 맥그레거(D. McGregor)의 Y이론에 의한 것이다.

자율통제는 조직의 사명과 목적을 분명히 알고 일을 수행하는 데 필요한 자원을 가질 때 향상된다. 경영자는 종업원들을 신뢰하고 자율통제를 행사할 자유를 주어야 한다.

관료적 통제

관료적 통제(bureaucratic control)란 종업원들의 행동이 조직의 이익과 성과표준에 일치하도록 권한, 정책, 절차, 예산, 매일의 감독 등과 같은 관리적, 계층적 메커니즘을 사용하는 고전적 형태의 외부통제방식을 말한다. 이는 종업원들의 순종을 목적으로 한다.

이를 사용하는 조직에서는 엄격한 규칙과 경직된 계층에 의존하고 종업원들로 하여금 최소한도로 받아들여야 하는 성과의 수준을 충족할 것을 강요한다.

클랜통제

관료적 통제가 계층과 권한을 강조함에 반하여 클랜통제(clan control)는 조직문화에 의하여 설정된 규범, 공유된 가치, 전통, 신념, 의식, 기대 등을 통하여 행동에 영향을 미치려고 한다. 클랜통제는 어떤 목적을 추구할 것인가에 대한 합의를 도출하고 이를 달성하는 책임감을 공유할 것을 강조한다. 클랜통제는 적절하고 기대되는 행위와 성과측정치를 규명하기 위하여 개인이나 그룹에 의존한다.

클랜통제는 가치가 공유되는 강한 문화를 갖는 조직에서 사용된다.

시장통제

시장통제(market control)란 시장에서의 경쟁이 조직이나 그의 구성원들에 미치는 영향을 말한다. 시장통제는 통제시스템에서 사용할 표준을 설정하는데 가격경쟁과 상대적 시장점유율 같은 외부의 시장메커니즘을 사용할 것을 강조한다. 기업은 고객의 반응이나 경쟁자의 행동에 따라 제품, 가격정책, 판촉, 기타 관행을 조정하는 방식으로 시장통제의 영향을 보인다. 좋은 예는 기업들이 점차 그린(green) 제품이나 관행에 관심을 갖는 것이다.

현실적으로 모든 조직은 통제시스템의 어떤 하나의 형태에 전적으로 의존하지는 않는다. 조직의 목적을 효율적·효과적으로 달성하기 위하여 종업원들과 조직에 도움이 되는 통제시스템을 선별하여 사용한다.

4. 통제의 범위

통제활동의 과정은 조직의 어느 곳에서나 똑같다. 그러나 통제활동의 범위는 아주 다르다. 범위의 폭에 따라 통제의 유형은 다음과 같이 구분할 수 있다.

- 전략적 통제
- 전술적 통제
- 운영적 통제

전략적 통제

　조직의 전략이 중요한 것처럼 조직이 그의 목적을 달성하는 데 얼마나 효과적인지 평가하는 것도 중요하다. 이를 위해서는 전략과 통제시스템을 통합할 필요가 있다. 특히 글로벌 기업에서는 더욱 그렇다.

　전략적 통제(strategic control)는 기업의 조직, 리더십, 기술, 인적자원, 정보 및 통제적 시스템 등 다섯 가지 부문에 관심을 갖는다. 따라서 조직의 목적달성을 방해하는 부문이 있으면 바로 변경을 하도록 해야 한다. 즉 기업은 필요하면 기능적 구조에서 사업부제 구조로 바꿀 수 있으며, 핵심리더를 교체할 수 있으며, 새로운 기술을 도입할 수 있으며, 인적자원을 수정할 수 있으며, 정보 및 통제시스템을 변화할 수 있다.

　특히 규모가 크고 국제 사업과 관련한 복잡성이 증대하는 글로벌 조직의 경우에는 통제시스템의 전략적 관찰이 중요하다. 이에 따라 집권적(centralized) 시스템을 사용할 것인지 분권적(decentralized) 시스템을 사용할 것인지를 결정해야 한다. 일반적으로 외부환경이 안정적이고 예측가능하면 집권적 통제시스템이 효과적이지만 비교적 격동하는 환경에서는 분권적 통제시스템이 효과적이라고 한다.

　집권적 시스템을 사용하면 해외의 지사는 그의 사업성과를 본사에 자주 보고해야 하고 본사 직원이 자주 지사를 방문하게 되지만 분권적 시스템을 사용하면 사업성과를 가끔 보고하고 방문을 받지 않아도 된다.

전술적 통제

　전술적 통제(tactical control)는 전략을 실행하는 데 관심이 있다. 따라서 이는 조직의 통제시스템의 핵심이 된다. 가장 중요한 네 가지 유형의 전술적 통제시스템은 다음과 같다.

그림 14-2 재무비율

수익성 비율(profitability ratio)

- 총자본이익률＝투자수익률(return on investment: ROI)＝$\dfrac{\text{순이익}}{\text{총자산(총자본)}}$
- 매출액이익률＝$\dfrac{\text{순이익}}{\text{총매출액}}$

유동성 비율(liquidity ratio)

- 유동비율(current ratio)＝$\dfrac{\text{유동자산}}{\text{유동부채}}$

부채 비율(debt ratio)＝$\dfrac{\text{총부채}}{\text{총자본}}$

활동성 비율(activity ratio)

- 총자산회전율＝$\dfrac{\text{총매출액}}{\text{총자산}}$
- 재고자산회전율＝$\dfrac{\text{총매출액}}{\text{총재고자산}}$

- 재무적 통제
- 예산
- 감독의 구조
- 인적자원 정책 및 절차

재무적 통제(financial control)는 주요 재무적 자료를 사용하여 구하는 비율분석을 통하여 실시한다. 즉 비용−효익 분석(cost-benefit analysis)이 통제의 수단이다. 〈그림 14-2〉는 주요한 재무비율을 구하는 공식들을 나타내고 있다.

이러한 재무비율은 동일 기업 내에서의 연도별 변화라든가 그가 속한 산업의 평균 또는 타기업의 비율과 비교하고 통제할 때 의미가 있다.

예산통제(budgetary control)란 기업의 관리활동에 필요한 각종 예산을 편성하고, 집행한 후 업무성과와 예산을 비교하는 예산편차분석을 실시하여 편차의 원인, 발생장소, 책임소재를 명확히 하는 것을 말한다.

감독의 구조(supervisory structure)는 가장 널리 사용되는 전술적 통제시스템이다. 물론 통제의 양과 형태는 기업마다 상이하다. 어떤 크기의 조직에서도 종업원이나 경영자가 보고하는 사람이 있다. 이러한 보고구조는 각 종업원의 활동을 규제하게 되는데 이는 실패할 가능성도 갖는다.

인적자원 정책과 절차는 기업에서 일하는 모든 사람들에 영향을 미치는 전술적 통제의 주요한 형태이다. 기업에서 정책과 절차의 변경의 효과는 막대하기 때문에 강력한 통제의 수단으로 사용된다.

전술적 통제의 기본적 접근법에는 다음과 같은 두 가지가 있는데 이들에 대해서는 앞에서 설명한 바와 같다.

- 관료적 통제
- 클랜통제

운영적 통제

운영적 통제(operational control)는 기업이 제품과 서비스를 생산하기 위하여 사용하는 활동이나 방법을 규제하기 위한 통제를 말한다. 즉 여러 투입물을 산출물로 변환시키는 과정(transformation process)에 적용하는 통제시스템이다.

운영적 통제는 생산, 영업, 재무 등 경영기능과 관련하여 직접 관리하는 일선관리자가 통제하는 것으로 업무의 수행과 통제 그 자체가 함께 실시되는 직접통제이다. 따라서 업무통제에는 기본적으로 생산통제(production controlling), 마케팅통제(marketing controlling) 그리고 재무통제(financial controlling) 등이 있다.

예를 들어 생산통제는 생산의 효과성과 효율성을 달성하는 측면에서 주로 물적자원 투입의 변환과정에서 이루어진다. 이와 같이 변환과정 전에, 동안에, 후에 통제가 이루어진다. 예를 들면, 적절한 품질을 갖춘 원재료를 적당한 가격과 정해진 시간 내에서 구입하였는가를 통제하는 구매통제, 적정 재고수준을 유지하도록 통제하는 재고통제, 그리고 적정 수준의 제품품질을 유지하는가를 통제하는 품질통제 등이 생산통제에 포함된다. 다시 말하면 조직의 주요 기능(즉 생산, 마케팅, 재무)을 수행하는 과정에서 현장 관리자들이 직접적으로 수행하는 지휘, 감독 활동을 의미한다.

5. 통제활동 과정

통제활동은 문제를 사전에 예방하거나 문제가 발생하였을 때 수정조치를 취하는 과정이다. 이러한 통제활동은 일반적으로 다음과 같은 과정을 통하여 이루어진다. 이는 〈그림 14-3〉이 요약하고 있다.

성과기준 설정

성과기준(표준: performance standard)설정은 경영관리에 있어서 흔히 간과되고 있다. 예를 들어 '적절한 하루 생산량', '좋은 서비스' 또는 '신속한 배달' 등과 같은 기준은 구체적 내용이 확실하지 않다. 명확히 정의된 성과기준이 없다면 효과적인 통제는 거의 불가능한 것이다.

그림 14-3 **통제과정의 단계**

투입물

사명기술서

전략적 계획

전술적 계획

과거 경험

외부환경으로부터
피드백

통제시스템 설계

성과기준의 설정

성과측정

기준설정과 성과측정의 비교

시정조치

피드백/조정

| 표 14-1 | 계량적 지표의 예

유 형	예
고 객	• 고객의 90%는 만족시켜야 한다.
시간기준	• 서울서 부산까지 비행시간은 50분이다.
	• 승용차 브레이크 교체시간은 30분이다.
비용기준	• 단위당 재료비는 5만 원이다.
수익기준	• 영업사원 1인당 매출액은 2억 원이다.
매출액	• 연말까지 매출액을 5% 증가시킨다
시장점유율	• 올해까지 음료수 시장에서 32% 점유율을 달성한다.
투자수익률	• 투자수익률은 20%가 되어야 한다.
수 익 성	• 신규 프로젝트의 수익률은 10% 이상이 되어야 한다.

성과기준은 조직에서 수행되는 모든 활동에 대해서 설정되어야 한다. 성과기준이 없다면 "김 대리는 경쟁적 성과를 보이고 있는가?," "제품 A의 생산을 중단하여야 하는가?" 또는 "폐자재는 만족할 만한 수준인가?" 등에 대한 의문에 대답할 수 없다. 어떤 면에서 기준은 성과목표(performance target)이다. 성과기준이 설정되면 경영자는 최소한 이 기준을 달성하고자 한다.

성과기준은 정량적(quantitative)이거나 정성적(qualitative)일 수 있다. 정량적 기준은 화폐단위, 시간, 비용 등 숫자화된 평가기준을 의미한다. 이러한 정량적 기준의 예는 〈표 14-1〉에 제시되어 있다. 정량적 기준은 두 가지 장점이 있다.

첫째, 계량적 지표는 비교적 정교하게 적절한 성과가 경영자들이 이해할 수 있는 양식으로 제시될 수 있다. 예를 들어 점포당 매출액 기준이 1억 원으로 설정되었다면 경영자들은 그들에게 무엇이 요구되는지를 알 수 있다. 경영자들이 이 기준이 너무 높거나 낮아서 동의하지 않을 수도 있지만, 그들은 아무튼 성과기준을 이해할 수는 있다.

계량적 지표의 두 번째 장점은 측정하기가 비교적 쉽다는 데 있다. 단순하게는 온도계로부터 복잡한 컴퓨터 프로그램까지 수많은 통제기구들은 성과와 기준을 자동적으로 비교하도록 설계되어 있다. 결과를 예측하기 위하여 기계적 도구를 활용할 수 없더라도 수치는 모든 경영자에게 동일한 의미를 가지고 있으므로 계량적 지표는 쉽게 측정가능하다.

정량적 기준은 조직의 모든 기준설정에 활용하기 어렵다는 한계가 있다. 모든 기준이 화폐, 시간, 비용 등 수치로 표시될 수 있는 것은 아니다. 예를 들면, 어떤 조직은 '노조와 원만한 관계를 유지한다'라는 목표를 설정할 수 있다. 단지 파업이 없다는 것이 노조와의 원만한 관계를 의미하는 것일까? 조직은 인사부 또는 연구개발부의 성과를 측정하기 위하여 어떠한 정량적 기준을 설정할 수 있는가? 모든 조직활동에 정량적 기준을 설정하기 어렵기 때문에 정성적 기준이 필요한 것이다.

'모든 종업원은 자신을 팀 멤버로 간주하고 효과적으로 협조하여야 한다', '종업원은 단정한 복장을 하여야 한다' 그리고 '고객과의 접촉에 있어서 모든 종업원은 긍정적 태도를 지녀야 하며 적대감을 가져서는 안 된다' 등과 같이 정성적 기준은 주관적이다. 그러나 조직에서 정성적 기준은 인사고과 형태로 널리 활용되고 있다.

이렇듯 조직을 운용하기 위해서는 기준설정이 필요하다. 따라서 문제는 조직활동에 대해서 성과기준을 설정하느냐, 안 하느냐가 문제가 아니라 어떻게 적절한 성과기준을 설정하고 이 기준들에 대한 조직 구성원들의 지지를 얻느냐가 관건이다. 이하에서는 효과적인 성과기준 설정에 대해 논의하기로 한다.

- **적절한 수준의 기준을 설정하여야 한다:** '적절한 수준'이란 용어는 주관적이어서 사람마다 의미가 다를 수 있다. 여기에서는 현재 상황에서 '도전적이지만 합리적으로 달성가능한 수준'을 의미한다. 작업기준이 너무 낮게 설정된다면 인적 및 물적자원이 낭비될 수 있다. 반면에 기준이 너무 높다면 조직 구성원들의 좌절감, 실수 등과 같은 문제가 발생할 수 있다.
- **기준을 설정하기 전에 작업활동에 대한 정보가 가능한 한 많이 수집되고 평가되어야 한다:** 중요한 점은 수행하여야 할 작업에 대한 명확한 이해 없이 기준이 개발되어서는 안 된다는 것이다. 예를 들어 대형 수퍼마켓에 근무하는 계산원의 성과기준을 개발하는 데 있어서 ① 현금출납기를 다루기 위한 훈련의 제공 정도, ② 현금출납기의 속도, 정확성 및 복잡성 그리고 ③ 계산원에 부과된 다른 의무 등과 같은 문제가 고려되어야 한다.

- **기준설정 때에 종업원 참여를 유도한다**: 많은 조직에 있어서 조직 구성원이 기준설정에 참여(participation)하고 있다. 일반적으로 참여는 기준에 대한 조직 구성원의 수용성(acceptability)을 강화시킨다. 예를 들어 영업사원들은 스스로 자신의 성과기준을 설정할 수 있다. 물론 조직 구성원 자신이 설정한 기준을 조직이 그대로 받아들일 필요는 없다. 이들 기준은 영업관리자와 상의를 통하여 적절한 수준으로 수정할 수 있다. 그러나 종업원들은 적어도 성과기준을 설정하는 데 어느 정도의 의견을 제시할 수 있을 것이다.

- **기준을 명확하게 조직 구성원에게 커뮤니케이션한다**: "나에게 무엇을 기대하는가?" 또는 "내가 일을 잘하고 있는지를 모르겠다" 등과 같은 말을 조직에서 흔히 듣는다. 이러한 말은 성과기준이 충분히 커뮤니케이션되지 못하였음을 의미한다. 잘 관리된 조직에서는 조직 구성원들은 자신에게 어떠한 성과기준이 설정되었으며 자신이 어느 정도 기준을 충족하고 있는지를 알 수 있게 한다.

- **기준이 왜 필요한지를 설명한다**: 일반적으로 사람들은 자신에게 설명되지 않은 기준을 싫어하거나 두려워한다. 그들은 기준이 왜 필요한지를 이해할 경우에 쉽게 수용하는 경향이 있다. 예를 들어 경영자가 이유를 설명하지 않고 높은 기준을 부과하였을 경우(시간당 9단위보다 12단위를 생산하라 또는 모든 부서는 작년의 예산 범위 내에서 운용되어야 한다) 조직 구성원간 상당한 불만족을 야기시킬 것이 확실하다. 반면에 경영자가 이유를 설명한다면(회사는 작년에 적자를 보았다 또는 생산성 증가 없이는 고용을 줄일 수밖에 없다 등) 수용성이 더 클 것이다.

- **상황이 바뀜에 따라 기준을 변경한다**: 대부분의 조직활동에 대한 성과기준은 조직 내·외부 환경이 변함에 따라 주기적으로 수정되어야 한다. 기술의 발달은 일반적으로 높은 수준의 기준을 결과한다. 예를 들어 제트엔진의 발명은 도시간 비행시간에 대한 기준을 거의 반으로 줄였다. 또한 제트엔진은 항공기 보수, 연료 소비 그리고 비행사 자격 등에 대한 기준들에도 영향을 미쳤다.

성과측정 및 비교

　기준이 결정되면 다음 단계는 기준에 근거하여 성과(performance)를 측정하고 비교하게 된다. 실제 성과를 측정하기 위해서는 필요한 자료를 수집해야 한다. 관리자가 자주 사용하는 정보의 원천은 개인의 관찰결과, 통계적 보고, 구두보고, 서면보고 등이다. 다음에는 측정의 대상을 결정해야 한다. 이는 어떻게 측정하느냐보다 더욱 중요하다. 성과측정 및 비교는 실제로 달성한 것(실적)과 달성하기로 의도했던 것(기준)을 비교하는 것으로 통제과정의 중간 단계이다.

　기준이 어느 정도 충족되었는지를 결정하지 않는다면 기준설정은 아무런 의미가 없다. 예를 들어 단위당 생산비용을 1만 원에 설정하였지만 실제 비용을 측정하지 않는다면 아무런 소용이 없을 것이다.

　경영자들은 성과측정을 통하여 언제 수정 행위가 필요한지를 알 수 있다. 성과측정이 없다면 경영자들은 "우리가 얼마나 잘 하고 있는가?" 그리고 "성과를 증진시키기 위해서 무엇을 행하여야 하는가?"라는 기본적 질문에 답할 방법이 없다.

　그러나 성과측정은 결코 쉬운 일이 아니다. 효과적으로 성과를 측정하는 데 도움이 되는 일반지침이 〈표 14-2〉에 제시되어 있다.

| 표 14-2 | 효과적 성과측정을 위한 일반 지침

지　침	방　법　또　는　예
경제성 신속한 측정 체계적 측정 정확한 측정	• 표본조사이용(예: 통계적 품질관리) • 전략적 통제점(strategic control point) 측정 　(예: 수익, 비용, 품질, 안전 등) • 일일 통제

6. 수정행동

수정행동(corrective action)은 통제활동 과정에 있어서 마지막으로 취하는 핵심활동이다. 일반적으로 계획은 의도된 대로 진행되지 않는다. 실수와 일탈이 발생하는 것이 일반적이다. 성과가 선정된 기준에 미달할 경우에 수정행동이 요구된다. 경영자는 대부분의 시간을 잘못되어 가는 것을 수정하는 데 사용한다.

수정행동은 기계를 재조정한다든지 종업원에게 업무를 잘 하도록 재지

| 표 14-3 | 기준, 성과측정 그리고 수정행위의 연계성

기 준	성과측정	수정행위 예
올해 이익목표는 매출액의 6%이다.	이익을 내지 못하였다	• 책임을 져야할 경영자 교체 • 생산라인의 수정 • 특정 제품의 가격조정
김OO은 하루에 8단위를 생산하여야 한다.	김OO은 하루에 6단위를 생산하였다.	• 김OO을 훈련시킨다 • 김OO을 해고한다. • 기준을 하향조정한다. • 김OO을 다른 직무로 전환배치 한다. • 김OO에게 새로운 기계를 제공한다.
월 말 재고수준은 100단위를 유지하여야 한다.	재고수준이 165단위이었다	• 잉여재고를 처분하기 위하여 특별 세일을 단행한다. • 경영자에게 미래에 어떤 문제를 어떻게 회피하느냐에 대한 컨설팅을 실시한다 • 가격을 인하한다 • 판촉을 증대한다 • 경영자를 교체한다
90일 이내 건축 프로젝트의 60%가 완료되어야 한다.	프로젝트의 46%가 완료되었다	• 프로젝트를 계획대로 진행시키기 위하여 초과근무를 실시한다. • 문제가 공급자와 관련이 있을 경우, 공급자와 함께 문제를 논의한다 • 노사관계에 문제가 있을 경우, 해결책을 찾는다 • 최근의 기준을 재검토한다

시를 내리든지 하는 간단한 행동으로부터 손실을 이익으로 전환시키거나 인플레이션하에서 비용을 줄이는 등과 같은 복잡한 행동까지 다양하다.

일상적인 실수는 즉시 수정할 수도 있다. 예를 들면, 고객에게 거스름돈을 잘못 지불한 경우에는 즉시 수정할 수 있다. 그러나 판매 감소를 역전시키는 데는 몇 달 또는 몇 년이 걸릴 수도 있다.

문제를 수정하는 것은 문제를 발견하는 것보다 더 어려울 수 있다. 예를 들면, 매출이 예상 기준보다 적다든지 비용이 예산을 초과했는지를 판단하는 것은 쉽다. 그러나 이러한 문제를 수정하는 것은 매우 어려울 수도 있다. 이상적으로 수정행동은 계획을 세울 때 동시에 사전에 수정행동을 계획하는 것은 간편하다는 장점이 있다. 그러나 수정행동은 자의적으로 설정되어서는 안 된다. 수정행동은 과거의 경험이나 가능한 결과에 대한 검토하에서 신중하게 설정되어야 한다.

〈표 14-3〉은 기준, 성과측정, 수정행위의 예를 나타낸 것이다.

일상적 상황에 대한 사전 수정행동

경영자들이 아무리 노력해도 어떤 문제는 지속적으로 발생한다. 시간과 비용을 절약하고 혼란을 줄이기 위하여 경영자들은 결근, 기계고장 그리고 불만족스런 종업원 성과 등과 같이 관리상 흔히 발생하는 문제에 대해서 사전에 수정행동을 계획한다. 〈표 14-4〉는 일상적 상황에서 발생할 수 있는 문제들과 수정행동의 예를 제시하고 있다.

① 사전에 설정된 수정행동과 위기상황

사전에 설정된 수정행동에는 위기상황에 대처할 수 있는 절차가 포함되

| 표 14-4 | 사전에 설정된 수정행동에 의해서 다루어질 수 있는 일상적 상황의 예

고객에게 잘못된 기계를 배달하였다	점포 종업원이 잘못된 기계를 수거하고 올바른 기계를 배달한다
작업 도중에 종업원이 술에 취해 있다	종업원을 즉시 귀가 조치한다
제품 결함이 발견되었다	종업원은 보증서에 근거하여 조정한다
기계 A가 고장났다	반장은 유지/보수 팀에 수리를 요청한다

어 있어야 한다. 예를 들어 모든 승무원들은 비행기가 납치되었을 경우에 대비하여 훈련을 받아야 한다. 마찬가지로 은행원들은 강도에 어떻게 대처하여야 하는지에 대해서 훈련을 받는다.

판단적 수정행동 ˥

조직의 하위 계층에서 발생하는 문제들은 대부분 수정행동을 설정할 수 있다. 그러나 조직의 상위 계층에 올라갈수록 잘못된 상황을 교정하는 데 판단(judgment) — 사전에 설정된 수정행동이 아니라 — 이 점점 중요해진다. 복잡한 상황에 대해서는 사전에 지침을 설정할 수 없으며 경영자들은 자신의 경험, 관찰 그리고 지식 등에 의해서 문제를 분석하고 수정행동을 계획하게 된다.

사전에 설정된 수정행동은 경영자들에게 자유재량의 여지를 거의 허락하지 않지만 판단적 수정행동(judgmental corrective action)에는 상당한 자유재량의 여지가 있다.

판단적 수정행동은 다양한 대안을 검토하여야 하므로 일반적으로 상당한 시간을 필요로 한다. 예를 들면, 객실이 500개 있는 특급호텔이 손실을 보고 있다고 가정하자. 객실 가동률이 평균 50%이며 손익분기점(호텔이 이익을 내기 시작하는 점)이 70%이다. 또한 세 개의 레스토랑과 두 개의 라운지도 이익을 내지 못하고 있다.

이럴 경우 경영자는 다음과 같은 수정행동을 고려할 수 있다; 일정기간 동안 노조에게 임금인상 요구를 자제하라고 설득, 투숙객을 끌기 위한 광고 강화, 신규 영업관리자 채용, 종업원 수 감축, 호텔 리모델링, 레스토랑과 라운지를 외부에 임대, 컨벤션 사업확장, 주말 요금 설정, 공항 영업서비스 강화 등을 취할 수 있다.

이렇듯 호텔의 수익성을 강화하기 위하여 경영자는 다양한 대안을 검토하고 문제를 수정하기 위하여 다수의 행동을 취한다. 이런 과정에서 판단은 중요한 역할을 행한다.

수정행동을 위한 지침

    수정행동이 없다면 통제기능은 불완전하다. 만약 문제가 수정되지 않는다면 성과기준을 설정하고 성과를 측정하는 것이 의미가 없을 것이다. 다음의 지침은 수정행동을 취하는 데 유용한 것이다.

    경영자들은 증상(symptoms)이 아니라 기본적 문제에 근거하여 수정행동을 취하여야 한다. 예를 들어 조직 구성원의 동기 부족은 조직에서 흔히 언급되는 문제이다. 그러나 동기 부족은 통상 실질적 문제가 아니다. 이것은 하나 또는 둘 이상의 문제에 대한 증상일 뿐이다. 낮은 동기는 부적절한 감독, 불만스러운 작업조건 또는 다른 문제들에 의해서 야기될 수도 있다.

    많은 조직에서 당면하는 일반적 상황은 제품의 부적절한 영업이다. 경영자들은 제품이 경쟁회사에 비해서 떨어진다고 결론 내리기 쉽다. 그러나 자세히 분석해 보면 잘못된 분배경로, 비효과적인 판매촉진 또는 부적절한 가격 등으로 인하여 제품이 시장에서 받아들여지지 않음을 알 수 있다. 〈표 14-5〉는 증상과 실제 문제의 예를 제시하고 있다. 확실히 수정행동은 증상이 아니라 실제 문제에 근거하여야 함을 알 수 있다.

    신속하게 수정행동을 취해야 한다. 경영환경에 있어서 흔한 오류는 기준을 충족하지 못하였을 때 신속하게 수정행동을 취하지 못하는 것이다. 낡고 사용하지 않는 기계가 보험료만 내며 창고에 자리만 차지하고 있으나 기계를 처분하려는 노력은 거의 이루어지지 않고 있을 수 있다.

    문제가 신속하게 해결되지 않는 이유 가운데 하나는 경영자들은 중요한

| 표 14-5 | 실제 문제를 분석하는 데 필요한 신중한 분석

문제상황	문제의 표면적 분석	문제의 신중한 분석
생산이 기준 이하이다	종업원들의 작업동기가 부족하다	습도가 너무 높아 종업원들이 쉽게 피로를 느낀다
노조는 문제를 야기한다	노조 지도자가 비협조적이다	경영자들이 긍정적인 경영환경을 제공하지 않는다
인사팀이 효율적으로 움직이지 않는다	인사팀장이 무능하다	인사팀에게 기능을 효율적으로 수행하도록 충분한 권한이 위양되지 않고 있다

| 표 14-6 | 수정행동에 대한 제약의 예

문　　제	경영자가 취하고 싶은 수정행동	가능한 제약
기계가 자주 고장이 난다	새로운 기계의 구입	자금 부족
매출수입 부족	가격인상	경쟁자는 가격을 그대로 유지하며 가격인상이 현명한 의사결정이 되지 못하게 함
효과적으로 경쟁하기 위해서 신제품이 필요하다	신제품 생산	경쟁자가 유사제품에 대해서 특허권을 지니고 있음
판매가 예측에 미치지 못한다	판촉강화	최고경영층은 다른 용도로 자금을 활용하고자 함
단위당 생산비가 너무 높다	초과근무를 줄이기 위하여 생산속도 증가	노조의 반대

문제에 대하여 우유부단하기 때문이다. 경영자는 문제를 해결하기 위하여 다양한 대체수단을 가지고 있지만 어떤 것을 선택할 지에 대해서 어려움을 느낄 수 있다. 둘째는 인간적 고려에 의해서 신속한 행동을 취하지 않을 수 있다. 예를 들면, 문제를 조사한 후 최적의 대안은 담당자를 교체하는 것일 수도 있다. 그러나 경영자는 담당자를 교체하는 데 상당한 어려움을 느낄 수 있다.

마지막으로 그리고 가장 합리적인 이유는 수정행동에 필요한 자원이 부족한 경우이다. 어떤 조직이든 자신이 원하는 만큼 재원이나 인력을 지닐 수는 없는 것이다. 따라서 모든 문제를 신속하게 해결할 수는 없다. 자원부족은 수정행동을 취하는 데 제약조건으로 작용한다.

가능한 한 수정행동을 기존 계획에 포함시켜야 한다. 이상적인 계획은 잘못되었을 경우 취해야 할 적절한 수정행동을 포함하고 있어야 한다. 예를 들면, 의류업계는 7월 15일 이전까지 모든 여름의류를 판다는 계획을 세울 수 있다. 이러한 판매계획에 7월 15일 이후에는 팔리지 않은 의류에 대해서는 상당한 가격인하를 행한다는 수정행동을 사전에 수립할 수 있다. 사전에 설정된 수정행동은 시간을 절약할 수 있으며 효과적이다. 그러나 대부분의 조직에서는 사전에 수정행동을 수립하지 않고 판단에 의해 행동한다는 데 문제가 있다.

제약조건을 고려하여야 한다. 수정행동을 취할 때 경영자들은 다양한 제약을 고려하여야 한다. 경영상의 제약은 고객, 제한된 인력과 자금, 조직 정책, 정치적 고려, 정부의 규제, 환경에의 영향 등 다양한 원인으로부터 야기된다. 〈표 14-6〉은 경영자의 의도와 실제 행동에 대한 제약 사이의 갈등의 예를 제시하고 있다. 현명한 경영자라면 "우리의 계획은 어떠한 법적 의미를 지니는가?," "최고경영자는 이 계획에 대해서 어떻게 생각할 것인가?" 그리고 "우리의 경쟁자는 우리의 전략에 대해서 어떻게 반응할 것인가?" 등의 질문에 대해 수정행동을 취하기 전에 준비하여야 한다.

E/X/E/R/C/I/S/E
토론문제

01. 스크리닝 통제는 왜 행해지는가? 그리고 사후통제와 어떻게 구별되는가?

02. 업무통제의 구체적인 예를 들어본다면 어떤 것이 있을 수 있는가?

03. 성과기준설정에서 측정하기가 용이한 정량적 기준만에 의존하지 않고 정성적 기준을 설정하는 이유는 무엇인가?

04. 효과적인 성과기준을 설정하기 위하여 고려하여야 할 사항을 들어보라.

05. 일상적 상황에서 발생할 수 있는 수정행동을 현실장면에서 사례를 생각하라.

PART V

주요 경영기능

제15장

인적자원관리

조직에서 수행하는 경영활동의 중심에는 이들을 운영할 사람들이 있다. 오늘날 아무리 IT산업이 발달하더라도 기술이 사람을 완전히 대체할 수는 없다.

인적자원은 조직에 노동, 정보, 경험, 능력, 창의력, 지식, 추진력 등을 제공하기 때문에 조직가동에 없어서는 안될 자원이다. 그러므로 인적자원관리자는 자격있고 유능한 인적자원을 선발, 교육, 개발하는 중요한 임무를 수행하게 된다.

과거와 달리 오늘날에는 인적자본이 가장 중요한 생산요소가 되었다. 현대 기업에서 여러 가지 경영활동을 상호 유기적으로 원활하게 작동하도록 하는 역할을 사람이 한다. 경영은 사람을 다루는 일이라는 명제가 있을 만큼 사람관리는 조직의 성공을 좌우하므로 기업경영의 핵심과제가 되고 있다.

본장에서는 인적자원관리의 개념, 중요성, 과정 등을 살펴본 후 인적자원의 확보·교육·개발·평가·보상·유지에 관한 내용을 공부할 것이다.

제15장

인적자원관리

1. 인적자원관리

인적자원관리의 의의

경영의 모든 활동들의 중심에는 이들을 운영할 사람이 있다. 그러므로 이들 사람들을 어떻게 관리하느냐는 경영의 핵심일 수밖에 없으며 이들 인간들을 개인으로서가 아니라 조직으로서 어떻게 다루어져야 하는지에 대한 부문도 기업이 조직으로 구성되어 있는 만큼 경영의 과제임에 틀림없다. 또한 산업화 이래 경영조직이 경영자와 종업원의 노사 양축으로 구성되어 온 만큼 둘 사이의 관계를 어떻게 만들어 갈지는 경영의 계속된 숙제임에 틀림없다.

현대 기업에 있어서 경영전략, 경영조직, 경영관리가 매우 중요한 기업활동이지만 결국 이러한 기업활동을 상호 유기적으로 원활하게 작동하게끔 하는 주체는 사람이다. 경영은 사람을 다루는 일이라는 명제가 있을 만큼 사람관리는 기업경영의 핵심과제가 되고 있다.

우리 사회의 교육제도가 우수한 학생들을 선발하여 교육하고 평가하여 더욱 우수한 인재를 양성하듯이 기업도 새로운 신입사원을 뽑아 조직에서 필요로 하는 인재를 만들고자 여러 가지 효과적인 제도들을 체계적으로 갖추어 운용하고 있다. 이를 인적자원관리(human resource management)라고 하는데 일반적으로 기업의 목표달성을 위해 유능한 인적자원을 확보하고 평가하며 개발·보상·유지하는 활동들이 유기적으로 통합되어 있는 관리체계를 말한다.

| 그림 15-1 | 인적자원관리 시스템의 구성요소 |

이러한 활동들은 〈그림 15-1〉에서 보는 바와 같은 다섯 개의 주요 요소를 갖는 조직의 인적자원관리 시스템을 구성한다

인적자원관리의 목적은 사람을 통해 조직의 성과를 향상시키려는 것이다. 즉 아주 능력있고 열정적인 사람이 옳은 자리에서 그들이 성공에 필요한 지원을 받아 일할 수 있도록 만드는 것이다.

인적자원관리의 전략적 중요성

인적자원이 조직의 기능을 효과적으로 수행하는 데 아주 중요시되기 때문에 인적자원관리도 최근에 그의 중요성이 더욱 강조되고 있다. 이와 같은 중요성은 법적 복잡성이 증가하고, 인적자원이 생산성을 향상시키는 귀중한 자산이라고 인식하고, 인적자원관리를 잘못하면 손실이 발생한다는 사실을 인식하는 데서 연유한다.

오늘날 경영자들은 인적자원관리가 조직의 목적달성에 그리고 성과에 막대한 영향을 미친다는 사실을 잘 알고 있다. 인적자원관리를 잘못하면 채용과 해고를 반복하게 되고 이는 실업수당을 지불하고, 교육·훈련과 사기저하에 따른 비용이 발생하게 된다. 이렇게 되면 유능한 종업원을 모집하고, 유지하고, 모티베이트하는 데 어려움을 겪게 된다.

전략적 인적자원관리(strategic human resource management)란 경영자들이 〈그림 15-1〉에서 보는 바와 같은 인적자원관리 시스템의 구성요소를 서로 간, 조직의 다른 요소와, 그리고 조직의 전략 및 목적과 일치하도록 설계하는 과정을 말한다. 즉 인적자원관리의 목적과 정책이 기업의 장기적, 전략적 목적과 연결될 때 기업의 성과는 향상되고 경쟁우위는 확보된다. 예를 들면, 기업의 전략에 따라 모집, 고용, 보상 등 인적자원관리의 정책이 수립된다. 전략적 인적자원관리의 목표는 조직의 효율성, 품질, 혁신, 고객관계의 증진을 통해 경쟁우위를 확보하려는 것이다. 오늘날 조직에서 인적자원은 경쟁우위의 중요한 원천이다.

인적자원관리의 전략적 중요성을 점차 인식함에 따라 기업은 유능한 노동력을 확보하고, 유지하고, 모티베이트하는 데 투자를 아끼지 않는다. 인적자본(human capital)이란 전체 종업원들의 정보, 창의력, 지식, 경험, 기능, 능력 등의 종합적인 경제적 가치를 말한다. 따라서 조직의 성공여부는 이러한 인적자본을 어떻게 관리하느냐에 달려 있다. 조직의 전략을 잘 실행하기 위해서는 인적자원관리 과정을 통해 이러한 인적자본을 효과적으로 운용해야 한다.

인적자본을 효과적으로 관리하려는 인적자원관리의 전략이 조직의 전략과 조화를 이루면 생산성증가와 수익증대 같은 성과증진에 막대한 영향을 미친다.

2. 인적자원관리의 과정

인적자원관리의 과정과 구성요소

인적자원관리의 과정은 조직유지를 위해 필요한 인력을 적시에 적재적소의 원칙에 따라 확보·개발·유지하는 계속적인 일련의 단계라고 할 수 있다.

인적자원관리 과정의 중요한 구성요소는 〈그림 15-2〉에서 보는 바와

그림 15-2 인적자원관리의 과정

같이 8개의 활동인데 이들은 조직에서 필요한 인력을 충원하고 높은 성과를 유지하는 데 필요하다.

- **유능한 인력의 확보:** 인적자원계획, 모집, 선별
- **유능한 인력의 개발:** 오리엔테이션, 훈련
- **유능한 인력의 유지:** 인사고과, 보상제도, 경력개발

이러한 각 활동에 대한 설명은 다음 절에서 계속할 것이다.

인적자원관리의 각 과정은 외부환경(external environment)에 의해 영향을 받는다.

- **경제적 환경의 변화 :** 경제가 호황이냐 또는 불황이냐에 따라 인적자원의 수급이 영향을 받는다. 노조가 결성된 기업의 경우 노사협약에 따라 채용, 해고, 훈련, 처벌 등이 영향을 받는다.
- **과학기술의 발전 :** 새로운 기술과 장비의 도입으로 인력구조에 변화를 초래한다.
- **사회적 가치관의 변화:** 경제수준의 향상으로 주 5일제 근무로 바뀌

고, 여가를 추구하고 힘든 일을 기피하는 경향으로 인력수급에 영향을 받는다.
- **인력구조의 변화 :** 출생률 저하, 고령인구의 증가. 퇴직연령의 저하로 인력수급에 영향을 받는다.

3. 인적자원의 확보관리

확보관리는 인적자원관리에서 제일 먼저 수행되는 기능으로서 조직의 목표를 달성하는 데 필요하고 적합한 자질과 능력을 갖춘 사람을 획득하는 과정이다. 확보관리는 구체적으로 현재 기업에서 보유하고 있는 인적자원의 적정성을 어떻게 판단할 것인가, 앞으로의 인력수요예측을 어떻게 행할 것인가, 우수인력이 우리 기업에 지원하도록 하기 위해 어떻게 할 것인가, 타당성과 신뢰성 있는 선발프로그램을 어떻게 마련할 것인가 하는 문제 등이 포함된다.

확보관리는 다음과 같은 활동을 포함한다.

- 인적자원계획
- 인적자원 수요와 공급의 예측
- 직무분석
- 모집
- 선발
- 배치

인적자원계획

인적자원계획(human resource planning)이란 경영자가 현재와 미래에 조직이 필요로 하는 인적자원의 충원요구를 분석하고 조직의 목표와 전략을 달성하도록 이러한 요구를 어떻게 만족시킬 것인가를 계획하는 과정을 말한

그림 15-3   인적자원계획의 과정

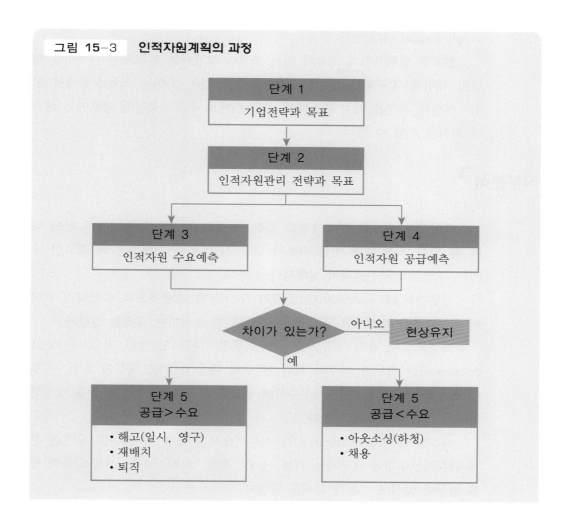

다. 〈그림 15-3〉은 인적자원계획의 구성요소와 단계를 보여주고 있다.

과정은 환경분석은 물론 조직의 목표와 전략을 검토한 후 이에 맞게 인적자원 목표와 전략을 수립하게 된다. 예를 들면, 기업이 저가전략을 바탕으로 안정전략을 추구하는 경우에는 신규채용이 활발하지 않겠지만 차별화전략을 바탕으로 성장전략을 추구하는 경우에는 많은 인력을 추가로 채용해야 하는 전략을 수립해야 할 것이다.

조직은 수립된 전략을 기초로 하여 인적자원에 관한 현재와 미래의 수요를 분석·예측하고 한편 현재 조직 내에 있는 인적자원의 조사는 물론 외부의 노동시장에서 공급받을 수 있는 자격있는 인력의 수를 예측해야 한다. 전자는 인적자원의 수요예측(demand forecast)이라 하고 후자는 공급예측

(supply forecast)이라 한다.

　　필요한 인적자원의 소요와 현재 조직이 보유하는 인적자원의 차이를 해결할 대안을 강구해야 한다. 수요>공급인 경우 차이는 노동시장에서 모집·선별의 과정을 거쳐 충원해야 하고 반대로 수요<공급인 경우에는 해고나 퇴직을 통할 수 있다.

직무분석

　　경영자가 필요한 인적자원을 모집·선발의 과정으로 들어가기 전에 해야 할 일은 조직 내에 어떤 직무가 있고 각 직무를 수행하는 데 필요한 요건은 무엇인지 사전분석이 선행되어야 한다.

　　직무분석(job analysis)이란 조직의 각 직무를 효율적으로 수행하기 위하여 직무내용을 분석하고 필요요건은 무엇인지 조사하는 과정을 말한다.

　　직무분석의 결과 직무기술서와 직무명세서를 얻는다. 직무기술서(job description)란 직무의 의무와 책임, 직무의 내용(과업들), 직무의 요건, 직무의 작업조건과 작업방법, 직무수행에 필요한 도구, 자재, 장비 등을 일정한 양식에 기술한 문서를 말한다.

　　직무명세서(job specification)란 직무기술서의 내용 중 직무의 요건을 분리시켜 직무수행에 요구되는 기능, 능력, 경험, 지식, 교육, 신체적 능력 등을 일정한 양식에 기술한 문서를 말한다.

　　직무기술서는 직무중심의 직무요건을 강조하는 데 반하여 직무명세서는 각 직무를 수행하는 데 필요한 사람중심의 인적요건을 강조한다.

　　직무분석 결과 얻는 정보는 인적자원 활동에 사용된다. 예를 들면, 직무내용과 직무요건을 알게 되면 적절한 모집·선발방법, 직무관련 인사고과 시스템, 공평한 보상제도를 시행하는 데 도움이 된다.

　　직무정보 수집방법에는 면접(interview), 질문지(questionnaires), 관찰(observation) 등이 포함된다.

인적자원 수요와 공급의 예측

　　조직 내에서 이루어지는 모든 직무에 대한 이해가 이루어지면 가용한 인적자원의 예측이 가능하고 한편 조직의 목표와 전략을 수행하는 데에 필요한 소요 인적자원의 추정이 가능하다.

미래 인적자원 소요는 조직의 목표와 전략에 따라 결정된다. 조직의 제품이나 서비스에 대한 수요가 증가하면 인적자원에 대한 수요도 증가한다. 이때 직무와 인적요건에 따라 종업원의 형태와 수가 결정된다.

인적자원의 활용가능성을 예측하는 과정에서 현재의 종업원 중심으로 한 내부원천과 외부 노동시장으로부터 채용할 수 있는 외부원천에 대한 평가가 이루어져야 한다.

인적자원의 조직 내 현재 활용가능성(capability)과 미래의 소요(needs)를 평가하면 인적자원의 과부족이 발생할 분야를 찾아낼 수 있다. 이때 부족한 인력을 조직 내에서 충원할 수 있는지 알기 위하여 인적자원 재고목록(inventory)을 작성한다. 이러한 목록은 조직의 모든 종업원들이 자신의 이름, 교육, 훈련, 경험, 전직, 언어능력, 특별기술 등 정보를 기록하여 작성한다.

모집과 선발

인적자원 수급계획의 결과 모집직종 및 직종별 부족한 인원이 결정되면 직무분석의 결과 얻은 직무명세서를 만족시킬 능력과 기술을 갖춘 사람을 찾아 모집활동을 시작해야 한다. 모집(recruiting)이란 자격있고 능력있는 사람으로 하여금 채우려고 하는 직무에 신청하도록 유인하는 과정을 말한다.

응모자를 모집하기 위해서는 모집요건을 제시해야 하는데 이에는 직종, 보수, 연령, 학력, 경력, 근무지, 노동조건 등이 포함된다.

전형적인 모집과정에서는 광고 → 응모자와의 사전접촉 → 유능한 응모자들의 풀(pool)을 구성하기 위한 시초의 선발이라는 3단계를 거친다.

모집방법은 사내모집과 사외모집으로 구별할 수 있다.

● 사내모집

사내모집(internal recruiting)이란 조직 내에서 자격을 갖춘 종업원 가운데서 승진이나 전환배치를 통해 빈자리를 메꾸는 방법이다. 사내모집방법은 종업원들의 사기를 진작시키고 아주 유능한 종업원들의 이직을 막는 효과가 있을 뿐만 아니라 사외모집에 비하여 비용을 절감하는 효과를 가져온다. 그러나 빈자리를 메꾸면 다른 빈자리를 계속해서 메꾸어야 하는 파문효과(ripple effect)가 발생하는 단점도 갖는다.

🔷 사외모집

사외모집(external recruiting)이란 빈자리를 메꾸기 위하여 조직 외의 사람들로 하여금 응모하도록 하는 외부모집방법이다.

사외모집방법으로는 신문·잡지·라디오·TV·Internet 등을 통한 광고에 의한 모집, 모집원(recruiter)에 의한 모집, 직업소개소와 학교의 추천을 통한 모집 등이 가장 많이 이용되는 방법이다.

이 방법은 사내모집보다 비용이 많이 든다든지 채용자가 실제로 유능한 사람인지 불확실하다는 단점도 있지만 효과도 매우 큰 것이다. 수많은 응모자에 접근할 수 있고 조직이 필요로 하는 기술, 지식, 능력을 갖춘 응모자들을 유인할 수 있다.

조직이 추진한 모집활동에 의해 응모자들이 결정되면 선별과정으로 진입한다. 선발(selection)이란 응모자 풀로부터 채워야 할 직무에 자질과 능력을 갖춘 후보자의 채용여부를 결정하는 과정이다. 선발의 목적은 여러 가지 선발도구를 사용하여 부적격자를 제거하려는 것이다. 왜냐하면 모든 지원자

그림 15-4　선발결정의 결과

		선발결정	
		수락	거부
추후의 직무성과	성공적	옳은 결정	틀린 결정 (탈락)
	실패적	틀린 결정 (선발)	옳은 결정

들은 지식, 능력, 숙련, 신체 및 심리적 특성에서 차이가 있기 때문이다. 선발이 이루어지면 새로운 종업원을 적재적소에 배치(placement)하도록 해야 한다.

선발과정은 고용하면 어떤 지원자가 주어진 직무를 잘 수행할 것인가를 예측할 수 있어야 한다. 따라서 선발결정은 〈그림 15-4〉에서 보는 바와 같이 네 가지 결과를 초래한다. 여기서 두 결과는 옳고 두 결과는 틀린 것이다. 문제는 채용했더라면 일을 잘 했을 사람을 탈락시킨 경우와 일을 잘 못 했을 사람을 합격시킨 경우에 각종 손실이 발생한다는 것이다.

따라서 경영자는 틀린 결정의 확률을 줄이고 옳은 결정의 확률을 높이도록 해야 한다. 조직은 선발결정을 하는 데 있어서 다양한 선발도구(selection devices)를 활용한다. 그런데 조직은 특정 선발도구를 활용하기 전에 이에 대한 타당도(validity)와 신뢰도(reliability)를 검증해야 한다.

특정 직무의 응모자들 중에서 상대적으로 자격을 갖추고 그 직무에 성과를 낼 수 있는지 잠재력을 평가하기 위하여 여러 가지 선발도구를 사용하게 된다. 이는 〈그림 15-5〉에서 보는 바와 같이 전력, 조사결과, 면접, 필기시험, 신체능력시험, 성취도시험 등을 포함한다.

지원자는 일반적으로 〈그림 15-6〉에서 보는 바와 같은 절차를 거쳐 최종적으로 채용여부를 통지받게 된다.

- **초기 선발기법**(initial screening): 모집에 의해 확보된 초기의 지원자 풀

그림 15-5   선발도구

그림 15-6 선발과정

중 추후의 선발과정에서 고려될 수 있는 최소한의 자격요건을 가진 지원자(직무나 조직에 가장 잘 적합한 지원자)를 식별하기 위해 지원서, 이력서, 추천서, 예비면접 등의 평가기법이 활용된다.

- **실질적 선발기법**: 지원자를 합격 예비자로 축소하기 위해 배경조사, 경력조회, 성격검사, 능력검사, 최종면접 등 기법을 사용한다.
- **재량적 선발기법**: 이미 조직이 충분한 자격요건이 있다고 여겨지는 예비 합격자에게 신체검사나 약물검사를 실시한다.

4. 인적자원의 개발관리

개발관리란 인적자원의 능력을 최대한 발휘할 수 있도록 일의 기회와 교육훈련의 기회를 부여하는 과정이다. 오늘날 급격한 기업환경과 기술변화는 종업원들에게 새로운 능력과 기술을 끊임 없이 요구하고 있다. 따라서 훈련과 개발은 조직 구성원들로 하여금 직무를 효과적으로 수행하는 데 필요한 지식이나 기술을 습득하도록 하고, 새로운 책임을 지도록 하고, 변화하는 환경에 순응토록 도와준다. 즉 훈련과 개발은 조직에서 직무의 성과향상을 위해 추가적으로 지식과 기술을 습득하는 기회이기도 하다.

그림 15-7 필요성 평가

```
           필요성 평가

      • 훈련할 필요성은 무엇?
      • 알 필요가 있는 것은 무엇?
      • 이미 알고 있는 것은 무엇?


         훈련              개발


  교실 강의  직장 내  도제제도    교실 강의  직장 내  다양한   공식교육
            훈련                       훈련   작업경험
```

경영자들은 훈련 및 개발 프로그램을 작성하기 전에 필요성 평가(needs assesment)를 수행한다. 이는 어떤 종업원이 훈련이나 개발이 필요하며, 어떤 형태의 기술과 지식을 습득할 필요가 있는지, 어떤 부서가 해당되는지 등을 결정한다. 〈그림 15-7〉은 필요성 평가의 내용을 보여주고 있다.

교육훈련

훈련(training)이란 조직에서 낮은 수준에 속한 종업원들에게 현재의 직무를 어떻게 수행할 것인가를 가르치고 지식과 기술을 습득하여 효과적으로 직무를 수행토록 도와주는 과정을 말한다.

훈련을 위해서는 다음과 같은 과정을 거친다.

- **필요성 평가:** 훈련이 필요한 사람, 직무, 부서를 직무분석과 성과측정에 따라 결정한다.
- **훈련 프로그램의 설계:** 훈련의 목표와 내용을 설정한다.
- **훈련방법의 결정:** 강의실에서의 강의, 공개 세미나, Internet의 웹에 기초한 원격학습방법(e-learning), 직장 내 훈련, 직장 외 훈련 등

- **훈련 프로그램의 평가**: 종업원 반응, 시험, 판매액 증가, 불량률 저하

기업은 여러 장소에서 종업원들을 훈련시킬 수 있다. 그러나 기업 내에서 훈련시킬 때는 다음과 같은 기법을 사용한다.

- **직장 내 훈련**(on the job training: OJT): 직무현장에서 감독자나 경험있는 동료가 직무에 관련된 것을 직접 훈련시키는 방법이다.
- **기계를 기초로 한 훈련**: 훈련받는 종업원이 컴퓨터, 시뮬레이터(simulator), 다른 기계와 1:1 상호작용하는 방법이다.
- **사원 양성소 훈련**(vestibule training): 실험실에서 실제로 장비와 도구를 주고 작업환경을 모의실험하는 방법이다.
- **직무순환**(job rotation): 훈련받는 종업원이 한 직무에서 다른 직무로 계속 이동하면서 다양한 분야의 지식과 경험을 쌓게 하는 방법이다.
- **Internet을 기초로 한 훈련**: 컴퓨터로 Internet이나 회사의 인트라넷(intranet)을 이용하여 훈련을 전달하는 방법이다.

개 발

개발(development)이란 관리자와 전문직 종업원에게 현재는 물론 미래의 직무수행에 필요한 폭넓은 기술을 가르치는 것을 말한다. 인적자원 개발은 조직은 물론 종업원의 목표를 달성하기 위한 전략적 수단이다. 인적자원 개발을 국제경쟁이 심화될수록, 기술변화가 신속할수록, 그리고 정보화 사회로 진행할수록 그 중요성이 점점 증대하고 있다.

◉ 개발의 필요성
- 기술의 급속한 변화는 숙련의 진부화를 가속시킨다.
- 작업을 큰 영역으로 재설계하는 것은 종업원들로 하여금 기술적 융통성, 인간관계, 책임의식 및 적극성 등을 요구한다.
- 인수·합병으로 두 문화의 종업원들을 통합시켜야 한다.
- 종업원들은 더 자주 직장을 바꾸고 있다.

- 사업의 세계화로 경영자는 언어와 문화적 차이를 이해해야 한다.

◈ 개발의 특성
- 개발은 학습과정이다.
- 개발은 조직에 의해 계획된다.
- 개발은 개인이 조직에 참여한 이후에 발생한다.
- 개발은 조직목표의 달성을 의도한다.

◈ 개발과정의 성공조건
- 최고경영층이 개발에 관심을 가지고 지속적으로 몰입해야 한다.
- 개발은 사업전략이나 조직목표와 연관이 있어야 한다.
- 개발을 위한 체계적이고 포괄적인 시스템이 존재해야 한다.
- 개발에 필요한 시간과 자금이 투자되어야 한다.

5. 경력개발제도

최근 조직구성원들의 개인 목표와 조직 목표를 균형적으로 달성하기 위해 인적자원관리의 주요과제 중에서도 특히 개발지향적 인사고과·교육훈련·승진·직무순환 등에 초점을 두어 체계적으로 제도화한 인적자원관리 프로그램에 많은 관심이 쏟아지고 있는데 이러한 프로그램을 경력개발제도라고 한다. 경력개발제도는 개인과 조직의 성공적인 경력개발을 촉진하여 개인의 경력성공뿐만 아니라 조직의 성과향상을 가져오도록 한다고 알려져 있다.

운영과정

개인과 조직의 경력개발과정은 크게 경력계획단계와 경력개발단계, 평가 및 피드백단계로 나누어 볼 수 있다.

◈ 경력계획단계

경력계획단계에서는 종업원이 자신의 경력목표와 그 목표에 도달하기 위한 경력경로를 확인하고 조직은 이러한 종업원의 경력개발확인을 통해 개인 목표와 조직 목표가 일치될 수 있도록 필요한 정보를 제공해 준다.

◈ 경력개발단계

종업원이 자신의 경력계획을 현실화할 수 있도록 실천에 옮기며 조직은 이러한 개인의 경력개발활동이 조직의 목표달성에도 기여할 수 있도록 지원을 한다. 경력개발을 하는 개인들은 무엇보다도 자신들의 경력개발활동을 통해 조직에도 유익한 성과향상이 나타나도록 해야 한다는 점을 유념해야 한다.

◈ 평가 및 피드백 단계

종업원과 조직 모두가 당초 설정한 경력계획이 경력개발활동에 의해 얼마나 달성되었는가에 대해 점검하고 이를 평가한다. 이를 통해 개인과 조직은 경력계획단계 및 경력개발단계에서의 문제점을 발견하고 이를 해결하기 위한 활동을 하거나 경력계획을 수정·변경하기도 한다.

이러한 경력개발제도가 보다 효과적으로 운영되도록 촉진하기 위해 기업은 경력정보의 제공, 경력상담 및 경력교육, 경력사다리의 구축 등의 프로그램을 지원하기도 한다.

6. 인적자원의 평가관리

모집/선발과 훈련/개발은 종업원들로 하여금 직무수행을 효과적으로 하기 위해 필요한 지식과 기술을 갖추도록 하는 과정이다. 이에 대해 인사고과 또는 근무평가(performance appraisal)란 종업원이 이러한 지식과 기술을 잘 활용하여 직무를 제대로 수행하였으며 조직목표에 기여하였는지 평가하는 것을 말한다. 경영자는 평가정보를 부하에게 전달하여 반성하고 미래에 계획을 세울 수 있도록 도와주는데 이를 성과 피드백(performance feedback)이라고 한다.

인사고과는 인적자원관리를 효과적으로 수행하는 데에 기여한다. 즉 인사고과는 인적자원결정에 아주 귀중한 정보를 제공한다. 인사고과는 두 가지 목적을 갖는다.

- **관리적 목적:** 임금, 보너스, 승진, 전환배치에 필요한 정보를 제공한다.
- **개발의 목적:** 어떤 분야에 누가 훈련과 개발의 필요성이 있는지 결정하는 데에 도움을 준다. 성과 피드백으로 종업원들은 강점과 약점을 알게 되어 성과향상의 길을 찾게 된다.

이와 같이 인사평가의 결과는 인적자원 의사결정에 필요한 자료가 되므로 인사평가는 종업원의 능력이나 성과를 정확히 반영하도록 해야 한다.

평가의 측정대상

평가수단에 대한 논의로서 우선 무엇을 측정할 것인가를 결정해야 한다.

- **개인 특성(trait):** 관리자는 직무성과와 관련한 부하의 개인특성으로서 지식, 숙련, 능력 및 기타 특성을 고려한다. 이러한 관리자의 주관적 평가는 애매하기 때문에 편의(bias)에 흐를 가능성이 있다.
- **직무행위:** 직무수행상 부하의 바람직한 행위나 비생산적인 행위를 측정한다. 행위측정치는 종업원 개발목적으로 유용하다.
- **직무결과:** 판매액, 생산력, 이익, 사고율과 같이 직무의 결과를 객관적으로 측정할 수 있다.

평가의 측정방법

직무평가는 평가주체가 누구인가에 따라 상사고과, 동료고과, 부하고과, 자기고과, 고객고과 등이 있으며 최근에는 평가의 객관성과 공정성을 확보하기 위하여 위의 다양한 평가주체들이 참여하는 다면평가(360-degree appraisal)방법이 애용되고 있다.

그림 15-8　직무평가방법의 유형

상대평가 ─┬─ 서열법 ─┬─ 직접서열법
　　　　　 │　　　　　├─ 교대서열법
　　　　　 │　　　　　└─ 쌍대비교법
　　　　　 └─ 강제배분법

절대평가 ─┬─ 표준화된 척도 ─┬─ 특성척도법
　　　　　 │　　　　　　　　　└─ 행위기준 척도법
　　　　　 └─ 비표준화된 척도 ─┬─ 목표관리(MBO)
　　　　　　　　　　　　　　　　 └─ 에세이

한편 평가기법은 성과기준이 무엇이냐에 따라 〈그림 15-8〉에서 보는 바와 같이 상대평가방법과 절대평가방법으로 구분할 수 있다.

상대평가는 성과에 있어서 종업원 간의 상대적 위치를 정하는 방법임에 반하여 절대평가방법은 종업원들을 서로 비교하지 않고 직접 하나씩 평가하는 방법이다.

7. 인적자원의 보상관리

보상관리(compensation management)란 확보되고 개발된 인적자원이 조직성과에 공헌한 만큼 금전적 · 비금전적 대가를 제공하는 활동을 말한다. 보상은 지원자를 유인하고 조직 구성원을 유지하고 그들의 성과를 극대화하는 데 직접적 영향을 미치는 전략적 분야이다. 여기서 보상은 노동력이나 노력의 대가로 종업원들에게 주어지는 임금과 복지후생(benefit)을 의미한다.

보상은 사용자에게는 생산비의 상당한 부분을 차지함과 동시에 종업원의 행위와 태도에 영향력을 미친다. 반면 종업원에게는 경제적 소득의 원천이다.

따라서 종업원이 만족하고, 성공적으로 임무를 수행하고, 조직에 남아 있는 동기를 극대화하도록 경제적 보상을 사용하는 것이다.

그림 15-9 보상관리와 인적자원 결과의 연계

보상은 사용자, 종업원, 정부, 노동조합 등 이해관계자들의 관심사항이므로 최고경영자가 전반적인 임금수준, 임금인상, 복지후생의 비율과 종류 등 결정에 직접 관여하는 경우가 많다.

보상의 목적은 다음과 같이 정리할 수 있다.

- 외부 노동시장으로부터 유능한 노동력을 유인할 수 있다.
- 종업원들은 동기유발되고 근로의욕이 고양된다.
- 종업원의 다른 조직으로의 이탈을 방지할 수 있다.

조직이 보상시스템을 설계하기 위하여 선택할 수 있는 전략적 변수로는 임금형태, 임금수준, 임금구조, 임금체계, 임금관리가 있는데 이들에 대한 의사결정을 통하여 직무만족, 성과, 신규 및 기존 종업원 유지 등과 같은 인적자원결과에 긍정적 영향을 미치려고 한다. 이는 〈그림 15-9〉에서 보는 바와 같다.

- **임금형태**: 종업원들은 〈그림 15-10〉에서 보는 바와 같이 경제적 보상 외에도 비경제적 보상을 받는다.
- **임금수준**: 기업이 임금수준(pay level)을 결정할 때는 임금수준뿐만 아

그림 15-10 보상의 유형

니라 경력개발 같은 비경제적 요인과 다른 임금형태(보너스, 주식옵션, 복지후생)도 고려해야 한다.

- **임금구조**: 임금수준이 결정된 후 조직 내 모든 상이한 직무에 대한 임금구조(pay structure)를 구성할 수 있다. 임금구조란 직무들을 기술수준이나 다른 요인에 따라 상대적 중요성을 고려하여 범주로 모으는 것을 말한다. 각 범주에 대해 임금의 범위를 설정하고 범주 내에 있는 개인의 임금은 이 범위 내에서 성과, 연공, 기술수준을 감안하여 결정된다.

- **임금체계**: 임금체계(pay system)란 임금을 결정하는 기준을 말한다. 이는 기본급, 수당, 상여금으로 구분할 수 있다. 기본급과 수당은 기준임금(기본급+정상적 근무수당)과 기준외임금(기타 수당)으로 구분할 수 있는데 기준임금은 상여금과 퇴직금의 산정기준이 된다.

- **임금형태**: 임금의 형태로는 시간급(고정급), 성과급, 특수 임금제도(기업의 이윤이 추가적으로 발생한 경우의 이윤분배제도) 등이 있다. 최근에

는 회사의 공로직원에게 싼 값으로 회사주식을 매입할 권리를 주는 스톡옵션(stock option) 제도가 있다.

- **복리후생**: 복리후생(benefit)이란 종업원의 복지향상을 위하여 지급되는 임금 이외의 간접적인 모든 급부를 말한다. 여기에는 보험(건강, 연금, 산재, 고용), 생활지원, 경제지원, 특별 수당 등이 포함된다.

8. 인적자원의 유지관리

우리는 지금까지 유능한 인적자원을 기업으로 유인하고 훈련개발하는 과정을 설명하였다. 이와 같이 직무수행에 필요한 능력, 지식, 기술 등을 갖춘 인적자원이 계속 기업에 남아 기업성과와 생산성향상에 기여하기를 바랄텐데 이를 위한 관리활동이 유지관리(maintenance management)이다.

유지관리를 위해 사용되는 활동으로는 인간관계관리와 노사관계관리 등이 있다.

인간관계관리

기업에서 인간관계(human relation)란 종업원 간의 관계를 말한다. 여기서 종업원 간의 관계는 단순히 사람과 사람의 상호관계를 의미하는 것이 아니고 인간존중과 상호이해의 기반을 갖는 하나의 인격체로서의 관계라고 할 수 있다. 조직에서 인간과 인간의 관계가 원만하면 만족감을 느끼고 사기가 충천하여 성과와 생산성에 긍정적 영향을 미친다. 따라서 조직에서는 인간관계의 중요성을 인식하고 구성원들이 상호이해와 신뢰를 바탕으로 일체감을 형성하고 기업의 유지 · 발전에 기여하도록 여러 가지 관리활동을 전개하고 있다.

- **제안제도**(suggestion system): 기업의 종업원으로 하여금 기업의 운영이나 직무수행의 개선에 도움이 되는 아이디어를 제안하도록 분위기를

조성하고 채택된 안에 대해서는 적절한 보상을 하는 제도이다. 이는 종업원의 참여의식을 고취시키고, 창의력을 개발하고, 종업원의 경영에의 참가를 촉진시키고, 사기와 인간관계개선에 긍정적 효과를 가져온다.

- **고충처리제도**(grievances): 기업에서 근무조건이나 대우에 관한 개인적인 불평불만의 원인을 제거해 주는 제도이다. 이는 관료적 시각이 아닌 중립적·제3자적 입장에서 고충민원을 조사·해결한다는 특징을 갖는다. 이 제도는 협동이나 생산성에 불평불만을 제거하려는 목적을 갖는다.
- **사기조사**(morale survey): 사기란 조직에서 개인이 나타내는 조직에 대한 충성도나 만족도를 말한다. 기업의 건강상태가 어느 정도인지 파악하기 위해 조사를 하는데 이를 사기조사라고 한다. 보통 면접법과 질문지법을 통하여 경영방침, 인사관행, 상사의 태도, 종업원 상호관계, 작업환경, 근무조건 등에 관한 태도를 조사한다.
- 기타 인사상담제도(personnel counseling), 사내보 발행, 종업원 지주제도, 의사소통 방법 등이 있다.

노사관계관리

노사관계(labor relations, labor-management relations)란 근로자들을 대표하는 노동조합이 임금, 노동시간, 복지후생, 기타 작업환경의 중요한 사항을 포함한 근로조건에 관해 사용자측과 협상하는 공식적인 과정을 말한다. 노동조합이 없는 기업에서는 노사협의회를 통하여 능률증진 또는 생산성향상이나 근로자의 복지증진에 관한 근로자의 의견, 고충, 욕구를 경영층에 전달하여 반영시키도록 한다. 따라서 노사관계란 종업원과 사용자 또는 노동조합과 사용자의 관계라고 할 수 있다. 노동조합(labor union)은 힘이 약한 종업원들이 막강한 자본력을 바탕으로 한 사용자측과 맞서 자기들의 권익을 보호하기 위하여 결성한 단체이다. 다시 말하면 사용자와 노동자 간에 노동력 매매관계에 있어서 노동자의 거래력과 교섭력을 강화하기 위해 결성된 것이 노동조합이다.

과거의 노사관계는 종속적이고 적대관계이었지만 오늘날의 노사관계는 동반자적 관계로 발전해 가고 있으며 노사협조가 원활하게 지속되면 기업의 생산성은 향상되고 경쟁력은 강화될 뿐만 아니라 국가의 안정과 발전에 기여하고 근로자들의 생활향상과 지위향상도 기할 수 있음을 노사 양측이 인식하고 있다.

그럼에도 불구하고 어떤 기업에서는 종종 노사관계가 악화되어 근로자들은 파업(strike)에 돌입하고 사용자측에서는 직장폐쇄(lockout)라는 극단적인 수단을 들고 노동조합을 위협하기도 한다. 이러한 경우에는 정부가 개입하여 문제를 해결하려 노력하기도 한다. 이러한 관점에서 볼 때 우리나라의 노사관계란 노사정, 즉 노동조합, 사용자, 정부라는 삼자 간 상호관계라고 할 수 있다.

🌀 노동조합의 기능

노동조합은 조합원들의 권익보호를 위하여 다음과 같은 기능을 수행한다.

- **경제적 기능**: 노동력을 제공하는 임금근로자들이 임금인상이나 근로조건의 개선 또는 유지를 위하여 단체교섭 또는 노동쟁의를 하는 기능이다.
- **정치적 기능**: 노동조합이 국가나 사회단체를 대상으로 근로자들의 권익을 위해 노동관계법의 제정 및 개정과 다른 제도개선을 요구하는 정치적 기능을 수행한다.
- **공제적 기능**: 질병, 재해, 사망, 실업 등 불의의 사태에 대비하여 조합원 상호간 부조활동으로 공제조합, 공동구매조합, 탁아소시설 운영 등 기능을 수행한다.

🌀 단체교섭

우리나라 헌법에서는 근로자의 인간다운 생활을 보장하기 위하여 단결권, 단체교섭권, 단체행동권 등 노동 3권을 보장하고 있다. 단체교섭권이란 노동조합이 사용자와 근로조건(임금, 근로시간, 복지, 해고 기타 대우 등)의 유지·개선에 관하여 교섭할 수 있는 권리와 사용자가 이에 응할 의무를 말한다.

노동조합과 사용자 간 교섭이 성공하면 **단체협약**(collective bargaining)이 체결되어 이를 문서화하지만 만일 단체교섭이 결렬되면 노동쟁의가 발생하게 된다.

E/X/E/R/C/I/S/E
토론문제

BUSINESS MANAGEMENT IN THE GLOBAL ERA

01. 인적자원관리의 의의와 인적자원의 중요성을 설명하라.

02. 인적자원관리의 전략적 중요성을 설명하라.

03. 인적자원관리의 과정을 설명하라.

04. 인적자원의 확보란 무엇인가?

05. 인적자원계획의 과정을 설명하라.

06. 직무분석의 내용을 설명하라.

07. 신규 인적자원은 어떻게 모집하고 선발하는가?

08. 인적자원의 선발과정과 기법을 설명하라.

09. 인적자원의 훈련과 개발은 어떻게 하는가?

10. 경력개발제도를 설명하라.

11. 인적자원의 평가는 어떻게 하는가?

12. 인적자원에 대한 보상은 어떻게 하는가?

13. 인적자원의 유지는 어떻게 하는가?

14. 기업에서 인간관계는 왜 중요한가?

15. 기업에서 노사관계관리는 왜 중요한가?

생산·운영관리

모든 조직은 그의 설립목적을 달성하기 위하여 제품이나 서비스를 생산·판매하여 이익을 남기려고 한다. 따라서 품질 좋은 제품이나 서비스를 적기에 원하는 사람에게 공급하는 일이야말로 기업경영에서 가장 핵심적인 내용이 된다. 생산·운영은 기업에서 이익을 창출하는 엔진이다. 생산·운영이 없으면 고객에 판매할 제품이나 서비스도 없게 된다.

지난 20여 년 동안 진행되어온 컴퓨터와 IT혁명으로 기업은 생산·운영을 관리함에 있어 많은 변화를 추구하게 되었다. 새로운 통신기술의 발달로 기업의 의사결정 속도는 빠르게 되었고 여러 가지 이유로 기업이 해외로 경영행위를 넓히는 글로벌화가 증진되었다.

생산·운영관리의 내용이 제조업뿐만 아니라 서비스업에까지 확대됨으로써 기업뿐만 아니라 국민경제에서 차지하는 국민총생산의 비중도 높아가고 있다.

본장에서는 생산·운영관리의 개념, 생산시스템, 생산·운영관리의 목표와 결정내용 등을 살펴본 후 생산시스템의 설계와 운영 및 관리에 관한 내용을 공부할 것이다.

제16장

생산 · 운영관리

1. 생산 · 운영관리의 개념

생산 · 운영관리의 의미

생산 · 운영관리(operations management: OM)는 기업의 제품이나 서비스를 생산하고 유통하는 데 필요한 여러 가지 자원(resources)을 계획 · 조직 · 조정 · 통제하는 기업의 관리기능을 말한다. 여기서 자원이란 사람, 장비, 기술, 정보, 기타 여러 가지 자원을 말한다.

생산 · 운영관리는 여러 가지 투입물(inputs)을 산출물(outputs)로 전환시키면서 가치를 부가하는 생산시스템 즉, 변환공정(transformation process)의 설계와 운영 및 통제와 관련된 다양한 의사결정문제를 취급하는 관리활동이다. 제조업의 경우 여러 가지 투입물이 새로운 형태의 제품으로 변형되는데 이는 공정에서 이루어지며 기업의 기술수준을 반영한다. 예를 들면, LG전자가 하청업체로부터 각종 부품을 구입하고 이들을 조립하여 PC를 만든 후 전주에 사는 고객들에 배송을 한다면 이는 생산관리활동을 수행하는 것이 된다.

생산시스템 설계의 내용은 다음과 같다.

- 제품/서비스 설계
- 공정선정

- 기술선정
- 생산능력
- 시설입지
- 시설배치

한편 생산시스템의 운영 및 통제의 내용은 다음과 같다.

- 직무설계
- 작업시스템
- 총괄계획
- 공급사슬관리
- 재고관리
- 일정계획
- 프로젝트관리
- 품질관리

생산 · 운영관리의 중요성

인적 · 물적 자원의 효율적 · 효과적 사용을 통해서만 기업의 목적과 성과를 달성하고 부가가치(value added)를 창출할 수 있기 때문에 생산 · 운영관리는 모든 기업에서 심장이요, 경쟁무기인 핵심기능으로 여겨진다. 생산 · 운영은 기업에서 생산성, 품질, 성과를 통한 경쟁력을 강화시키고 여러 가지 투입물의 비용을 차감한 이익을 창출하는 엔진이다. 생산 · 운영이 없으면 고객에 판매할 제품이나 서비스도 없게 되니 이익은 생각조차 할 수 없다. 기업의 성공은 생산시스템의 효과적 관리에 직결된다. 따라서 실제로는 기업의 모든 다른 기능이 생산 · 운영 기능을 지원한다고 할 수 있다.

사실 많은 기업에서 생산 · 운영 기능은 대부분의 인력을 고용하고, 대부분의 수입과 비용을 발생시키고, 그 기업이 통제가능한 자산(예: 빌딩, 공장, 기계, 설비 등)의 대부분에 책임을 지고 있다. 뿐만 아니라 소득의 원천이 되기 때문에 기업의 목적을 가장 효율적이고 효과적으로 달성하기 위하여 생산·운영활동을 가장 중요시하는 추세이다. 사실 모든 조직의 성공이나 실패는 그의 운영관리에 좌우된다.

한편 일본의 제조업 특히 자동차산업과 전자산업이 미국이나 유럽의 경쟁자보다 성공한 것은 운영을 효율적이고 신뢰할 수 있도록 관리한 능력으로 여기고 이때부터 운영관리의 중요성을 인식하기 시작하였다.

생산시스템

기업에서 제품이나 서비스를 생산하는 생산기능은 생산관리자(production manager)에 의해서 관리된다. 우리는 보통 제조업에서 생산기능을 담당하는 사람을 생산관리자라고 부르지만 서비스업에서는 운영관리자(operations manager)가 제조업에서 하는 생산관리자의 역할을 수행한다.

기업에서 생산·운영관리자는 여러 가지 투입물을 완성재 또는 서비스로 전환시키는 역할을 수행한다. 투입물(inputs)이란 〈그림 16-1〉에서 보는 바와 같이 인적 자원(작업자와 관리자 등), 시설과 공정(빌딩과 장비 등), 자재, 기술, 정보 등을 말한다. 한편 산출물(outputs)이란 기업이 생산하여 고객에

그림 16-1 생산·운영시스템

유통해야 할 제품이나 서비스는 물론 경험과 정보를 포함한다.

〈그림 16-1〉에서 투입물은 공정으로 들어가고 산출물은 공정으로부터 빠져나온다. 따라서 핵심은 변환과정이다. 공정(process)이란 여러 가지 투입물을 산출물로 변환시키는 일련의 활동(activities)들을 말한다. 여기서 변환과정이니, 프로세스니 하는 것이 바로 제조업에서의 운영에 해당된다.

공정을 효율적으로 관리하면 모든 산출물의 가치 또는 가격은 모든 투입물의 비용보다 크게 된다. 이와 같이 생산·운영관리의 역할은 효율적 변환시스템을 통한 가치창출(value creation)이라고 할 수 있다. 이는 국민들의 생활수준으로 반영되며 생산성 향상을 초래한다. 이와 같이 생산·운영관리의 기본적 역할은 고객이 원하는 값싸고 품질좋은 제품이나 서비스를 신속히 공급하는 것이라고 할 수 있다.

변환과정의 형태는 업종에 따라 다른데 제조업에서처럼 원자재를 제품으로 전환시키는 물리적 또는 화학적 변형이거나, 운송업에서처럼 장소의 이동이거나, 창고업에서처럼 시간적 변형이거나, 혹은 소매업에서처럼 상거래적 변형인 것이다.

모든 변환과정은 외부환경(external environment)에 의하여 영향을 받는다. 예를 들면 이자율, 자연재해, 경기변동, 정부 정책과 법의 변경, 고객취향의 변화, 계절성, 필요한 자원의 공급 등이다.

생산·운영시스템에서는 원하는 제품이나 서비스를 생산하기 위하여 변환과정의 여러 곳에서 그리고 그의 결과인 산출물에 대해서 품질과 수량에 관한 측정(measurement)이 이루어지고 이 산출물을 사용하는 고객과 시장에 대한 조사가 이루어져 시스템에 반영하는데 이를 피드백(feedback)이라 한다. 이러한 고객 피드백과 성과에 관한 정보(information on performance)를 사전에 결정한 표준(standards)과 비교하여 차이가 발견되면 투입물, 공정, 산출물의 특성에 조정이나 시정조치를 취하도록 한다. 이것을 통제(control)라고 한다.

경쟁력과 생산성

글로벌 시장에서 제품과 서비스는 고객을 상대로 다른 제품과 서비스와 심한 경쟁을 벌인다. 경쟁력이라고 하면 넓은 의미로 국가경쟁력을 말하지만 좁은 의미의 경쟁력(competitiveness)이란 같은 산업에 있는 다른 기업과 경쟁할 때 시장에서 그 기업의 상대적 위치를 말한다. 따라서 시장에서 경쟁기업에 비하여 더 많은 제품이나 서비스를 팔게 되면 경쟁력이 있다고 말할 수 있다.

경쟁력을 결정하는 중요한 요소는 생산성이다. 생산성(productivity)은 공정에서 재화나 서비스를 생산하기 위하여 여러 가지 투입물을 얼마나 효율적으로 사용하였는가를 측정한다. 자원이 공정에서 효율적으로 잘 사용되면 더욱 생산적이고 가치는 제품이나 서비스에 더욱 부가된다. 생산성은 다음과 같은 공식을 사용하여 측정한다.

$$생산성 = \frac{산출물}{투입물}$$

여기서 분자는 금액이나 수량으로 나타낼 수 있지만 분모는 사용되는 투입물의 단위가 시간, m^2, kg, 개수 등 여러 가지 형태일 수 있다. 따라서 금액 같은 공통단위를 사용하여야 생산성을 측정할 수 있다.

생산성은 공식에서 분모의 투입을 단일 생산요소로 하느냐, 몇 가지 생산요소로 하느냐, 또는 전체 생산요소로 하느냐에 따라 부분생산성(partial productivity), 복합요소생산성(multifactor productivity), 총생산성(total productivity)으로 구분할 수 있다. 〈표 16-1〉은 여러 가지 생산성을 측정하는 공식을 보여주고 있다.

생산성은 상대적 측정치이다. 생산성은 비교하여 사용할 때 더욱 의미가 있다. 한 기업의 생산성은 같은 산업에 있는 다른 기업의 것과 비교할

| 표 16-1 | 생산성 측정

요소생산성(부분생산성)

$$\frac{산출}{노동} \quad \frac{산출}{자재} \quad \frac{산출}{자본} \quad \frac{산출}{에너지} \quad \frac{산출}{기계}$$

복합요소생산성

$$\frac{산출}{노동 + 자재 + 경상비} \quad \frac{산출}{노동 + 에너지 + 자본}$$

총생산성

$$\frac{생산된 모든 산출}{사용된 모든 투입}$$

수 있고 한 기업의 경우 시간의 경과에 따라 생산성이 증가하였는지 또는 감소하였는지 밝힐 수 있다.

생산 · 운영관리의 목표

전형적인 생산관리의 목표로는 다음 네 가지를 들 수 있다.

① 비용(cost)

생산관리의 목표가 원가의 최소화라면 노무비, 자재비, 시설비 등 비용을 절감하고 시스템에서의 가치를 부가하지 않는 모든 낭비, 재작업, 폐기물, 검사 등을 제거하도록 해야 한다. 이를 위해서는 자본집약적 자동화시설과 정보시스템에 투자를 해야 하고 몇 가지 제품을 대량으로 생산하기 때문에 프로세스의 효율을 강조하게 된다.

② 품질(quality)

품질은 고객이 제품에 대해 느끼는 가치를 의미한다. 이러한 개념은 규격에의 적합도뿐만 아니라 제품의 설계도 포함한다.

품질은 첫째, 고급의 특성, 작은 오차허용, 높은 내구성, 우수한 대고객 서비스 등과 같은 최고급 품질(top quality)을 의미한다. 둘째, 꾸준히 설계규격(design specification)을 준수하는 제품이나 서비스를 생산하는 일관된 품질(consistent quality)을 의미한다.

③ 시간(time)

시간 또는 속도는 오늘날 중요한 경쟁도구이다. 고객이 원하는 제품을 때와 장소에 맞추어서 빠른 기간 내에 납품해야 한다(delivery speed). 이를 위해서는 재작업, 폐기물, 검사, 기타 가치를 부가하지 않는 활동을 제거함으로써 생산과정에서 낭비되는 시간을 단축하는 품질향상이 이루어져야 한다.

한편 아이디어 창출로부터 최종설계에 이르는 새로운 제품 및 서비스의 개발속도(development speed)는 특히 제품의 수명주기가 짧은 경우에는 매우 중요하다. 이와 같은 시간에 기초한 경쟁(time-based competition)이 제조업이든 서비스업이든 중요한 경쟁무기가 되고 있다.

④ 유연성(flexibility)

제품이나 서비스의 설계를 변경하여 각 고객이 원하는 고유한 특성을 만족시키는 맞춤생산(customization production)이 가능해야 한다.

고객의 요구와 같은 환경이 급변하면 이를 빨리 수용할 유연성이 필요하다. 다양한 종류의 제품과 서비스를 생산하는 것은 제품유연성(product flexibility)이라고 한다.

가장 이상적인 생산활동은 저가, 고품질, 빠른 납품 및 높은 유연성을 동시에 달성하는 것이다. 왜냐하면 이들은 기업경쟁력을 향상시키는 기본적인 요소이기 때문이다.

이와 같이 모든 목표를 한 제품이나 서비스에 대하여 동시에 최적화할 수가 없기 때문에 제품에 따라서는 이러한 목표들의 절충(trade-off) 또는 상대적 우선순위를 결정하는 것이 전통적 관행이었다.

그러나 근래에는 정보기술의 발달로 경쟁적 우선순위 사이의 절충보다는 이들의 몇몇을 동시에 달성하려는 노력이 가능하게 되었다. 예를 들면 일본의 가전제품과 자동차는 높은 품질과 낮은 원가를 동시에 달성하기도 한다.

2. 제품설계와 공정선정

제품개발/설계와 공정선정의 관계

대부분의 제품은 제한된 수명주기를 갖기 때문에 오늘날 기업은 신제품과 서비스를 꾸준히 개발하고 이를 생산할 공정을 설계할 압력을 받고 있다. 이는 통신시설의 향상, 무역장벽의 완화, 운송의 스피드화 등으로 인하여 시장에서 글로벌 경쟁이 치열할 뿐만 아니라 생산기술의 진보로 인한 빠른 진부화로 가중되고 있다.

이와 같은 환경의 변화 속에서 기업이 신속하게 제품과 서비스를 개발하고 설계하는 목적은 고객의 욕구와 기대를 만족시켜 시장점유율을 신장하려는 것인데 이는 기업의 경쟁력을 제고하고 기업성장과 이윤증가의 길이기도 하다. 신제품을 신속하게 시장에 내놓는 기업은 그렇지 못한 기업에 비하여 프리미엄 가격을 청구하고, 경쟁에 빨리 대응할 수 있고, 산업의 표준설정(특히 혁명적인 제품의 경우)이 되는 등 경쟁우위를 갖는다. 이는 시간경쟁(time-based competition : TBC)에서 이기기 때문이다.

이와 같이 신제품의 개발뿐만 아니라 기존제품의 개선은 시장에서의 경쟁우위를 통한 시장점유율을 확대하고 새로운 수요를 창출하고 생산시설능력을 효율적으로 이용하기 위하여 필요하다.

기업은 사회에 제품이나 서비스를 제공하기 때문에 존재의 의의가 있다. 앞으로 기업이 성공하기 위해서는

- 품질 우수하고, 값이 저렴하고, 꾸준히 개량하는 새로운 혁신적인 제품과 서비스를 신속하게 개발하여 출시하고
- 변화하는 고객욕구에 신속하게 부응하는 제품과 서비스를 신속하게 생산할 수 있는 유연생산시스템을 갖추어야 한다.

이러한 목적을 달성하기 위해서는 제품개발/설계와 생산공정의 선정에 획기적인 변화를 시도해야 한다. 즉 제품설계, 공정선정, 생산능력(capacity)

그림 16-2 **제품설계, 공정선정, 생산능력의 관계**

무엇을 생산할 것인가?

제품설계

고객

어떻게 그것을 생산해야 할 것인가?

공정선정

생산능력

얼마나 생산가능 해야 하는가?

계획은 동시에 추구해야 할 결정들이다.

제품의 설계방식은 많은 고객들로 하여금 그 제품을 구매하려는 데 영향을 미치고, 제품을 생산하는 공정과 비용에 영향을 미치고 나아가 생산능력계획의 수립에 영향을 미친다. 이는 〈그림 16-2〉에서 보는 바와 같다.

제품설계결정과 공정선정결정은 서로 영향을 미친다. 예를 들면, 침대를 황동으로 만든다면 목재취급 장비는 필요 없는 것이다. 한편 공정기술이 사용가능한 범위에서 제품설계가 이루어져야 한다.

제조업에서는 설계 엔지니어·공정 엔지니어·마케팅 담당자, 생산담당자, 재무담당자 등이 설계팀을 구성하여 동시공학(concurrent engineering)을 적용함으로써 고객을 위하고, 비용을 절감하고, 제품출하기간을 단축시키려고 한다. 전통적으로 제품설계와 공정설계는 별개의 활동이었지만 동시공학의 개념에서는 이들 두 활동을 동시에 수행한다.

신제품 개발방법

제품개발/설계의 현대적 방법인 동시공학 또는 콘커런트 엔지니어링(concurrent engineering: CE)은 제품개념부터 판매에 이르는 제품개발과정에 관련되는 모든 주요 기능부서로부터 전문가가 동시에 참여하여 제품설계, 생산방법, 공정설계 생산계획 등 설계의 통합화를 통해 한 번에 수행토록 함으로써 제품이 고객의 욕구와 기대를 완전히 만족시키도록 하는 방법이다. 이는 〈그림 16-3〉이 보여주고 있다.

〈그림 16-3〉은 병렬식 콘커런트 엔지니어링을 나타내고 있다.

콘커런트 엔지니어링은 여러 가지 혜택을 제공한다. 제품개발 사이클이 짧게 되고 시행착오로 인한 재설계작업을 크게 줄일 수 있다. 한편 품질이 향상되면서 비용은 오히려 감소하게 된다. 중요한 도구가 필요한 경우 일찍 설계 또는 구매할 기회를 갖는다. 특정 설계의 기술적 타당성을 일찍 고려할 수 있다.

생산공정의 형태: 제품흐름

〈그림 16-4〉에서 보는 바와 같이 생산공정구조에는 연속성이 있지만

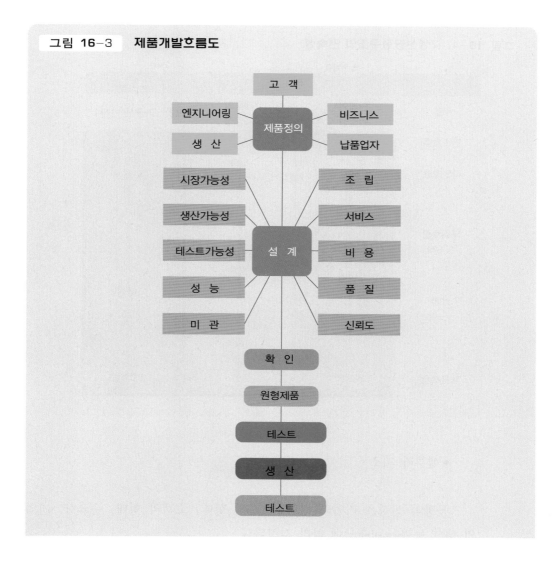

그림 16-3 제품개발흐름도

생산공정은 보통 제품흐름, 유연성, 생산량 등에 입각하여 다음과 같이 분류한다.

- 프로젝트공정
- 잡샵공정
- 배취공정
- 라인공정
- 연속공정

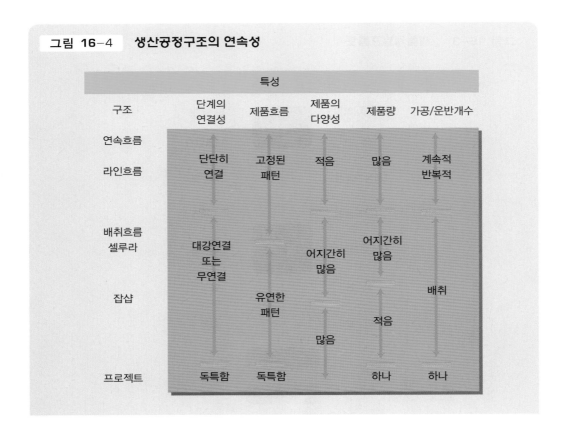

그림 16-4	생산공정구조의 연속성

	특성				
구조	단계의 연결성	제품흐름	제품의 다양성	제품량	가공/운반개수
연속흐름 라인흐름	단단히 연결	고정된 패턴	적음	많음	계속적 반복적
배취흐름 셀루라	대강연결 또는 무연결		어지간히 많음	어지간히 많음	
잡샵		유연한 패턴		적음	배취
			많음		
프로젝트	독특함	독특함		하나	하나

● 셀루라 제조

공정의 선정은 기업의 전략, 생산의 형태, 고객의 형태, 수요량, 기업의 생산 능력(capability)에 따라 결정된다.

① 프로젝트 공정

프로젝트 공정(project process)은 영종도공항, 댐 건설, 경부고속철도, 연구·개발, 제품개발 등과 같이 비반복적이고 유일한 제품생산을 위해 사용된다. 엄격하게 말하면 자재, 작업자, 정보 등은 작업장에 모이거나 떠나기도 하지만 프로젝트를 위한 제품흐름은 존재하지 않는다.

② 잡샵공정

공정중심(process-focused) 시스템 또는 단속공정(intermittent process)이라

고도 하는 잡샵공정(job shop process)은 다품종 소량생산이나 고객으로부터의 소량의 주문생산처럼 제품이 서로 상이한 작업을 요하고 그의 흐름경로가 상이한 소규모로 운영되는 공정을 말한다. 따라서 표준화하지 않고 오히려 범용기계(general-purpose equipment)와 유연한 장비를 이용하여 개별화가 요구되는 제품생산에 알맞은 공정이다.

③ 배취공정

다품종 소량생산을 하는 잡샵과 소품종 대량생산을 하는 반복적인 연속공정 사이에 배취공정(batch process)이 있다. 즉 배취공정은 잡샵공정과 달리 몇몇 표준화된 품목을 배취(묶음), 즉 로트(lot)를 교대하면서 단속적으로 같은 생산 시스템에서 생산하는 공정이다. 한 품목만을 생산하기에는 충분하지 못하여 몇 가지 품목(주문)을 큰 양으로 그룹화하고 공정별로 배치된 장비와 시설을 이용하여 생산하게 된다.

④ 라인공정

소품종 대량생산(mass production)을 위해 표준화된 자재와 부품이 고정된 작업순서에 따라 하나의 생산라인 또는 조립라인을 따라 이동하는 공정을 라인공정(line process) 또는 흐름공정(flow process)이라고 한다. 제품을 대량으로 효율적으로 계획생산하기 위하여 자재는 공정의 처음부터 끝까지 중단하지 않고 흐르게 된다.

⑤ 연속공정

연속공정(continuous process)은 정유, 화학제품, 맥주, 비료, 제지, 시멘트, 발전소, 제철소 등과 같이 표준화된 제품이 대량으로 고도로 자동화된 시설을 쉼 없이 흐르는 공정을 말한다.

⑥ 셀루라 제조

셀루라 제조(cellular manufacturing)는 한 가지 종류 또는 많은 종류의 기계가 하나의 셀(혹은 칸)을 단위로 해서 그룹지어지는 공정의 한 형태이다. 그룹핑(grouping)은 유사공정을 요구하는 유사부품 또는 부품군에 따라 이루어지게 되는데, 실제적으로 이러한 칸들은 제조공정의 축소형이 된다.

3. 생산능력계획과 시설의 입지

생산능력의 개념과 측정

어떤 제품 또는 서비스를 어떻게 생산할 것인가를 결정한 후에는 그 공정의 생산능력(capacity)을 계획하고 그의 입지(location)를 결정해야 한다.

생산능력이란 일정한 기간 동안 한 기업 또는 시설이 정상적인 여건에서 제공할 수 있는 최대의 산출량을 말한다. 예를 들면, 하루에 5,000개를 생산하는 공장을 세우기로 결정한다면 이는 생산능력결정이다. 생산능력결정은 미래 제품수요의 불확실성 때문에 위험부담이 따른다. 적정능력 이상의 능력건설은 자본투자를 다른 유리한 곳에 사용할 수 없게 만들고 반대로 적정능력 이하의 능력건설은 시장기회를 놓칠 수 있다.

생산능력결정에 있어서 주요 고려사항은 수요이다. 매월 수요가 비교적 일정한 경우에는 이 수요량을 생산할 수 있는 시설을 건설하면 되지만 수요의 변동이 계절별로 심한 경우에는 정상수요(normal demand)를 충족시키는 작은 공장을 건립하고 피크기간 동안에는 파트타임 작업자를 고용할 수 있다.

한 가지의 제품 또는 몇 가지의 표준화된 제품을 대량으로 생산하는 기업의 생산능력은 비교적 측정하기가 쉽다. 이러한 경우에는 산출물(output)로 측정한다.

그러나 복잡한 제품믹스(product mix)가 같은 시설에서 생산될 때는 생산능력을 측정하기는 곤란하다. 왜냐하면 이들 산출물을 측정하는 공통단위가 없기 때문이다.

이러한 소량생산의 유연한 공정에 대해서는 가용자원, 즉 투입물(input)의 단위로 측정한다.

생산능력은 다음 세 가지 개념으로 구분할 수 있다.

- **설계능력**(design capacity): 현재의 제품설계, 제품믹스, 운영정책, 노동력, 시설, 장비 등이 주어졌을 때 한 공장이 생산할 수 있는 가능한

최대의 생산율(maximum possible rate of output)을 말한다. 이는 설계대로 이상적인(ideal) 조건에서 달성할 수 있는 이론적 능력(theoretical capacity)이다.

- **유효능력**(effective capacity): 제품믹스, 일정계획상 어려움, 기계수리보전, 품질요소 등 정상적인(normal) 작업조건이 주어졌을 때 생산할 수 있는 가능한 가장 높은 생산율(highest reasonable output rate)을 말한다.
- **실제생산량**(actual output): 실제로 달성할 수 있는 생산율을 말한다. 실제생산량은 유효능력보다 항상 적을 뿐만 아니라 시간에 따라 변동한다.

이상에서 설명한 생산능력의 측정척도는 시설사용의 유효성, 즉 효율(efficiency)과 이용률(utilization)을 측정하는 데 필요하다.

$$효율 = \frac{실제생산량}{유효능력}$$

$$이용률 = \frac{실제생산량}{실제능력}$$

시설의 입지와 배치

시설(facilities)이란 제품이나 서비스가 생산, 저장, 유통되는 물리적 위치를 말한다. 시설의 결정은 입지와 배치문제이다. 시설의 입지문제에 대한 보다 명확한 이해를 위하여는 생산·운영시스템을 그의 환경과의 관계하에서 고찰해야 한다. 이것이 〈그림 16-5〉에 나타나 있다. 〈그림 16-5〉와 같이 생산시스템은 각종의 사회적, 법적, 정치적, 기타의 제약 아래에서 인적자원과 자재, 에너지 등의 천연자원 및 기타 투입물을 입력하여 공정기술로 가공한 후 그 산출물을 지리적으로 분산되어 있는 잠재고객들의 시장에 배급한다.

이 과정에서 입지선정에 영향을 미치는 중요한 비용을 고려한다면 다음과 같다. 먼저 요소의 공급비용이 있는데 그것은 노동력과 원료, 에너지 등을 구입하는 비용이다. 공정비용은 주어진 기술하에서의 가공비용이며, 배송비용은 제품의 수송 혹은 고객에의 서비스에 드는 비용이다. 이 비용들은

그림 16-5 생산·운영시스템과 입지선택에 영향을 미치는 비용들

입지에 있어서의 유형적인 요인이 된다. 예를 들면, 철도를 이용하여 운송하는 경우에 시설은 철도역 부근에 입지해야 한다.

그 외에도 유형, 무형의 입지요인들이 있는데, 그것은 〈그림 16-5〉에 나타나는 바와 같이 생산투입요소, 시장, 공정기술, 환경에 관련된다.

시설의 배치(layout)란 시스템을 통한 작업(고객 또는 자재)의 이동을 고려한 부, 작업장, 장비의 배열을 말한다. 배치문제는 첫째, 돈과 노력 등 상당한 투자를 요하고 둘째, 한 번 배치되면 장기적으로 고정되고 셋째, 운영의 비용과 효율에 막대한 영향을 미치기 때문에 중요시된다.

시설의 배치에는 일반적으로 세 가지 형태가 있다.

제품별 배치(product layout, flow-line layout)는 수요가 안정적인 대량의 제품이나 고객의 시스템을 통한 원활하고 빠른 흐름을 달성하기 위하여 사용된다. 이는 고도로 반복적이고 표준화된 공정작업을 요하는 제품이나 서비스에 의하여 가능하다. 작업은 일련의 표준화된 과업으로 분해가 가능하여 노동과 설비의 전문화가 용이하다. 이는 〈그림 16-6〉(a)에서 보는 바와 같다.

공정별 배치(process layout, job-shop layout, functional layout)는 선반과 밀링기계처럼 동일한 작업기능을 수행하는 모든 공정(작업자와 장비)이 한 지역에 모여 비슷한 활동이 수행되는 배치형태이다.

공정별 배치의 목적은 작업장 사이에서 왕래하는 물량의 이동거리를 최

소화하는 것이므로 부서간 자재취급비용을 최소화하는 방향으로 이루어져야한다.

아주 상이한 공정요구와 작업순서를 갖는 다양한 제품을 소량으로 생산하기 위해서는 같은 기능을 수행하는 설비는 같은 작업장에 배치하여 필요에 따라 각 작업장을 찾아 이동하도록 하는 것이 효율적이다. 이는 〈그림 16-6〉(b)에서 보는 바와 같다.

위치고정형 배치(fixed-position layout)에 있어서 작업진행 중인 제품은 한 작업에서 다른 작업으로 이동하지 않고 한 장소에 고정되어 있고 다만 작업자, 자재, 공구 및 설비가 작업할 제품이 있는 장소를 찾아 이동한다. 제품의 성격상 고정형 배치형태를 취할 수밖에 없는 경우가 있다. 즉 무게, 크기, 부피 등으로 제품을 이동하기가 곤란한 경우에 이러한 형태를 취한다.

위치고정형 배치는 대규모 건설공사, 조선, 대형비행기 제작 등 프로젝트 공정에 적합한 형태이다. 이는 〈그림 16-6〉(c)에서 보는 바와 같다.

그림 16-6 시설배치의 형태

(a) 제품별 배치

진입하는 모든 직무와 자재 → 완성재

(b) 공정별 배치

진입하는 직무 1 → 완성재 1

진입하는 직무 2 → 완성재 2

(c) 위치고정형 배치

● 작업장
■ 제품

4. 공급사슬관리

공급사슬의 정의

공급사슬(supply chain)이란 맨 처음 공급자로부터 원자재를 구매하여 중간재와 최종재로 변형시키고 이들 완제품을 최종소비자에게 공급하는 데 관련된 모든 시설, 기능, 활동들의 연속이라고 정의할 수 있다. 〈그림 16-7〉은 공급사슬의 단계, 시설, 제품과 서비스의 이동을 나타내고 있다.

그림 16-7　공급사슬의 예

그림 16-8 공급사슬에서의 흐름

그림 16-9 내부 공급사슬

공급사슬에는 기본적으로 세 가지의 흐름이 존재한다. 공급사슬의 시작
(최초 공급자)으로부터 제조공정을 거쳐 사슬의 끝(최종소비자)을 향한 자재,
제품, 서비스의 이동과 공급사슬의 역방향으로 흐르는 재무의 흐름 및 사슬
의 각 부분 사이에서 양방향으로 흐르는 정보의 교환이다. 이는 〈그림 16-
8〉이 보여 주고 있다.

공급사슬 구조는 〈그림 16-9〉에서 보는 바와 같이 한 기업 내 여러 분
야를 포함하는 내부 공급사슬(internal supply chain) 외에 〈그림 16-10〉에서
보는 바와 같은 여러 기업의 외부 공급사슬(external supply chain)을 포함한다.

공급사슬에 속한 각 기업은 공급부문과 수요부문을 갖는다. 공급부문은
사슬의 맨 앞에서 시작하여 기업의 내부운영(생산)에서 끝난다. 예를 들면,
각종 원자재와 부품 등을 공급하는 업체들은 여기에 속한다. 〈그림 16-7〉에

그림 16-10 외부 공급사슬

상류/공급부문 → 하류/수요부문 → 자재 흐름

3차 2차 1차 운영 1단계 2단계 ← 정보 흐름
공급업체 (생산) 도매업 소매업

서 3차, 2차, 1차 공급업체는 공급부문이다. 이를 강물의 흐름에 비유한다면 상류(upstream)에 해당한다. 반면 수요부문은 기업의 산출물이 인접소비자에게 전달하는 지점에서 시작하여 사슬의 맨 끝에 있는 최종소비자에서 끝난다. 이는 사슬의 판매 및 분배부문을 의미한다. 예를 들면, 유통업체, 창고, 도매업자, 소매업자, 최종소비자 등은 여기에 속한다. 이는 강의 하류(downstream)에 해당한다.

공급사슬관리의 중요성

공급사슬관리(supply chain management: SCM)는 총비용은 낮추고 고객욕구에 빨리 부응하도록 공급사슬을 통한 제품, 서비스, 정보의 흐름을 통합하고 관리하는 것을 목적으로 한다. 전통적으로 공급사슬의 각 분야는 독립적으로 관리되어 왔다. 그러다 보니 공급사슬 전체로 볼 때 각 조직이 통제할 수 없는 문제들이 발생하였다. 예를 들면, 재고의 과다보유, 재고부족, 느린 배송, 품질문제 등이다. 오늘날 기업이 글로벌 시장에서 경쟁하기 위해서는 공급사슬의 모든 멤버들을 통합하는 노력이 필요하다.

공급사슬이 효과적이기 위해서는 멤버들 사이에 긴밀한 협조와 커뮤니케이션이 필요하다. 모든 공급업체, 생산자, 유통업체, 고객들이 정보를 공유해야 한다.

기업이 제품맞춤, 고품질, 비용절감, 시장에의 스피드를 통해 경쟁력을 강화하려면 이제 공급사슬에 신경을 써야 한다. 효과적인 공급사슬관리는 변화하는 시장수요를 만족시키기 위하여 공급업체를 전략수립시 파트너로 만들어야 한다. 몇몇 공급업체와 장기적이고 전략적인 관계를 맺어야 경쟁우위를 확보할 수 있다.

생산관리 기능이 기업의 사업전략을 지원하듯 공급사슬도 생산전략을 지원해야 한다. 만일 생산전략이 저가와 빠른 고객에의 반응이라면 공급업체는 비용이라는 관점에서 선정되어야 한다. 이러한 공급업체는 재고를 줄이고 조달기간을 축소할 저가제품을 설계할 능력을 갖추어야 한다.

채찍효과

채찍효과(bullwhip effect)란 공급사슬 속에 있는 소매점이 고객으로부터 제품에 대한 약간의 수요증가를 경험한 후 도매점에 주문할 때 품절을 방지하기 위하여 주문량을 약간 부풀리고, 도매점은 소매점으로부터 주문량이 증가하였음을 알고 품절을 방지하기 위하여 주문량을 더욱 부풀려 공장에 주문하고, 공장은 제품을 만드는 원자재의 공급자에게 상당히 많은 양의 주문을 하게 되는데 이와 같이 소매점에서의 약간의 수요변동이 원자재에 대한 상당한 수요증가를 초래하는 현상을 말한다. 이는 〈그림 15-11〉에서 보는 바와 같다.

재고변동의 원인은 수요변동뿐만 아니라 품질문제, 부정확한 수요예측, 노동문제, 기후조건, 유통문제 등이 될 수 있다. 이 외에도 커뮤니케이션 늦음, 불완전한 커뮤니케이션, 공급사슬 내 조직 사이 활동 조정의 부실 등을 들 수 있다.

공급사슬관리를 잘 하면 전략적 완충과 필요에 입각한 재고보충을 통해

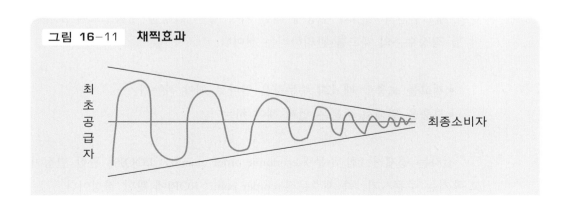

그림 16-11 채찍효과

서 채찍효과를 극복할 수 있다. 여기서 전략적 완충의 예를 들면, 소매아울렛에서가 아니라 유통센터에서 많은 재고를 보유하도록 하는 것이다.

5. 재고관리

재고관리의 의의

재고관리는 기업이 직면한 가장 중요하고 복잡한 부문 중의 하나이다. 재고는 기업 내 운영을 위해서도 필요하지만 고객만족을 위해서도 필요하다. 대부분의 기업에서 재고자산은 전체 자산의 10~25%를 차지한다. 따라서 효과적인 재고관리는 기업의 성공에 필수적인 요소가 된다.

재고(inventory)란 미래에 생산하거나 고객에 판매할 목적으로 유지하는 원자재, 재공품, 완제품, 부품, 소모품 등을 말한다. 재고를 너무 많이 보유하거나 또는 너무 적게 보유하면 문제가 된다. 재고는 고객의 수요를 만족시키기 위해서 필요하지만, 한편으로는 이들을 유지하는 데 비용이 수반된다.

따라서 재고관리의 기본목적은 첫째, 적시 적량의 재고로 고객에 대한 서비스수준을 최대로 하며 둘째, 이에 부수되는 제 비용을 최소로 하는 것이라 할 수 있다. 이러한 목적은 서로 상충한다. 따라서 비용과 서비스수준 사이에 균형을 이루도록 해야 한다. 즉 재고의 과다보유와 품절을 피하는 적정수준의 재고를 보유하도록 해야 한다. 재고관리의 기본목적은 다음과 같이 재고주문의 시기와 수량에 대한 가장 좋은 결정을 내림으로써 보유해야 할 적정수준의 재고를 관리하려는 것이다.

- 재고를 보충할 때 1회 주문량은 얼마로 해야 하는가?
- 보충을 위해서 주문은 언제 해야 하는가?

전자는 경제적 1회 주문량(economic order quantity: EOQ)에 관한 결정이고 후자는 주문시기, 즉 재주문점(reorder point: ROP)에 관한 결정이다.

재고비용

① 주문비용

필요한 자재나 부품은 외부의 공급자로부터 구입하든지, 또는 회사 자체 내에서 생산하든지 한다. 외부에서 구입할 때 소요되는 제 비용 예를 들면, 주문발송비, 통신료, 물품수송비, 검사비, 입고비, 관계자의 봉급 등을 주문비용(ordering cost: C_o)이라 한다. 회사 자체 내에서 제품을 생산하는 경우에는 주문비용은 발생하지 않고 그 대신 생산준비비용(set-up cost: C_s)이 발생한다.

② 재고유지비용

재고유지비용(inventory holding cost: C_b)은 재고를 실제로 유지보관하는데 소요되는 제 비용을 말한다. 재고유지비용은 재고의 수준에 따라 직접적으로 변동하는 비용인데, 여기에는 저장비, 보험료, 세금, 감가상각비, 진부화에 의한 손실, 재고투자에 묶인 자금에 관련한 기회비용 등이 포함된다.

③ 재고부족비용

재고부족비용(shortage cost)은 재고가 소진되어 그 품목에 대한 수요는 취소되거나 추후에 보충되는 대로 충족시키는 데에 따른 비용으로서 판매손실과 고객상실로 인한 기회비용, 조업의 중단, 신용의 상실 등을 주관적으로 평가하는 비용을 일컫는다.

경제적 주문량 모델

가장 널리 알려져 있는 기본적인 재고모델이 EOQ 모델인데 경제적 주문량이란 주문비용과 재고유지비용 등 총비용을 최소로 하는 1회 주문량을 말한다. 경제적 주문량 모델은 다음과 같은 가정에 입각하고 있다.

- 연간 수요량(사용량)은 알려져 있다.
- 단위기간당 수요는 일정하며 균일하다.

- 리드타임은 일정하다.
- 주문량은 리드타임이 지남과 동시에 일시에 전량이 배달된다.
- 수량할인이 인정되지 않는다.
- 재고부족현상이 발생하지 않는다.
- 하나의 품목에 대해서만 고려한다.

위의 가정에 입각하여 시간의 경과에 따른 재고수준의 변동을 〈그림 16-12〉가 보여 주고 있다.

$$연간\ 총비용 = 연간\ 주문비용 + 연간\ 재고유지비용$$

$$TC = \frac{D}{Q} \cdot C_o + \frac{Q}{2} \cdot C_h$$

$$D:\ 연간\ 수요량$$
$$Q:\ 1회\ 주문량$$

총비용은 주문비용과 재고유지비용이 동일한 주문량에서 최소가 된다. 최적주문량 Q*는 다음과 같이 구한다.

$$\frac{D}{Q} \cdot C_o = \frac{Q}{2} \cdot C_h$$

$$Q^* = \sqrt{\frac{2C_o D}{C_h}}$$

그림 16-12 시간의 경과에 따른 재고수준의 변동

재고수준 / 최대재고수준 / Q / 주문량 도착 / 발주 / 수요율(사용률) / ROP / 재주문점 / 0 / 리드타임 / 시간→

재주문점

연간 수요량과 조달기간이 사전에 알려져 있는 확정적 모델의 경우 재주문점(reorder point: ROP)이란 새로운 주문량 EOQ가 발령이 될 때의 재고 수준을 말한다.

일반적으로 재주문점은 다음과 같은 공식을 이용하여 구한다.

$$ROP = 조달기간\ 동안의\ 수요량$$
$$= 매일의\ 수요량 \times 조달기간(일)$$
$$= d \cdot LT$$

자재소요계획

재고관리기법은 그 재고가 독립수요품목이냐 또는 종속수요품목이냐에 따라 다르다. EOQ/ROP 기법은 완제품인 독립수요품목을 관리할 때 사용된다. 독립수요품목(independent demand item)은 자동차, TV, 계산기, 의자 등과 같은 완제품으로서 다른 품목의 구성품이 될 수 없다.

이들 독립수요품목은 시장조건에 따라 결정되고 언제나 변동한다. 따라서 이들 품목에 대한 수요는 예측에 의하여 결정해야 한다.

이에 반하여 독립수요품목을 생산하는 데 사용되는 원자재, 부품, 구성품, 중간조립품 등은 종속수요품목(dependent demand item)으로서 이들에 대한 수요는 이들을 이용하여 제조하는 상위품목 혹은 완제품에 대한 수요가 있기 때문에 유발되어 발생하는 것이다.

종속수요품목이 언제 얼마만큼 필요하느냐는 이들을 이용하여 생산하는 상위품목 또는 완제품의 생산계획과 제조과정으로부터 바로 계산할 수 있다. 따라서 종속수요품목을 관리하기 위해서는 자재소요계획(material requirement planning: MRP)이 사용된다.

MRP는 최종품목 또는 완제품의 주일정계획을 기반으로 하여 그 제품 생산에 필요한 각종 원자재, 부품, 중간조립품의 주문량과 주문시기를 결정한다. 즉 MRP는 최종품목 또는 완제품의 주일정계획(master production schedule: MPS)에 나타난 생산량과 생산시기로부터 이를 생산하는 데 필요한 원자재, 부품, 중간조립품 등이 얼마나, 언제 필요한가를 결정하고, 이에 맞추어 언제 이들을 외부에 주문하거나 또는 자체 생산해야 할 것인가를 취급하기 위하여 설계된 컴퓨터 정보시스템이다.

이렇게 함으로써 최종품목의 소요량은 기간(주)별로 저단계 구성품의 소요량을 생성하고 재고수준은 낮게 유지하면서 최종품목을 적기에 생산 완료할 수 있도록 주문, 생산, 조립 일정을 수립할 수 있는 것이다.

6. 린 생산시스템

린 생산시스템의 정의

린 생산시스템(lean production system)은 더욱 적은 재고, 작업자, 공간 등을 사용하여 더 많은 것을 만들어 낸다는 의미로서 도요타 생산시스템보다 더욱 넓은 의미를 갖는다. 린이라는 용어는 모든 형태의 낭비를 제거함을 강조하려는 것이다.

도요타 생산시스템은 적시(just-in-time: JIT) 생산시스템으로 알려져 있는데 이는 재고감소와 자재의 원활한 흐름을 통하여 자재가 적시에 적소에 적량으로 도착하게 필요한 것을 필요한 때에 생산하도록 한다. 이와 같이 JIT는 완벽한 품질의 자재로 낭비 없이 수요를 즉시에 만족시키려 한다. 이렇게 되면 만일의 사태에 대비하려는 안전재고가 전혀 필요치 않게 된다.

린 생산시스템은 소량생산을 반복함으로써 대량생산을 통한 비용절감을 추구하려는 전통적인 방법과 다르다. 린 시스템은 전체 공급사슬에 걸쳐 가치를 부가하지 않는 활동을 제거하려는 시스템이라는 점에서 JIT와 다만 다르다.

린 생산시스템에서는 생산활동에서 가치를 부가하지 않는 모든 낭비의 원천을 근본적으로 제거하여 모든 자원을 효율적으로 사용함으로써 생산비용을 절감시키고, 공정개선을 통한 제품품질의 향상을 기하며, 재고감소를 통한 비용 및 생산기간(manufacturing lead time)의 단축으로 고객의 수요변화에 빨리 대응토록 해 준다. 이러한 결과로 이익과 투자수익률이 증대하여 경쟁력이 강화된다.

린 생산시스템의 원리

린 생산시스템의 근본적 원리는 다음과 같이 세 가지로 요약할 수 있다.

- 낭비와 비효율의 제거
- 모든 사람의 참여
- 꾸준한 향상

린 시스템에서는 운영에 가치를 부가하지 않는 어떠한 활동도 낭비로 취급하고 이를 철저히 배격한다. 낭비의 제거뿐만 아니라 낭비의 예방도 강조된다.

제거 및 예방의 대상인 낭비는 초과생산, 이동, 대기시간, 불필요한 공정, 재공품, 불필요한 동작과 노력, 불량품과 폐기물 등 7가지이다.

린 생산시스템을 사용하는 제조업에 있어서는 필요 이상의 부품, 원자재, 재공품 및 완제품 등은 공간을 차지하고 돈을 낭비하는 놀고 있는 자원이기 때문에 그 자체가 악일 뿐만 아니라 이들은 품질문제를 덮어두기 때문에 더욱 나쁜 것이다.

이와 같이 린 생산시스템은 생산공정에서 발생하는 비능률과 비생산적 요소를 제거하고 작업자 능력의 최대한 이용을 통한 생산성향상과 품질개선을 추구하는 이념이요 철학이라고 할 수 있다.

린 생산시스템에서는 작업자들을 의사결정과정에 적극 참여시키려고 한다. 린 시스템은 모든 작업자들이 공정에서의 개선을 위한 아이디어를 제시하도록 적극 권장하는 새로운 문화를 형성하려고 한다.

다기능 작업자(multifunctional worker)와 납품업자(supplier)는 린 생산시스템에서 다음 생산공정을 지원하기 위하여 적시에 품질 좋은 부품을 생산할 책임을 갖는다. 작업자들은 다기능 보유자로서 U자형 시설배치에서 3~4대의 기계를 운전하고 범용기계(general-purpose machines)를 사용한다.

린 생산시스템에서 작업자와 납품업자의 능력이 최대한 발휘되도록 그들은 많은 책임과 권한을 갖는다. 린 생산시스템에서 작업자들은 전통적인 시스템에서보다 더욱 큰 품질책임을 갖는다. 한편 작업자들은 꾸준한 향상 또는 개선(kaizen)을 위해서 통계적 공정관리, 품질향상, 문제해결을 위한 강도 높은 훈련과 교육을 받는다.

꾸준한 향상이란 품질향상뿐만 아니라 재고의 감소, 생산준비비용과 시간의 감소, 생산율의 증가, 낭비와 비효율의 제거, 더욱 생산적인 능력과 시설 등을 의미한다.

꾸준한 향상은 어떤 부서나 개인이 해야 하는 일이 아니다. 모든 부서, 모든 계층에 있는 작업자들이 참여해야 한다. 린 생산시스템이 성공하기 위해서는 작업자들이 품질문제를 찾아내고, 필요하면 생산(라인)을 중단하고, 개선을 위한 아이디어를 생각해 내고, 공정을 분석하고, 다른 기능을 수행하고자 하는 향상의 의지가 있어야 한다.

린 생산시스템의 기본요소

한편 린 생산시스템은 〈그림 16-13〉에서 보는 바와 같이 10개의 기본요소를 갖는다.

① 유연한 자원

한 작업자가 여러 개의 기계를 운전할 수 있도록 훈련을 받았으며 범용기계를 사용한다. 유연한 작업자가 사용할 수 있도록 기계 또한 유연해야 한다. 동료가 결근하게 되면 유연한 작업자가 대신해서 일을 하게 된다.

② 셀루라 배치

셀루라 제조(cellular manufacturing)에서는 모든 동일한 기계들이 한 곳에 모여 있는 것이 아니라 다른 형태의 기계들이 다른 작업을 수행하도록 셀(cell)에 기계들을 배치한다. 이는 작업자들의 이동을 줄이기 위함이다.

장비들은 U형의 라인에 빡빡하게 나열되어 있는데 이는 이동을 줄이고 자재취급비용을 줄임과 동시에 다기능 작업자들이 몇 개의 작업을 동시에 수행할 수 있도록 하기 위함이다.

그림 16-13 **린 생산시스템의 기본요소**

```
낭비의 제거
    ↓
유연성 증가
· 유연한 자원
· 셀루라 배치
    ↓
원활한 흐름
· 청구식 시스템
· 칸반
· 작은 로트크기
· 빠른 생산 준비
· 균일한 생산
    ↓
꾸준한 향상
· 원천적 품질관리
· 예방보전
· 공급업체 네트워크
```

③ 청구식 시스템

추진식 시스템(push system)에서 선행작업장은 생산한 자재를 후속작업장에서 이를 즉시 필요로 하지 않더라도 이에 밀어낸다. 이때 후속작업장에는 재고가 쌓이게 된다.

전통적인 대량생산시스템에서는 추진식 방법을 사용하는데 이는 비용을 줄이기 위하여 기계와 공정을 최대능력으로 활용해야 하기 때문이다.

청구식 시스템(pull system)은 적시생산시스템에서 사용하는 방법인데, 후속작업장에서 필요한 때에 필요한 수량을 선행작업장에 요구하면 그 때부터 원하는 만큼만 생산한다. 따라서 후속작업장에서는 필요한 자재를 선행작업장으로부터 끌어간다. 후속작업장에서 자재를 끌어가면서 새로운 자재의 생산을 요구할 때에만 선행작업장에서는 생산을 시작하기 때문에 불필요한 자재는 두 공정 사이에 쌓이게 되지 않는다. 즉 후속작업장에서 자재가 필요할 것이라는 예상하에서 미리 생산해 두지는 않는다.

④ 칸 반

칸반(kanban)은 일본어로 카드를 의미한다. 칸반 시스템은 청구식 방법을 사용하는 수단이다. 각 칸반은 부품이름, 컨테이너당 수량, 선행 및 후속 작업장 등의 정보를 제공한다. 칸반 자체는 생산 스케줄을 제공하지는 않는다. 그러나 칸반은 청구식 시스템을 통해 자재의 생산과 이동을 허가해 주기 때문에 이것 없이 생산이 이루어지지는 않는다.

칸반에는 이동용 칸반과 생산용 칸반의 두 가지가 있다. 선행작업장에서 후속작업장으로 부품의 이동을 허가하는 칸반의 수는 각 작업장에서 사용하는 컨테이너의 수를 제약한다. 컨테이너가 비게 되면 그 작업장의 재고를 보충할 신호가 떨어진다. 생산용 칸반이 선행작업장에 보내지면 선행작업장은 칸반의 내용대로 부품을 생산하게 된다.

⑤ 작은 로트크기

작은 로트(lot)생산은 좁은 공간을 요하고 자본투자를 요구하지 않는다. 한 번에 소량을 생산하기 때문에 공정 사이의 간격이 좁혀질 수 있고 이들 사이의 이동이 단순화된다. 소량생산을 하게 되면 작업자들이 범하는 품질문제를 쉽게 발견할 수 있고 불량부품을 후속작업장에 전달할 가능성이 줄어든다.

생산공정에서 또는 납품업자로부터의 배송에 있어서 작은 로트크기는 여러 가지 혜택을 제공한다.

- 주문들 사이에 유지하는 안전재고 이상의 재고를 감축하여 유지비용, 저장공간, 검사비용, 재작업비용을 줄인다.
- 제조기간을 단축시켜 고객이 원하는 제품을 신속하게 공급할 수 있다.
- 작업장의 균일한 부하를 가능케 하며 시설을 더욱 효율적으로 사용하게 한다.
- 품질상의 문제를 빨리 노출시켜 재작업 및 폐기물 비용을 줄일 수 있다.
- 생산의 유연성으로 하여금 고객의 요구에 신속하게 대응할 수 있다.

⑥ 빠른 생산준비

린 생산시스템에서 작은 로트크기를 생산하기 위해서는 빠른 생산준비시간이 필수적이다. 작은 로트를 반복해서 자주 생산하기 때문에 그때마다 준비하는 데 긴 시간이 걸린다면 노동자와 장비 등 자원의 비능률을 초래하게 되어 린 시스템은 성공할 수 없다. 생산준비시간의 단축은 가용생산능력을 증가시키고 일반계획변화에 대처할 유연성을 증가시키는 한편 재고를 줄이기 때문에 아주 중요하다.

⑦ 균일한 생산수준

전통적 제조시스템에서는 한 제품을 대량으로 생산한 후 다른 제품생산으로 넘어간다. 불행하게도 이러한 방법은 어떤 완제품을 대량으로 생산한 때에는 높은 재고수준을 유지하게 되고 다른 제품을 대량으로 생산하는 동안 이 완제품·재고가 없으면 고객수요를 제때에 만족시킬 수가 없게 된다. 이러한 문제를 미연에 방지하기 위하여 각 제품을 소량으로 교대하는 균일한 생산수준을 유지하는 것이다.

⑧ 원천적 품질관리

불량부품에 대한 재고를 보유하지 않기 때문에 고품질이 유지되어야 한다. 작업자들은 품질문제가 발견되면 그의 근원을 찾아 문제를 해결한다. 작업자들은 자기들이 만드는 부품이나 조립품의 품질에 대해 전적인 책임과 소유권을 갖는다. 소량생산할 때 맨 앞과 맨 뒤의 품목을 검사함으로써 그 로트의 100%를 검사하는 결과를 가져 온다.

7. 품질관리

품질의 정의

소비자의 입장에서 볼 때 품질은 가치(value)를 의미하기도 하고 용도에 대한 적합성(fitness for use)을 의미하기도 한다.

품질은 소비자(고객)들이 기꺼이 지불하고자 하는 가격으로 제품이나 서비스가 의도하는 목적을 여하히 잘 서비스하는가 하는 가치라고 정의할 수 있다.

한편 용도에 대한 적합성이란 소비자가 제품을 사용함으로써 만족을 느끼고 그의 목적이 여하히 잘 달성되는가 하는 정도라고 할 수 있다.

생산자의 입장에서 볼 때 품질은 설계규격에의 적합(conformance to specification)이라고 정의할 수 있다. 고객의 요구를 만족시키기 위해 사전에 정한 제품의 설계품질에 어느 정도 접근하는지의 정도로 품질의 성과를 측정함으로써 품질수준이 결정된다. 이와 같은 품질을 설계규격에의 적합품질(quality of conformance)로 정의하면 품질에 대한 주관적 요소는 제거되고 오로지 객관적이고 수량적으로 품질수준을 측정할 수 있게 된다.

종합적 품질경영

과거의 품질관리는 품질기사가 제조된 제품에서 불량품을 골라내는 검사 위주이었다. 그러나 1970년대 말부터 경쟁이 치열해지고 소비자들의 욕구가 다양화함에 따라 품질의 전략적 중요성을 인식하기 시작하였다.

일본의 품질관리를 전사적 품질관리(company-wide quality control: CWQC)라고 하는 데 대해 미국의 관리자들은 종합적 품질경영(total quality management: TQM)이라는 개념을 사용한다.

이는 전략적 경영과정으로 시작하여 제품설계, 제조, 마케팅, 재무 등으로 확대된다. TQM은 고객만족을 위하여 전사적으로 품질향상활동을 실행하고 관리하는 전략이라고 정의할 수 있다.

6시그마

6시그마(6 sigma, 6σ)란 공정에서 생산되는 모든 제품의 양품확률이 99.9997%임을 의미한다. 개념적으로 6시그마는 불량품의 발생을 줄이고, 비용을 줄이고, 고객만족을 증진시키고자 하는 프로그램이라고 할 수 있다.

기업의 모든 구성원들의 참여하에 6시그마 프로그램은 원래 불량을 제거하는 품질향상을 위한 기법으로 출발하였지만 지금은 설계, 생산, 고객서비스, 재고관리, 배송 등 폭넓게 적용하여 프로세스의 효율성을 통한 저비용, 시간절약, 고객만족을 유도하고 프로세스의 효과성을 통한 수익성을 증진하여 궁극적으로 기업의 경쟁력을 강화하는 수단으로 사용되고 있다. 이와 같이 6시그마는 경영의 모든 부문에서 결점예방을 위한 전략으로 발전되어 왔다.

6시그마 개념을 도입하는 데는 두 가지 측면이 있다. 첫째, 기술적 측면은 공정성과를 개선하고, 공정변동을 줄이고, 통계적 방법을 사용하고 DMAIC라고 하는 공정개선모델(process improvement model)을 사용하는 것이다. 이러한 방법은 Deming의 PDSA 사이클과 아주 흡사하다.

DMAIC란 다음과 같은 다섯 개의 단계를 거친다.

1. **정의**(define) 개선하고자 하는 공정을 선정한다.
2. **측정**(measure) 품질변수에 대한 자료수집과 개선할 목표를 설정한다.
3. **분석**(analyze) 품질문제의 근본원인을 규명하고 대안을 분석한다.
4. **개선**(improve) 공정이나 절차를 변경하고 개선효과가 있는지 체크한다.
5. **통제**(control) 새로운 공정의 성과가 유지되도록 관리한다.

둘째, 인적 측면은 기업의 모든 구성원의 참여를 의미한다. 모든 종업원들은 기술적 도구를 사용하는 방법을 훈련받고 품질문제를 발본색원할 책임을 갖는다.

6시그마를 효과적으로 이끌기 위해서는 전문가가 필요한데 이들은 조직에서 우수한 사람들에 수여하는 벨트 인증을 받아야 한다. 6시그마 전문가들로는 챔피언(champion), 마스터 블랙벨트(master black belt), 블랙벨트(black belt), 그린벨트(green belt), 화이트벨트(white belt) 등이 있다.

E/X/E/R/C/I/S/E
토론문제

01. 생산·운영관리의 의의와 중요성을 설명하라.

02. 생산시스템을 설명하라.

03. 생산성을 설명하고 왜 중요한지 말하라.

04. 생산·운영관리의 목표를 설명하라.

05. 공정선정과 제품개발/설계는 동시에 수행해야 하는가?

06. 신제품 개발방법을 설명하라.

07. 제품흐름에 따라 생산공정의 형태를 분류하라.

08. 생산능력의 개념과 측정방법을 요약하라.

09. 입지선정의 영향요인을 설명하라.

10. 공급사슬관리에 관하여 설명하라.

11. 재고관리의 의의와 재고비용을 설명하라.

12. 린 생산시스템에 관하여 설명하라.

13. 품질을 정의하고 그의 중요성을 설명하라.

14. TQM을 설명하라.

15. 6시그마란 무엇인가?

제17장

마케팅관리

기업은 설립목적을 달성하기 위해서 생산부에서 품질좋은 제품이나 서비스를 생산하면 이를 필요로 하는 고객에 만족을 주면서 판매해야 한다. 물론 마케팅의 주된 임무가 판매활동이지만 오늘날에는 경쟁의 심화로 인하여 고객의 다양한 욕구를 만족시키고 고객에 가치를 창조하고 전달할 뿐만 아니라 고객관계를 유지하고 발전시키는 기능을 수행해야 한다.

따라서 마케팅은 고객이 누구이고 그들의 요구가 무엇인지 찾아내어 생산부와 함께 팀을 이루어 고객을 만족 내지 감동시킬 제품이나 서비스를 개발하고 생산토록 한 후 그 제품이나 서비스를 적정가격에 판매·유통하여 고객에 넘겨주어야 한다.

본장에서는 마케팅관리의 개념, 마케팅관리 철학의 발전과정, 마케팅관리의 과정, STP전략의 수립, 마케팅믹스 전략, 판매촉진전략 등을 간단히 공부할 것이다.

마케팅관리

1. 마케팅의 의미

기업의 3대 기능은 생산, 마케팅, 재무이다. 생산부에서 생산한 제품을 소비자에게 전달하는 기능이 판매활동인데 마케팅은 이러한 판매활동 그 이상의 활동을 내포하고 있다.

기업은 일반적으로 마케팅부를 두고 고객가치를 창출하고 전달하는 책임을 지게 하고 있는데 마케팅은 마케팅부에서만 하는 것이 아니다. 모든 종업원은 고객에 영향력을 행사할 수 있으며 고객은 회사번영의 원천임을 인식해야 한다. 이와 같이 마케팅은 부서간 팀워크가 되어 그의 중요한 과정들을 관리해야 한다.

마케팅(marketing)이란 기업의 이윤을 목적으로 하되 기업이 생산한 제품과 서비스를 고객의 다양한 필요(needs)와 욕구(wants)를 최대한 만족시켜 주면서 소비자에게 유통시키는 일체의 기업활동을 말한다. 여기서 필요란 인간이 살아가는 데 꼭 있어야 할 의식주, 안전, 소속감 등과 같은 기본적인 것들이 부족한 상태를 말한다. 한편 욕구란 인간이 느끼는 본능적 필요를 충족시킬 수 있는 어떤 수단을 원하는 것을 말한다. 즉 마케팅은 고객에 가치(value)를 창조하고 전달할 뿐만 아니라 고객관계를 조직에 유리하게 유지하는 조직의 기능이요 일련의 과정이다. 여기서 마케팅관리(marketing management)란 기업이 제품, 가격, 촉진, 유통 등 종합적 마케팅활동을 계획하고 이를 위한 조직을 구성하고 그에 의해서 실행되는 활동을 관리하고 통제하는 과정이라고 정의할 수 있다.

따라서 마케팅은 고객이 누구이고 그들의 욕구가 무엇인지 찾아내는 것, 고객을 만족 내지 감동시킬 제품이나 서비스를 개발하는 것, 그 제품이나 서비스를 적정가격에 판매·유통하여 고객이 소유하게 하는 것 등이 목표가 된다.

오늘날 기업간 제품이나 서비스의 판매경쟁은 아주 치열하다. 우리나라의 경우 전체 생산량이 전체 수요량보다 커 공급과잉의 상태가 일반화되어 있고 구두, 의료, 가전, 제약, 자동차, 청량음료, 식품 등 소비재의 경우 품질이나 가격에 차별성을 인식할 수 없어 경쟁회사와 고객만족이라는 도구로 경쟁하게 되었다.

그럼 고객만족이란 무엇인가? 고객만족(customer satisfaction)이란 고객이 제품 또는 서비스에 대해 원하고 바라는 것을 기대 이상으로 충족시킴으로써 재구매율을 높이고 그 품질좋은 제품 또는 서비스에 대한 선호도를 지속시켜 주는 상태를 말한다. 고객감동(customer excitement)은 고객만족보다 더 높은 수준의 만족도를 주는 상태를 말한다. 고객만족도를 높이고 고객의 불만을 효과적으로 처리하여 고객의 충성도(loyalty)를 높이면 고객을 계속 유지하고 따라서 기업이익이 증대하게 된다. 고객만족을 경영목표로 삼는 고객만족경영은 결국 고객의 유지와 구전 광고효과를 통한 신규 고객의 확장으로 시장점유율이 확대되고 경쟁력우위가 가능하고 기업이익이 증대된다.

2. 마케팅관리 철학의 발전과정

마케팅의 경영철학은 시대의 변천에 따라 진화해 왔는데 이는 기업이 얼마나 소비자 지향적이냐는 기준에 따라 다음과 같이 분류할 수 있다.

생산위주 경영

소비자의 필요와 욕구에 관계없이 생산자가 제품이나 서비스를 생산만

하면 판매하는 데는 별로 문제가 없었기 때문에 생산자는 오로지 효율과 생산성에만 신경을 써 원가절감을 통한 가격인하로 생산량을 증대하기 위한 방안에 초점을 맞추는 경영철학이다. 우리나라 1960년대 설탕, 밀가루, 시멘트의 3분 산업이 이에 해당된다.

제품위주 경영

이 개념은 소비자들은 품질, 성능, 혁신적 특성을 갖는 제품을 선호한다는 가정을 전제로 한다. 경영자들은 오로지 제품향상에만 초점을 맞추려 했다. 그러나 신상품이나 개량된 제품도 가격이 알맞고, 유통이 신속하고, 광고가 잘 될 때에만 성공할 수 있는 것이다. 우리나라 1970년대 라디오와 TV 등 가전산업이 이에 해당된다.

판매위주 경영

이 개념은 소비자들은 기업이 광고, 할인, 세일, 사은품 증정 등 공격적인 대규모 판매촉진노력이 없으면 해당 제품을 구매하지 않을 것이라는 가정을 전제한다. 따라서 이 개념에 의하면 마케팅의 목적은 일단 만들어진 제품을 더 많은 사람에게 판매하여 더 많은 이익을 남기는 것이 된다. 이 경우 시장이 원하는 것을 생산하려고 하기 보다는 우선 만들어서 팔고 이윤을 늘리기 위한 판매위주의 경영철학이다. 우리나라 1980~90년대 기업에 해당된다.

마케팅위주 경영

지금까지 생산-판매라는 제품중심 경영철학이 지배하였으나 경쟁이 치열한 우리나라 경우 1990~2000년대에는 느낌-반응이라는 고객중심 경영철학으로 발전하였다. 이 개념에 의하면 제품을 생산한 후 이의 고객을 찾는 것이 아니고 고객이 원하는 것이 무엇인지 파악하고 고객의 욕구를 경쟁자보다 더 잘 만족시킬 제품을 생산하고 가격, 촉진, 유통을 계획하고 실행하는 것이기 때문에 마케팅활동은 판매활동보다 먼저 행해지고 따라서 판매는 마케팅의 일부라고 인식한다. 즉 판매자의 욕구가 아니고 구매자의 욕구충족을 통해 판매를 증대시키고자 하는 데에 초점을 맞추려는 것이다. 고객에 가장 큰 가치를 제공하는 제품을 판매하고자 한다. 이를 위해서는 편익(benefit)은 높이고 비용은 낮추도록 한다. 한편 고객의 획득(acquisition)도 중요하지만 평생고객으로의 유지(retention)에 더욱 많은 노력을 경주한다.

사회위주 경영

최근 기업의 사회적 책임이 강조됨에 따라 마케팅개념 외에도 사회 전체의 복지증대의 방향으로 마케팅활동을 수행하여야 한다는 경영철학이 대두하였다. 이러한 개념에서는 환경친화적인 제품을 생산하게 되어 사회와 소비자들로부터 좋은 평가를 받게 된다.

3. 소비자행동

소비자의 구매결정 과정

소비자행동(consumer behavior)이란 개인, 그룹 또는 조직이 그들의 요구와 욕구를 만족시키기 위하여 상품, 서비스, 아이디어, 경험 등을 어떻게 선정하고, 구매하고, 사용하고, 처분하는가를 연구하는 것을 말한다.

상품이나 서비스의 최종구매자는 소비자이다. 오늘날 고객만족경영이 강조되는 사회에서 소비자들의 구매행동에 관심을 갖는 것은 당연하다고 할

그림 17-1 소비자의 구매과정

문제의 인식 → 정보탐색 → 대안평가 → 구매결정 → 구매 후 행동

수 있다. 최종소비자가 어떤 동기를 가지고 어떤 태도로 상품이나 서비스의 구매를 결정하며 이러한 과정에서 영향을 미치는 요인들에는 어떤 것들이 있는지를 연구하는 것은 마케팅의 핵심이랄 수 있다.

소비자가 상품을 구입하는 과정은 실제의 구매행위 훨씬 이전에 구매의 필요성을 느끼면서 시작하고 구매를 한 후의 행동까지 포함한다. 이는 〈그림 17-1〉에서 보는 바와 같다.

① 문제의 인식

소비자가 자신의 현재상태와 바람직한 상태와의 차이를 메꾸고자 하는 욕구가 발생하여 이를 충족시키려는 동기가 발동하는 것이 문제의 인식이고 이로부터 구매과정으로 들어 간다. 또는 광고나 주변사람 등과 같이 외부로부터의 자극이 문제인식의 계기가 될 수 있다.

② 정보의 탐색

소비자가 문제를 인식하고 구매동기가 발동하면 그 문제를 해결하기 위하여 필요한 정보를 탐색하고 수집한다. 이를 위해서는 개인적 경험, 친구, 친척, 이웃, 대중매체 등을 통할 수 있다.

③ 대안의 평가

소비자는 시간과 노력상 모든 대안을 탐색하는 것이 아니고 몇 개의 대안들만을 고려대상에 넣는데 이에 포함된 상품이나 브랜드를 고려상표군 (consideration set)이라고 한다. 소비자는 선정된 고려상표 대안을 평가할 때 평가기준과 그의 가중치를 정한다. 이때 가치가 제일 큰 상품을 선정하게 된다.

④ 구 매

대안평가에 의거한 구매의향은 미처 예상하지 못했던 품절이나 불친절한 판매원 같은 상황적인 요인, 구매행동의 결과에 대한 준거집단의 평가, 호의적인 태도의 변경 등에 영향을 받아 최종구매에 이른다.

⑤ 구매 후 행동

상품 사용 후 소비자는 만족 또는 불만족을 느끼게 된다. 만족하면 재

구매할 것이고 불만족하면 불평을 늘어 놓는다.

구매행동의 영향요인

① 문화적 · 사회적 · 개인적 요인

첫째, 문화(culture)란 특정 조직이 공유하는 신념, 이념, 가치관, 관습, 의식, 규범 등을 말한다. 사람의 가치구조는 그의 구매행동에 영향을 미친다.

둘째, 사회계층(social class)이란 사회적 지위와 경제력의 수준이 비슷한 사람들의 집합이다. 같은 계층에 속한 사람들은 비슷한 태도와 가치를 가지며 따라서 비슷한 구매행동을 하게 된다.

셋째, 준거집단(reference groups)이란 소비자가 구매결정을 할 때 비교의 기준으로 삼는 집단을 말한다. 소비자들은 혈연, 학연, 지연에 바탕을 둔 준거집단의 영향을 크게 받는다. 소비자는 구매결정을 할 때 주위 사람들이 무엇을 갖고 있으며 자기의 구매에 대해 어떻게 생각할지에 신경을 쓰게 된다. 예를 들면, 승용차, 가방, 구두, 골프클럽, 신사복 등이다.

넷째, 준거집단 중에서 가족은 개인의 구매행위에 가장 큰 영향을 미친다. 많은 상품의 경우 구매결정은 개인 수준이 아니라 가족 수준에서 이루어진다. 이때 상품을 사용하는 사람, 구매결정을 내리는 사람, 돈을 지불하고 구매하는 사람이 다를 수 있다.

다섯째, 소비자 행동에 영향을 미치는 개인적 요인들로는 연령, 생활양식, 직업, 소득 등이 있다.

② 심리적 요인

소비자들은 동기유발, 지각, 학습, 태도 등 심리적 요소에 의해서 구매행위가 영향을 받는다.

4. 마케팅관리의 과정

마케팅 목표와 전략

기업은 기업의 사명을 수행하기 위하여 기업전략과 사업전략을 수립한다는 것은 제10장 경영전략에서 이미 배운 바와 같다. 기능전략으로서 마케팅전략과 목표는 사업전략을 지원하기 위하여 이에 연계하여 설정한다. 마케팅관리활동의 목표는 마케팅 담당자들이 나아갈 방향을 제시해 준다. 마케팅목표는 구체적이고 측정가능해야 하고 달성시점을 명시해야 한다. 그래야 마케팅부에서 행해지는 모든 의사결정은 마케팅목표와 일관성을 가지게 된다.

마케팅 목표는 일반적으로 개별 브랜드(brand)나 상품별 이익, 매출액, 시장점유율 등과 같이 계량적이고 재무적인 수치로 나타낸다. 예를 들어 어떤 회사의 금년 사업목표가 수익성 10% 증대라고 하면 마케팅전략은 수익성을 증대시키기 위한 가격인상, 광고비 삭감, 원가절감 등에 맞추어야 한다.

일단 마케팅 목표가 설정되면 SWOT분석을 통하여 시장기회를 찾아내고 이를 이용하기 위한 마케팅전략을 수립하게 된다. SWOT분석이란 기업의 강점(strength)은 무엇이고 약점(weakness)은 무엇인지 파악하기 위하여 내적 기업분석을 실시하고, 기업이 이용할 수 있는 기회(opportunity)는 무엇이고 피해야 할 위협(threat)은 무엇인지 밝히기 위하여 외부 환경분석을 실시하는 것을 말한다. 이때 특히 중요한 것은 경쟁자에 대한 분석과 고객에 대한 분석이다.

SWOT분석을 하기 위해서는 시장, 경쟁환경, 소비자행동, 기업의 현황 등에 관한 마케팅정보를 수집·가공·분석 등을 수행해야 한다.

내·외 환경분석을 실시하는 이유는 환경이 기업의 목적을 달성하는 데 영향을 미치고 관리자의 의사결정에 영향을 미치기 때문이다.

환경분석이 끝나면 이에 입각하여 마케팅전략을 수립할 수 있다. 전략은 위협에 맞서고, 약점은 보완하고, 기회와 강점은 최대한 활용하는 방향으로 수립한다.

　　마케팅 목표와 시장기회를 이용하기 위한 STP전략과 마케팅믹스전략을 차례로 수립하게 되는데 이들에 관해서는 다음 절에서 자세히 설명할 것이다.

　　마케팅전략을 위한 관리활동을 수행하는 과정에서 통제가 이루어지고 완료된 후에는 평가가 있어야 한다. 설정된 마케팅목표와 전략이 차질 없이 수행되도록 마케팅활동을 통제하고 성과평가는 추후 마케팅활동에 피드백되어 합리적인 마케팅전략 수립에 참고자료가 된다. 지금까지 설명한 마케팅관리의 과정은 〈그림 17-2〉에서 보는 바와 같다.

그림 17-2　마케팅관리의 과정

기업전략과 사업전략

↓

마케팅목표 설정

↓

SWOT분석

↓

STP전략 수립
• 시장세분화
• 목표시장 설정
• 제품 포지셔닝

↓

마케팅믹스 전략수립
• 제품
• 가격
• 유통경로
• 판매촉진

↓

마케팅활동 수행　→　평가

통제와 피드백

5. STP전략의 수립

STP란 시장세분화(market segmentation), 목표시장(target market) 선정, 제품 포지셔닝(positioning)의 머리글자를 딴 것이다. 이 전략은 마케팅관리활동 단계 중 시장분석을 통하여 발견한 기회를 활용하기 위하여 수립한다.

시장세분화

시장조사 및 분석의 결과 발견한 좋은 시장기회가 있을 때 시장 내 모든 고객에 한 가지 제품만을 대량생산하여 값싸게 판매하는 대중마케팅(mass marketing)전략을 구사할 수 없다. 왜냐하면 고객들의 욕구가 다양하기 때문이다. 시장세분화란 한 기업이 시장을 일정한 기준에 따라서 몇 개의 동질적인 소비자집단으로 나누는 것을 말한다. 소비자들의 욕구는 점점 다양화하고 이러한 욕구는 만족시켜야 하기 때문에 비슷한 욕구를 갖고 있는 고객들을 묶어 작은 시장으로 간주하는 시장세분화는 필연적이다.

세분화할 때 각 시장의 소비자들은 최대한 서로 이질적이어야 하고 시장 내에서는 최대한 동질적이어야 한다. 시장세분화는 대량생산을 하는 기업의 경우 맞춤생산을 할 수 없으므로 생겨난 타협책으로서 현대 마케팅의 핵심이다. 시장세분화 없이 마케팅계획을 수립하는 것은 거의 불가능하다.

기업은 시장을 세분함으로써 다음과 같은 이점을 얻는다.

- 소비자들의 욕구에 맞는 제품을 공급하고 마케팅믹스를 개발함으로써 그들의 욕구를 더욱 충족시킬 수 있다.
- 상표에 대한 충성도가 높아진다.
- 강점을 최대로 활용할 수 있는 세분시장에만 마케팅노력을 투입하므로 경쟁우위를 확보할 수 있다. 시장세분화의 핵심은 고객의 욕구를 더 잘 충족시키기 위하여 여러 개의 상품을 내놓는 것이다.

한편 회사가 처한 상황에 따라 결정되는 적합한 세분화 변수로는 다음과 같은 것이 있다.

- **지리적 변수**: 지역, 인구밀도, 도시의 크기, 기후 등이다. 산업에 따라서는 지리적 변수에 따라 고객의 필요나 욕구가 다르다.
- **인구통계적 변수**: 나이, 성별, 가족규모, 가족수명주기, 소득, 직업, 교육수준, 종교 등이다. 이 방법은 소비자의 욕구, 선호, 사용량 등이 이러한 변수들과 상관관계가 높고 또 변수들이 측정하기 쉽기 때문에 널리 이용된다.
- **심리분석적 변수**: 사회계층, 생활양식, 개성 등이다. 이러한 변수들은 인구통계적 변수보다 소비자에 대한 정보가 더욱 구체적이다.
- **행태적 변수**: 추구하는 편익, 사용량, 제품에 대한 태도, 상표충성도, 상품구매단계 등이다.

이상의 방법으로 시장을 세분하였을 때 몇 개의 시장에 진출할 것인가에 대한 대안으로는 다음과 같이 세 가지가 있다.

- **비구별화 마케팅**(undifferentiated marketing): 각 세부시장 사이의 차이를 무시하고 모든 시장에 똑같은 제품을 판매하는 대중마케팅이다. 제품생산비, 재고비용, 수송비, 마케팅 조사비용, 광고비 등이 절약된다. 이 전략은 소비자들 사이의 욕구 차이가 크지 않을 때 사용한다.
- **구별화 마케팅**(differentiated marketing): 각 세분시장에 맞는 마케팅믹스를 적용한다. 복수의 마케팅믹스를 사용하는 데 따르는 제품생산비, 관리비, 재고비, 광고비 등의 증가는 불가피하다. 따라서 비용의 상승보다 매출액의 상승이 큰 경우에 적합한 전략이다.
- **집중마케팅**(concentrated marketing): 기업의 자원이 한정되어 있는 경우 소수의 작은 시장에 집중한다. 그 시장에 대한 전문적인 지식과 명성으로 높은 시장점유율을 가질 수 있다.

목표시장의 선정

세분시장을 평가한 후 진입할 가치가 있는 시장 및 범위를 결정하여야 한다. 이를 목표시장(target market)이라고 한다. 이는 표적시장이라고도 한다.

세분시장을 선정하기 위해서는 기업의 자원, 제품의 동질성, 제품수명주기, 시장의 동질성, 경쟁사의 마케팅전략을 고려해야 한다.

포지셔닝전략

표적시장이 결정되면 표적고객들의 마음 속에 자사제품을 경쟁사 제품과 비교하여 어떠한 차별적 우위로 위상정립시킬 것인가에 대한 전략이다.

포지셔닝의 단계는 다음과 같다.

- 제품이 주는 구체적인 혜택에 의한 포지셔닝이다.
- 상표개성에 의한 포지셔닝이다.
- 상표가 함의하는 가치에 따른 포지셔닝이다.

기업이 포지셔닝을 위해 사용할 수 있는 도구는 속성, 가격, 품질, 손쉬운 사용법과 응용법, 포장, 배달속도 등이다. 기업이 제품의 성공적인 포지셔닝을 위해 취할 수 있는 방법은 현재 자사제품과 경쟁제품의 위치를 나타내는 포지셔닝 맵(positioning map)을 이용하는 것이다. 경쟁자들의 강·약점을 면밀히 검토하여 경쟁사를 이길 수 있는 위치를 선택해야 한다.

6. 마케팅믹스 전략

기업이 표적시장을 결정하면 마케팅관리 목적을 달성하기 위해 구체적 전략을 수립하게 되는데 이 전략을 마케팅믹스 전략(marketing mix strategy)이라고 한다. 이때 사용하는 변수들은 어떤 제품(product)을, 얼마의 가격(price)으로, 어떤 유통경로(place)를 통해 공급하고, 어떻게 판매촉진(promotion)할 것인가 등 4P인데 마케팅목표를 달성하기 위해 전략을 수립할 때 이들 4P를 어떻게 적절히 배합(mix)할 것인가를 신중히 고려해야 한다.

4P는 판매자의 관점에서 볼 때 구매자에게 영향을 미칠 마케팅도구이고 구매자의 관점에서 볼 때 각 마케팅도구는 구매자에게 혜택을 전달하도록 설계된 것이다.

제품전략

마케팅믹스 전략에서 맨 먼저 해야 할 일은 어떤 제품을 생산·판매할 것이냐이다.

① 제품의 정의

제품(product)이란 소비자의 필요나 욕구를 충족시킬 수 있는 유형재뿐만 아니라 서비스, 장소, 아이디어, 사람, 조직체 등을 말한다. 소비자들이 제품을 구매하는 목적은 그 제품 사용으로 얻는 편익(benefit)의 뭉치를 통해 욕구를 충족시키기 위함이다. 고객이 느끼는 편익의 크기는 제품 자체뿐만 아니라 가격, 촉진, 유통 등 여러 가지 요인에 영향을 받아서 고객이 주관적으로 결정한다.

소비자들이 제품사용으로 얻는 편익에는 세 가지 종류가 있다.

- **기능적 편익**: 제품이 주는 일차적 기능(예: 볼펜의 글쓰기 기능)
- **심리적 편익**: 제품의 구입, 소유, 사용에 따른 심리적 만족감
- **사회적 편익**: 제품의 사용을 통한 자신의 개성표현

② 제품믹스와 제품라인의 관리

한 기업이 생산하는 제품 중 물리적·기술적 특징이나 용도에 있어 서로 연관성이 큰 제품들의 집합을 제품라인(product line)이라고 한다. 제품믹스란 한 기업이 생산하여 판매하는 모든 제품라인과 품목을 일컫는다.

제품믹스의 너비란 제품라인의 수를 의미하고 제품믹스의 길이란 제품

| 표 17-1 | 제품믹스의 한 예

라인 1	라인 2	라인 3	
승용차	트럭	버스	
소형	일반화물	소형	길
중형	덤프트럭	중형	이
	레미콘	대형	

너 비

믹스 안에 있는 품목의 수이다(〈표 17-1〉 참조).

③ 신제품개발의 중요성

소비자들의 욕구는 다양화하고 있으며 빠른 속도로 변하고 있다. 따라서 새로운 기술로 개발한 신제품을 빨리 시장에 내놓는 속도(speed) 경쟁이 치열하다. 신제품개발은 기업의 성장에 큰 기여를 하지만 큰 실패율에 의한 위험과 손실이 따른다. 따라서 신제품개발과정을 철저히 관리하여 꼭 성공할 제품만을 출시하도록 해야 한다.

가격전략

기업이 시장에서 경쟁회사의 제품과 경쟁할 때 사용하는 도구로는 가격 외에도 품질, 시간, 서비스, 기술 등이 있는데 이 중에서 가장 강력한 것은 가격이다.

① 가격의 의미

가격(price)이란 구매자가 제품이나 서비스를 구매할 때 판매자에게 대가로 지불하는 금액이다. 가격은 마케팅믹스 중에서 경쟁에 가장 민감한 변수이며 경쟁우위 확보의 원천이다. 그런데 가격은 다른 마케팅믹스의 종속변수로서 다른 마케팅믹스가 변경되면 가격 또한 변경할 수밖에 없다.

가격은 기업의 수익에 직접적인 영향을 미치기 때문에 아주 중요한 변수이다. 아무리 좋은 제품이더라도 가격이 너무 높으면 팔리지 않아 수익을 올릴 수 없고 가격이 너무 낮으면 판매량은 늘지만 수익을 올릴 수 없다. 가격의 수준을 어느 정도로 하느냐에 따라 판매량에 바로 영향을 미치고 이는 나아가 기업의 수익에 영향을 미치기 때문에 기업은 가격결정에 신중을 기할 수밖에 없다.

개별제품의 가격을 책정할 때 고려하는 기준으로는 첫째, 제조원가이다. 원가 이하의 가격책정은 아무런 의미가 없기 때문에 원가는 가격의 하한선이 된다. 원가 외에 고려할 요인으로는 마케팅목표/포지셔닝, 경쟁제품의 원가와 가격수준, 고객의 심리와 행동, 수요, 제품의 수명주기, 제품의 유형과 제조방법 등이다. 가격의 상한선은 이러한 여러 요인들이 복합적으로 결정하겠지만 결국 소비자들이 인정하는 제품의 가치가 된다. 가격-품질 연상효과 (price-quality association)에 의해서 가격이 높으면 품질이 좋을 것이다 라고 생각하는 소비자의 심리를 활용하여 어떤 제품에 대해서는 고가전략을 사용하는 경우가 있다. 이와 같이 제품의 가격은 관리가 가능한 것이다.

② 신제품의 가격전략

신제품을 출시할 때 기업이 취할 수 있는 가격전략에는 스키밍전략 (skimming strategy)과 침투전략(penetration strategy)이 있다.

- **스키밍전략**: 신제품의 가격이 처음에는 높았다가 시간이 지나면서 차츰 내려가게 하는 전략이다. 이 전략은 단기이익을 추구하려는 목적을 갖는다. 현재의 이익을 희생했을 때 나중에 돌아오는 보상이 작을 때 알맞은 전략이다.
- **침투전략**: 낮은 가격으로 제품을 출시하여 짧은 기간 내에 높은 시장점유율을 확보하려는 전략이다. 이 전략은 장기이익을 추구하려는 목적을 갖는다. 단기이익을 희생하기 때문에 장기적 안목과 위험부담능력이 요구된다.

유통경로전략

생산업체와 최종소비자 사이에는 중간상들이 있게 되는데 기업이 어떤 유통경로를 선택하고 중간상의 수를 얼마로 하느냐는 다른 모든 마케팅결정에 중대한 영향을 끼치기 때문에 신중하게 결정해야 한다.

나아가 제조회사의 경영자는 중간상들을 선발하고 경로 구성원들 사이에 발생할 갈등을 잘 해소하고 이들과의 긴밀한 협조를 통하여 경로 전체의 효율을 높이는 등 마케팅경로의 관리를 철저히 해야 한다.

① 유통경로의 의의와 특징

유통경로(distribution channel)란 생산자로부터 제품과 서비스가 소비자 및 최종사용자에게 전달되는 과정에 참여하는 모든 개인 및 회사를 말한다.

여기서 개인 및 회사들이란 생산자, 도매상, 소매상, 소비자, 산업용품의 사용자도 포함한다. 제품뿐만 아니라 서비스도 경로를 갖고 있다.

② 중간상의 필요성

생산자가 소비자에게 제품이나 서비스를 직접 판매하는 직접유통경로보다 이들 사이에 중간상이 개입하는 간접유통경로의 경우 생산자 – 중간상 –

그림 17-3 　유통업자에 의한 접촉효율의 증대

소비자 간의 거래횟수를 줄임으로써 거래비용과 관리비용을 줄일 수 있다. 〈그림 17-3〉을 보면 사례 1의 경우 거래횟수는 9인데 사례 2에서는 6으로 줄어든다.

한편 중간상의 존재로 소비자들은 원하는 제품을, 원하는 시간에, 원하는 장소에서, 원하는 형태로 구입할 수 있다. 이와 같이 중간상은 생산자와 소비자 사이에서 교환과정을 촉진한다. 그러나 중간상을 완전히 없앨 수는 없어도 중간상의 수가 줄어들수록 중간마진이 사라져 가격하락에 도움이 될 수 있다.

③ 유통경로의 기능

유통경로의 구성원들이 생산자로부터 제품을 소비자들에게 전달하는 과정에서 수행하는 기능은 〈그림 17-4〉에서 보는 바와 같다.

그림 17-4 유통경로에서 행해지는 여러 기능의 흐름

판매촉진전략

기업은 생산된 제품이나 서비스를 소비자들에게 판매하여 수익을 올리기 위하여 광고, PR, 판매촉진, 인적 판매 등 여러 가지 수단과 방법을 동

원한다. 이러한 수단 중에서 기업은 판매촉진이라는 수단을 사용하여 여러 가지 목적을 달성하려고 한다.

① 판매촉진의 의의와 목적

판매촉진(sales promotion)이란 단기적으로 어떤 제품의 매출을 증대시키기 위하여 제조업체 또는 중간상이 사용하는 할인쿠폰, 무료샘플, 사은품 증정, 세일 등 모든 수단을 말하는데 제품구입의 이유를 제공해 주는 광고와 홍보 같은 장기적 효과를 노리는 수단과 구별된다.

판매촉진은 〈그림 17-5〉에서 보는 바와 같이 3가지 종류로 구분된다.

- **중간상 판촉**: 제조업체가 중간상에게 시행한다. 밀기전략(push strategy)의 일환이다.
- **소비자 판촉**: 제조업체가 직접 소비자에게 시행한다. 끌기전략(pull strategy)의 일환이다.
- **소매점 판촉**: 중간상이 소비자에게 시행한다.

판매촉진의 목적은 다음과 같다.

- 제조회사나 제품을 부각시켜 광고효과를 얻고자 한다.

그림 17-5   판매촉진의 종류

- 짧은 기간 내에 판매를 대폭 늘리고자 한다.
- 가격에 민감한 소비자들에게 제품의 재구매를 유도하기 위해 한다.
- 계절에 따른 판매의 변동을 줄이려고 한다.

② 판매촉진의 중요성

판매촉진이 마케팅에서 중요한 이유는 회사, 소비자, 경쟁, 유통의 관점에서 살펴볼 수 있다.

- **회　사**: 제품관리자는 연간 판매액이나 시장점유율 같은 단기적 성과 달성을 위해 판촉을 하고자 한다.
- **소비자**: 비계획구매의 비중이 높아지기 때문이다.
- **경　쟁**: 성숙기에 접어든 경쟁제품의 수가 많아지고 차별화가 어려워 짐에 따라 판촉의 효과가 광고효과보다 빠르게 나타난다.
- **유　통**: 유통경로가 전문화, 대형화, 정보화됨에 따라 유통업체들은 중간상 판촉을 요구한다.

③ 판매촉진의 실행순서

효과적인 판매촉진을 위해서는 다음과 같은 단계를 거친다.

- 판촉목표의 설정
- 판촉수단의 결정
- 판촉시행계획의 수립
- 판촉시행계획의 사전시험
- 판촉시행계획의 실행 및 결과의 평가

7. 최신 마케팅 기법

다이렉트 마케팅

다이렉트 마케팅(direct marketing)이란 때와 장소를 가리지 않고 잠재적인 고객 또는 기존의 고객정보를 확보하여 고객과 직접 1:1로 상대하여 주문(반응)이나 거래를 유도하는 것을 목적으로 하는 상호작용적인 마케팅 기법을 말한다.

TV나 신문 등의 광고를 통한 대중마케팅(mass marketing)은 비용이 많이 소요되기 때문에 저비용으로 마케팅 효과를 얻기 위해 사용되는 데 고객에 직접 접촉하는 채널로서는 직접 우편, 전화, 이메일, 카탈로그 마케팅, 텔레마케팅, 웹 사이트, 핸드폰 등이 사용된다.

다이렉트 마케팅에서는 잠재 구매자가 상품을 직접 확인할 수 없는 단점을 갖는다. 다이렉트 마케팅이 가능하기 위해서는 고객에 관한 데이터베이스가 확보되고 이로부터 생애가치(lifetime value)가 높은 잠재 구매자들을 선별할 수 있는 능력을 갖추어야 한다. 이와 같이 다이렉트 마케팅은 선별된 구매자들을 대상으로 하는 것이므로 무차별적으로 대중을 상대로 이루어지는 것은 아니다.

데이터베이스 마케팅

데이터베이스 마케팅(database marketing)이란 기업이 고객에 관한 정보를 수집하여 컴퓨터에 입력하여 데이터베이스를 만든 다음 이 자료를 이용하여 마케팅활동을 하거나 고객관계관리를 위하여 사용하는 마케팅정보시스템의 한 기법이다.

이 마케팅기법은 카드회사, 항공사, 백화점, 금융기관 등에서 널리 사용된다. 고객에 관한 정보는 개인의 나이, 소득, 직업, 가족관계, 학력 등에 관한 정보, 언제, 어디서, 무엇을, 얼마에, 어떻게 샀는가의 구매기록, 설문

조사를 통한 고객의 의·식·주의 생활방식이나 매체접촉에 관한 자료를 포함한다.

데이터베이스가 구축되면 각 고객의 필요와 욕구를 파악하고 이를 만족시킬 수 있는 제품, 가격, 유통경로, 광고매체 등을 정하기 위한 기본자료를 뽑을 수 있다. 한편 기업은 데이터베이스를 필요한 기준에 따라 분석한 후 가장 유리한 고객집단을 대상으로 효율적인 마케팅활동을 집중할 수 있다.

텔레마케팅

텔레마케팅(telemarketing)이란 전화, Internet 등 정보통신수단을 이용하여 잠재 구매자에게 상품정보를 제공하고 반응이나 구매를 유도하는 마케팅방식을 말한다.

텔레마케팅은 회사로 하여금 수입을 증가시키고, 판매비용을 감소시키고, 고객만족을 증진시키는 역할을 한다. 회사는 콜센터를 두고 밖에 있는 고객으로부터 전화를 받아 상담하는 인바운드 마케팅(inbound marketing)과 반대로 안으로부터 밖에 있는 고객에 전화를 걸어 상담을 하는 아웃바운드 마케팅(outbound marketing)을 수행한다. 우리나라의 경우 호텔, 금융, 부동산, 잡지, 비영리단체 등 서비스업에서 주로 사용되고 있다.

텔레비전 홈쇼핑

텔레비전 홈쇼핑(home shopping)이란 케이블 TV 홈쇼핑 채널에서 방송한 상품정보를 보고 구매자가 지정된 전화번호에 전화를 걸어 상품을 주문하고 대금은 은행구좌에 송금하거나 또는 신용카드로 결제하는 판매방법을 말한다.

이 방법은 TV를 시청하는 불특정 다수의 사람들을 대상으로 한다는 점에서 미리 선별된 구매자들을 대상으로 하는 다른 다이렉트 마케팅방법들과 구별된다.

Internet 마케팅

Internet 마케팅이란 Internet에서 웹 사이트를 이용해서 상품을 판매하는 마케팅기법을 말한다. 이는 온라인 마케팅(online marketing)이라고도 한다. Internet을 통한 마케팅은 일반 구매자들을 대상으로 하는 B2C(business-to-consumer) 사이트와 기업을 대상으로 하는 B2B(business-to-business) 마켓플레이스(marketplace)의 두 가지가 있다.

B2C Internet 마케팅은 여러 가지 이점을 준다.

- 시간 및 공간상의 제약 없이 언제나 주문을 받을 수 있다.
- 상세한 상품정보를 제공할 수 있다.
- 기업과 소비자간 거래가 직접 이루어지므로 비용을 절약할 수 있다.
- 이메일을 통하면 쌍방향 커뮤니케이션이 가능하다.
- 시장이나 쇼핑센터 등의 물리적 장소가 불필요하고 쌍방이 직접 만날 필요도 없다.

E/X/E/R/C/I/S/E
토론문제

01. 마케팅의 의의와 고객만족과의 관계를 설명하라.

02. 마케팅관리 철학은 어떻게 발전해 왔는지 설명하라.

03. 소비자의 구매결정과정을 설명하라.

04. 소비자의 구매행동에 미치는 영향요인을 설명하라.

05. 마케팅관리의 과정을 설명하라.

06. STP전략이란 무엇이며 어떤 과정을 거쳐 수립되는가?

07. 포지셔닝전략을 설명하라.

08. 마케팅믹스전략이란 무엇인가?

09. 유통경로의 의의와 특징을 설명하라.

10. 유통경로에서 중간상은 꼭 필요한가?

11. 판매촉진의 의의와 목적을 설명하라.

12. 다음 용어를 간단히 설명하라.
　① 다이렉트 마케팅　　　② 데이터베이스 마케팅
　③ 텔레마케팅　　　　　④ 텔레비전 홈쇼핑
　⑤ Internet 마케팅

제18장

재무관리

기업이 제품이나 서비스를 생산하기로 결정하려면 우선 어떤 제품이냐, 어떤 서비스냐라는 투자결정문제가 따른다. 제품이나 서비스가 결정되면 공장부지, 시설, 장비, 도구 등을 갖추려면 자금이 소요되고 생산에 투입될 노동력을 확보하려면 자금이 소요된다. 이와 같이 기업이 여러 가지 경영활동을 수행하는 데에는 막대한 자금이 소요되기 때문에 이를 저렴한 비용으로 조달하는 문제에 봉착한다.

이와 같이 기업의 자금흐름과 관련하여 경영활동에 필요한 자금을 어떻게 조달하고 어떻게 효율적으로 운용할 것인가는 재무관리자의 핵심 관심사항이다. 이러한 내용은 기업의 가치를 극대화하는 방향으로 진행되어야 하기 때문에 결국 재무관리의 목표나 기업의 목표나 매일반이라고 할 수 있다.

결국 재무관리의 주된 내용은 투자결정에 따르는 자산의 규모와 구성상태를 결정하는 기업자산의 최적배합결정문제와 자기자본과 타인자본을 조달할 때 고려해야 하는 최적자본구조결정문제라고 할 수 있다.

본장에서는 재무관리의 의의와 목표, 화폐의 시간가치, 자본예산의 개념, 개별자산의 투자결정, 포트폴리오 이론, 자금의 조달, 금융시장, 자본비용, 자본구조이론, 배당정책, 파생상품 등에 관해서 공부할 것이다.

제18장

재무관리

1. 재무관리의 의의와 목표

모든 기업은 그의 목적을 달성하기 위하여 제품과 서비스를 생산·판매한다. 이러는 과정에서 기존제품을 계속해서 생산하기도 하고 신제품을 도입하기도 한다. 신제품 도입여부는 최고경영층의 전략적 결정사항이지만 근본적으로는 모든 관련 비용을 제외한 투자수익이 창출되어야 한다.

투자결정이 이루어지면 공장부지, 공장설비, 원자재, 부품, 인적자원 등에 대한 투자활동이 계속되어야 한다. 이때 고려할 사항이 자본을 어떻게 효율적으로 운용할 것인가 하는 문제, 즉 투자결정(investment decision)의 문제로서 자산의 규모와 구성상태를 결정하는 기업자산의 최적배합결정은 재무관리자의 주요 기능이 된다.

다음에 재무관리자가 해야 할 일은 필요한 자산을 구입하는 데 따르는 자금을 언제, 어디서, 어떻게 조달할 것인가의 문제, 즉 최적자본구조결정이다.

이제 재무관리의 정의가 가능해졌다. 재무관리(financial management)란 기업의 자금흐름과 관련하여 경영활동에 필요한 자금을 어떻게 조달하고 어떻게 효율적으로 운용할 것인가에 관련된 계획, 조정, 통제의 통합적인 관리기능이라고 정의할 수 있다.

기업의 모든 경영활동은 자금과 관련되어 있으며 재무관리는 이러한 자금의 조달과 운용을 대상으로 하기 때문에 재무관리의 목표와 기업의 목표는 동일한 것이다. 즉 재무관리의 목표는 이윤의 극대화(maximization of profit)라기보다는 부의 극대화(maximization of wealth)라고 하겠다. 이는 재무관리자가 투자결정과 자본조달결정을 내릴 때 기준으로 삼는다.

부의 극대화는 기업가치의 극대화라고도 한다. 이는 가장 저렴한 자본비용으로 조달한 자금을 가장 수익성 높은 투자안에 투자함으로써 달성할 수 있다. 기업의 가치는 총자산가치로서 채권자의 지분(원금과 이자)과 주주의 자기자본가치(총주식수×주가)로 구성된다. 그런데 채권자의 부채는 영업성과와 관계없이 일정한 값을 갖게 되므로 결국 기업가치의 극대화는 자기자본극대화로 귀결된다고 볼 수 있다.

2. 화폐의 시간가치

오늘의 1원과 내일의 1원이 다르듯 화폐는 동일한 금액이라 할지라도 이자율(interest rate)이 있기 때문에 시점에 따라 그 가치가 다르게 된다. 투자활동을 하든 자금조달활동을 하든 재무활동에는 현재와 미래의 여러 기간에 걸쳐 현금지출과 현금수입 등 현금흐름(cash flow)이 발생한다.

이때 현금흐름의 가치는 현금흐름이 실현되는 시간의 차이에 따라 같은 금액일지라도 서로 차이가 있게 된다. 이를 화폐의 시간가치(time value of money)라고 한다.

화폐의 시간가치에는 현재금액을 이자율을 적용하여 미래시점에서 평가하는 미래가치(future value)와 반대로 미래금액을 할인율을 적용하여 현재시점에서 평가하는 현재가치(present value)가 있다. 현재가치는 줄여서 현가라고도 한다.

재무이론에서는 미래가치보다 현재가치의 개념이 훨씬 더 중요하다. 왜냐하면 거의 모든 재무결정이 현재가치 개념에 의해서 결정되기 때문이다.

3. 자본예산의 개념

　　기업은 미래에 실현될 수익을 얻기 위하여 현재의 자금을 지출하는데 이러한 투자결정은 장기적 전략, 자금조달계획, 미래의 경제상황에 대한 분석 등을 감안하여 신중을 기해야 한다. 왜냐하면 보통 대규모의 투자가 장기간에 걸쳐 수행되고 투자결정의 결과 기업의 수익성이 장기간에 결정되고 미래의 수익에는 위험이 따르게 되어 결국 미래의 기업가치가 영향을 받게 된다.

　　기업의 경영활동을 위한 자금지출에는 그 효과가 단기간에 걸쳐 나타나는 원자재 구입비와 인건비 지급 같은 경상적 지출과 그 효과가 1년 이상의 장기간에 걸쳐 나타나는 신규사업투자, 시설투자, 연구개발비, 광고비, 시장조사비 등과 같은 자본지출이 있는데 자본예산(capital budgeting)이란 이러한 자본지출에 관련된 계획을 수립하는 활동을 말한다.

　　자본예산의 과정은 다음과 같다.

투자목적의 설정

　　기업의 장기전략과 기업 내·외의 환경을 분석한 후 기업가치와 성장을 실현할 수 있는 투자기회를 탐색한다.

현금흐름의 측정

　　선정된 투자기회를 수행할 경우 기대되는 현금흐름의 시점과 크기, 그리고 위험을 측정한다. 여기서는 미래의 현금흐름을 정확하게 알 수 있다고 가정한다. 따라서 현금흐름이 불확실하다고 판정하면 위험하의 자본예산기법을 활용해야 한다.

투자안의 선정

투자안의 현금흐름을 평가한 후에는 순현가법과 내부수익률법 등을 이용하여 수익성, 즉 경제성을 평가하고 투자안의 선정여부를 결정한다.

투자안의 통제 및 재평가

투자안의 경제성 평가 결과에 따라 최적 투자안을 선정하면 이를 시행한다. 시행하는 과정에서 계획대로 진행되는지 평가하고 필요하면 시정조치를 취하고 피드백 기능을 수행한다.

4. 수익률과 위험

수익, 수익률, 위험의 의의

실물자산에 투자한 기업은 제품이나 서비스의 생산 같은 성과를 얻고자 하고 금융자산에 투자한 개인들은 이자, 배당, 증권가격 상승 등 성과를 기대한다. 투자자가 투자해서 얻는 성과를 수익(return)이라 하고 투자에 의해 얻은 수익(총수익−투자금액)과 투자금액의 비율을 수익률이라 한다. 여기서 수익은 절대적 개념인 반면 수익률은 상대적 개념이다.

개별자산의 기대수익률은 미래의 가능한 수익률에 각각의 수익률이 발생할 확률을 곱한 후 이들을 합쳐서 구한다. 이는 미래의 상태에 따라 서로 다른 수익률이 실현되지만 평균적으로 가질 값을 하나로 나타낸 것이다. 즉 수익률의 각 상태에 따른 확률분포의 평균이다.

투자결정은 일반적으로 미래 수익이 불확실한 상태에서 이루어진다. 은행의 정기예금이나 국채매입은 미래의 결과가 확실하다. 그러나 기업이 설비투자를 하거나 개인이 주식을 매입하는 경우에는 미래에 어떤 성과를 얻을지 현재시점에서는 확실히 알 수 없다. 이와 같이 미래의 결과를 확실하게 알 수 없는 상태를 위험(risk)이라고 한다.

위험은 미래수익의 변동가능성을 말한다. 수익의 변동가능성은 확률분포로 나타낼 수 있으므로 위험이 크면 클수록 수익의 확률분포가 넓게 퍼지게 된다. 여기서 위험은 수익률의 확률분포의 분산 또는 표준편차로 측정한다.

개별자산의 투자결정

효용(utility)이란 인간이 어떤 목적물로부터 얻는 만족도를 말한다. 여기서 투자로부터 얻을 수 있는 수익이 크면 클수록 효용은 더욱 커지게 된다.

위험이 따르지 않는 확실한 상태에서 투자자들은 수익률의 극대화를 통해 효용의 극대화를 추구할 수 있다. 그러나 위험이 따르는 경우에는 효용의 극대화가 아니라 기대효용(expected utility)의 극대화를 추구하게 된다.

투자자의 기대효용을 미래수익의 평균과 분산으로 나타내는 모델을 평균-분산모델이라고 한다. 즉 투자자들은 기대효용을 극대화하기 위하여 분산(위험)이 같으면 기대수익률이 가장 높은 투자안을 선정하고 기대수익률이 같을 경우에는 분산이 가장 작은 투자안을 선정할 것이다. 이러한 투자원칙을 지배원리(dominant principle)라고 한다.

특정 투자자에게 동일한 기대효용을 가져다 주는 기대수익(평균)과 분산은 수없이 많은데 이때 기대효용이 같은 평균과 표준편차의 조합을 연결한 선을 투자자의 평균-분산 무차별곡선이라고 한다.

이때 개별자산에 대한 투자결정은 지배원리에 따라 지배를 받지 않아 투자대상으로 남게 된 개별자산(기대수익률과 표준편차로 나타냄)이 특정 투자자의 효용을 나타내는 무차별곡선과 만나는 점들 가운데서 최상위에 있는 최대효용점에서 이루어진다.

〈그림 18-1〉에서 A와 B는 기대수익률과 표준편차의 지배원리를 벗어난 투자가능한 개별자산이다. 그림에서 (a)는 위험회피성향이 강한 투자자의 효용을 의미하는 무차별곡선을 나타내고, (b)는 약한 투자자의 무차별곡선을 나타낸다.

위험회피성향이 강한 투자자는 기대수익률이 다소 낮더라도 상대적으로 위험이 적은 투자안 A를 선택하고 약한 투자자는 위험이 조금 높더라도 높

그림 18-1 투자안 결정

기대수익률

(a)

(b)

B

A

0 표준편차

은 기대수익률의 투자안 B를 선택하게 된다.

5. 포트폴리오 이론

포트폴리오 이론의 개요

실제로 기업이나 개인투자자들은 하나의 개별자산에만 투자하는 것이 아니고 둘 이상의 자산을 동시에 보유하게 된다. 이와 같은 여러 투자대상의 집합을 포트폴리오(portfolio)라고 한다.

투자자의 기대효용을 극대화시킬 수 있는 최적포트폴리오를 선택하기 위해서는 첫째, 포트폴리오 수익률의 확률분포로부터 포트폴리오의 기대수익률과 분산을 구하고, 평균-분산모델에 의한 지배원리를 적용하여, 투자대상이 되는 효율적 포트폴리오(efficient portfolio)를 구한 다음 둘째, 투자자의 취향에 따른 무차별곡선을 그린다.

효율적 포트폴리오를 나타내는 선을 효율적 프론티어(efficient frontier)라고 하는데 이 선과 무차별곡선을 한 그래프상에 나타내고 이들의 접점에서 최적 포트폴리오는 결정된다.

투자자들이 포트폴리오를 구성하는 이유는 여러 자산에 분산투자함으로써 투자수익에는 영향을 미치지 않고도 위험은 줄일 수 있기 때문이다.

포트폴리오 효과

각 포트폴리오의 구성주식, 투자비율, 구성주식의 수익률 사이의 상관계수가 주어지면 각 개별주식의 기대수익률과 표준편차는 공식을 이용하여 구할 수 있다. 한편 포트폴리오의 각 상태별 기대수익률은 포트폴리오 구성주식의 기대수익률을 투자비율로 가중평균하여 구한다.

포트폴리오의 기대수익률과 표준편차는 포트폴리오 수익률의 확률로부터 구할 수 있다.

개별주식의 기대수익률과 이들 두 주식으로 구성된 포트폴리오의 기대수익률은 언제나 모두 동일하고, 각 포트폴리오의 기대수익률도 동일하지만 위험은 구성주식의 수익률 사이의 상관계수에 따라 크게 차이가 있게 된다.

상관계수는 −1.0부터 +1.0까지의 값을 갖는다. 상관계수가 −1.0이라 함은 한 주식이 상승(하락)하면 다른 주식은 하락(상승)하여 완전 부의 관계를 나타내는 것을 말한다. 한편 상관계수가 +1.0이라 함은 두 주식이 같은 방향으로 움직여 완전 정의 관계를 나타내는 것을 말한다. 상관계수가 0이면 두 주식의 수익률이 서로 독립적으로 변화한다.

상관계수가 −1.0인 두 주식으로 구성된 포트폴리오의 위험은 완전히 제거되고 상관계수가 +1인 두 주식으로 구성된 포트폴리오의 위험은 전혀 변화가 없으며 상관계수가 0~+1.0 사이의 경우 위험은 약간 감소하게 된다.

이와 같이 개별주식에 분산투자하여 포트폴리오를 구성함으로써 그의 기대수익률은 감소시키지 않으면서 위험은 감소시킬 수 있는데 이런 효과를 포트폴리오 효과(portfolio effect)라고 한다.

최적 포트폴리오

두 개 이상의 개별증권으로 구성된 포트폴리오의 기대수익률과 위험을 계산하여 그래프에 표시하면 〈그림 18-2〉와 같은 투자가능한 투자기회집합

그림 18-2 투자기회집합

투자기회집합

기대수익률

B

A

0 표준편차

(opportunity set)을 얻을 수 있다. 이 투자기회집합 내에 속하는 포트폴리오는
어떤 주식을 어떤 비율로 투자하는가에 따라 무수히 많게 된다. 실제로 주
식 수익률 사이의 상관계수는 0~+1.0 사이의 값을 가지므로 AB는 곡선을
이룬다.

　이 경우에도 지배원리는 작용한다. 즉 AB선상의 포트폴리오는 서로 무
차별이지만 다른 모든 포트폴리오를 지배한다. 따라서 투자자들은 AB선상
에 있는 포트폴리오 가운데 하나를 선택하게 된다. AB선상의 모든 포트폴

그림 18-3 최적포트폴리오의 결정

기대수익률

(a)

C D

(b)

B

A

0 표준편차

리오를 효율적 포트폴리오라 하고 AB선을 효율적 프론티어라고 한다.

효율적 프론티어에 속하는 포트폴리오들은 기대수익률이 증가하면 위험 또한 증가하므로 어떤 포트폴리오를 선택할 것인가는 투자자가 효용에 따라 결정해야 한다.

투자자의 위험에 대한 태도로 결정되는 무차별곡선이 주어지면 이와 효율적 프론티어의 접점에서 효용이 극대화되기 때문에 최적포트폴리오는 결정된다. 즉 위험회피성향이 강한 투자자는 포트폴리오 C를 선택하고 위험회피성향이 약한 투자자는 포트폴리오 D를 선택하게 되는데 이렇게 함으로써, 그들의 효용을 극대화시킬 수 있다.

6. 자금의 조달

기업은 투자에 필요한 자금을 조달해야 한다. 투자계획에 따라 자본조달의 규모, 원천, 시기와 같은 자본조달계획이 결정된다. 한편 기업이 필요한 자금을 언제, 어디서, 얼마를 조달할 수 있느냐에 따라 자본비용(capital cost)이 결정되고 자본비용은 투자결정에 영향을 미친다. 이와 같이 투자결정과 자본조달결정은 동전의 양면과 같아 동시에 고려해야 한다.

단기 자본조달과 장기 자본조달

자본조달은 조달되는 자본의 만기에 따라 단기 자본조달과 장기 자본조달로 구분된다. 단기 자본조달방법에는 은행이나 종합금융회사로부터의 차입금, 미지급비용, 매입채무, 기업어음, 리스금융 등이 있다. 한편 장기 자본조달방법으로는 주식, 사채, 은행이나 보험회사로부터의 장기 차입금 등이 있다.

그런데 재무관리에서는 자본예산 즉, 장기투자와 연계하여 장기부채와 자기자본 등 장기자본의 조달만을 주로 다룬다.

직접금융과 간접금융

자금의 수요자인 기업이 발행한 주식이나 채권 등 금융자산(증권)을 자금 공급자인 투자자가 직접 만나 거래조건에 따라 매입함으로써 투자자로부터 수요자에게로 자금이 직접 유통되는 방법을 직접금융(direct financing)이라 한다. 직접금융은 금융시장에서 일어난다.

금융시장(financial market)이란 금융자산이 발행·거래되고 그 가격이 형성되는 시장을 말하는데 증권시장(securities market)이라고도 한다. 금융시장은 여유자금을 가지고 있는 가계들로부터 자금을 예치받아 자금을 필요로 하는 기업에 공급하는 기능을 수행한다. 금융시장은 거래되는 금융자산의 만기에 따라 화폐시장과 자본시장으로 구분할 수 있다.

화폐시장(money market)에서는 기업어음(commercial paper : CP), 단기 국공채, 양도성 예금증서, 환매조건부 증권 같은 단기 채권이 주로 유동성 충족을 목적으로 거래된다. 자본시장(capital market)은 장기 금융자산이 거래되는 곳인데 채권시장과 주식시장으로 분류된다.

채권시장(bond market)에서는 기업이나 정부가 발행하는 장기 채권이 거래되며 주식시장(stock market)에서는 보통주와 우선주 등 주식이 거래된다.

직접금융에 따른 여러 가지 문제점을 해결하기 위하여 자금의 공급자와 수요자 사이에 금융에 관한 전문성을 가진 금융중개기관(financial intermediaries)이 개입하여 공급자로부터 자금을 예치받아 수요자에게 공급해 주는데 이를 간접금융(indirect financing)이라고 한다. 상품으로는 요구불예금,

그림 18-4 **금융시장의 분류와 기능**

정기예금, 수익증권 등이 있다.

기업은 금융시장뿐만 아니라 금융중개기관으로부터 차입에 의해 자금을 조달한다. 이때 단기차입은 은행과 종합금융회사로부터, 장기차입은 은행이나 보험회사로부터 하게 된다.

〈그림 18-4〉는 금융시장의 분류에 따른 기능을 보여주고 있다.

자기자본과 타인자본

기업이 자본을 조달할 수 있는 방법에는 조달원천의 성격에 따라 자기자본을 이용하는 방법과 타인자본을 이용하는 방법이 있다. 자기자본이란 기업의 소유자에 의해 주식의 형태로 출자된 자본을 말하고 타인자본이란 자본금 가운데 차입금(은행 대출금), 매입채무(외상매입금과 지급어음), 사채 등을 말한다.

자기자본은 상환의무가 없고 이익이 나는 경우에만 배당을 줄 수 있다. 그러나 타인자본은 영업이익에 관계 없이 이자지급과 상환부담이 따른다.

7. 자본비용

자본비용의 의의

기업은 경영활동에 필요한 자금을 조달하기 위하여 주식이나 사채를 발행할 수도 있고 사내에 유보한 이익을 사용할 수도 있다. 기업은 필요한 자금을 어떤 방법으로 조달하든 자금사용의 대가를 지불해야 한다. 이때 기업이 자금사용의 대가로 자금 공급자에게 지불하는 비용을 자본비용(cost of capital)이라 한다.

타인자본의 사용에 대해 적절한 이자를 지급해야 하고 자기자본의 사용에 있어서도 기회비용이 발생한다. 기회비용(opportunity cost)이란 자기자본 제공자가 다른 곳에 투자했을 때 얻을 수 있는 일정한 투자수익을 포기하고 자기자본으로 제공했을 때에는 최소한 포기한 만큼의 수익률을 요구하게 되는데 이때의 요구수익률을 말한다.

자본비용은 보통 1년간 사용하는 대가로 지불하는 비용을 말하는데 자금조달금액에 대해 지불하는 대가의 비율로 측정한다. 한편 기업의 자본비용이라고 하면 보통 가중평균자본비용을 의미하는데 이는 원천별 자본비용을 각 원천별 구성비율로 가중평균한 값을 말한다.

자본비용의 역할

첫째, 자본비용은 투자할 필요가 있는지를 결정하는 최소한의 수익률이기 때문에 어떤 신규투자안에 투자할 가치가 있느냐의 기준이 된다. 즉 그 투자안의 수익률이 자본비용보다 높으면 투자할 가치가 있고 낮으면 투자해서는 안 된다.

둘째, 신규투자를 할 때 투자로부터 기대되는 현금흐름의 현재가치를 계산할 때 할인율로 자본비용을 사용한다.

셋째, 투자에 필요한 자금을 장기부채로 조달할 것인가, 아니면 주식을 발행하여 조달할 것인가는 자본비용에 따라 결정된다. 이와 같이 기업가치를 최대화하고 자본조달비용을 최소화할 수 있는 자본구조를 결정하는 데 자본비용이 이용된다.

8. 자본구조이론

자본구조의 의의

기업이 필요로 하는 투자자금을 어떻게 조달하느냐에 따라서 자본구조가 달라진다.

자본구조(capital structure)란 총자본에 대한 자기자본과 타인자본의 구성비율을 말한다. 대차대조표의 대변에 나타나는 항목들 중에서 단기의 유동

부채(매입채무, 단기 차입금)를 제외하면 자기자본(보통주, 우선주, 이익잉여금)과 타인자본(장기 차입금, 사채)만 남는다. 따라서 자본구조는 기업이 조달한 자금 가운데서 장기적 성격의 항목들의 구성을 말한다.

기업의 목적은 가업가치의 극대화인데 다른 조건이 동일한 경우 자본구조의 변화가 기업가치와 가중평균 자본비용에 영향을 미치는가, 만일 그렇다면 자본비용을 최소화하고 기업가치를 극대화하는 가중평균 자본비용을 최소로 하는 최적 자본구조(optimal capital structure)는 실제로 존재하는가의 문제는 논란의 대상이 되고 있다.

결국 자본구조이론은 다른 조건이 동일한 경우 자본구조의 변화가 기업가치에 영향을 미치는지의 여부와, 최적 자본구조의 존재여부와, 부채비율이 얼마일 때 이것이 가능한가의 문제이다.

경영위험과 재무위험

기업에 투자한 주주들이 부담하는 위험은 경영위험과 재무위험으로 분류할 수 있다. 경영위험(business risk)이란 기업의 미래 영업이익의 불확실성에 기인하는 위험이다. 경영위험은 기업의 사업투자결정 결과에 따라 발생한다.

기업의 경영위험은 미래의 경기전망, 기업이 속한 산업의 동향, 기업의 경영방식 등에 의존하지만 자본구조와는 직접적인 관련이 없다.

재무위험(financial risk)은 기업이 타인자본을 사용함으로써 발생하는 위험이다. 이 위험은 기업의 자본구조와 관련이 깊다. 기업이 타인자본을 조달하게 되면 원리금과 이자를 상환해야 하기 때문에 주주들에게는 미래이익의 불확실성이 증가한다. 자본구조이론에서는 재무위험이 기업가치에 미치는 영향을 분석하게 된다.

자본구조와 기업가치

자본구조이론은 자본조달정책이 기업가치와 어떤 관계가 있는가를 밝히려는 이론이다. 자본조달정책에 따라 결정되는 자본구조의 변화는 기업전체의 자본비용에 영향을 미치고 나아가 기업가치에 영향을 미친다. 부채비율이 높을수록 기업의 재무위험이 커지고 재무레버러지효과(financial leverage effect) 때문에 타인자본 제공자는 더 많은 이자를 요구할 것이므로 기업전체의 자본비용이 증가하게 된다.

한편 타인자본비용이 자기자본비용보다 낮기 때문에 부채비율이 높을수록 부채의 저렴효과 때문에 기업전체의 자본비용이 낮아진다.

이와 같이 자본구조가 복합적으로 자본비용에 영향을 미치는데 자본비용이 최소일 때 기업가치는 극대화되고 이때 최적 자본구조가 이론적으로 존재한다. 그러나 이는 비현실적인 가정에 입각하기 때문에 논란의 여지가 많은 게 사실이다.

자본구조이론의 발전

타인자본을 사용하면 재무위험이 증가하고 또한 자기자본 평균수익률도 증가한다. 재무위험의 증가는 기업가치를 하락시키는 반면 자기자본 평균순이익률의 증가를 통해 기업가치를 증가시킨다. 이와 같이 상반되는 두 효과를 초래하는 타인자본의 사용 비율을 어떻게 조정하여 기업가치를 극대화시킬 것인가가 자본구조이론의 쟁점이다.

전통적 자본구조이론에 의하면 기업의 부채비율을 증가할수록 부채의 저렴효과 때문에 가중평균 자본비용은 하락하고 기업가치는 증가하는데 기업가치를 극대화하는 최적자본구조가 존재한다는 것이다.

1958년 모디글리아니와 밀러(Modigliani and Miller: MM)는 법인세와 거래비용이 없는 완전자본시장에서는 자본구조와 기업가치 사이에 아무런 관련이 없다고 주장하였다. 그 후 1963년 MM은 법인세가 있는 경우에는 부채비율이 증가할수록 기업가치는 증가한다는 이론을 주장하였다.

그러나 법인세 외에도 파산비용, 대리문제, 정보의 비대칭, 개인소득세 등이 시장을 불완전하게 만들어 이들과 관련된 자본구조이론이 전개되었다.

9. 배당정책

배당정책의 의의

기업은 투자결과로 얻는 이익 중에서 법인세와 부채이자 등을 지급하고 남는 당기순이익을 주주들에 대한 배당과 추후 재투자를 위한 사내유보금으로 처분해야 한다. 배당정책(dividend policy)이란 기업이 영업활동을 수행하여 벌어들인 순이익을 출자자금에 대한 대가로 주주들에게 주는 배당금과 미래투자를 대비하기 위하여 기업 내에 남겨두는 유보이익(retained earnings)으로 배분하는 결정을 말한다.

이때 주주들은 많은 배당금을 원하는 것이 사실이지만 새로운 투자자금의 원천이 되는 잉여금이 줄어들어 성장기회를 놓칠 수 있기 때문에 배당금과 유보이익의 배분수준을 조화롭게 결정하여 기업가치를 극대화하는 것이 배당정책의 목표이다.

배당은 주로 현금 또는 주식으로 하게 되는데 우리나라의 경우 사업연도 종료일로부터 3개월 내에 열리는 주주총회의 의결을 거치도록 하고 있다.

배당정책이론

기업의 배당정책은 주가와 자본구조에 영향을 미친다. 자본구조이론에서처럼 MM 이전에도 배당정책과 기업가치의 관계에 대해 많은 논란이 있었다. 첫째주장은 배당은 기업가치에 영향을 미친다는 것이다. 주주들은 미래의 투자결과에 대한 불확실성으로 확실한 현재의 현금을 선호하기 때문에 배당수준이 높은 기업의 주가가 낮은 기업의 주가보다 높게 형성된다는 것이다.

둘째주장은 배당정책은 기업가치에 영향을 미치지만 기업의 미래 성장 가능성에 따라 다른 결과가 나올 수 있다는 것이다.

그러나 1961년 MM은 완전자본시장의 전제하에서 배당정책은 기업가치와 아무런 관련이 없다는 배당무관련이론(irrelevance theory of dividend)을 주장하고 나섰다. 그 후 전제의 비현실성에 근거한 새로운 이론들이 전개되었다.

10. 파생상품

위험관리

재무관리에서 위험이란 투자로부터 얻는 미래 현금흐름의 변동가능성을 말한다. 따라서 변동가능성이 높으면 위험이 크다고 말할 수 있다. 위험관리(risk management)란 투자자가 미래 현금흐름의 불확실성을 축소하기 위한 관리노력을 말한다. 여기에 사용되는 기법으로 예를 들면, 위험감소를 위한 투자자산의 포트폴리오 구성이다.

본장에서 설명할 선물과 옵션은 위험관리 수단으로 이용되는 대표적인 파생상품이다.

파생상품의 의의

파생상품(financial derivative)이란 국공채, 통화, 주식, 원자재, 곡물, 에너지 등 기초자산의 가격변동에 따라 파생되어 그의 경제적 가치가 결정되는 금융상품을 말한다. 즉 파생상품의 가치가 기초자산의 가치변동으로부터 파생되어 결정된다. 파생상품은 미래에 가격이 오르거나 떨어질 경우 손실을 입을 위험을 사전에 회피할 수 있게 해준다. 예를 들면, 원화환율이 1,200원일 당시 기업이 수출대금으로 1개월 후에 달러를 받기로 하였을 때 그동안 환율변동으로 인한 손실의 위험을 피하기 위해 현재의 환율을 적용하는 선물환 파생상품 거래를 약정하면 1개월 뒤 환율이 1,000원으로 하락하였다 하더라도 미리 약정한 대로 1,200원씩 받을 수 있는 것이다.

파생상품 시장은 장내시장과 장외시장으로 구분할 수 있는데 한국거래소와 같은 장내시장에서는 선물거래가 이루어지고 장외시장에서는 선도거래가 이루어진다.

선물거래

시장에서 이루어지는 거래는 매매계약시점과 결제시점을 기준으로 현물거래와 선도거래로 구분할 수 있다. 현물거래(spot transaction)란 매매계약과 동시에 대금이 지급되고 현물이 인도되는 거래를 말한다. 반면 선도거래(forward transaction)는 매입자와 매도자가 미래의 특정 시점(만기일)에 합의한 특정 자산을 미리 합의한 가격으로 거래하기로 현시점에서 이루는 계약이다. 즉 매매계약이 있은 후 일정 기간이 지나 이미 약정한 대금이 지급되고 매매대상물이 인도되는 거래이다.

선도거래는 장외거래로서 거래당사자 사이에서만 효력이 발생하고 계약불이행의 위험이 따른다. 선물거래(futures transaction)는 선물거래소라는 일정한 결재소에서 매입자와 매도자가 표준화된 기초자산의 수량과 품질, 계약단위, 계약만기 등 조건에 따라 계약을 체결한 후 만기일에 이미 약정한 가격으로 결제하고 그 기초자산을 수령하는 선도거래를 말한다.

선물에는 농산물, 축산물, 금, 주요 원자재(원유, 비철금속) 등을 대상으로 하는 상품선물과 통화, 금리, 주가지수 같은 금융상품이 있다.

선물계약은 보통 실수요자와 실공급자가 미래가격의 변동에 따른 위험을 회피하기 위하여 체결하지만 가격변동위험을 이용한 투자수익을 노리는 투기자도 참여하는 경우도 있다.

옵션거래

옵션(option)이란 미래의 일정 시점 또는 그 전에 미리 약정된 가격으로 주식, 채권, 주가지수 등 기초증권을 매입하거나 매도할 수 있는 권리를 옵션 소유자에게 부여하는 계약을 말한다. 옵션의 만기와 행사가격은 미리 정해졌기 때문에 옵션의 가치는 기초증권의 가격에 따라 변화하게 되므로 옵션이란 조건부 청구권(contingent claim)이라고 할 수 있다.

옵션은 부여된 권리 내용에 따라 콜옵션(call option)과 풋옵션(put option)

으로 구분할 수 있는데 전자는 특정 주식을 일정 가격으로 매입할 수 있는 권리를 말하고 후자는 매도할 수 있는 권리를 말한다. 한편 옵션은 권리행사 가능시점에 따라 유럽형 옵션과 미국형 옵션으로 구분할 수 있는데, 전자는 만기일에만 권리를 행사할 수 있지만 후자는 만기일 이전 언제나 권리를 행사할 수 있다.

선물거래의 경우에는 거래당사자 모두가 만기일의 현물가격에 관계 없이 결제할 의무를 갖는다. 그러나 콜옵션의 경우에는 매입자가 기초증권의 가격에 따라 거래여부를 결정할 권리를 갖기 때문에 만기일까지 기초증권의 시장가격이 행사가격보다 낮으면 옵션의 권리행사를 포기할 수도 있다. 이때 옵션 매도자는 거래이행의 의무가 없다.

계약비용이 없는 선물거래와는 달리 옵션거래에서는 매입자가 매도자에게 계약당시 권리에 대한 대가로 옵션가격(옵션프리미엄)을 지불해야 한다.

E/X/E/R/C/I/S/E
토론문제

01. 재무관리를 정의하고 그의 목표는 무엇인지 설명하라.

02. 화폐의 시간가치를 간단히 설명하라.

03. 자본예산이란 무엇인가? 그의 과정을 요약하라.

04. 투자결정에 따르는 위험을 정의하라.

05. 개별자산의 투자결정은 어떻게 이루어지는가?

06. 포트폴리오 이론을 설명하라.

07. 최적포트폴리오는 어떻게 결정되는가?

08. 직접금융과 간접금융의 차이점을 설명하라.

09. 자기자본과 타인자본을 정의하고 차이점을 설명하라.

10. 자본비용이란 무엇이며 그의 역할을 설명하라.

11. 자본구조이론을 설명하라.

12. 경영위험과 재무위험의 차이점을 설명하라.

13. 배당정책은 자본구조와 기업가치에 어떤 영향을 미치는가?

14. 파생상품이란 무엇인가?

15. 선물거래와 옵션거래의 의의 및 차이점을 설명하라.

제 19 장

정보관리와 e-비즈니스

정보(information)란 중요한 자원이다. 기업의 관리자들은 예로부터 자신들의 업무를 처리하기 위하여 정보를 사용하여 왔으므로 정보관리라는 주제는 굳이 새로울 것도 없다고 할 수 있다. 관리자들은 정보 없이는 계획화, 조직화, 지휘 및 통제를 효과적으로 할 수 없다.

다만 새로운 점이라면 컴퓨터와 정보통신의 발달로 실시간의 정확한 정보가 손쉽게 가용하게 되었다는 점이다. 따라서 점점 더 많은 기업들이 컴퓨터 기반의 정보시스템에 일상의 운영과 의사결정을 위한 정보 제공을 의존하고 있는 것이다.

오늘날 기업의 관리자들에게는 정보와 정보시스템 및 정보기술에 대한 기본적인 이해가 필수적이다. 그리고 정보시스템의 진화과정과 유형을 살펴봄으로써 다양한 형태의 정보시스템이 존재하게 된 배경을 인식하고 현재 처한 상황에 적절한 정보시스템의 활용방법을 모색할 수 있다.

정보기술이 조직의 변화에 어떠한 영향을 미치는지 그리고 정보기술의 발달로 e-비즈니스가 기업경영에 어떠한 역할을 하는지를 살펴보는 것은 매우 유익하다고 할 수 있다.

본장에서는 정보, 정보시스템, e-비즈니스, 전자상거래 등에 대해서 공부할 것이다.

제 19 장

정보관리와 e-비즈니스

1. 정보와 지식

오늘날 정보는 기업의 중요한 자원으로 인식되고 있으므로 정보관리는 매우 중요한 활동이라 할 수 있다. 기업의 관리자들은 정보관리의 주체로서의 역할을 수행하며 또한 정보의 주된 사용자이기도 하다.

이러한 정보는 정보시스템으로부터 산출되며 정보시스템을 제대로 관리, 운영하기 위해서는 정보시스템 조직과 정보시스템 요원이 필요하다. 또한 정보시스템은 지난 40년간 정보기술(infomation technology: IT)의 발전과 더불어 진화를 거듭해 왔다.

정보기술의 발달로 사람들의 생활방식, 직장에서 직무를 수행하는 방식, 기업이 경영행위를 하는 방식이 완전히 바뀌어 가고 있다.

정보의 의미 ┐

기술을 사용하여 더 많은 정보를 생성하는 능력은 관리자에게는 심각한 도전이 되고 있다. 방대한 자료를 특정 목적에 필요한 정보로 만들어야 한다. 자료(data)란 관찰을 기록하고 수집된 사실, 기록, 동영상, 소리 또는 수치를 말하는데 원자료(raw data)라고도 한다. 자료 그 자체는 중요한 가치를 갖지 못한다.

이러한 자료를 경영문제의 의사결정, 통제, 조정 등에 도움이 될 수 있

그림 19-1 정보의 유용성에 영향을 미치는 요인

정확성
(질)

관련성 → 정보의 유용성 ← 적시성

완전성

는 의미 있는 정보로 분석·처리하고 변형시켜야 한다. 정보는 특정 업무를 처리할 때 꼭 필요로 하는 자료이다. 정보(information)는 경영자가 현재 또는 미래에 행동이나 의사결정을 하는 데 이용할 때 가치를 갖게 된다.

자료와 정보의 관계는 생산시스템에서의 원자재와 완제품의 관계와 비교된다. 자료는 원자재로서 완제품이라는 정보를 생산하기 위하여 투입·가공된다. 그런데 사용자의 입장에 따라 자료와 정보의 개념이 달라질 수 있다. 예를 들면, 철판은 제철공장에서는 완제품(정보)이지만 이는 자동차공장에서는 투입물(자료)이 될 수 있다.

정보는 다음과 같은 특성을 갖출 때 가치가 있고 유용하다고 할 수 있다.

- **정확성**(accuracy): 정보는 근거있고 신뢰할 수 있는 현실의 반영이어야 한다. 정확성과 신뢰성이 정보의 질을 결정한다.
- **적시성**(timeliness): 정보는 경영자가 의사결정할 때 즉시 사용할 수 있도록 가용가능해야 한다.
- **완전성**(completeness): 통제활동을 실시하고, 조정을 달성하고, 효과적인 의사결정을 하는 데 부합되는 형태로 모든 정보를 빠짐 없이 경영자에게 제공해야 한다.
- **관련성**(relevance): 경영자의 특정 요구와 상황에 꼭 맞고 적절하며 유

용한 정보이어야 한다.

정보의 유용성(usefulness)에 영향을 미치는 요인은 〈그림 19-1〉이 보여주고 있다.

지식의 의미

사람은 정보를 이용하여 부가가치를 높이기 위하여 지식을 이용한다. 지식(knowledge)이란 사람의 행동과 의사결정에 지침을 주는 본능, 지각, 아이디어, 규칙과 절차 등의 결합을 뜻한다. 지식은 개인의 자산이자 기업의 자원이다. 부가가치 창출에서 지식이 차지하는 역할이 커지고 있다. 20세기 전반까지 노동에 지식을 적용하여 생산성을 향상시키는 데 주력하였다. 오늘날에는 자본과 노동보다 기업의 경쟁우위를 확보하는 데 지식이 중요한 요소가 되었다.

드러커(P. Drucker)가 언급한 대로 앞으로의 사회는 산업사회에서 지식정보사회로 바뀔 것이며 그에 따라 경제주체는 자본가나 노동자에서 지식근로자로, 핵심자원도 토지, 노동 및 자본에서 지식으로 바뀔 것이다.

지식은 암묵지와 형식지로 구분할 수 있다. 암묵지(tacit knowledge)란 개인이 학습과 체험을 통해 쌓은 지식으로 과업을 기술적으로 수행하고, 문제를 해결하고, 의사결정을 할 때 사용하는 개인적, 육감적, 문서화할 수 없는 정보라고 할 수 있다. 예를 들면, 이는 개인·집단·조직의 경험, 이미지, 숙련적 기능, 조직문화, 풍토 등의 형태로 존재한다.

한편 형식지(explicit knowledge)란 언어, 문자, 숫자의 형태로 존재하는 지식을 말한다. 예를 들면, 제품의 모양, 서적과 잡지, 프리젠테이션과 강의. 훈련 프로그램, 데이터베이스, 매뉴얼, 공식, 컴퓨터 프로그램의 형태로 표현할 수 있다.

암묵지는 사람의 두뇌나 조직에 체화되어 있어 습득하는 데 오랜 시간이 요구되고 다른 사람들에게 쉽게 전달할 수 없어 사적으로 사용할 수 있는 반면에 형식지는 모방하기 쉽고 여러 사람들에게 쉽게 전달하여 사용할 수 있다.

기업 내에 존재하는 지식은 80%가 암묵지이고 나머지는 형식지라고 알려져 있다. 기업이 지속적인 경쟁우위를 확보하기 위해서는 모방과 이동이 용이한 형식지보다는 기업에서 보유하고 있는 암묵지를 발굴하고 축적하여 자원으로 공유할 수 있는 시스템을 개발할 필요가 있다고 할 수 있다.

정보의 필요성

관리자들은 효과적인 의사결정을 위해서, 기업활동을 통제하기 위하여, 그리고 기업활동을 조정하기 위하여 정보를 필요로 한다.

효과적인 의사결정을 위해서 관리자들은 기업 내·외로부터 정보를 필요로 한다. 예를 들면, 제품의 가격을 책정할 때 마케팅 관리자는 각 가격에 대한 고객들의 반응에 관한 정보를 필요로 한다. 또한 그는 단위당 원가에 대한 정보를 갖고자 한다. 관리자의 효과적인 의사결정능력은 필요한 자료의 획득 및 처리능력에 달려있다.

기업은 이미 설정한 목표대로 경영활동이 진행되고 있는지 평가하기 위하여 실제 성과에 대한 정보를 적시에 필요로 한다. 경영정보시스템은 기업의 여러 가지 업무를 통제하는 데 이용된다. 예산에 대한 지출을 추적하기 위하여 관련 부서별로 지출현황에 대한 정보를 필요로 한다.

기업의 목적을 달성하기 위하여 부서와 사업부 활동을 조정하는 데도 정보가 필요하다. 예를 들면, 미국의 보잉사는 777제트 항공기를 제작하는 데 3백만 개의 부품과 수천 개의 구성품이 필요한데 이들 부품과 구성품이 공장에 공급되고 생산하는 데 차질이 없도록 조정을 해야 한다.

즉 관리자는 어떤 납품업자가 무엇을, 언제 생산하여 납품할 것인가에 관한 정보를 필요로 한다. 이를 위해서 보잉사는 모든 납품업자와 연결된 경영정보시스템을 설치하여 3백만 구성부품의 흐름을 추적하고 있다.

생산비용의 국가적 차이를 이용하기 위하여 세계적으로 **공급사슬**(supply chain)을 관리함에 있어서도 조정의 문제가 발생한다. 세계적으로 자재, 반제품, 완제품의 흐름을 조정하기 위해서는 정교한 컴퓨터 기반 정보시스템의 구축이 필수적이다.

정보와 지식의 관계

지식은 자료와 정보보다 상위의 개념이다. 자료를 처리하여 얻은 정보에 개인이 그 동안 축적하여 온 경험, 판단력과 주어진 상황을 결합하면 그 개인의 타당한 행동판단기준으로 변환되는데 바로 이것이 지식이다. 이러한 지식은 각각의 개인이 보유하는 고유한 지적가치이다.

이와 같이 자료로부터 정보로, 정보로부터 지식으로 진화하면서 그 의미와 가치가 점차 증가한다. 일본의 노나카 이쿠지로 교수는 정보와 지식의 차이를 〈표 19-1〉과 같이 구분하고 있다. 정보는 전체적, 정태적, 수동적인 반면 지식은 개인적, 동태적, 능동적 성격을 갖는다. 정보는 인간 지식의 흐름(flow)을 말하는 반면 지식은 정보의 축적(stock)을 말한다.

그러나 지식과 정보를 따로 구분하는 것은 별로 의미가 없고 지식과 정보가 하나의 통합된 개념으로 사용될 때 큰 의미를 갖게 된다. 왜냐하면 정보는 지식의 흐름을 가능케 하는 파이프(pipe)와 같으며 그 파이프 속에서 흐르는 것은 지식이라고 말할 수 있기 때문이다.

| 표 19-1 | 정보와 지식의 차이

정 보	지 식
단편적 사고: 원인 또는 결과	종합적 사고: 원인과 결과
수동적: 외부에서 수용	능동적: 주체적으로 생각, 가공, 판단
흐름: 지식창조의 매개, 자료	축적: 사고와 경험을 통해 정보의 체계화
정태적: 가치판단 및 정보체계	동태적: 의사결정과 행동을 통한 가치창출

정보관리의 의미

대학가에서 소규모의 문구점을 운영하는 문구점 주인(관리자)은 단지 '눈으로 훑어봄으로써' 유형의 자산들을 관리할 수 있다. 상품, 매장, 현금, 고객 이동 등의 상황 등 모든 것을 관찰에 의존함으로써 관리할 수 있는 것이다. 그러나 조직의 규모가 커져서 회사로 발전하고 직원의 수가 수백 명

이상에 달하고 작업장이 물리적으로 여러 곳에 분산될 정도가 되면 관리자는 관찰에 의존하기보다는 점차 정보에 의존하게 된다.

즉 관리자는 회사의 물리적 상태를 직접 관찰하기보다는 이에 대한 보고서나 정보출력물을 활용하게 된다. 관리자의 직급이 높아져서 최고경영자에 오르게 되면 정보를 기업의 가장 중요한 자원으로 인식하는 수준에 이르게 된다.

기본적으로 기업의 관리자는 사람(personnel), 자재(material), 기계(machines), 돈(money), 정보(information) 등 다섯 가지의 주요 자원을 관리한다. 관리자의 임무는 이러한 자원들을 관리하여 가장 효과적으로 활용하는 것이다. 다섯 가지의 자원 가운데 사람, 자재, 기계, 돈 등 네 가지는 물리적으로 실제 존재하는 것이며 손으로 만져볼 수도 있는 유형자원(physical resource)이다.

이에 반하여 정보는 물리적인 형태로 존재하지 않으며 단지 그것이 표상하는 바에 따라 가치를 갖는 무형자원(conceptual resource)이다. 결국 관리자는 유형자원을 관리하기 위하여 무형자원을 사용하는 것이다.

한편 관리자는 유형자원을 관리하는 것과 마찬가지로 무형자원도 관리한다. 관리자는 필요한 원자료(raw data)가 수집되어 유용한 정보로 가공될 수 있도록 관리활동을 수행한다. 관리자는 정보를 필요로 하는 사람이 적시에 적절한 형태로 정보를 받아서 활용할 수 있도록 한다.

또한 관리자는 유용성이 끝난 정보를 폐기하고 대신에 최신의 정확한 정보로 이를 대체하도록 한다. 이와 같이 정보를 수집하고 효과적으로 활용하며 적절한 시기에 폐기하는 일련의 활동을 정보관리(information management)라고 한다. 오늘날 경영환경이 점점 더 복잡해지고 컴퓨터의 능력이 향상됨에 따라 관리자들은 정보관리에 더욱 관심을 기울이고 있다.

정보의 사용자

기업에서 컴퓨터 활용의 초기에는 컴퓨터가 급여, 재고, 청구서 등을 처리하였고 따라서 컴퓨터 출력물을 활용하는 사람들은 주로 회계분야의 종사자들이었다. 관리자들이 간혹 정보를 제공받은 적도 있기는 하였으나 이는 회계 응용시스템의 부산물을 받은 것에 불과하였다.

이후 관리자들이 경영문제를 해결하기 위하여 정보를 필요로 한다는 것을 인식하고 이에 따라 컴퓨터를 경영정보시스템(management information system: MIS)으로 활용하게 된 것은 정보시스템의 발전에 큰 계기를 마련한 것이라고 할 수 있다. 기업들이 MIS 개념을 받아들이게 됨에 따라 경영활동을 지원하기 위한 응용시스템들이 개발되기 시작한 것이다.

오늘날 정보시스템의 주된 사용자들은 기업의 관리자들이다.[1] 관리자들은 몇 개의 경영 계층과 다양한 기업 기능별로 분류하여 존재하는 것으로 볼 수 있다. 경영 계층을 크게 세 계층으로 나누어 보면 최고경영층, 중간 관리층, 하위관리층으로 분류할 수 있다.

최고경영층은 대략적으로 회장, 사장, 이사 등을 의미하며 이들은 기업의 장기적인 전략을 결정한다. 중간관리층은 지역 본부장, 제품 책임자, 부서장 등을 포함하며 이들은 실행계획을 수립하고 통제활동을 수행한다. 또한 하위관리층은 과장, 현장 감독자, 프로젝트 리더 등을 말하며 이들은 구체적인 과업들이 효율적으로 완수될 수 있도록 통제활동을 담당한다.

앤소니(Anthony)는 이들 계층이 담당하는 경영활동을 각각 전략계획

그림 19-2 | 경영 계층과 기업 기능에 따른 관리자의 분류

전략계획 계층

관리통제 계층

운영통제 계층

마케팅 기능 　생산 기능 　재무 기능 　인사 기능 　정보관리 기능

---

[1] 비관리자나 스태프, 기업 외의 고객들도 기업의 정보시스템을 사용하거나 이의 출력물(청구서 등)을 활용하기는 하지만 정보시스템의 주된 사용자는 기업 내부의 관리자라 하겠다.

(strategic planning), 관리통제(management control), 운영통제(operational control)로 명명하였다.

정보시스템을 설계할 때에는 정보의 원천과 정보의 요약 수준에서 관리자의 경영 계층을 고려할 필요가 있다. 최고경영층의 관리자는 하위관리자에 비하여 외부 환경정보에 중요도를 부여하기 마련이고 반면에 하위관리자는 내부 정보를 중요시한다. 또한 일반적으로 최고경영자는 요약된 형태의 정보를 선호하고 하위관리자는 세부적인 정보를 필요로 한다.

관리자들은 경영 계층뿐만 아니라 기업 기능별로 분류하여 볼 수 있다. 기업 기능이란 담당 업무에 따라 자원을 할당하는 것을 말한다. 일반적으로 기업 기능 분야는 마케팅, 생산, 재무, 인사, 정보관리 등으로 나누어 볼 수 있다. 〈그림 19-2〉는 관리자들이 경영 계층과 기업 기능별로 분류될 수 있음을 보인 것이다.

2. 정보시스템

정보시스템 조직

컴퓨터가 기업 조직에 처음으로 도입된 이후 정보시스템의 관리와 운영을 담당할 별도 부서의 설립 필요성이 제기되었다. 초기의 정보시스템 부서는 재무 기능의 일부로 편입되어 재무 담당 임원의 지휘 통솔하에 놓여 있었다. 그러나 오늘날에는 정보시스템 조직을 별도의 임원이 담당하는 별도 조직으로 편성하는 추세이다.

정보시스템 요원은 시스템 분석가, 데이터베이스 관리자, 네트워크 전문가, 프로그래머, 오퍼레이터 등 다섯 개의 직능으로 그룹화할 수 있다. 시스템 분석가(systems analyst)는 사용자와 협력하여 새로운 시스템을 개발하거나 기존 시스템을 개선하는 일을 담당한다.

시스템 분석가는 문제를 정의하고 이 문제의 해결을 위해 컴퓨터가 할 일이 무엇인가를 문서화한다. 데이터베이스 관리자(database administrator)는 사용자 및 시스템 분석가와 협력하여 데이터베이스를 구축하고 이를 관리한다. 네트워크 전문가(network specialist)는 시스템분석가 및 사용자와 협력하여 조직의 컴퓨팅 자원을 상호 연결하여 주는 데이터 통신망을 구축한다.

프로그래머(programmer)는 시스템 분석가가 작성한 문서를 사용하여 코딩 작업을 담당한다. 또한 오퍼레이터(operator)는 메인프레임 컴퓨터나 미니컴퓨터 등 대규모의 컴퓨팅 장비를 운영한다. 오퍼레이터는 콘솔(console)을 통제하고 테이프나 디스크 라이브러리 등을 관리한다.

정보시스템의 진화과정

컴퓨터를 기업 조직에 활용하기 시작한 초기에는 데이터(data)에 주안점을 두었고 이후 관심의 초점이 정보와 의사결정 지원(decision support)으로 옮겨진 바 있다. 오늘날에는 의사소통(communication)과 전문지식 제공(consultation)이 가장 큰 관심을 끌고 있다.

① 초기의 데이터에 대한 관심

1960년 초반까지 기업들은 대부분 관리자의 정보 욕구를 인식하지 못하였다. 최초의 컴퓨터가 등장하고 이후 기업 조직에서 컴퓨터를 도입하였을 당시에도 컴퓨터의 활용은 회계목적의 일상적이고 반복적인 거래처리에 국한되었다.

예를 들면, 은행계좌에의 입금 및 출금, 재고관리, 봉급계산, 고객청구서, 납품업자에의 지불 등을 위해 주로 사용되었다. 이렇게 수집된 자료는 데이터베이스에 저장된다.

이러한 응용시스템을 일반적으로 거래처리시스템(transaction processing system: TPS)이라고 부른다. 또한 이 시스템은 주로 데이터를 처리하므로 데이터처리시스템(data processing system: DPS)이라고 하기도 하고 기업의 기본 데이터를 처리하므로 회계정보시스템(accounting information system: AIS)이라 부르기도 한다. TPS는 거래처리의 부산물로 부분적이나마 정보를 산출하기도 한다.

1964년에 IBM 360이 등장하면서 기업에서 컴퓨터를 활용하는 방식에 새로운 개념이 나타나게 되었다. IBM 360은 최초로 실리콘칩 회로를 채택함으로써 가격 대비 처리능력이 획기적으로 높아졌고 따라서 컴퓨터 제조업체는 새로운 장비의 판매를 촉진하기 위하여 MIS[2]를 위한 컴퓨터의 도입을 홍보하게 되었다. MIS 개념이란 기업에서의 컴퓨터 활용은 주로 경영정보를 산출하기 위한 것이어야 한다는 것을 말한다. 이러한 MIS 개념은 매우 설득력이 있어 미국의 많은 대기업들이 이를 받아들이게 되었다.

이 때의 MIS를 운영정보시스템(operations information system: OIS)이라고 한다. 이는 TPS를 통해 수집한 자료를 조직하고 요약하여 유용한 정보로 처리한 후 비반복적인 조정, 통제, 의사결정 업무에 관리자들이 사용할 수 있도록 돕는 시스템이다.

관리자들은 운영정보시스템을 사용하여 판매액, 재고, 회계, 기타 성과 관련 정보를 입수하였다.

③ 의사결정 지원에 대한 관심

일부 기업들이 Total MIS의 구축에 고전하는 동안 MIT대학을 중심으로 하여 또 다른 컴퓨터의 활용에 대한 연구가 진행되었다. 스콧몰튼(Scott Morton), 고리(Gorry), 킨(Keen) 등은 의사결정지원시스템(decision support system: DSS) 개념을 주장하였다.

DSS란 관리자가 문제를 해결하거나 의사결정을 할 때 도움이 되는 정보를 산출하는 정보시스템을 말한다. 이 때의 관리자는 어떠한 경영 계층이나 어떠한 기업 기능에도 소속될 수 있다.

MIS가 조직 전반을 지원하는 정보시스템인데 반하여 DSS는 개별 관리자를 지원하는 정보시스템이다. 즉 MIS는 조직에 산재한 여러 관리자들이 문제를 해결할 수 있도록 정보를 지원하는 전반적인 시스템이지만 DSS는 개별 관리자가 특정한 문제를 해결할 때 지원해 주는 시스템인 것이다.[3]

---

2 MIS는 넓은 의미로는 조직에서 활용되는 모든 정보시스템을 의미하는 경우가 있으므로 이 경우에는 좁은 의미의 MIS로 보는 것이 합당하다. 경영자를 지원하는 협의의 경영정보시스템은 때로는 정보보고시스템(Information Reporting System: IRS)으로 칭하기도 한다.
3 의사결정지원시스템 가운데 특히 중역이나 임원의 정보요구를 충족하기 위한 정보시스템으로 중역정보시스템(executive information system: EIS)을 포함시키기도 한다.

④ 커뮤니케이션에 대한 관심

　　DSS가 발전해 나갈 무렵 사무자동화시스템(office automatic system: OAS)이라는 또 하나의 컴퓨터 활용이 시도되기 시작하였다. OAS는 전자 기기를 이용하여 관리자와 사무직 근로자간의 커뮤니케이션을 원활히 하고 생산성을 향상시키는 것을 목적으로 한다. OAS는 워드 프로세서에서 출발하여 점차 팩시밀리, 데스크탑 출판, e-mail, 음성우편, 전자캘린더, 영상저장 및 검색, 영상회의 등의 응용분야를 포함하는 방향으로 영역을 확대해 왔으며 이러한 모든 응용분야는 커뮤니케이션을 촉진하기 위한 것이라고 볼 수 있다.

⑤ 전문지식 제공에 대한 관심

　　오늘날에는 인공지능(artificial intelligence: AI)을 기업의 문제해결에 적용하려는 노력이 꾸준히 시도되고 있다. AI의 기본적인 사상은 인간이 행하는 논리적인 추론 작업을 컴퓨터가 수행할 수 있도록 프로그램화할 수 있다는 것이다. AI의 여러 분야 가운데 특히 전문가시스템(expert system: ES)이 가장 큰 관심을 끈 분야이다.

　　전문가시스템은 특정 분야의 전문가의 지식을 체계적으로 컴퓨터에 저장함으로써 많은 사람들이 낮은 비용으로 전문가들의 지식을 이용할 수 있도록 만든 소프트웨어로서 마치 특정 분야의 전문가처럼 기능하는 시스템을 말한다. 예를 들면, ES는 관리자가 경영전문가를 직접 대면하는 것과 같은 경영전문가의 지원을 제공할 수 있다. 그러나 전문가시스템은 학습에 의해 지능을 진화시키지 못한다는 단점을 가지고 있다.

　　이러한 한계점을 극복하기 위하여 인간의 두뇌를 전자적, 수학적으로 모의한 신경망(neural networks)이 개발되기도 하였다. 전문가시스템이나 신경망과 같이 AI를 문제해결에 적용한 응용시스템들을 총칭하여 지식기반시스템(knowledge based system: KBS)이라고 한다.

3. 정보시스템의 유형

관리자들은 문제를 해결하기 위해 의사결정을 하고 의사결정을 하기 위해서는 정보가 필요하다. 정보는 정보 프로세서[4]에 의하여 제공된다. 이러한 정보 프로세서 가운데서 컴퓨터가 담당하는 부분은 전술한 TPS, MIS, DSS, OAS, KBS 등 다섯 가지의 정보시스템을 포함하고 있다. 〈그림 19-3〉은 이들 다섯 가지 정보시스템 모델을 보인 것이다. 이들은 모두 관리자의 문제해결을 지원하기 위해 정보를 제공하는 시스템들이다. 이들의 특성을 하나씩 살펴보기로 하자.

거래처리시스템

거래처리시스템(TPS)이란 조직체의 운영상 기본적으로 발생하는 거래자

그림 19-3 전략수립의 절차

정보시스템
- TPS
- MIS
- DSS
- OAS
- KBS

정보 → 의사결정 ← 문제 → 해결책

---

4 정보 프로세서(information processor)는 인간인 경우도 있고 컴퓨터인 경우도 있다.

료를 신속, 정확하게 처리하는 정보시스템이다. 고객주문, 가격결정, 환율 변동, 경쟁자 가격, 판매, 구매, 급여, 재고 등의 업무는 많은 거래자료를 빈번하게 발생시키므로 이의 효율적 처리를 꾀하기 위함이다. 즉 기존에 수작업 또는 기계장치로 수행되던 사무 및 현장업무를 컴퓨터의 이용을 통해 효율적으로 처리해 준다.

자료를 처리하는 방식은 뱃치방식과 온라인방식이 있다. 뱃치(batch)방식이란 종업원 급여와 같이 일정기간 동안 자료를 수집·저장한 후에 일괄해서 처리하는 것을 의미하고 온라인(online) 또는 실시간(real time)방식이란 자료를 수집되는 대로 처리하는 것을 말한다.

TPS가 처리하는 업무의 대부분은 회계부문과 밀접한 관계를 갖는다. 기업의 기본적 거래는 대개 회계부문에서 발생하거나 또는 그 거래내용의 처리 책임이 상당부분 회계부문에 있기 때문이다.

TPS는 가장 초기의 컴퓨터 활용형태에 해당하는 시스템이지만 조직업무 수행의 근간을 이루는 매우 중요한 시스템이다. TPS는 또한 다른 종류의 정보시스템에 필요한 자료의 주된 공급원이라는 점에서도 중요한 위치를 차지하고 있다. TPS의 일반적 특징은 다음과 같다.

● 운영에 관한 정보

TPS에서 제공하는 정보는 주로 운영 현황에 관한 것이다. 따라서 TPS에서 출력된 보고서는 중간 또는 최고경영층보다는 하위관리자에게 전달되며 많은 경우 그 내용도 입력된 자료의 검증과 같이 시스템 활용에 관한 것이다.

● 운영요원에 의한 처리

TPS의 이용자는 대부분 사무요원과 하위관리층에 속한다. 이들은 시스템에서 나온 결과의 주된 이용자라기보다는 자료 입력과 자료처리업무의 운영 및 통제 책임자이다.

● 많은 양의 자료처리

자료처리 속도, 자료처리량 등에서 다른 정보시스템과 현저히 다르다. TPS는 보통 거래가 발생할 때마다 이에 관련된 거래내용을 처리하므로 자료처리량이 많고 빠른 처리속도가 요구된다.

◈ 용이한 성과측정

개발된 시스템의 성과측정이 용이하다. TPS의 도입으로 인하여 사무요원의 직무가 급격히 변하며 그 효과도 매우 가시적이다.

경영정보시스템 ┐

경영정보시스템(MIS)이란 관리활동에 도움을 주는 시스템을 말한다. MIS의 등장은 TPS의 활동과 밀접한 관계가 있다. 조직체는 TPS의 활용을 통해 기업활동에 관한 많은 기초자료를 확보하게 되었고 이러한 자료를 활용하고자 하는 새로운 시도에서 MIS의 개념이 등장하게 된 것이다. 즉 직무별 TPS에 저장된 다양한 자료에 분석을 가하여 조직체의 관리 및 통제활동에 필요한 정보를 추출할 수 있게 되었다.

이러한 시스템의 대두로 인해 비로소 정보시스템에서 출력된 정보가 실질적으로 조직체의 관리활동에 직접적으로 이용되게 되었다. 관리자의 관심이 자료의 개념에서 정보의 개념으로 바뀌었으며 이에 따라 관리자도 정보시스템에 대해 보다 높은 관심을 갖게 되었다. MIS의 일반적 특징은 다음과 같다.

◈ 관리정보의 제공

자료의 처리 목적은 관리정보의 제공에 있다. 즉 주로 중간관리층의 관리 및 통제활동의 지원을 위해 통합된 자료구조로부터 관리정보를 추출하여 제공함이 주목적이다. 여기에서 제공된 정보는 주로 조직체 내에서의 구조적인 정보소통에 이용된다.

◈ 요약된 정보

제공되는 관리정보는 요약된 형태를 취한다. 관리 및 통제활동에 필요한 정보는 관리성과의 측정, 예정성과와의 차리 및 통제방향의 설정을 위한 분석이 가능하도록 개괄적이어야 한다.

◈ 데이터베이스 내 자료의 통합저장

MIS는 자료저장의 통합화를 요구한다. 관리자의 정보 요구는 정기적으로만 이루어지는 것은 아니며 경우에 따라서는 수시로 필요한 정보가 발생

그림 19-4 경영정보시스템의 기본 요소

기업 내·외의 데이터베이스

운영정보 시스템 → 경영정보 시스템

의사결정 지원시스템

중역정보 시스템

보고시스템

그룹웨어 시스템

한다. 이때 필요한 정보자료에 유연성 있고 신속히 접근하기 위해서는 자료를 데이터베이스에 저장해 두어야 한다. 여러 부문의 자료가 통합적으로 저장되어 있을 때 새로운 정보의 추출이 가능하기 때문이다.

MIS는 〈그림 19-4〉에서 보는 바와 같이 조직의 운영정보시스템과 조직 내·외의 데이터베이스의 지원을 받는다. MIS는 폭넓게 보고시스템, 의사결정지원시스템, 중역정보시스템, 그룹웨어(groupware) 등을 포함한다.

의사결정지원시스템

의사결정지원시스템(DSS)이란 관리자의 의사결정과정을 지원해 주는 정보시스템이다. 다시 말해 관리활동에 관한 자료를 검색하여 문제를 발견하고 필요한 정보자료를 수집하여 의사결정문제에 대한 해결 대안을 마련할 수 있도록 지원하는 정보시스템이다.

DSS 중에 특히 최고경영자들인 중역들의 정보욕구를 충족시켜 주기 위하여 고안된 정보시스템이 중역정보시스템(executive information system: EIS)이다.

EIS는 사용하기가 간편하여 컴퓨터에 대한 사전지식을 필요로 하지 않는다. EIS는 기업 내·외의 정보 중에서 가장 핵심적인 정보를 그래프, 차트, 보고서의 형태로 제공한다. EIS는 최고경영층에 의해 기업의 전략수립과 지원을 위해 사용된다.

DSS가 대두하게 된 배경에는 두 가지 요인이 있다. 우선 기존의 MIS에 대한 관리자의 불만을 지적할 수 있다. MIS가 제공하는 보고서 위주의 일반적 정보는 관리자의 직무 활동에 직접적으로 연관되지 못해 관리자들이 보다 업무에 관련이 큰 정보시스템을 원했기 때문이다.

또 다른 요인으로 정보기술의 발전을 들 수 있다. 즉 PC, 정보통신기술 등의 발전과 사용하기 쉬운 소프트웨어 기술의 개발 등은 특정 문제의 해결을 위한 시스템 개발을 가능하게 해 주었다.

DSS의 일반적 특징은 다음과 같다.

◐ 문제해결의 지원

DSS는 특정 문제 또는 특정 사용자를 위한 정보시스템이다. MIS가 조직 내의 구조화된 정보 흐름을 담당하는 데 비해, DSS는 사용자의 의사결정방법과 의사결정상의 행동특성에 맞는 문제해결 과정을 지원한다.

◐ 의사결정모델의 이용

사용자가 문제를 분석하고 해결방안을 구상할 수 있도록 DSS에서는 의사결정 모델을 제공한다.

◐ 대화적 기능의 중요성

시스템과 사용자간의 상호대화 기능을 융통성 있게 도와주는 구성요소가 필요하다. 즉 정보기술에 대해 생소한 경영자에게 출력정보를 제공하고 또 이들로부터 입력정보를 받아내기 위한 대화기능은 시스템의 사용편의성을 높여준다.

◐ 이용자 특성에 맞는 시스템

DSS의 설계자는 관리자의 의사결정행동을 이해하여야 한다. 조직의 관리자마다 고유의 의사결정방법과 행동특성이 있으므로 이들 스스로의 문제해결을 위한 시스템을 개발하려면 사용자의 의사결정 행동에 대한 이해가 필요하다. 따라서 시스템 개발 시에는 우선 몇 가지 단순기능으로 구성된 시스템을 설계한 후 사용자와 설계자의 공동 노력으로 이를 반복적으로 개선함으로써 효과적인 시스템으로 유도하는 프로토타이핑

(prototyping) 방식이 강조되고 있다.

사무자동화시스템

사무자동화시스템(OAS)이란 조직체 내에 서로 연계된 일련의 사무 부서에서 취급하는 업무의 능률과 효과적 수행을 위해 각종 정보관련 기술들로 구성된 정보시스템이다. 이 OAS의 개념에는 업무가 인력에 의해서보다는 주로 정보관련 기술의 이용을 바탕으로 처리된다는 점이 강조되고 있다. 즉 워드프로세싱, e-mail, 서류영상처리, 그래픽처리, 영상회의 등 컴퓨터와 정보통신에 기초한 각종 정보기술의 활용을 전제로 하고 있다. OAS의 일반적 특성은 다음과 같다.

◈ 정보전달 기능

정보 및 의사의 전달기능이 중요하다. OAS는 여러 구성원 또는 부서에 의해 수행되므로 부서 내부 또는 부서간에 이루어지는 정보의 전달기능이 필수적이다.

◈ 연계업무의 통합

OAS 적용대상 업무는 한 개인보다는 서로 다른 역할을 가진 여러 구성원이 어떤 절차에 따라 공동으로 수행하는 업무이다. 따라서 OAS는 업무의 효과적, 효율적 수행을 위해 각 구성원간에 상호 연계된 역할의 통합화를 꾀한다.

◈ 문서 자체의 처리

OAS에서는 서류, 메모, e-mail 등이 한 개의 실체로 취급된다. 이 실체에 포함된 내용을 자료화하여 컴퓨터에 넣어 처리하는 방식을 택하지 않고 문서와 같은 실체 그 자체를 저장하고 처리한다.

지식기반시스템

지식기반시스템(KBS)의 대표적인 것으로 전문가시스템과 신경망을 들 수 있다. 전문가시스템이란 AI의 한 분야로서 해당 분야의 전문가 또는 기술자의 지식과 경험을 컴퓨터에 표현하였다가 필요할 때 사용할 수 있도록 하는 소프트웨어를 말한다. ES는 사용자가 처해 있는 문제의 해결책을 제시하고 그 근거를 제시한다. 사용자는 ES와 컴퓨터 모니터를 통해서 대화하듯 질문과 대답을 주고 받으면서 자료나 정보를 교환한다.

이러한 방식으로 전문가의 지식과 경험을 활용할 수 있다면 인건비를 줄일 수 있을 뿐 아니라 실제 전문가가 가용하지 않은 경우에도 이용할 수 있는 이점이 있기 때문에 다양한 분야에서 활용되고 있다. 전문가시스템의 장·단점은 다음과 같다.

◉ 이 점
- 의사결정의 질을 높일 수 있고 생산성을 높일 수 있다.
- 희소자원을 적절히 이용할 수 있다.
- 인간처럼 휴식이 필요한 것이 아니므로 오랜 시간 일을 할 수 있다.
- 지식을 먼 지역에도 손쉽게 전달할 수 있다.
- 사람이 일하기 위험한 환경에서도 임무를 수행할 수 있다.

◉ 한 계 점
- 항상 어느 경우에나 전문가시스템을 구축할 수 있는 것은 아니며 구축할 수 있는 영역이 한정되어 있다.
- 전문가시스템은 좁은 영역의 지식만을 가지고 있으므로 문제를 해결하는 능력이 특정 분야에만 한정되어 있다.
- 전문인으로부터 지식을 추출하기가 쉽지 않다. 전문인들은 전문지식을 가지고 있지만 이를 어떻게 표현하고 전달하여야 하는지 모르고 있는 경우가 많다.

다음으로 신경망(neural network)이란 인간 두뇌의 조직을 흉내내어 인간처럼 훈련과 학습의 기능을 해 주는 수학적 모델이라고 할 수 있다. 물론 전문가시스템도 인간의 두뇌와 비슷한 기능을 하는 컴퓨터 프로그램을 개발하려는 것이지만 신경망과 전문가시스템은 다음과 같은 차이점이 있다.

◉ 지식의 표현방식
전문가시스템은 논리적인 방법으로 완전한 형태의 지식을 표현하려는 데 반하여 신경망에서는 분산된 여러 요소간의 연결로써 지식을 표현한다.

● 학습 능력

전문가시스템은 학습능력이 없는 데 반하여 신경망은 학습능력을 가지고 있다.

● 적용 영역

전문가시스템은 좁은 영역에 쓰이나 신경망은 다양한 용도로 활용될 수 있다.

4. 정보기술과 기업의 변화

정보기술의 의의

정보기술(information technology: IT)이란 정보를 획득하고, 조직하고, 저장하고, 조작하고, 전송하는 수단, 예컨대 하드웨어(컴퓨터, 컴퓨터 네트워크, 전화기, 팩스기), 소프트웨어, 텔레커뮤니케이션, 데이터베이스 관리, 기타 기술 등을 의미한다. 특히 컴퓨터의 사용을 통한 정보기술의 급속한 발전은 정보시스템, 관리자, 조직, 납품업자, 고객 등에 심대한 영향을 미치고 있다. 새로운 정보기술을 보유한 기업은 그렇지 않은 기업에 비하여 높은 경쟁력을 갖게 된다.

컴퓨터 기반 정보기술은 날로 발전하고 있다. 컴퓨터 기반 경영정보시스템은 완전하고 관련된 고품질의 정보를 적시에 공급해 준다.

기업의 변화

정보기술은 오늘날 기업에 많은 변화를 초래하고 있다.

- **장벽의 붕괴:** 기업의 부서간 커뮤니케이션을 쉽게 신속하고 저렴하게

함으로써 장벽을 무너뜨리고 있다. 따라서 기업을 더욱 효율적, 효과적, 경쟁적으로 만든다. 다른 부서, 계층, 장소에서 작업하는 개인과 그룹이 쉽게 커뮤니케이션하고 정보를 공유할 수 있다.

- **수평적 구조:** 계층 내 또는 계층간 정보의 흐름을 촉진하는 일을 하는 중간관리자의 수를 줄여 줌으로써 계층의 수를 감소시켜 주는 수평적 구조를 유발한다.
- **의사결정의 신속화:** 의사결정의 신속화, 의사결정을 위한 완전하고 적시의 정보사용 관련 부서 사이 의사결정과 조치의 조정 등을 통해 경쟁력을 강화할 수 있다.
- **고객관리 철저:** 고객들의 욕구, 취향, 만족에 관한 의사결정에 필요한 정보를 신속히 제공함으로써 고객관계관리(customer relations management)가 용이해진다.
- **비용관리:** 시초의 구매로부터 마지막 배송까지 공급사슬(supply chain)

그림 19-5 IT와 조직변화

사람, 팀, 부서가 IT에 의해 잘 연결된다

IT가 중간관리층을 대신함으로써 수평적 구조로 바뀐다

IT는 장벽을 부순다

공급자

고객

IT에 의해 공급사슬관리가 향상된다

전략적 파트너

IT에 의해 고객관계관리가 향상된다

IT를 사용하는 아우소싱과 파트너십에 의해 일이 처리된다

자료: J. Schermerhorn, Jr., J. Campling, D. Poole & R. Wiesner, *op. cit.*, p.66.

의 모든 부문에서 비용을 관리할 수 있다.

- **전략적 파트너 관계관리**: 전략적 파트너와의 관계를 관리하고 돈독히 하는 데 도움을 준다.

〈그림 19-5〉는 이상에서 설명한 정보기술과 조직변화의 관계를 나타내고 있다.

정보시스템의 구성요소

정보기술은 매뉴얼(manual) 또는 컴퓨터 기반의 형태를 취한다. 모든 정보기술은 다섯 개의 중요한 부분으로 구성되어 있다. 〈그림 19-6〉은 컴퓨터 기반 정보기술의 부분들을 보여주고 있다.

입력수단(input medium)은 자료와 정보를 시스템에 입력하는 기기를 말하는데, 예를 들면, 스캐너(scanner), 키보드(keyboard), 바코드(bar code) 판독기 등을 의미한다.

시스템에 투입된 자료는 프로세서(processor)에 흘러들어 간다. 프로세서는 자료를 조직하고, 조작하고, 분류하고, 계산을 하는 일을 한다.

모든 시스템은 정보를 훗날 사용하기 위하여 저장하는 디스크, 하드 드라이브, CD-ROM 같은 저장장치(storage device)를 갖는다.

그림 19-6 정보시스템의 구성요소

자료가 정보로 변형이 되면 이를 필요로 하는 사람에게 출력수단(output medium)을 통해서 전달되어야 한다. 출력수단의 예는 프린터, 비디오 디스플레이, 팩스기, 웹페이지(web page) 등이다.

마지막으로 모든 정보기술시스템은 통제시스템에 의하여 작동한다. Microsoft Windows는 특정 소프트웨어를 통제하는 운영시스템이다.

5. e-비즈니스

정보기술과 통신기술의 급속한 발달로 새로운 개념과 학문들이 이론과 응용 분야에 혼재하여 나타나고 있다. Internet은 새로운 정보기술을 대표하면서 수많은 새로운 용어를 만들어 내었고 'Electronic Commerce' 라는 개념의 도입과 함께 완전히 새로운 경영환경을 정의하게 만들었다. 특히 최근에 가장 두드러진 개념은 'e-Economy,' 'e-Commerce,' 'e-Enterprise' 그리고 'e-Business'로 대표되는 디지털(digital)이다.

디 지 털

우리가 사는 세상에 존재하는 모든 물질은 아날로그(analogue)의 상태로 존재한다. 전압, 전류, 사람의 목소리 등과 같이 연속적으로 변하는 신호는 그 양을 계량화할 수 있으므로 아날로그 형태라고 한다. 네이버(NAVER)의 어학사전에 의하면 아날로그란 "어떤 수치를 길이, 각도, 또는 전류라고 하는 연속된 물리량으로 나타내는 일"이라고 정의하고 있다. 예를 들면, 문자판에 바늘로 시간을 나타내는 시계 또는 수은주의 길이로 온도를 나타내는 온도계 등이 있다.

디지털(digital)이란 아날로그의 상태를 0과 1 두 개의 문자를 사용하여 이진법으로 표시하는 것이라고 정의할 수 있다. 디지털로 전환할 수 있는 것은 물질이 아니라 그 물질을 볼 수 있게 만드는 영상(image), 들을 수 있게 하는 소리, 그리고 숫자와 문자뿐이다. 예를 들면, 백두산 천지의 사진을 디지털화하여 e-mail이나 팩스로 전송할 수 있을 뿐 백두산 천지를 디지털화할 수는 없다.

디지털 방식은 주로 컴퓨터에서 사용되고 있지만 최근에는 방송분야에서도 선명한 영상과 함께 쌍방향 멀티미디어 형태의 기술을 실현하고 있다.

e-Economy, e-Enterprise, e-Commerce

이제 전자상거래(electronic commerce, e-commerce, Web-based marketing)는 단순히 인터넷 환경하에서의 상거래를 대변하는 개념이 아니고 시간과 공간에 대한 기존의 상거래 개념까지 파괴하는 새로운 경영환경으로 인식되기 시작하였다. 이에 따라 전통적인 경제환경으로 도저히 설명할 수 없는 새로운 경제환경의 정립이 필요하게 되었다.

또한 새로운 경제환경과 경영환경에 대응하여 기업들은 새로운 경영모델을 도입하기 시작하였다. 이를 요약하여 앤더슨컨설팅사는 〈그림 19-7〉에서 보는 바와 같이 "21세기에는 e-Economy 안에서 e-Enterprise들이 e-Commerce를 수행해 나가야 한다"라고 언급하고 있다.

새로운 경제환경에서 e-Economy는 기존의 다섯 가지 개념을 바꾸었다.

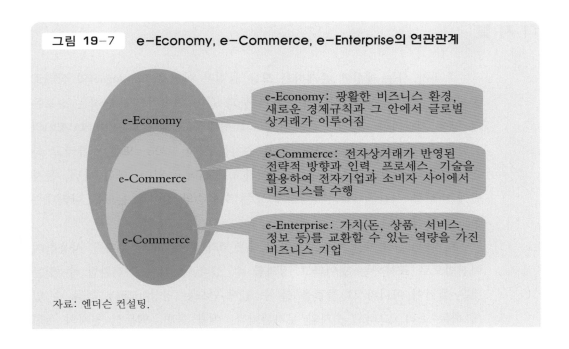

그림 19-7   e-Economy, e-Commerce, e-Enterprise의 연관관계

e-Economy

e-Commerce

e-Commerce

e-Economy: 광활한 비즈니스 환경, 새로운 경제규칙과 그 안에서 글로벌 상거래가 이루어짐

e-Commerce: 전자상거래가 반영된 전략적 방향과 인력, 프로세스, 기술을 활용하여 전자기업과 소비자 사이에서 비즈니스를 수행

e-Enterprise: 가치(돈, 상품, 서비스, 정보 등)를 교환할 수 있는 역량을 가진 비즈니스 기업

자료: 엔더슨 컨설팅.

시간의 개념은 9-to-5의 8시간 기업활동에서 24시간의 기업활동으로 변경되었고, 공간의 개념은 물리적 스페이스(physical space)에 사이버 스페이스(cyber space)가 추가되었으며, 속도의 개념은 물리적인 움직임에서 전자적인 움직임으로 바뀌었다. 미디어의 개념도 싱글미디어(single media)에서 멀티미디어(multi media)로 전환되었고, 대화의 개념은 1 대 1에서 다(多) 대 다로 변화되었다.

이러한 변화는 e-Economy하에서 새로운 경제원칙을 만들어내고 있다. 사이버 스페이스에서는 산업사회의 제품이나 서비스와 달리 한계비용이 거의 0에 가깝다는 것이다. 정보의 가격, 커뮤니케이션 가격, 거래비용 등이 0인 한계비용의 특징을 갖고 있다. 산업사회에서는 수익 및 가치판단이 물리적 자산으로부터 파생되지만, e-Economy에서는 수익 및 가치판단이 주로 지적자산 및 고객 관계 자산으로부터 파생된다.

또한 산업사회에서의 수확체감의 법칙(decreasing return of scale)[5]이 e-Economy에서는 수확체증(increasing return of scale)의 법칙으로 바뀌어진다. 즉 제품이나 기업이 일단 시장 지배에 성공하고 나면 그 우위성을 더욱 확대하고 계속적으로 시장을 지배한다는 것이다. 이에 반하여 가상 제품 제공과 가상 공간을 통한 판매는 신규 글로벌 시장에 저비용으로 기업의 신속한 진입 및 확장을 가능하게 한다.

원래 전자상거래는 미국 국방부의 프로젝트를 수행하면서 처음 시작되었다. 이 시스템의 목적은 거래의 시작부터 끝까지 서류가 사용되지 않는 기업환경을 정보기술에 의해 달성하는 것이었다. 초기 전자상거래는 Internet과는 별도의 영역이었으나 Internet의 폭발적인 보급과 상업화가 허용되면서 Internet을 통한 전자상거래가 일반화되었다.

Internet과 e-비즈니스

최근 많은 기업에서는 정보기술 전략의 일부로 Internet을 포함시키고 있다. Internet은 근거리 통신망(LAN)이나 Internet 서비스 제공자를 통해 정보와 자료의 교환을 위해 다른 사용자와 직접 연결되는 전세계에 걸쳐 있

---

5 일정한 토지에서의 수확량은 노동투입량의 증대에 비례하지 않고 추가 노동 1단위의 수확량은 점차 체감되어 간다는 법칙.

는 컴퓨터 네트워크이다. World Wide Web(WWW)이 Internet상에서 정보에 접근할 수 있는 중앙서버(server)이다.

Internet을 통해서 기업들은 운영을 전세계적으로 확대할 수 있고, 새로운 고객들을 확보할 수 있고, 기업경영을 향상시킬 수 있으며, 필요한 자원을 획득할 수 있다. 그래서 e-비즈니스가 붐을 이루고 있다.

e-비즈니스(e-business)란 Internet 비즈니스라고도 하는데 물리적 장소가 아닌 컴퓨터 네트워크상에서 디지털 과정에 의하여 발생하는 모든 경영행위를 말한다. Internet상에서 고객, 파트너, 납품업자, 종업원 등과 전자적으로 연계되어 기업의 제품설계, 생산, 유통, 판매, 소비까지 포함하는 다양한 경영활동을 수행함으로써 수익창출이나 원가절감을 달성하고자 하는 비즈니스이다. 또한 사업에 필요한 자금을 조달하고 운영시스템을 배치하고 판매하는 것을 포함한다.

전자상거래(e-commerce)는 e-비즈니스보다 좁은 개념인데 기업의 다양한 e-비즈니스 중에서 Internet을 통한 단순한 상품의 판매와 구매에 한정된 개념이다. 이베이(e-Bay), 아마존 닷컴(Amazon.com), 야후(Yahoo) 등은 순전히 Internet상에서 운영되는 e-비즈니스 업체이다. 일반 기존 회사에서 사용하는 e-비즈니스의 목적은 더욱 효과적·효율적으로 운영하기 위하여 기업행위의 대부분을 디지털화하려는 것이다.

전자상거래는 Internet을 매개로 기업과 소비자가 직접 연결하여 거래함으로써 거래비용의 절감, 거래시간 및 장소적 제약의 극복, 쌍방향 통신을 통한 고객만족의 극대화 등 다양한 이점을 제공하기 때문에 21세기의 새로운 상거래 패러다임(paradigm)으로 정착하고 있다.

〈그림 19-8〉은 제조회사와 소매 체인점 사이에서 벌어지는 e-비즈니스를 가능케 하는 e-비즈니스 구성요소를 보여주고 있다.

모든 기업은 인트라넷(Intranet)을 사용한다. 인트라넷이란 Internet의 기술과 표준을 사용하는 내부 의사소통시스템으로서 기업 내의 종업원들만 접속하여 Internet 소프트웨어를 사용하여 내규나 제품정보 등 다양한 정보를 공유하고 인쇄할 수 있다.

인트라넷은 그룹웨어의 기능을 수행한다. 그룹웨어(groupware)란 한 작업집단이나 작업팀에 소속된 사람들이 효과적인 커뮤니케이션(e-mail, 전자게시판), 정보검색(문서관리시스템, 지식경영시스템), 업무조정(전자결재,

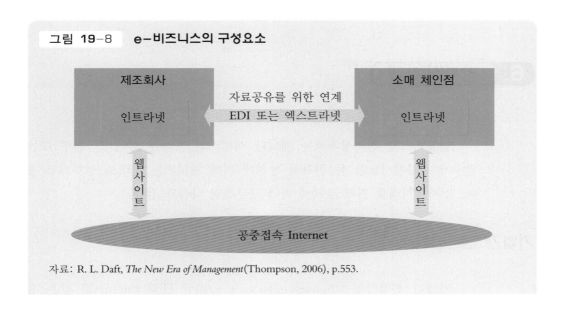

그림 19-8 e-비즈니스의 구성요소

제조회사

인트라넷

자료공유를 위한 연계
EDI 또는 엑스트라넷

소매 체인점

인트라넷

웹
사
이
트

웹
사
이
트

공중접속 Internet

자료: R. L. Daft, *The New Era of Management*(Thompson, 2006), p.553.

프로젝트관리), 생산협업회의(화상회의) 등을 통하여 여러 명의 사용자들이 동일한 문서를 작성하고 편집할 수 있도록 개발된 소프트웨어로서 집단지원시스템(group support system: GSS)이라고도 한다. 여러 명의 사용자들이 같은 시스템 또는 다른 시스템에서 문서파일에 접근하여 서로 협력하여 특정 과업을 수행할 수 있다. 또한 기업에서는 Internet 기술을 활용하여 세계 각처에 흩어져 있는 자사들을 연결하여 자체적으로 운영한다.

두 기업간 자료와 정보를 공유하기 위해서는 전자자료교환 네트워크나 엑스트라넷을 사용한다. 전자자료교환(electronic data exchange: EDE) 네트워크는 구매자와 판매자 사이에서 주문, 배송, 지불액과 수취액 등에 관한 자료를 전송하는 데 사용되는 컴퓨터 시스템을 연계시키는 일을 한다. 이러한 일을 하는 것이 엑스트라넷(extranet)인데 이는 Internet을 통하여 고객과 협력업체 등 여러 기업들이 서로의 정보를 공유하기로 결정한 외부 커뮤니케이션 시스템이다. 일반인들은 인트라넷은 물론 엑스트라넷에도 접근할 수 없다.

마지막 요소는 Internet이다. 기업들은 웹 사이트(Web site)를 통해 일반 대중들에게 제품과 서비스의 판매를 위한 정보를 제공하고 있다.

6. 전자상거래

법률적으로 전자상거래는 재화나 서비스의 거래에 있어 그 전부 또는 일부가 전자문서교환 등 전자적 방식에 의해 처리되는 거래로 정의하고 있다. 전자상거래를 거래 주체에 따라 구분하면 다음과 같다.

기업간 전자상거래

기업간 전자상거래(business to business: B2B)란 IT와 Internet과 같은 전자적인 방식을 이용하여 기업들 사이에서 발생하는 각종 상거래(예컨대 원자재 판매 및 구매)와 업무(예컨대 제품의 공동개발 및 생산, 금융결제) 등을 처리하는 것을 말한다.

그림 19-9 **전자상거래의 범위**

신용카드회사

은 행

본 사

고 객

협력업체